Le Rubgy

POUR LES NULS

Le Rugby

POUR LES NULS

François Duboisset
et Frédéric Viard

FIRST
Editions

60, rue Mazarine
75006 Paris – France
Tél. 01 45 49 60 00
Fax 01 45 49 60 01
Courriel : firstinfo@efirst.com
Internet : www.editionsfirst.fr

ISBN : 978-2-7540-2758-8
Dépôt légal : août 2011
Imprimé en France par Hérissey à Évreux (Eure) - N° 116966

Ouvrage dirigé par Benjamin Arranger
Secrétariat d'édition : Capucine Panissal
Correction : Ségolène Estrangin
Dessins humoristiques : Marc Chalvin
Illustrations : Philippe Biard
Couverture et mise en page : ReskatoЯ
Fabrication : Antoine Paolucci
Production : Emmanuelle Clément

À propos des auteurs

François Duboisset, ancien joueur de rugby professionnel, champion d'Europe avec le CA Brive, en 1997, a été journaliste à Canal + et à *L'Équipe* (2000-2007). Il est l'auteur d'une quinzaine d'ouvrages sur le rugby dont *RugbyGuide* (De Vecchi, 2003), *Destins croisés* (Mango, 2004) et *Les Grandes Dates de l'histoire du sport* (First, 2011). Depuis 2007, il assume des responsabilités au sein de son club de cœur, tout en étant responsable marketing sportif du groupe Saur.

Frédéric Viard, journaliste sportif, a notamment couvert la Coupe du monde de rugby pour Canal +. Il a écrit plusieurs livres sur le sport en collaboration avec François Duboisset : *La Coupe du monde 2003* (2003), *Les Jeux olympiques 2004* (2004) et *Lieux et stades mythiques* (2005), tous parus aux éditions De Vecchi.

Sommaire

Introduction

Novembre 1823, collège de Rugby, au nord-ouest de Londres. La légende rapporte que lors d'un match de football, un élève saisit le ballon avec les mains puis, à la surprise générale, le dépose dans le but adverse. Le jeune William Webb Ellis – c'est son nom – invente ce faisant un sport promis à un bel avenir : le *rugby football*...

Le rugby génère depuis l'origine beaucoup de passion, et bien des mystères. Ainsi, ce jeu pratiqué à ses débuts par l'élite britannique a peu à peu conquis les mondes ouvrier (comme au pays de Galles) et paysan (en France, par exemple). Longtemps perçu comme un sport compliqué et brutal, il draine désormais des centaines de milliers de spectateurs dans les stades, mais aussi de plus en plus de femmes... sur les terrains !

C'est aujourd'hui un sport fédérateur qui charrie des valeurs positives et bénéficie d'une couverture médiatique et d'un engouement croissants.

Ce succès, que le rugby doit aussi bien à son respect de la tradition qu'à sa capacité de vivre avec son temps, peut toutefois laisser songeur. Car, à plusieurs égards, l'amour et la pratique du rugby défient l'entendement. Comment comprendre un sport qui vous oblige à passer le ballon en arrière alors que le but est d'aller vers l'avant ? Pourquoi se compliquer la tâche en se dotant d'un ballon ovale aux rebonds capricieux ? Et que penser de ces hommes qui se plaquent, s'écharpent, se marchent dessus et, parfois, se battent pendant tout un match pour mieux se retrouver lors de la troisième mi-temps ?

Non, décidément, le rugby n'est pas un sport comme les autres. Mais ce sont précisément cette originalité, cette richesse et, même, cette relative complexité qui le rendent si intéressant.

À propos de ce livre

Cet ouvrage vous propose un voyage en terre d'ovalie. Il vous donne les clés pour comprendre le rugby en découvrant ce qui en fait le charme si spécifique. Gageons que si sa lecture parvient à vous faire découvrir et aimer ce sport, alors vous en serez épris à vie.

Expliquer le rugby n'est pas forcément simple, dans la mesure où le rugby lui-même ne se laisse pas aisément saisir. À l'inverse du football ou du tennis, par exemple, où l'on comprend en très peu de temps ce qui se passe sur le terrain ou sur le court, il peut se révéler difficile de suivre un match de rugby si l'on n'en connaît pas les règles et les subtilités.

Le principe de ce livre est donc de vous livrer toutes les bases de ce jeu, que celles-ci soient techniques, tactiques ou réglementaires. Mais aussi de vous initier à la « philosophie » du rugby. Car il est important de se mettre à « penser rugby » si l'on veut pénétrer l'univers de ce sport. Le factuel, la règle, la technique et l'esprit du jeu se mêlent dans ces pages, car ils sont indissociables.

L'organisation pourra vous sembler très linéaire : de la naissance du rugby aux renseignements pratiques pour commencer à jouer, en passant par l'organisation de ce sport dans le monde aujourd'hui. Mais, régulièrement, vous pourrez vous appuyer soit sur des précisions sur le jeu lui-même, soit sur des anecdotes qui vous ramèneront, encore une fois, à l'esprit du jeu.

Des biographies, des chronologies, des palmarès ou des croquis viendront régulièrement appuyer ou illustrer un récit ou une explication. De la même manière, le vocabulaire spécifiquement « rugby » vous sera expliqué tout au long de cet ouvrage.

Êtes-vous fin prêt pour aborder ce livre et vous plonger dans le monde ovale ? Alors, tapez vous-même dans le ballon pour engager la partie !

Les conventions utilisées dans ce livre

Comme nous le verrons au chapitre 4, le rugby est une grande famille. Il en existe de nombreuses variantes : le rugby à VII, le rugby à XIII, le rugby à XV, et même le rugby à X. S'il évoque toutes les formes du jeu de rugby, ainsi que ses dérivés proches ou lointains à un moment ou à un autre, ce livre est toutefois principalement axé sur le rugby à XV. Par commodité, pour éviter les répétitions et sauf mention contraire, le terme « rugby » employé sans plus de précision désignera donc ici spécifiquement le rugby à XV (en chiffres romains).

De même, on parlera du « XV de France » ou du « XV de la rose » pour désigner l'équipe de France de rugby et celle d'Angleterre. Quant au Tournoi des VI Nations (qui fut d'abord celui des IV, puis des V Nations), on le désignera le plus souvent simplement comme le « Tournoi ».

Comment ce livre est organisé

Si vous avez parcouru la table des matières avant d'arriver jusqu'ici, vous avez vu que le livre est divisé en 7 parties, annexes comprises. Vous pouvez les lire dans l'ordre qui vous convient : c'est l'esprit de la collection.

Première partie : Les bases du rugby

Vous apprendrez que le rugby a des racines identiques à celles du football, puisque au XIXe siècle il s'agissait du même sport, alors pratiqué dans les collèges anglais. Il aura fallu l'inspiration géniale d'un trublion nommé William Webb Ellis, élève dans le collège de Rugby, pour que naisse ce sport. Son évolution, en un peu moins de deux siècles, est, en revanche, radicalement différente de celle du football. Vous saurez que l'essor du rugby a suivi les routes des marins anglais vers les colonies de l'empire britannique, que les tumultueuses relations entre la France et les Britanniques se sont également retrouvées dans leur pratique de ce sport, et que c'est le professionnalisme qui a définitivement ouvert le rugby au monde.

Parce qu'il est un sport de combat et de contact par équipes, le rugby est aussi porteur de valeurs. Il faut aimer son coéquipier et le respecter, car c'est avec lui que vous allez au combat. Et le respect que vous portez à votre coéquipier et à votre adversaire explique tout ce qui gravite autour de ce sport : l'ambiance dans les stades, les troisièmes mi-temps… Autant de valeurs, peut-être menacées dans d'autres sports, qui expliquent la mode et le succès actuels du rugby.

Deuxième partie : Notions et règles fondamentales

Voilà bien le souci pour la personne qui n'a jamais tenu un ballon de rugby entre ses mains. Ce sport n'est pas le plus simple, loin de là, et il faut connaître ses grandes règles et ses grands principes pour comprendre ce qui se passe sur un terrain.

Qui joue à quel poste, qu'appelle-t-on un « avant », un « trois-quarts », et pourquoi joue-t-on parfois au rugby à VII ou à XIII ?

Vous allez également vous retrouver sur le pré, comme on dit, pour choisir la place qui vous convient le mieux sur le terrain. Vous connaîtrez les gestes à ne pas faire et les fautes à éviter pour ne pas avoir à subir les foudres de l'arbitre. Car, au rugby plus que partout ailleurs, on ne discute pas les décisions de l'arbitre.

Troisième partie : Les techniques du jeu

Maintenant que vous savez comment est né le rugby, pourquoi on a décidé que ce sport était idéal pour l'épanouissement de la jeunesse, puisque vous avez choisi votre poste et que vous maîtrisez les règles, il ne vous reste plus qu'à jouer. Mais pour cela, il faut vous mettre dans la peau d'un vrai rugbyman. Savoir quoi faire du ballon lorsque vous l'aurez dans les mains, notamment, car il y aura toujours une meute d'adversaires prêts à vous arracher ce Graal par tous les moyens.

Dans cette partie, vous apprendrez les mystères de la passe, de la mêlée, de la touche. Vous deviendrez aussi précis dans le jeu au pied que Jonny Wilkinson, l'ouvreur le plus doué de sa génération et champion du monde en titre avec l'Angleterre. Mieux, le plaquage, ce geste tabou dans tous les autres sports, n'aura plus de secret pour vous. Vous aurez les armes pour défendre votre camp et rivaliser physiquement avec l'adversaire. Et une fois la technique individuelle, indispensable, acquise, vous pourrez vous plonger dans les joies de la tactique. On vous expliquera ce qui fait qu'une attaque fonctionne ou pourquoi, dans telle ou telle situation, c'est toujours la défense qui prévaut.

Quatrième partie : La planète rugby

Nous vous avons fait voyager dans le temps pour montrer comment était né le rugby, et nous allons vous faire voyager maintenant sur la planète ovale, un monde où le soleil ne se couche jamais.

Le voyage part du fin fond de la province française, où le plus important est de ramener le bouclier de Brennus, la récompense du champion de France. Mais le rugby se vit aussi aujourd'hui à l'heure de la Coupe d'Europe. La H Cup a une place presque aussi importante que le vénérable Tournoi des VI Nations… pourtant dix fois plus ancien. Plus ancienne compétition de l'histoire du rugby, le Tournoi suscite toujours le même enthousiasme chez ses adorateurs. Il faut dire qu'il a su, avec le temps, s'agrandir et se moderniser. Il s'est même rangé à cette manie de donner un trophée au vainqueur, lui qui pendant des décennies n'avait jamais laissé publier un classement officiel, se contentant d'être une succession de test-matchs.

Nos ambitions seront aussi planétaires : les grandes compétitions internationales, comme le Super 12, le Tri Nations ou la Coupe du monde, seront aussi passées en revue pour nous permettre de boucler notre tour du globe.

Cinquième partie : Jouer au rugby

Vous êtes conquis. Vous n'avez plus qu'un désir : réveiller le rugbyman qui sommeille en vous. Comment faire ? Comment choisir son club ? Comment s'équiper ? Cette partie vous livrera des conseils et des astuces pour vous lancer, vous ou vos proches, sur les terrains. Les démarches nécessaires, l'équipement idéal, le choix du club et même, éventuellement, d'une école de rugby pour vos enfants… Nous ne laisserons rien au hasard, pour vous permettre de vivre pleinement votre passion en toute sérénité.

Sixième partie : La partie des Dix

Comme tous les sports, le rugby s'appuie sur son passé, sur les grands matchs qui ont marqué son histoire. Vous aurez l'occasion de jouer aux côtés de Gareth Edwards et des Barbarians britanniques, héroïques face aux All Blacks en 1973, et vous partagerez peut-être le bonheur de Serge Blanco, auteur de l'essai qualificatif pour la finale de la Coupe du monde, en 1987, face à l'Australie.

Vous pourrez vous confronter aux légendes du rugby… Dix joueurs hors pair, dix duos de légende, dix équipes prodigieuses et dix personnalités remarquables se livrent à vous. Le poids de la gloire, l'apport et la singularité de chacun dans ce jeu collectif, le récit des exploits…

Enfin, bouquet final : vous visiterez des stades synonymes de batailles homériques ou de voyages à l'autre bout de la terre, comme l'Ellis Park de Johannesburg ou l'Eden Park d'Auckland. Et vous pourrez vous mesurer, du moins en pensée, dans dix trophées, pour le plaisir de la rencontre et de l'échange.

Septième partie : Annexes

Si vous avez été convaincu par notre plongée au cœur du rugby, vous trouverez ici un glossaire assez détaillé qui vous permettra d'être à l'aise avec le « parler rugby ». Y sont également les renseignements pratiques nécessaires pour rallier un club, contacter une fédération, acquérir la panoplie de votre équipe préférée… mais aussi des conseils de lecture si vous voulez prolonger l'aventure par des histoires, des albums ou des Mémoires sur l'univers du rugby.

Les icônes utilisées dans ce livre

Des icônes placées dans la marge vous permettent, tout au long du livre, de repérer en un coup d'œil les différents types d'informations proposées selon les passages du texte. Elles orientent votre lecture au gré de vos envies ou vous aident à revenir sur tel ou tel point précis ; les voici :

À ce signal, toute votre attention est requise. Ce sifflet pointe les passages à retenir : les informations essentielles, les dates clés, les points cruciaux, bref, tout ce qu'il faut savoir pour entrer dans le monde de l'ovalie

L'histoire du rugby regorge de personnalités hautes en couleur, d'anecdotes souvent cocasses, de faits d'armes savoureux. Cette icône signale les personnages et les événements qui ont forgé la légende du rugby.

Comme tout sport, le rugby a ses règles, ses techniques, son vocabulaire propres, lesquels sont parfois difficiles à décoder. Quelle est la règle du hors-jeu ? Comment tape-t-on un drop ? Quel est le rôle du *flanker* ? Qu'est-ce qu'un cadrage débordement ? À l'instar des séances de tableau noir organisées par les entraîneurs, ce symbole signale les passages explicatifs.

Et maintenant, par où commencer ?

Détendez-vous ! Ce livre n'est pas une bible ni un manuel scolaire à lire du début à la fin ! Faites ici comme chez vous, prenez vos aises, et choisissez ce qui vous fait envie, dans l'ordre qui vous convient. Prenez ce livre comme un banquet d'après-match, à déguster à votre guise.

Si vous souhaitez découvrir le rugby sans entrer dans les détails, commencez par le chapitre 5. Mais si la seule chose qui vous intéresse est la stratégie du jeu, penchez-vous plutôt sur le chapitre 8. Ce sont les compétitions internationales qui vous captivent ? Allez consolider vos connaissances au chapitre 11. Si vous avez entendu parler du stade de Twickenham et brûlez de savoir les secrets qu'il recèle, rendez-vous au chapitre 20. Pour découvrir les figures légendaires du rugby, reportez-vous au chapitre 16. Vous pourrez toujours naviguer d'un point à un autre sans jamais être hors jeu, et profiter d'une troisième mi-temps pour approfondir ce que vous avez dans un premier temps survolé.

Première partie

Les bases du rugby

Dans cette partie...

Nous allons vous initier au rugby, vous donner les premières clés pour apprendre à connaître et à apprécier ce sport. En vous ramenant d'abord en arrière, en 1823, lorsqu'un garçon nommé William Webb Ellis décida, dans son collège de Rugby, de pratiquer le football à sa manière en inventant le rugby football. À partir de cet épisode primitif, nous vous raconterons plus d'un siècle et demi de rugby : son expansion vers les colonies britanniques, la découverte des joueurs néo-zélandais et la création du mythe des All Blacks, l'éveil du rugby en France, l'apparition des premières compétitions... Vous saurez aussi comment la vieille rivalité entre la France et les îles Britanniques a marqué l'histoire du rugby européen, avec ses disputes et ses réconciliations.

Vous découvrirez également l'esprit du rugby. Ce sport unique en son genre est une véritable « école de la vie ». Vous serez initié à ses valeurs fondatrices, de la fraternité au respect de soi et de l'adversaire, en passant par le fair-play. Nous vous introduirons aussi de plain-pied dans les rituels parfois étranges du folklore et de la troisième mi-temps.

Chapitre 1

Bienvenue en ovalie !

Dans ce chapitre :

- Découvrir le rugby
- Une école de la vie
- Une planète à part

Comment expliquer le rugby ? « En le vivant » est peut-être la réponse la plus adéquate. Car le rugby n'est pas qu'un sport : c'est un sport, et mille fois plus encore. Un mode de vie, une manière d'appréhender le sport, une envie de partager avec l'autre, un irrésistible besoin de défier, physiquement et psychologiquement, l'adversaire, et une obligation de célébrer la victoire ou la défaite tous ensemble.

Les bases du jeu

Le rugby est un sport différent des autres parce qu'il est né différemment. Les premiers rugbymen sont en fait des footballeurs. Au XIXe siècle, l'éducation dans les collèges en Angleterre laisse une part très importante au sport. On y apprend tout aussi bien le dépassement de soi que le respect des règles et l'esprit d'équipe, notamment grâce au football.

Certains élèves de ces collèges, où l'on forme la future élite du pays, ont déjà un caractère bien trempé. L'un d'eux, William Webb Ellis, décide un jour qu'il est plus facile pour lui, et plus déroutant pour l'adversaire, de porter le ballon à la main de l'autre côté du terrain plutôt que de le conduire au pied. Voilà donc un sport né d'un autre, par la volonté et le caractère libertaire d'un collégien. Nous sommes en 1823 et le rugby vient de naître (voir chapitre 2).

De nos jours, les deux équipes sont formées de 15 joueurs : les avants, spécialisés dans le combat et la conquête du ballon, et les trois-quarts, généralement chargés de conclure l'action. Les joueurs d'une même équipe peuvent se passer le ballon au pied ou à la main et tous les moyens sont bons, ou presque, pour empêcher l'adversaire de faire de même. Lorsqu'une équipe parvient à aplatir le ballon dans l'en-but adverse, ou si elle parvient à le faire passer entre les poteaux, elle marque des points. L'équipe qui a marqué le plus de points durant les deux mi-temps de 40 minutes chacune est déclarée vainqueur (voir chapitre 5).

Maître du jeu, l'arbitre se charge de faire respecter les règles pour éviter que le combat ne dégénère en empoignade (voir chapitre 6).

Foot et rugby : frères jumeaux ou frères ennemis ?

En grossissant le trait, on oppose souvent le rugby, sport « viril » réservé à de « vrais hommes », au football, pratiqué par des « comédiens » tombant au sol en se tordant de douleur à la moindre pichenette. Pourtant, lorsque William Webb Ellis invente sans le savoir le rugby, il ne fait que jouer au football en essayant de trouver des tactiques pour tromper l'adversaire. Chaque collège décide d'ailleurs de mettre en place ses propres règles. Si la Football Association voit le jour, en 1863, c'est pour essayer d'unifier toutes ces pratiques en un seul et même sport. Un vœu pieu, puisque le divorce est consommé cette même année entre football et rugby, qui resteront toujours de faux jumeaux. La Football Association s'occupera strictement du foot ; le rugby créera sa propre fédération : la Rugby Football Association.

Un sport unique

Voilà pour la règle. Mais l'esprit est tout aussi important. Vous aurez compris qu'il s'agit d'un sport collectif : rien d'exceptionnel à cela. C'est aussi un sport de contact, où le défi physique a une part prépondérante et où il ne suffit pas d'être uniquement le plus fort ou le plus rusé. Il faut être sûr qu'à 15 on saura être meilleurs que les 15 autres. Dans le rugby plus que dans n'importe quel autre sport collectif, des joueurs moyens mais solidaires seront toujours plus forts que les meilleurs joueurs du monde s'exprimant individuellement. Quand quatre gaillards de plus de 100 kg courent vers vous avec une seule idée en tête, vous arracher le ballon, vous savez que le seul moyen de le conserver est que vos coéquipiers se serrent fort contre vous et résistent avec vous (voir chapitre 3).

Heureux les amateurs de rugby, qui peuvent se targuer de pratiquer un sport professionnel où les tactiques, les préparations physiques, la technique et la gestuelle sont poussées à leur paroxysme. C'est un peu la quintessence du sport : un sport qui vous oblige à partager avec votre coéquipier, à l'aimer, mais également à respecter l'adversaire.

Tous les éducateurs vous le diront si vous accompagnez vos enfants à leur premier entraînement de rugby. À la porte d'un vestiaire qui sent le camphre, où les maillots sales sont jetés en vrac au milieu de la salle et où résonnent les rires des autres joueurs : « Le rugby, c'est une école de la vie. »

Passion ovale

Un exemple de l'« esprit rugby » ? Chaque club, même le plus modeste, possède sa frange d'irréductibles fans, d'aficionados. En car le plus souvent, ceux-ci se rendent dans chaque ville, dans chaque village où leur club évolue, et ce, quel que soit l'horaire de la rencontre ou la longueur du trajet à accomplir. Allant au stade comme d'autres à la messe, ils encouragent leur équipe tout au long de la saison, ce qui leur a valu le surnom de « seizième homme ». En règle générale, ils sont parfaitement accueillis à leur arrivée. Contrairement à d'autres sports, le comité d'accueil est en effet des plus cordiaux. Des liens très forts se créent parfois avec les supporters des autres clubs. Ainsi, il n'est pas rare de voir, avant une rencontre importante, des supporters des deux équipes arpenter la pelouse bras dessus bras dessous en échangeant leurs drapeaux. Un modèle de fair-play et de fraternité.

Autre exception notable, les débordements sont d'une extrême rareté au rugby. À l'issue du quart de finale du championnat de France opposant Perpignan à Paris en 1998, une poignée d'excités s'en étaient pris à l'arbitre. Mais les joueurs étaient intervenus d'une manière exemplaire. Garants des valeurs du rugby, ils avaient, dans un même élan, raccompagné, sous leur protection, l'arbitre aux vestiaires. En 2002, à Pretoria, lors d'un Afrique du Sud – Nouvelle-Zélande comptant pour le Tri Nations, un certain Van Zyl, spectateur ivre de bière, déboula sur la pelouse et bouscula l'arbitre de la rencontre, M. Mc Hugh. Immédiatement, le capitaine des Blacks, Richie McCaw, plaqua l'intrus au sol. Puis il lui décocha un coup de poing avant que le service d'ordre n'évacue l'individu, qui termina sa journée en prison. On ne badine pas avec l'esprit rugby. Ce « supporter », si l'on peut dire, l'a appris à ses dépens.

Un sport d'initiés

Après une telle profession de foi, on peut se demander pourquoi le rugby n'est pas le sport numéro un dans le monde. À cela plusieurs réponses. D'abord, le rugby peut paraître compliqué. À l'inverse du football ou du tennis, celui qui n'a jamais pratiqué ce sport peut difficilement en comprendre toutes les subtilités. Avant que ne paraisse *Le Rugby pour les Nuls*, il fallait avoir baigné dans une « ambiance rugby » pour vraiment y goûter. C'est un sport familial, dans le sens où sa pratique se transmet de génération en génération. Sport majeur dans les régions et les pays où il est implanté depuis longtemps, le rugby a pourtant du mal à s'exporter. Il faut, dans ces terres de mission, des structures pour accompagner les débutants. Il faut que le jeu mais aussi la culture du jeu s'enracinent avant que ne sortent les premiers fruits.

ATTENTION !

C'est pourquoi, aujourd'hui, le rugby est un sport phare dans les pays où le rayonnement et l'influence de l'Angleterre étaient forts au XIXe siècle : une grande partie de l'empire britannique, de l'Australie à l'Afrique du Sud, en passant par les îles du Pacifique. Le rugby est également devenu populaire dans un pays comme la France, où les étudiants anglais étaient très nombreux, que ce soit au Nord – au Havre par exemple, le plus ancien club de France – ou dans le Sud-Ouest, entre Bordeaux et Toulouse.

L'influence française elle-même s'est fait ressentir par la suite, essaimant le rugby en Roumanie, en Italie ou au Maroc (voir la quatrième partie : « La planète rugby »).

TABLEAU NOIR

La planète « ovale »

Les médias utilisent souvent le mot « ovalie », en référence à la forme ovale du ballon, pour désigner le monde du rugby. Celui-ci est réglé, comme le serait un pays, par un « gouvernement central » et différentes « administrations ». Au niveau international, le rugby à XV est aujourd'hui piloté par l'IRB, International Rugby Board, créé en 1886 par les fédérations d'Écosse, d'Irlande et du pays de Galles, et qui siège à Dublin. C'est le gouvernement central d'un sport qui regroupe aujourd'hui 95 fédérations nationales, membres de plein droit, 20 organisations associées, et 6 fédérations régionales. Soit plus d'une centaine de membres répartis sur les cinq continents.

Aux niveaux national, régional, départemental et communal, les fédérations, les comités et les clubs prennent ensuite le relais (voir annexe B).

Chapitre 2

Un siècle de rugby

Dans ce chapitre :

- Les origines et l'avènement du rugby
- La France rejoint les meilleures équipes
- L'ouverture au monde et à la modernité

Le rugby n'est au début de son histoire qu'un « produit dérivé » du football. On a d'ailleurs longtemps parlé à son sujet de « rugby football », l'expression qui désignait le football pratiqué au collège de Rugby, en Angleterre. Or il est aujourd'hui un sport à part entière, pratiqué sur tous les continents, et dont les télés se disputent ardemment les droits de diffusion des matchs. Voici comment, en presque deux siècles, la fantaisie de William Webb Ellis est devenue un sport planétaire.

Une origine lointaine

Dès le Moyen Âge, on pratique des activités ayant un rapport avec le rugby. En France, par exemple, on s'adonne à la soule (voir chapitre 4). Deux villages se disputent une outre de cuir remplie de céréales. Le but est de l'amener à un point désigné à l'avance. Cette activité souvent violente, car dénuée de règles, est interdite par le roi de France, en 1319. D'une part, elle est jugée trop dangereuse ; d'autre part, elle puise ses sources dans des origines probablement païennes, mal vues par l'Église.

En Angleterre, on se dirige vers un jeu de balle au pied, à l'origine directe du football, introduit à la cour du roi d'Angleterre vers 1565. Ce jeu ne possède pas le caractère violent de la soule et les autorités royales vont peu à peu le généraliser dans les grandes institutions scolaires du pays. Parmi ces hauts lieux d'éducation, on trouve, dès la fin du XVIIIe siècle, les collèges d'Eton, de Winchester ou de Rugby. Chaque collège apporte ses particularités à la pratique du football : autant de signes distinctifs qui définissent leur identité et contribuent à leur renommée. À Winchester, deux équipes se font face et s'emboîtent l'une dans l'autre en essayant de faire avance le ballon qui se trouve au milieu : c'est l'ancêtre de la mêlée. À Eton, deux équipes s'opposent en essayant de faire avancer le ballon le long d'un mur. Et à Rugby, on pratique une variante du football qui consiste à envoyer le ballon au pied le plus loin possible dans le camp adverse.

L'éducation par le sport

Au début du XIXe siècle, le système éducatif anglais subit de profondes modifications à la suite de violentes révoltes estudiantines de la fin du XVIIIe. Désormais, les collèges se livrent une véritable lutte de prestige pour attirer les enfants de la haute société. Parmi les critères d'excellence, les activités physiques prennent une part très importante. Elles ont pour but de développer aussi bien le corps des étudiants que leur esprit (*mens sana in corpore sano* : « un esprit sain dans un corps sain » !). Parmi les valeurs inculquées : le dépassement de soi, l'esprit d'équipe, l'esprit d'imagination…

L'autre mutation d'importance que connaissent les collèges est l'apparition de hiérarchies au sein des élèves, les aînés exerçant de fait l'autorité sur les plus jeunes. Ce changement général va avoir des répercussions capitales dans la naissance du rugby. Car cette autorité va probablement aider William Webb Ellis, alors l'un des plus âgés du collège de Rugby, à faire fi du règlement et à introduire des nuances dans le jeu du football.

Une main providentielle

L'action se passe en 1823. Les élèves du collège de Rugby sont en train de jouer au football. Lorsque William Webb Ellis s'empare du ballon, plutôt que de le dégager loin dans le camp adverse, il le conserve et va défier ses opposants en le portant à la main. Il faut pour cela faire preuve d'une bonne dose de courage, car son équipe, celle des plus âgés, est beaucoup moins nombreuse que celle d'en face. Mais il profite également de son statut d'ancien, qui intimide ses plus jeunes adversaires. Il répétera cette entorse au règlement tout au long de l'année 1823. Il ne le sait pas encore, mais il vient d'inventer le rugby.

En 1828, la variante apportée par Webb Ellis s'impose. C'est Thomas Arnold, qui avait déjà initié la réforme de l'enseignement en Angleterre, qui la rend obligatoire. Les premiers règlements font leur apparition. Deux équipes se font face : les aînés, 40 adolescents à casquette (une *cap*), opposés au reste du collège, soit presque 200 élèves. Le but est de pousser la balle dans le camp adverse, seuls les « capés » ayant le droit de prendre la balle à la main. Il s'agit, selon Thomas Arnold, d'apprendre la combativité à ceux qui seront plus tard en charge du destin de l'Angleterre.

LÉGENDE

Mythe ou réalité ?

William Webb Ellis (1806-1872), né à Salford, en Angleterre, est le fils d'un officier des Dragon Guards. Après le décès de son père, en 1812, sa mère emménage à Rugby pour permettre à son fils d'entrer gratuitement au collège, l'un des plus renommés du pays à l'époque. Il y poursuit sa scolarité de 1816 à 1825, et s'y fait surtout remarquer par ses dons pour le cricket. Après un passage à Oxford, dont il rejoint la prestigieuse équipe de cricket, il est ordonné prêtre et exerce son ministère dans plusieurs églises anglaises. Il meurt, à Menton, en France, un an après la création de la Rugby Football Union en Angleterre. Tout laisse penser qu'il décéda en ignorant être à l'origine du rugby.

Aujourd'hui, beaucoup s'interrogent sur la réalité de cette histoire. Le premier doute provient de l'absence de preuve remontant à 1823... Le premier témoignage remonte à 1876. Matthew Bloxam, un ancien élève de Rugby, écrit une lettre au magazine du collège expliquant que le passage du jeu de football à un jeu à la main était dû à William Webb Ellis. Il fera de même en 1880, racontant toute l'anecdote... Mais ce n'est qu'en 1895 que la société des anciens élèves de Rugby fait une enquête pour vérifier l'histoire. Rien ne prouve alors la véracité de l'anecdote, personne ne pouvant déterminer quelles étaient précisément les règles du football pratiquées à Rugby en 1823. Pour certains, le fait de porter la balle était interdit, pour d'autres cela se faisait régulièrement, car les règles changeaient quasiment à chaque partie.

L'histoire d'Ellis fut consacrée vers 1895, lorsque commencèrent les disputent entre les tenants du rugby amateur et ceux du rugby professionnel (qui deviendra le rugby à XIII). Les « quinzistes » s'approprièrent l'histoire de William Webb Ellis pour assurer la légitimité de leur sport. Encore aujourd'hui, rien ne confirme ni n'infirme objectivement la légende d'Ellis.

Une expansion rapide

À partir de la fin des années 1820, le rugby va rapidement se développer, notamment par le biais des universités d'Oxford et de Cambridge. Il est vrai que nombre d'Oxoniens (les étudiants d'Oxford) sont des anciens de Rugby et importent dans leur université sa pratique. Les étudiants et les professeurs voient aussi dans le rugby un sport plus complet que le traditionnel football, car il sollicite le haut du corps. Un premier règlement, apparu en 1845, est approfondi l'année suivante, dans lequel figurent les premières distinctions entre *avants* (surnommés les « chiens »), *demis* (les « renards ») et *arrières* (les « chevaux »). Il y est également indiqué que le but est d'obtenir un *try* (essai) : c'est-à-dire de faire franchir au ballon la ligne de but adverse. Cela donne ensuite le droit de tenter de faire passer le ballon entre les poteaux en forme de H, et de marquer un but.

Malgré son rapide essor, le jeu de rugby n'est pas le seul pratiqué en Angleterre. Outre le football classique, appelé « soccer », il y a aussi les variantes nées à Winchester ou à Cambridge. Les tenants du rugby et ceux du jeu simple, avec notamment interdiction du croc-en-jambe, s'affrontent. Ils décident quand même de faire des concessions et créent ensemble la Football Association, en 1863. Cette idylle ne dure qu'un mois avant le divorce. Dorénavant, le football et le rugby suivront chacun leur chemin. Et il faut attendre le 26 janvier 1871 pour voir la création de la Rugby Football Union. Le but premier est d'uniformiser tous les jeux se rapprochant du rugby et de fonder des règles communes à tous. Celles-ci sont votées le 24 juillet 1871.

Un test concluant ?

Deux mois après la création de la Rugby Football Union, les Anglais envoient une équipe nationale à Édimbourg pour le premier test-match de l'histoire. Celui-ci se joue à Raeburn Place, et ce sont les Écossais qui s'imposent. Ils inscrivent deux essais et en transforment un alors que les Anglais n'en marquent qu'un seul, non transformé. Avec le système de points actuel, on dirait que les Écossais se sont imposés 12 à 5.

De l'Angleterre au monde entier

Le rugby ne met pas longtemps à traverser les mers et les océans. L'Angleterre est une nation maritime, et ses marins sont les premiers ambassadeurs du rugby. Dès 1858, le révérend Canon Ogilvie, proviseur d'un lycée du Cap, en Afrique du Sud, pousse ses élèves à pratiquer le *gog's game*, un jeu à base de mêlées fermées inspiré du rugby. Il veut redonner de l'allant à une jeunesse qu'il trouve un peu trop molle. On trouve chez lui la même volonté de former la jeunesse qui était à l'origine de la pratique du rugby. En Australie, ce sont les fils de Thomas Arnold qui sont à l'origine de l'essor de ce sport. L'université de Sydney est la première à monter une équipe sur l'île, en 1864. En Nouvelle-Zélande, c'est Charles Monro qui introduit le rugby, en 1869. À la différence de l'Australie, où il est pratiqué par l'élite dans les universités et les collèges privés, ce sont les fermiers et les Maoris, originaires des îles, qui participent au développement du rugby. La jeunesse des villes l'adopte vite et le rugby devient réellement un sport national en arrivant à Auckland. En France, la presse locale commente les premiers matchs du Havre durant l'hiver 1872. Des courtiers anglais ont réuni pour l'occasion des étudiants britanniques, et le premier club français, Le Havre Football Club, renommé Le Havre Athletic Club, naît officiellement en 1884.

Au Royaume-Uni, les rencontres internationales sont devenues régulières. Depuis 1875, l'Angleterre affronte tous les ans l'Écosse et l'Irlande. Le pays de Galles, qui a fondé la Welsh Football Union en 1880, rencontre l'Angleterre pour la première fois en 1881. Ce sont les prémices du Tournoi des IV Nations, créé lors de l'hiver 1882-1883, même si les rencontres ne se font encore que sur invitation. C'est cette année-là que naît l'expression « triple couronne » : un titre symbolique récompensant l'équipe qui a remporté ses trois matchs face aux autres nations.

Dès lors, il ne manque plus qu'une institution internationale pour gouverner le jeu. L'International Rugby Board est ainsi fondé le 5 novembre 1890. Il regroupe l'Angleterre, l'Écosse, l'Irlande et le pays de Galles. C'est là dorénavant que se décidera l'avenir du rugby. L'Angleterre compte 6 voix sur 12 au sein du Board, les 3 autres nations 2 chacune.

En France, à l'initiative de l'Union des sociétés françaises des sports athlétiques (USFSA), le Stade Français et le Racing Club de France se disputent la première finale du championnat de France, avec le baron Pierre de Coubertin pour arbitre, le 20 mars 1892. Le Stade Français ouvre le palmarès. Moins d'un an plus tard, le 13 février 1893, une sélection française joue son premier match international en Angleterre contre l'équipe du Civil Service : un match gagné, difficilement, par les Anglais.

Pour une poignée de roupies

En 1877, le rugby est déjà présent dans les colonies britanniques, et notamment en Inde. À Calcutta, cette année-là, le club de rugby cesse d'exister. Son capitaine se retourne alors vers la fédération anglaise et propose de faire don d'une coupe financée par le restant des cotisations. Le président de la RFU, Arthur Guillemard, accepte. Il décide que ce trophée, qui prendra le nom de Calcutta Cup, sera remis au vainqueur du match qui oppose tous les ans l'Angleterre à l'Écosse. C'est encore le cas aujourd'hui.

Deux rugbys, deux philosophies

Mais depuis plusieurs années déjà, les Anglais se bagarrent quant à l'avenir du rugby. Les clubs du Nord et de l'Ouest, plus prolétaires que les clubs londoniens, font le forcing pour que le défraiement des joueurs soit autorisé et pour faire payer l'accès aux tribunes. C'est une question de survie pour eux dans la mesure où leurs équipes sont surtout formées d'ouvriers qui ne peuvent se permettre de chômer pour jouer un match, par opposition aux universitaires et aux membres de la bourgeoisie qui jouent pour le plaisir à Londres. Mais introduire les défraiements équivaudrait du même coup à rejeter l'amateurisme, ce que ne veut même pas envisager la RFU. En 1895, les clubs du Nord se liguent et fondent la Northern Football Union, qui autorise immédiatement le défraiement des joueurs et l'accès payant au stade. C'est le schisme entre les deux fédérations. Trois ans plus tard, la fédération du Nord passe au professionnalisme intégral et réduit le nombre de joueurs de 15 à 13 pour favoriser le spectacle. Une guerre fratricide entre les deux rugbys vient de débuter (voir chapitre 4).

LÉGENDE

Un pratiquant éclectique

En 1923, **Eric Lidell (1902-1945)** joue son dernier match international pour l'Écosse. Auteur de 4 essais en 7 sélections, il est pourtant en pleine force de l'âge. Son arme principale est la vitesse : il est un excellent sprinteur, sur 100 comme sur 400 m. C'est d'ailleurs pour assouvir cette passion qu'il abandonne le rugby. Il se prépare en effet pour les Jeux olympiques de 1924, à Paris, où il remportera la médaille d'or sur 400 m. Ses convictions religieuses le pousseront à déclarer forfait pour le 100 m, qui se déroule un dimanche. Eric Lidell disparaîtra en Chine à l'âge de 43 ans ; une partie de sa vie est magnifiquement retracée dans le film *Les Chariots de feu*, de Hugh Hudson.

L'âge des tournées

LÉGENDE

Le XXe siècle est celui des voyages. Les Lions, une sélection des meilleurs joueurs britanniques, sont déjà partis deux fois en tournée en Afrique du Sud au XIXe siècle, et, dès la fin de la guerre des Boers entre les Anglais et les Afrikaans, en 1903, ils repartent… ce qui donne une idée assez précise de la place prise par le rugby dans les anciennes colonies britanniques. Mais ce début de siècle est marqué par la tournée de la Nouvelle-Zélande dans les îles Britanniques, à l'automne 1905. Les joueurs, emmenés par leur capitaine, Dave Gallaher, mettent six semaines pour venir en bateau. Six semaines mises à profit pour peaufiner leur condition physique et leur sens tactique. Les résultats ne se font pas attendre puisque les Néo-Zélandais gagnent 31 des 32 matchs disputés, marquant 830 points pour seulement 39 encaissés. C'est là que naît la légende des All Blacks. Lors de leur troisième match, gagné contre Bristol, le journaliste, enthousiasmé par la vitesse des avants, les compare à des arrières et annonce : *They are all backs* (« Ce sont tous des arrières »). Les sténos du journal, pensant à une erreur de frappe en voyant les clichés des joueurs avec leurs maillots noirs, transforment la phrase en *They are all blacks* (« Ils sont tous en noir »). Les All Blacks ne perdront plus leur surnom.

Les Sud-Africains arrivent en tournée l'année suivante. Craignant de se voir affubler d'un surnom par la presse britannique, ils décident en arrivant de s'en donner un eux-mêmes. Ils choisissent le springbok, une antilope du bush. Eux non plus ne le perdront jamais.

L'avènement des Bleus

Après ces balbutiements originels, le rugby est en train de grandir. Les premières fédérations ont vu le jour et il devient important maintenant de structurer son essor. Les matchs internationaux s'organisent, avec la naissance du Tournoi des V Nations, tout comme le rugby des clubs. Le rugby fait son apparition aux Jeux olympiques, grâce à l'insistance de Pierre de Coubertin, en 1900 – la France s'impose alors en finale face à la sélection anglaise. Mais cette évolution va parfois trop vite : en France, notamment, du moins aux yeux des traditionalistes britanniques. Le clash est inévitable.

Le Tournoi, rendez-vous annuel

Le premier Tournoi des V Nations, même s'il n'est pas officiel, a lieu en 1910, puisque pour la première fois l'Écosse accepte de rencontrer la France. Dorénavant, tous les ans, les cinq équipes se retrouvent en hiver pour s'affronter. Les Français remportent leur première victoire internationale l'année suivante, face à l'Écosse, au stade de Colombes.

LÉGENDE

Le rugby est au faîte de sa gloire, et des dizaines de milliers de spectateurs assistent aux matchs internationaux. Mais la Grande Guerre éclate et, pendant quatre ans, le rugby disparaît. De nombreux internationaux, dont Dave Gallaher, le capitaine des All Blacks de 1905, ne reviennent pas du front. Le Tournoi reprend ses droits en 1920, après la démobilisation. L'Écosse n'est pas chaude pour réintégrer la France, mais accepte finalement sous la pression du Premier ministre anglais, Lloyd George, et la Fédération française de rugby naît le 11 octobre de cette même année.

La France a mis du temps à se faire admettre par les nations britanniques ; elle n'est d'ailleurs pas encore membre du Board, et les Britanniques surveillent de près les *Frenchies*. En 1922, on leur reproche un jeu dur, puis, en 1924, on soupçonne les clubs français d'accorder des avantages matériels aux meilleurs joueurs pour les faire intégrer leur équipe. Voilà un professionnalisme déguisé que ne peut supporter le Board, et la première victoire de la France face à l'Angleterre, le 2 avril 1927, n'arrange probablement pas ses affaires. Deux ans plus tard, le professionnalisme caché des Français éclate au grand jour. Quillan, une équipe de mercenaires montée de toutes pièces par le chapelier Jean Bourrel, est sacrée championne de France. Ses joueurs sont soit payés, soit défrayés pour évoluer dans l'équipe. Qui plus est, la finale, un match violent entre Quillan et Lézignan, est arrêtée avant la fin, car les spectateurs se battent dans les tribunes.

Les conséquences ne se font pas attendre. Quinze clubs français, parmi les plus prestigieux (Toulouse, le Stade Français, Bayonne…) quittent la FFR et fondent l'Union française du rugby amateur (UFRA), en 1931. Ils ne se reconnaissent plus dans un championnat où l'argent prend de plus en plus de place. Pour eux, seul l'amateurisme permet de préserver l'équité sportive. Ils se retournent vers les Home Unions britanniques (les quatre nations qui gèrent le tournoi) et demandent la disparition du championnat de la FFR. Le 2 mars 1931, la France est exclue du Tournoi, et tous les matchs contre des clubs ou des équipes françaises sont interdits. La France paie ses années de violences et de professionnalisme au prix fort. Elle paie également son orgueil, qui l'a empêchée d'entendre les nombreux avertissements du Board dans les années 1920, et le peu de sympathie que les nations britanniques éprouvaient pour le rugby français depuis son apparition.

La France ne sera réintégrée par le Board que le 9 juillet 1939. Pendant huit ans, le rugby à XV périclite peu à peu au profit du rugby à XIII – lancé à l'initiative de Jean Gallia, en 1934 –, qui remplit les stades lors des chocs contre l'Angleterre ou le pays de Galles (voir chapitre 4). La fédération, pour ne pas mourir et revenir dans les bonnes grâces du Board, supprime le championnat de France au mois de mai 1939. Le 9 juillet de la même année, bien aidé par la pression amicale des hautes instances des deux côtés de la Manche, l'International Board annonce la reprise des relations franco-britanniques. Le premier match de cette nouvelle ère a lieu le 25 février 1940 au Parc des Princes, en pleine « drôle de guerre ». Pour faire bonne figure, la fédération française a rappelé des joueurs qui se trouvaient mobilisés sur le front.

Chapeau, messieurs !

L'histoire du club de Quillan est de celles qui ne peuvent arriver que dans le rugby. À l'origine, Quillan est un modeste club de troisième division, mais c'est également la ville de Jean Bourrel, le plus grand chapelier de l'Aude, qui y a implanté son usine. Il décide, en 1927, de faire de son équipe de rugby l'étendard de sa société. Et comme il est le chapelier numéro un en France, il veut que son équipe fasse de même. Ce sera l'occasion de faire de la publicité à bon prix. Bourrel profite d'une dispute entre de nombreux joueurs perpignanais et leur club pour les enrôler à Quillan, moyennant finance, ce qui est interdit à l'époque mais que la fédération ne sanctionne pas. Les joueurs de Quillan sont raillés pour leur esprit de mercenaires et pour le chapeau qu'ils arborent avant les matchs dans leur tenue de ville. Mais, sur le terrain, les résultats ne tardent pas, et, en deux ans, les joueurs décrochent le titre de champion de France. Un succès pour Jean Bourrel et un malheur pour le rugby français, qui devient de plus en plus violent sur le terrain.

La reconstruction

La période de l'après-Seconde Guerre mondiale est celle de la reconstruction pour le rugby, à l'image d'une Europe durement touchée par le conflit planétaire. Le retour de la France a permis de faire renaître le Tournoi des V Nations. Il ne faut que quelques années pour que les tournées reprennent également et se multiplient. On voit ainsi les Néo-Zélandais partir en tournée en Afrique du Sud, sans joueur de couleur à cause de l'apartheid. Du coup, une sélection de Maoris part au même moment en Australie. Les Springboks eux-mêmes se retrouvent en Europe alors que les Lions britanniques font leur deuxième tournée en Nouvelle-Zélande, déclenchant un engouement populaire jamais vu jusque-là. Quant à la France, elle organise sa première tournée en Argentine, qui ressemble plus alors à un séjour de vacances.

Chaban sauve l'honneur

Les matchs internationaux reprennent en 1945, alors que la guerre n'est pas encore terminée. Le 28 avril, une équipe de France se rend en Angleterre, mais les Anglais ont formulé une demande : ils veulent au moins un résistant dans l'équipe de France. Qu'à cela ne tienne, le général Jacques Chaban-Delmas, l'un des fidèles du général de Gaulle, ailier à Bègles avant la guerre, est du voyage. Le futur Premier ministre de la France honore à cette occasion sa première et unique sélection en équipe de France.

Mais rapidement, les Home Unions recommencent à montrer du doigt la France. Le professionnalisme rampant et la violence persistante du championnat irritent au plus haut point les Britanniques, qui intiment l'ordre à la fédération française d'y mettre fin, en 1952. Un nouvel arrêt de mort du championnat de France est envisagé, mais cette fois les clubs se rebellent. René Crabos, grand joueur des années 1920, est élu à la présidence de la FFR, et son prestige parvient à maintenir la France dans le Tournoi. Les Français ne laisseront plus dorénavant les Britanniques les menacer de la sorte. On se dirige peu à peu vers un équilibre des pouvoirs. La France ne sera bientôt plus le vilain petit canard…

L'affirmation d'une nation

Dans sa quête de reconnaissance, la France fait un grand pas en 1954. Au mois de février, elle bat enfin la Nouvelle-Zélande en test-match. Une victoire par la plus petite des marges, 3-0, avec un seul essai marqué. Mais les Français auront défendu leur camp jusqu'au bout.

Ils feront de même deux mois plus tard lors du dernier match du Tournoi. La France reçoit l'Angleterre avec, au bout, l'opportunité de remporter son premier Tournoi. Ce match est aussi la première sélection de Pierre Albaladejo au poste d'arrière. Cela fait plusieurs saisons que les Anglais sont dominateurs devant, mais, ce jour-là, les Français tiennent et s'imposent : 11-3. Ils partagent finalement la 1re place avec les Anglais et les Gallois. Ironie de l'histoire, ce succès a lieu alors que l'on célèbre les 50 ans de l'entente cordiale signée entre la France et l'Angleterre, sous les yeux de René Coty, président de la République, et du maréchal Montgomery, héros de la Seconde Guerre mondiale.

Trois ans plus tard, une nouveauté va bouleverser le rugby, et le sport en général. L'ORTF retransmet le Tournoi des V Nations à la télévision. L'opération est menée par Pierre Sabbagh, et puisque personne, au sein de l'ORTF, ne sait commenter un match de rugby, c'est le correspondant à Londres qui assure les commentaires. Pour la première fois, des régions entières du pays découvrent le rugby de haut niveau, dont elles ignoraient tout jusque-là. L'année suivante, la France voit son équipe s'imposer pour la première fois à Cardiff.

Atteindre les sommets

Le rugby, au début des années 1960, est devenu un sport majeur, loin derrière le football, certes, mais de plus en plus suivi. Les sixties correspondent également à l'arrivée du rugby français aux sommets européens. On avait vu la France remporter son premier tournoi en 1954 ; elle manque le grand chelem d'un rien en 1960, avec trois victoires et un nul contre l'Angleterre. L'année suivante, la France est la première nation européenne à partir en tournée en Nouvelle-Zélande : une tournée difficile, qui se termine par trois défaites lors des tests, dont une punition à Christchurch 32-3.

Mais l'histoire est en marche, et la France décroche enfin son Graal, en 1968, en réalisant le grand chelem dans le Tournoi (quatre victoires en quatre matchs). Pourtant tout ne fut pas simple, avec une première victoire chanceuse sur l'Écosse, deux essais refusés à l'Angleterre, et une grande lessive à mi-tournoi avec huit changements de titulaire. Au total, il y aura eu 27 joueurs utilisés, guidés par le capitaine Christian Carrère lors de ce premier grand chelem.

C'est cette même année qu'Albert Ferrasse mène le putsch qui va déposer le président de la fédération, Marcel Batigne. Il va lui succéder pour un règne qui ne s'arrêtera qu'en 1990.

LÉGENDE

Six mois de retard

C'est la tradition depuis les prémices du Tournoi : celui-ci se déroule à la fin de l'hiver et au début du printemps. Mais, en 1961, une épidémie de variole sévit au pays de Galles. Les Irlandais, protégés de ce fléau par leur statut d'insulaires, refusent de faire le voyage le 10 mars, car le virus est encore actif. Le match est reporté au 28 avril, mais l'épidémie n'est pas encore terminée à cette date, et le match est une nouvelle fois reporté, au mois de novembre. Entre-temps, l'équipe de France s'est, elle, rendue au pays de Galles, pour constater que les Gallois, brillants vainqueurs, sont en pleine forme. Et le 17 novembre, ce sont les Irlandais qui remportent, dans l'histoire du Tournoi, le premier match joué en automne.

L'ouverture des années 1980 et 1990

On a vu que le rugby, après la Seconde Guerre mondiale, avait su reprendre la place qui était la sienne avant-guerre. Le Tournoi a repris ses droits et les Home Unions régentent tranquillement leur petit monde. Le rugby connaît alors une grande accélération et s'ouvre au monde entier en même temps qu'au professionnalisme.

Vers une coupe du monde

En 1971, la Rugby Football Union fête son centenaire avec des matchs de gala opposant des équipes constituées des meilleurs joueurs au monde. Le rugby est à son sommet mais, paradoxalement, il commence à tourner en rond. Le Tournoi offre des matchs de plus en plus intenses, les tournées sont suivies par de plus en plus de spectateurs et de téléspectateurs, mais le monde du rugby ne s'agrandit pas. Alors que le football vit au rythme de sa coupe du monde, tous les quatre ans, le rugby n'évolue pas.

ATTENTION !

Oui mais voilà, à l'inverse de son cousin, le rugby est encore amateur et nombre de membres du Board voient dans la création d'une coupe du monde une porte ouverte au professionnalisme. Il faudra attendre 15 années de plus pour arriver au principe d'une coupe du monde de rugby. L'IRB se réunit le 22 mars 1986, à Paris, et décide enfin, à l'unanimité, de la création de cette épreuve.

L'histoire veut que ce soit Albert Ferrasse, grand défenseur de l'amateurisme et très soucieux de ne pas voir les commandes du rugby échapper des mains de ceux qui les tenaient jusque-là, qui ait officiellement lancé l'idée, cinq ans plus tôt. La première édition de cette coupe du monde est prévue pour le mois de juin 1987, en Nouvelle-Zélande et en Australie, deux pays qui ont fait pencher la balance en faveur du « oui ».

Guerre froide et marrons chauds

Le rugby se mondialise et s'offre même des matchs symboliques que d'autres sports ne peuvent pas imaginer. En 1988, les États-Unis font une tournée en Europe et demandent à rencontrer ce qui est encore l'URSS. La partie se fait sous le patronage du Board et de la Fédération internationale de rugby amateur. Même le Comité international olympique est sollicité pour ses bons offices, car, sans que le rugby soit un sport olympique, l'influence du CIO est grande dans les pays de l'Est. La partie est déséquilibrée, car la « culture rugby » est plus développée en URSS qu'aux États-Unis. Même avec des athlètes bien préparés, les Américains, tactiquement et techniquement surpassés, s'inclinent.

Le passage au professionnalisme

L'année 1987 est décidément une année marquante. La France l'entame de la plus belle des manières en réalisant le grand chelem. Quelques semaines plus tôt, en décembre 1986, la France était déjà à l'honneur, grâce au Stade Toulousain. Son président, Jean Fabre, a créé le Masters, qui réunit des clubs de plusieurs pays. Ce sont les prémices d'une coupe d'Europe, qui existe à peine dans les cartons, mais surtout un succès pour Toulouse, aussi bien médiatique que sportif.

Malgré des défauts de jeunesse et un amateurisme évident dans certains domaines (les contrats télé, par exemple, ne sont signés que quelques heures avant le premier match), la première Coupe du monde de rugby est une réussite. En finale, la Nouvelle-Zélande, sur son terrain fétiche de l'Eden Park, s'impose face à la France. Même l'histoire semble se prêter au jeu, en sacrant la nation qui depuis des décennies symbolise le rugby.

Toujours en 1987, la FFR autorise les clubs à arborer une publicité sur le maillot. Cela faisait trois ans que la fédération sollicitait le Board à ce sujet. Mais attention, on ne peut pas faire n'importe quoi. Le logo ne doit pas dépasser d'un carré de 6 cm de côté, et la fédération se garde le droit de refuser certains sponsors.

N'OUBLIEZ PAS !

Fin de l'apartheid : le rugby précurseur

En Afrique du Sud, la société est en train de changer très lentement à la fin des années 1980, mais déjà quelques signes laissent à penser que l'apartheid ne pourra pas durer. Le rugby sud-africain va encore plus loin. Son président, Danie Craven, a envoyé des émissaires auprès de l'ANC (African National Congress), le parti de Nelson Mandela, qui est alors encore emprisonné. Il s'agit de mettre sur pied les bases d'une future fédération sud-africaine de rugby multiraciale.

Le 15 octobre 1988, l'ANC et la fédération sud-africaine publient un communiqué commun. Une véritable révolution dans ce pays où le rugby est encore le sport national des Blancs, et l'ANC un parti considéré comme terroriste par le pouvoir proapartheid. Sept ans plus tard, c'est en tant que président de la République, et avec le maillot des Springboks portant le numéro 6 sur les épaules, que Nelson Mandela remet la coupe du monde à François Pienaar, vainqueur de l'épreuve avec l'Afrique du Sud, devenue entre-temps une nation arc-en-ciel.

L'ère open

On qualifie d'« open », dans le sport, une pratique ouverte aux amateurs et aux professionnels. C'est dans cette direction que se dirige le rugby durant les années 1990. La première Coupe du monde fut un succès et il devint impensable de faire machine arrière. En octobre 1990, le Board a même autorisé les joueurs de rugby à toucher de l'argent. Non pas pour jouer au rugby, mais pour faire de la publicité, par exemple. Cette pratique, déjà courante dans l'hémisphère sud, devient légale. Deux ans plus tard, le Board suit l'histoire et accorde à l'Afrique du Sud l'organisation de la troisième Coupe du monde, celle de 1995. La chute de l'apartheid et la naissance de la nation arc-en-ciel permettent à l'Afrique du Sud d'accueillir son premier événement sportif mondial.

ATTENTION !

Cette renaissance va accompagner une naissance, celle du professionnalisme. L'amateurisme dans le rugby n'est déjà plus que de l'amateurisme marron et beaucoup de joueurs de l'hémisphère sud attendent la première occasion pour devenir professionnels. Celle-ci arrivera à l'issue de la Coupe du monde 1995. Moins frileuses que leurs consœurs de l'hémisphère nord, les fédérations du Sud franchissent le pas et signent un contrat avec le milliardaire australien Rupert Murdoch. En jeu, l'organisation pendant 10 ans de 2 tournois annuels réunissant l'Australie, la Nouvelle-Zélande et l'Afrique du Sud d'une part (le Tri Nations), et les 12 meilleures provinces de ces 3 nations d'autre part (le Super 12). En échange, les 3 fédérations se partagent l'équivalent de 420 millions d'euros.

ATTENTION !

Dans le même temps, juste après la Coupe du monde, un autre magnat australien, Kerry Packer, fait part de son souhait de mettre en place une ligue mondiale réunissant les meilleurs joueurs des deux hémisphères. Ils proposent un contrat type à tous les joueurs de renommée internationale, leur promettant 1 million de francs par an. Mais Packer est allé trop loin et pousse les fédérations à réagir. La conclusion est inévitable. Le 26 août 1995, l'International Rugby Board met fin à l'amateurisme et officialise le passage du rugby à l'ère open. Dans le même temps, le Board, représenté cette année-là par Bernard Lapasset, le président de la FFR, laisse toute liberté aux fédérations de choisir le statut qu'elles veulent donner au rugby dans leur pays. C'est ainsi que la France manque le premier train en conservant un rugby amateur.

Il ne manque plus qu'une pierre à l'édifice de ce rugby « moderne » : la Coupe d'Europe. Elle naît en 1995. Depuis le mois de juillet, le comité du Tournoi des V Nations planche sur ce sujet, et vote sa création au mois d'août. Le premier match a lieu deux mois plus tard, opposant les Toulousains aux Roumains de Constantza. Les premiers s'imposent facilement 54-10.

Et voici que 172 ans après le geste de William Webb Ellis, 124 ans après la création de la RFU, le rugby a énormément changé. D'activité censée éveiller la future élite de l'empire britannique, il est devenu un sport planétaire et professionnel… tout en gardant un esprit de collégien et en restant une école de la vie.

Des cavaliers peu à cheval

L'Afrique du Sud est boycottée sportivement par les autres nations à partir de 1977. Le pays n'a pas le droit d'accueillir des compétitions internationales ni d'y participer. Mais le rugby est en Afrique du Sud le sport national. Une invitation est donc lancée aux joueurs néo-zélandais pour qu'ils viennent en tournée, avec le concours de nombreux sponsors qui, officieusement, se chargeraient de rétribuer les All Blacks. Malgré le tollé général et la menace de la part des pays africains de boycotter les Jeux olympiques de Séoul, prévus deux ans plus tard, la majorité des All Blacks acceptent le principe de la tournée et se rendent à Pretoria. Seuls David Kirk et John Kirwan refusent. En l'absence d'accord formel de leur fédération, les joueurs se surnomment les « cavaliers », et les quatre matchs prévus se déroulent sans incidents. Au mépris de la position du monde du sport, et à des fins peut-être plus pécuniaires que sportives.

Chapitre 3

Une école de la vie

Dans ce chapitre :

- La tête et les jambes
- Un sport de gentlemen
- La culture rugby

Que l'on soit passionné ou profane, le rugby représente pour tous un sport à part. Au-delà du sport, il donne l'image d'une véritable « école de la vie », d'une activité porteuse de valeurs : l'engagement, le respect, la fraternité ou le partage participent au fait que le rugby ne s'arrête jamais au terrain, mais qu'il se vit également avant ou après le match, comme lors de la troisième mi-temps. Les joueurs qui incarnent au mieux cette philosophie ou cet art de vivre rejoignent un club de rugby atypique, fonctionnant sur invitation, appelé les « Barbarians ».

Un sport de combat

ATTENTION !

Pas de rugby sans combat. Pas de combat sans engagement. Voilà un des principes fondateurs de la pratique du rugby. Ce sport se définit notamment parce qu'il est l'unique sport de contact par équipes. Il faut avoir affronté une équipe, s'être retrouvé pris dans un regroupement, avoir été malaxé par le pack adverse, ou avoir ressenti la tension d'un vestiaire à quelques minutes d'un match face à un adversaire réputé plus gros, plus fort et plus rapide, pour véritablement comprendre que sans engagement il n'y a pas de rugby possible.

Deux types d'engagements sont nécessaires. Le premier est basique, il s'agit de l'engagement physique. Le rugby demande à ses pratiquants de se donner à fond physiquement. Au-delà de la course, il y a le contact avec l'adversaire. Par nature, les efforts demandés pour courir et ceux exigés pour lutter pour le ballon sont différents et pas toujours compatibles. Le joueur de rugby doit également s'adapter à l'adversaire et à son équipe.

Mais l'engagement psychologique est probablement le plus important, car dans le rugby d'élite qui triomphe aujourd'hui, tous les joueurs sont des athlètes à part entière, et il est rare de voir des joueurs faire la différence sur leurs adversaires directs uniquement grâce au physique.

ATTENTION !

Pourquoi le mental a-t-il une place plus importante que dans d'autres sports ? À cause de cette dimension du contact et du combat, propre au rugby. Il faut être prêt, lorsque l'on entre sur un terrain, à souffrir, car la dépense énergétique est importante, mais aussi parce que le match sera fait de duels où vous irez défier, physiquement, votre vis-à-vis, et de regroupements où chaque équipe voudra faire subir sa puissance à l'adversaire. Il faut donc être prêt à avoir mal, au sens premier du terme. Mal parce que le plaquage vous aura coupé le souffle, ou parce vous vous serez jeté dans les jambes de ce troisième ligne qui fait 10 cm et 10 kg de plus que vous. Et pour réussir cela, il faut, en entrant sur le terrain, être prêt à accepter cette souffrance. Car la moindre hésitation devant le combat, la moindre faiblesse dans l'envie se ressentiront dans votre engagement physique et permettront à l'adversaire de prendre le dessus.

Georges Gregan

LÉGENDE

Georges Gregan n'est pas le joueur le plus imposant physiquement. Mais ce demi de mêlée de l'équipe d'Australie est le joueur le plus capé au monde : parce qu'il est incroyablement talentueux, parce que c'est un meneur d'hommes et un stratège, mais aussi parce que c'est un défenseur redoutable, il est aujourd'hui considéré comme le meilleur plaqueur au monde. Il y parvient en ne doutant jamais et en se livrant sur chaque plaquage à 100 %.

Un sport d'équipe

L'engagement, physique et psychologique, n'est pas la seule spécificité du rugby, mais c'est de là que découle en grande partie le charme du rugby, permettant à ses pratiquants de développer des valeurs telles que la fraternité et le respect.

La fraternité

La fraternité est à la base d'une équipe de rugby qui gagne, quel que soit le niveau auquel elle évolue. Elle permet de s'unir dans les moments difficiles vécus sur le terrain. Les affrontements avec l'adversaire ne peuvent se concevoir qu'avec l'équipe et l'aide apportée aux coéquipiers en difficulté. Bien souvent, c'est ce qui permet de renverser des montagnes ou de battre une équipe dont les individualités sont plus fortes que les siennes.

LÉGENDE

En 1991, l'équipe de Bègles est en train de se faire une réputation dans le championnat de France. Elle ne dispose peut-être pas des meilleurs joueurs à chaque poste, mais son pack de devant, et notamment sa première ligne, est de plus en plus redouté. Composée de Vincent Moscato, Serge Simon et Philippe Gimbert, la première ligne béglaise impose un important défi physique, à la limite parfois de la brutalité. Ces trois joueurs ne blessent jamais leurs adversaires, mais parmi ces derniers, certains perdent le match d'entrée, car ils sont impressionnés et refusent le combat.

La référence en matière de première ligne et de pack combattant est alors Toulon. Et les deux équipes se retrouvent en quart de finale aller du championnat de France, au stade Mayol, l'antre des Toulonnais ! Sur le papier, l'avantage va aux joueurs de la rade, plus expérimentés, plus homogènes, plus réputés également pour leur « virilité » pendant les matchs. Mais les Béglais se sont préparés. Ils entrent sur le terrain, non pas comme 15 joueurs, mais comme une famille, ou 15 frères prêts à se défendre les uns les autres. Dans un match qui ne marquera pas l'histoire du rugby par sa qualité, Bègles tient le choc et ne craque pas. Si Toulon remporte le match au tableau d'affichage, psychologiquement, c'est Bègles qui sort vainqueur. Pas une fois, ses joueurs ne se sont « échappés » face à l'adversaire, pas une fois l'un d'entre eux ne s'est trouvé seul pour défendre le ballon. Et lorsqu'un joueur lâchait un peu, baissait les bras, il avait toujours un coéquipier pour le remonter. Ce jour-là, Bègles a marqué les esprits. Au match retour, Bègles se qualifie et remporte, cette année-là, le championnat de France. Cette équipe avait comme chef de meute un demi de mêlée capable de faire monter ses joueurs en haut des poteaux de rugby si c'était nécessaire pour le bien de l'équipe. Il s'agissait de Bernard Laporte, qui devint par la suite entraîneur de l'équipe de France.

Laporte Bègles

Le respect de l'adversaire

Avec la fraternité, le respect est l'autre valeur qui découle de l'engagement nécessaire à la pratique du rugby. À l'image des sports de combat d'origine asiatique, le respect de l'adversaire est l'une des lois fondamentales de ce sport. Parce qu'il est peut-être plus fort que vous et que vous devez vous attendre à subir, ou alors parce qu'il a été valeureux sur le terrain, l'adversaire doit être respecté.

Il faut respecter sa force, mais sans la craindre. Car avoir peur diminue la capacité à s'engager dans le match. Et sa force est peut-être plus importante que ce que l'on peut voir en observant juste les joueurs. Plusieurs petits pousseront toujours plus fort qu'un seul grand. Tous les joueurs vous avoueront qu'ils ont ressenti un jour la « sainte trouille ». Celle qui vous fait entrer sur le terrain en vous disant que le pire est à venir, et que cette fois-ci, vous allez « charger ». Et c'est cette crainte, ce respect que vous éprouvez pour votre adversaire, qui fait que vous allez vous montrer à la hauteur. Le respect pousse à la concentration et à l'application.

LÉGENDE

France - plus Beau match Coupe du Monde

En 1999, la France retrouve la Nouvelle-Zélande en demi-finale de la Coupe du monde. Jusqu'à ce match, les Français ont été décevants ; le courant ne passe très bien entre le staff et les joueurs. En face, les All Blacks ont dominé tous leurs adversaires, dont les Anglais, qui jouent pourtant à domicile. Ils possèdent en plus l'arme fatale : Jonah Lomu. En résumé, personne ne voit la France s'imposer… peut-être même pas les joueurs eux-mêmes. En entrant sur le terrain, ils le raconteront par la suite, ils ont peur de prendre une déculottée. Ils respectent énormément cette équipe réputée pour être la meilleure au monde. Et le début de match confirme ce sentiment, entre des Français empruntés et des Néo-Zélandais dominateurs, avec notamment deux essais de Lomu. Puis, peu à peu, l'équipe de France réalise que si elle s'accroche, si elle pratique le jeu qu'elle connaît, alors elle peut bousculer ces All Blacks. Tant et si bien qu'elle réussit l'un des plus beaux matchs de l'histoire de la Coupe du monde et se hisse en finale. C'est parce qu'ils respectaient leur adversaire que les Français se sont imposés. Inversement, les All Blacks ont déclaré quelque temps après qu'ils étaient sûrs de gagner ce match avant de l'avoir joué. Cette confiance en eux se transforma peu à peu en suffisance. En ne craignant pas les Français, ils leur ont manqué de respect et ont participé à leur propre élimination. Elle conduira au limogeage de l'entraîneur John Hart.

Le rugby ne vous pousse pas seulement à respecter la force de votre adversaire. Il vous pousse également à le respecter en tant qu'être humain. L'adversaire a accepté de vous défier ; il a lutté avec vous dans le respect des règles et, plus encore, il vous a affronté physiquement. Cela crée une proximité, qui se retrouve dès la fin du match avec la haie d'honneur ou la troisième mi-temps. Et ce, quelle que soit l'importance du match : une rencontre de troisième série ou la finale de la Coupe du monde.

Le fair-play

À « fair-play », on trouve, dans le dictionnaire : « dans le respect des règles ». Le fair-play est l'un des fondements du rugby. Il implique le respect des règles écrites, à savoir les lois de ce sport, et celui des règles non écrites, qui donnent tout son esprit au rugby.

Le rugby est un sport compliqué que l'on ne peut pas pratiquer du jour au lendemain si l'on ne vous l'a pas enseigné. Donnez un ballon de football à plusieurs enfants dans la rue, et ils feront un match. Donnez leur un ballon de rugby et, selon la région où vous vous trouvez, un bon nombre vous regardera avec des yeux ronds. Il faut, avant de jouer au rugby, en connaître les lois fondamentales. On peut faire un match de foot en ignorant le hors-jeu, on ne peut le faire au rugby en ignorant les règles de la mêlée ou de la touche, ou en s'affranchissant de l'interdiction de passer le ballon à la main vers l'avant.

Cette simple exigence quant à la connaissance des règles rend indispensable la présence de l'arbitre et le respect de son rôle sur le terrain. À la différence de la quasi-totalité des autres sports, le joueur de rugby respecte la décision de l'arbitre. Par tradition d'abord : nourri au sein de l'éducation anglaise, dans les collèges chargés de former l'élite de la nation, et donc de futurs gentlemen, le rugby ne permet pas la contestation. Lors des premiers matchs dans les collèges, les arbitres étaient souvent les professeurs, et il n'était pas envisageable pour les enfants de remettre en cause leurs décisions.

Le joueur respecte l'arbitre par tradition, mais aussi parce que le règlement permet de le sanctionner s'il conteste les décisions. À la différence d'autres sports, du football en particulier, la contestation de la décision de l'arbitre en rugby enchaîne automatiquement une perte de terrain. Un joueur qui râle, ou qui manque de respect à l'arbitre, condamne son équipe à reculer de 10 m. Il laisse également l'opportunité à l'adversaire de tenter de marquer une pénalité et de prendre 3 points. Autant de raisons qui vous poussent à vous montrer fair-play et à accepter sans broncher les décisions arbitrales.

Le fair-play réside également dans la manière d'assumer la défaite aussi bien que la victoire. Il est ainsi très rare de voir des joueurs se jeter dans les bras les uns des autres après un essai, ou de voir le marqueur de l'essai se mettre à courir et à faire le tour du stade en jetant son maillot aux supporters. D'abord parce que célébrer un essai ou des points marqués, cela signifie insister sur la défaite de l'adversaire. Or le respect auquel on faisait allusion plus haut l'interdit. Ensuite, un joueur qui marque un essai ne fait que conclure une action ou un mouvement qui aura été mis en place par l'ensemble de l'équipe. Célébrer seul, c'est nier en partie le travail des coéquipiers.

De la même manière, il est de tradition dans le rugby qu'une équipe victorieuse attende son adversaire avant de rentrer au vestiaire. C'est un témoignage de respect envers le combat qu'elle a livré sur le terrain. L'équipe vaincue rend ensuite ses applaudissements aux vainqueurs, afin de montrer que la défaite est acceptée, car, ce jour-là, l'adversaire était le plus fort et méritait de gagner.

La culture rugby

La culture rugby est l'une des particularités qui ont toujours rendu ce sport attractif, mais également un peu mystérieux auprès des profanes. Comment peut-on affronter parfois aussi violemment l'adversaire sur le terrain et partager le repas avec lui ? Comment des athlètes de haut niveau peuvent-ils se permettre de faire la fête après un match ? Que se passe-t-il lors de la troisième mi-temps ? Voici une initiation à la culture rugby.

La troisième mi-temps

C'est, pour beaucoup de candides en matière de rugby, la base de ce sport. Ce moment où, dans l'imaginaire collectif, tous les joueurs se retrouvent pour se livrer à des ripailles et des beuveries en contradiction avec les bases de l'hygiène de vie d'un sportif.

Mais la troisième mi-temps est beaucoup plus que cela. C'est avant tout un moment à part entière de la rencontre, au sens premier du terme, entre deux équipes. Celle-ci ne se limite pas au match, mais englobe ce qui le précède et ce qui le suit. Le principe de la troisième mi-temps est simple. Il s'agit de fraterniser avec l'adversaire après avoir lutté contre lui. Pour rappeler que le sport n'est qu'un jeu et que son but ultime est de rapprocher les gens. C'est aussi une preuve de respect de l'adversaire.

Originellement, cette troisième mi-temps était le repas qui réunissait les deux équipes après le match. Mais le rugby est ainsi fait qu'il permet aux joueurs de « refaire le match » encore et encore, et donc de faire durer le repas. La consommation de bière étant presque traditionnelle en Angleterre, les repas d'après-match en rugby sont rapidement devenus des rendez-vous courus autant par les joueurs que par les spectateurs. Ils permettaient d'échanger et de passer un moment agréable.

Cet après-match était partie intégrante de la pratique du rugby à son arrivée en France. Mais, sous l'influence des provinces qui s'en sont emparées, le repas s'est peu à peu transformé en banquet et le côté festif a pris des accents du Sud-Ouest. Pour celui qui n'était pas au fait de ces coutumes, cela pouvait sembler incongru de voir des sportifs boire et manger plus que de raison. À tort… Une première raison est presque ethnologique. En s'implantant dans le Sud-Ouest, le rugby a quelque peu délaissé les étudiants pour les paysans, les ouvriers… et une certaine culture du « bon vivre ». De plus, le rugby, malgré quelques traces d'arrangements financiers (voir chapitre 2) était amateur. Les joueurs ne bénéficiaient que de peu d'entraînement dans la semaine et avaient un autre travail. Le match du dimanche était essentiellement un exutoire, l'après-match également.

Aujourd'hui, après un match du Tournoi des VI Nations, les joueurs et l'encadrement des deux équipes se retrouvent toujours pour le banquet d'après-match. Les joueurs portent le smoking, dînent ensemble, assistent aux discours des capitaines et terminent la soirée, au bar ou ailleurs, en refaisant le match pour la énième fois.

Lors de la Coupe du monde 1995, l'équipe de France échoue de peu en demi-finale contre le pays hôte, l'Afrique du Sud. Pour en arriver là, elle s'est beaucoup battue ; les joueurs sont ensemble, depuis longtemps maintenant, avec un entraîneur efficace mais très exigeant, Pierre Berbizier. La France est à deux doigts de s'imposer lorsque Abdelatif Benazzi vient s'écrouler à 15 cm de la ligne de but sud-africaine, alors qu'il avait la victoire au bout des doigts.

La déception est lourde à avaler. Quatre jours après ce match, les Français doivent retrouver les Anglais pour le match de la 3e place. Un match à enjeu puisque le vainqueur est qualifié d'office pour la prochaine Coupe du monde. Mais les Français n'en sont plus là. Ils ont besoin de se retrouver entre eux pour évacuer la déception du match perdu et solder leur tournoi. Ils partent donc pour l'une des plus belles bringues du rugby français. Plusieurs jours à oublier la compétition et à se retrouver entre potes.

Arrive le jour du match, face à des Anglais qui les battent régulièrement et qui se sont, eux, préparés comme pour les matchs précédents. Sur le papier, ils ne doivent faire qu'une bouchée des Français. Mais ceux-ci, même hors de forme, renversent les Anglais. Jean-Luc Sadourny l'avouera par la suite : « Nous ne nous étions jamais si peu préparés pour un match, mais nous savions, en entrant sur la pelouse, que rien ne pouvait nous arriver. » Ces quatre jours passés à faire la fête et à oublier la Coupe du monde avaient soudé ces joueurs mieux que n'importe quelle autre préparation physique ou mentale. Cette très longue troisième mi-temps avait été un avant-match parfait.

Le club house

Le *club house* est à relier impérativement à la troisième mi-temps. En rugby, une équipe accueille toujours l'équipe adverse. Cela signifie qu'il faut un endroit pour recevoir et pour organiser la troisième mi-temps. Le *club house* (« maison du club ») est donc aussi important géographiquement que le terrain lui-même. Il permet à l'équipe de se créer une identité et d'avoir un endroit pour se retrouver après le match. Il faut un lieu de rendez-vous, en dehors du terrain, pour partager, pour discuter. Il n'est pas un club de rugby, même le plus petit dans le coin le plus isolé de la campagne, qui n'ait pas son *club house* : celui-ci abrite l'âme du club.

Terroir et folklore

Même s'il est originellement le sport de la haute société anglaise, et s'il est arrivé en France par Le Havre et Paris, le rugby s'est rapidement développé dans le Sud-Ouest, *via* Toulouse et Bordeaux. Son évolution fait qu'il est devenu rapidement un sport de terroir, par opposition au football, par exemple, qui s'est développé partout, mais dont les clubs phares sont ceux des principales villes françaises (Paris, Marseille, Lyon, Bordeaux…). En rugby, l'élite a souvent compté des villes de taille moyenne en son sein, comme Lourdes ou Mont-de-Marsan hier, Biarritz ou Montauban aujourd'hui. Il a de fait acquis des rythmes de vie et des habitudes qui sont ceux du terroir, sans rien de péjoratif, mais en opposition avec la vie des grandes villes.

Le côté « sport de terroir » fut également accentué par les stades dans lesquels on jouait au rugby. À l'inverse des stades de football, qui se sont très vite développés pour accueillir un grand nombre de spectateurs (dès 1933, le stade Geoffroy-Guichard, à Saint-Étienne, accueille plus de 150 000 spectateurs pour certains matchs), les villes moyennes ont toujours offert des enceintes de taille modeste. Et hormis pour la finale ou pour les matchs internationaux, les rencontres habituelles du championnat se jouaient dans un cadre plus proche du terroir que de la grande ville.

LÉGENDE

Ce lien au terroir s'accompagne également de folklore. Les tribunes des stades de rugby sont, par définition, festives. Elles sont le juste pendant de ce qui se passe sur le terrain. Le soutien à une équipe s'illustre par des cris, des chants et de la musique. Dans tous les stades de France, il y a des *bandas* chargées de mettre l'ambiance avec de la musique : ce sont de petits groupes de musiciens, avec la grosse caisse et la trompette comme éléments de base. Presque chaque village du Sud-Ouest a sa *banda*, et il est donc logique de la retrouver dans le stade lors du match de l'équipe locale.

Les spectateurs manifestent aussi leur soutien à leur équipe en s'identifiant à la région ou à la ville qu'elle représente. Les derbys entre Biarritz et Bayonne ont souvent offert de belles luttes, sur le terrain mais également dans les tribunes, entre deux publics – l'un en rouge et blanc et l'autre en blanc et bleu –, qui s'affrontent à travers les chants et les *bandas*. Petit clin d'œil de l'histoire : les supporters biarrots s'habillent en rouge et blanc pour supporter leur équipe alors que la tenue officielle des fêtes de Bayonne est justement… le rouge et le blanc.

Musique, maestro !

Voici les paroles d'un grand classique des fêtes du Sud-Ouest, repris régulièrement par les *bandas* dans les stades de rugby et lors des troisièmes mi-temps :

« Il est un coin de France
où le bonheur fleurit
Où l'on connaît d'avance
les joies du paradis
Et quand on a la chance
d'être de ce pays,
On est comme en vacances
durant toute sa vie

Aïle toum chiquitoum aïle toum laïle (*bis*), olé,

Le jour de sa naissance,
on est pelotari
Dès la première enfance
le douanier nous poursuit.
Quand vient l'adolescence,
les filles nous sourient
Et l'on chante et l'on danse
même quand on vieillit

Aïle toum chiquitoum aïle toum laïle (*bis*), olé

Et la nuit dans nos montagnes
nous chantons autour du feu
Et le vent qui vient d'Espagne
porte au loin cet air joyeux

Aïle toum chiquitoum aïle toum laïle (*bis*), olé. »

Un sport à la mode

Depuis son passage au professionnalisme, le rugby a évolué. Il reste porteur des valeurs citées plus haut, mais il est sorti de son ancienne zone d'influence, le Sud-Ouest, pour devenir le deuxième sport collectif en France après le football. Cette évolution s'est également manifestée dans le regard des gens sur le rugby, et dans l'ouverture du rugby vers les autres.

LÉGENDE

Un révolutionnaire attaché aux traditions

Le rugby ne cesse de se moderniser dans son image. L'un de ses Pygmalion dans ce domaine est le président du Stade Français, **Max Guazzini (né en 1947)**. Homme de médias et de divertissements (il est l'un des fondateurs de la radio NRJ et l'ancien attaché de presse de Dalida), il applique les recettes de communication et de marketing au rugby. Il prend la présidence du Stade Français, alors en troisième division nationale, en 1992. Son but est de hisser son club au sommet du rugby français, sportivement, mais aussi en termes d'image. Il est le premier à développer une vraie ligne de maillots et de produits dérivés, avec une vraie identité, sortant des canons habituels du rugby (des éclairs sur les maillots). Il ouvre son stade gratuitement aux femmes et aux familles afin d'élargir son public. Il profite de ses relations pour médiatiser son club hors de la sphère du rugby. Madonna est ainsi l'une des marraines du club à la fin des années 1990. Il impose également à ses joueurs de cultiver la culture « classe » du Stade Français en veillant lui-même aux tenues de ville du club et aux tenues de ses joueurs lors de leurs apparitions médiatiques. Il généralise la sono dans le stade, tout en s'appuyant sur des chansons modernes et actuelles, et en choisissant tous les ans un nouvel hymne du club parmi les tubes du moment. Ses deux derniers coups de génie : avoir su réunir pour un match de championnat presque 80 000 personnes au Stade de France, ce que le foot n'avait jamais réussi jusque-là, et imposer le rose dans un sport macho… Il a surpris la France du rugby en faisant jouer le Stade Français avec un maillot rose (en 2005) et avec un maillot bleu arborant des fleurs de lys roses (en 2006). Autant de prises de risque qui se sont traduites par des succès, puisque pas loin de 20 000 maillots du club ont été vendus l'an dernier.

Cette volonté de moderniser son sport s'accompagne également du plus grand respect envers ses traditions. Max Guazzini a toujours tenu à ce que le club soit une référence en termes de jeu et de résultat. Il porte un grand soin à la mentalité des joueurs qu'il recrute, car l'état d'esprit est primordial. Et le choix des maillots se fait toujours avec l'accord des joueurs, car le rugby est avant tout un jeu d'équipe. C'est lui qui a tenu à ce que les anciens capitaines du club remettent les maillots aux joueurs avant la finale du championnat de France 2003 !

Max Guazzini RP Stade français

De plus en plus de villes et de clubs s'équipent de stades modernes pour accueillir plus de spectateurs, certes, mais aussi dans des conditions meilleures, avec plus de confort et des espaces commerciaux plus importants. Le match est devenu un spectacle, et le spectateur est choyé. La tradition de la bourriche, loterie organisée à la mi-temps, vit toujours. Les clubs peuvent recevoir leurs partenaires et sponsors dans des loges et des espaces de réception aménagés.

Modernisation, également, dans la tenue des joueurs. Au-delà de la professionnalisation, qui a généralisé le port de protections sous les maillots, le marketing a eu aussi son mot à dire sur la tenue des joueurs. Fini les maillots en coton avec une ou deux couleurs, qui pesaient des tonnes lorsqu'il pleuvait. Les maillots modernes sont en synthétique, moulants pour rendre les plaquages plus difficiles mais aussi pour souligner la silhouette des athlètes, et avec des couleurs et des motifs étudiés aussi bien pour plaire aux joueurs que pour donner une identité au club. Ceux-ci vont même aujourd'hui plus loin, puisque l'appartenance au club se souligne aussi dans les tenues de ville. Les blazers et cravate qu'ont toujours arborés les joueurs s'accompagnent aujourd'hui parfois de jeans tendance, ou laissent la place à des lignes portant la griffe du club, comme au Stade Toulousain.

Les Barbarians

Depuis plus d'un siècle, les Barbarians condensent l'essentiel des valeurs de ce sport, et l'état d'esprit en partie présenté dans ce chapitre. L'idée originelle était de fonder une équipe sans terrain ni *club house* ou cotisation, où les joueurs ne seraient sélectionnés que sur invitation et qui, en plus de leur talent pour le jeu, réuniraient tout ce qu'il y a de mieux dans ce sport : le courage, l'esprit et la passion.

William Percy Carpmael a eu cette idée afin de retrouver les émotions qu'il avait connues en jouant au rugby à Cambridge. Son rêve se réalise le 27 décembre 1890, sur le Friary Field de Hartlepool, avec la première réunion des Barbarians. L'origine du nom de cette équipe est controversée, mais on invoque le plus souvent le souhait de ne pas se conformer aux autres équipes et d'afficher un état d'esprit différent. D'ailleurs, le premier blason des Barbarians fut l'emblème des pirates, avec le crâne et les deux fémurs croisés en dessous, mais rapidement le sigle actuel, trois lettres superposées – BFC –, fut adopté.

Depuis, régulièrement, les Barbarians se réunissent, le plus souvent pour affronter une équipe nationale en fin de tournée dans les îles Britanniques, ou plus rarement pour partir eux-mêmes en tournée. La philosophie est restée la même : pratiquer un jeu talentueux où l'objectif numéro un est de prendre du plaisir plutôt que de gagner. Cette approche du jeu a d'ailleurs permis aux Barbarians de réussir quelques-uns des plus beaux matchs de l'histoire, à l'image de leur victoire contre les All Blacks, en 1973, au pays de

Galles. De l'avis de tous les spécialistes, ce match est l'un des dix plus beaux de l'histoire du rugby (voir chapitre 14).

ATTENTION !

Il n'y a pas de règles pour la composition de l'équipe, si ce n'est partager cette philosophie du jeu. Il n'y a pas de nationalité qui tienne non plus puisque des joueurs de tous les pays peuvent se retrouver au sein des Barbarians. La tradition veut en revanche qu'il y ait au moins un joueur non international au sein de l'équipe. Et on ne fait pas acte de candidature pour les « Baa-baas », puisque tel est leur surnom : on est invité ou on ne l'est pas, c'est tout.

Le maillot des Barbarians est rayé noir et blanc avec un short noir, et les joueurs portent les chaussettes de leur club habituel. Ce maillot doit être rendu à la fin du match. Seul le comité directeur des Baa-baas peut vous autoriser à garder votre maillot après.

LÉGENDE

Chez nous aussi

La France compte aussi son équipe de Barbarians. Elle est née en 1979, à Sarlat, avec la complicité de la Fédération française de rugby et grâce à la volonté de Jacques Fouroux, qui s'appuya initialement sur les 15 joueurs qui avaient réussi le grand chelem en 1977. Depuis, à de rares exceptions près, les Barbarians français ont joué des matchs presque tous les ans et se sont élargis, accueillant en leur sein des joueurs de l'avant-1977, comme Jo Maso ou André Boniface, et des plus jeunes, comme Philippe Sella ou Serge Blanco. Le maillot des Barbarians français est rayé bleu marine et bleu ciel avec un short bleu, les chaussettes étant celles du club ou de la province où évolue le joueur. Le logo sur le maillot est un grand B encadré par un R et un C.

C'est sous l'égide de Jean-Pierre Rives que les Barbarians français ont rencontré leurs grands frères britanniques, les Baa-baas. Le match a eu lieu en septembre 1994, au stade Charléty.

Deuxième partie

Notions et règles fondamentales

Dans cette partie...

Nous allons décortiquer le jeu en détail. Vous découvrirez d'abord les variantes et les dérivés du rugby à XV. Cette partie se propose également d'expliquer le placement des rugbymen sur le terrain. Quels sont les rôles de chacun ? Peut-on intervertir les postes ? Quand interviennent les remplaçants ?... Enfin, toutes les réponses concernant les règles et la panoplie des gestes de l'arbitre seront abordées dans un chapitre consacré à l'arbitrage.

Chapitre 4

La grande famille du rugby

Dans ce chapitre :

- Petits frères et frères de lait
- Des cousins éloignés
- Les fils prodigues
- Les filles de la balle

Dans la « famille rugby », je voudrais... Le rugby, sport universel, semble se décliner à l'infini. Le jeu à XV, sur lequel nous reviendrons en détail (voir chapitre 5), a quelques ancêtres, et une nombreuse descendance. Et notamment chez les filles : si ce ne fut pas toujours le cas dans l'histoire, il est bon de rappeler que, dans le rugby, les femmes ont leur mot à dire et que ce sport, qui fait de plus en plus d'émules, se conjugue désormais au féminin.

Il existe de nombreuses disciplines sœurs ou cousines, dérivées ou adaptées : le rugby à VII, le *seven* en anglais, est une forme ludique et spectaculaire du jeu à XV. Il possède un circuit pro avec ses stars, fortement médiatisées. Le rugby à XIII est aussi un dissident du rugby football de jadis. En Australie, il est le sport numéro un, loin devant le XV. Parmi les cousins d'Amérique (et d'ailleurs), d'autres grands sports pros, comme le football américain, le football gaélique ou le football australien, vivent leur propre vie.

Dans la famille, il y a aussi les jeunes gens en colère, un peu rebelles, un peu « tendance » : les fils prodigues... Connaissez-vous le *touch rugby*? et le *beach rugby*? Ce sont eux qui ont le vent en poupe à l'heure actuelle. Sans parler du *rugby five* ou du rugby subaquatique. Tous ces « enfants de la balle » (ou plutôt du ballon ovale) ont su développer leurs propres spécificités à partir du modèle initial. La réunion de famille peut débuter. Commençons les présentations.

Le rugby à VII, ou le seven

L'histoire raconte que, dans les années 1880, un apprenti boucher écossais du nom de Ned Haig, désireux d'améliorer les finances du club de Melrose, proposa une animation pour attirer le public.

La naissance du VII

Haig propose alors au public de participer à un *short game*, un tournoi de mini-rugby en quelque sorte. Il s'agit de diviser le nombre de joueurs par deux et de réduire le temps de jeu à 15 minutes pour multiplier les matchs, et donc les recettes. Le 28 avril 1883, sept équipes se réunissent à Melrose pour disputer le premier tournoi : Earlston, Melrose, Hawick, Jedforest, Innerieithen, Selkirk et Gala. Le succès est énorme : l'événement attire 2 000 spectateurs payants, sauvant le club de la faillite.

Ce que l'on nommera, au XXe siècle, le « sept », va végéter presque cent ans, pratiqué essentiellement durant cette période par des étudiants ou de jeunes rugbymen. Ce n'est qu'en 1976 que l'on en entendra parler à nouveau. Il décolle véritablement grâce au tournoi de Hong Kong, créé par Ian Gow et Tokkie Smith. Douze équipes y participent. C'est un immense succès qui entraîne la création de plusieurs autres tournois. La première Coupe du monde de la discipline est organisée, en 1993, en Écosse : retour aux sources et hommage au créateur écossais, Ned Haig. Paradoxalement, ce sont les Anglais qui deviennent les premiers champions du monde, devant les nations du Sud, déjà très au fait des tactiques du VII ! Ce mondial a lieu désormais tous les quatre ans. Entre-temps, les équipes nationales disputent chaque saison, depuis 1999, l'IRB Sevens World Series : huit rendez-vous dans les plus grandes villes du globe, dotés de points en fonction des résultats, permettant d'établir un classement international officiel.

Les mêmes règles de base

TABLEAU NOIR

Le *seven* est une variation du rugby à XV. Les règles de base sont identiques à celles définies par l'IRB. La partie est disputée par 2 équipes comprenant 7 joueurs (3 avants, 1 demi de mêlée, 3 trois-quarts) et 3 remplaçants, sur un terrain de dimensions normales. La durée d'une rencontre est réduite de 80 à 14 minutes (2 mi-temps de 7 minutes, 10 minutes en finale), avec 1 minute de pause (le double pour les finales). L'arbitre stoppe le chronomètre lorsqu'il y a un gros arrêt de jeu ou une blessure. Il n'y a pas de temps additionnel. La dernière action doit être terminée pour que la fin du match puisse être sifflée (en cas de faute ou de ballon en touche, par exemple). Des prolongations de 2 fois 5 minutes, sans repos, sont prévues en cas d'égalité à la fin du temps réglementaire, et s'arrêtent dès qu'une équipe marque.

ATTENTION !

Seven made in Paris

Depuis le dernier Tournoi à VII de Charléty, en mai 2000, Paris n'avait plus accueilli une étape mondiale du circuit de l'IRB Sevens. En 2005, celui-ci fait son retour dans la capitale, du côté de Jean-Bouin, l'antre du Stade Français. Comme toujours ou presque, les Fidjiens et les Néo-Zélandais sont les grands favoris de l'épreuve. La France n'a jamais eu de résultat probant dans ce domaine. Pire, elle n'a jamais enlevé un seul tournoi de son histoire. Les entraîneurs, Thierry Janeczek et Sébastien Dupoux, ne désespèrent pourtant pas. Ce week-end-là, les Bleus multiplient les exploits dans une poule très relevée, qui comprend aussi l'Australie, l'Argentine et la Russie... Les deux premières équipes figurent dans les hauteurs de la hiérarchie mondiale. La France se qualifie néanmoins, et passe le quart de finale en battant l'Afrique du Sud. Le plus dur reste à venir, avec les All Blacks en demi-finale et les Fidjiens en finale. Les tricolores montrent une volonté farouche de s'imposer par à un rugby dense et efficace. Ils défont les deux monstres sacrés et obtiennent leur premier succès sur le circuit. Un jour historique pour le VII en France !

Le terrain, les joueurs et le jeu

À VII comme à XV, le terrain est identique. Pour mémoire, il mesure au maximum 70 m de large et 100 m de long. L'en-but ne doit pas dépasser 22 mètres, de la ligne de but à celle de ballon mort (au-delà de la zone d'en-but). Les poteaux sont placés sur la ligne d'en-but. Les joueurs portent chacun un numéro différent correspondant à leur poste sur le pré.

La mêlée ne se joue qu'avec trois membres (piliers et talonneur : numéros 1, 2 et 3). On compte un seul demi (le demi de mêlée, qui porte le numéro 4). Les ailiers (numéros 5 et 6) et l'arrière (numéro 7) composent la ligne de trois-quarts. Un équipier ne peut être remplacé que sur blessure, et ne peut dans ce cas revenir par la suite sur le terrain. Trois joueurs au maximum peuvent être suppléés.

TABLEAU NOIR

La réduction du nombre de joueurs permet de produire un jeu ouvert et spectaculaire, avec beaucoup de points marqués. Il n'y a pas de temps morts. Les courses sont longues et folles, et les plaquages aussi soudains que meurtriers. Le public se régale du matin au soir, car les équipes enchaînent des matchs toute la journée. Généralement, un tournoi se déroule sur deux jours. Le premier est réservé aux éliminatoires, le deuxième est celui des phases finales. Une originalité : quel que soit le résultat du premier tour, les formations sont invitées à participer, le lendemain, aux phases finales, qui regroupent trois trophées. La Cup couronne les meilleurs, tandis que la Plate et la Bowl récompensent les vaincus de la veille.

Le rugby se joue avec un ballon de forme ovale. À l'origine en cuir, il est aujourd'hui en matière synthétique avec une surface rugueuse, ce qui le rend très maniable, même à une main. En ce qui concerne les passes, tout est permis sauf, bien entendu, la passe en avant. Le ballon peut être porté, passé latéralement ou botté, à n'importe quel moment du jeu. Un joueur plaqué mis au sol doit libérer son ballon pour que le jeu se prolonge. La balle est remise en jeu par un coup d'envoi, une touche, une mêlée ou un coup de pied de pénalité.

Quelques règles spécifiques

Parfois, il faut adapter les règles pour la clarté du jeu. Ainsi, on remarque de petites différences entre le VII et le XV, toujours dans le but d'améliorer le spectacle et de rendre les mouvements plus rapides.

Le coup d'envoi est la première action de la partie. C'est par lui que s'amorcent chaque période et chaque remise en jeu lorsqu'une équipe a marqué. L'équipe qui vient de marquer des points donne un renvoi du milieu du terrain grâce à un coup de pied tombé (drop). Elle rend ainsi le ballon à son adversaire pour qu'il puisse attaquer le plus vite possible. La balle doit parcourir 10 m. Contrairement au rugby à XV, la remise en jeu longue n'est pas fréquente au rugby à VII. Le jeu au pied court lui est préféré : il s'agit d'essayer de récupérer le ballon sur son propre renvoi. En effet, les joueurs adverses ne sont que sept à couvrir l'ensemble du terrain et ils ne peuvent pas effectuer d'arrêts de volée en dehors de leurs 22 mètres.

La conquête de la balle

La touche est effectuée par le talonneur, qui lance le ballon dans un couloir formé par deux joueurs de chaque équipe. Difficile d'attraper le ballon à deux mains, mieux vaut alors le détourner dans son camp pour le demi de mêlée. Même chose pour la mêlée. Elle est utilisée pour remettre la balle en jeu après une faute mineure (un en-avant par exemple). Le demi de mêlée introduit le ballon dans la mêlée formée des trois avants liés entre eux. Le talonneur doit faire passer le ballon vers l'arrière de sa mêlée pour son demi de mêlée, qui le ramasse puis le transmet à ses trois-quarts. Il impulse l'attaque. Les joueurs formant la mêlée doivent rester liés jusqu'à ce que le ballon soit sorti. C'est un effort extrêmement court, mais très intense, car la balle se gagne souvent sur l'impact.

Marquer des points

Les règles sont les mêmes qu'à XV. Le *drop* (coup de pied tombé qui doit passer entre les poteaux) rapporte 3 points. L'*essai* consiste à aplatir le ballon dans l'en-but adverse. Il vaut 5 points et permet à l'équipe de transformer (2 points) en tirant au but. Différence de taille cependant, la transformation est obligatoirement tapée en drop (toujours dans le souci d'accélérer le jeu). Enfin, la pénalité sanctionne une faute lourde de l'adversaire. Rares sont les équipes qui tentent les 3 points. Elles préfèrent botter en touche afin de s'approcher de la Terre promise.

Séries de sept

En 1999, l'International Board a créé un circuit *seven* à travers le monde. L'IRB Sevens World Series est réservé aux équipes nationales. À chaque étape, les nations cumulent des points selon un barème préétabli (20 points pour le vainqueur, 16 points pour le finaliste, etc.). Celle qui engrangera le plus de points remportera le SWS (Sevens World Series). Les tournois se disputent sur deux journées. La première est un mini-championnat de 4 ou 6 poules de 4 (16 ou 24 équipes), qui sert à départager et à classer les équipes. La seconde prend la forme de phases finales, avec éliminations directes. Les 8 meilleures équipes luttent pour la Melrose Cup. La Plate Cup concerne les vaincus quand il y a 16 participants. Dans les tournois à 24, les huit derniers participent à la Bowl Cup. Les huit étapes du circuit promènent les joueurs sur les cinq continents, par exemple, au cours des dernières années, à Dubaï (Émirats arabes unis), George (Afrique du Sud), Wellington (Nouvelle-Zélande), Los Angeles (États-Unis), Hong Kong, Singapour, Londres et Paris.

On prend les mêmes...

Comme le XV, le *seven* a ses nations majeures... et on retrouve peu ou prou les mêmes ! La Nouvelle-Zélande, l'Angleterre et l'Afrique du Sud suivent la trace de leurs aînés quinzistes. Les « Baby Blacks » ont raflé le trophée chaque année depuis la création du Sevens World Series, en 1999, remportant le circuit mondial grâce à des joueurs très rapides, très agiles, doués d'un sens du jeu inimitable. Il faut se rappeler que Jonah Lomu a débuté à VII. La Nouvelle-Zélande possède aussi une équipe pro, ce qui n'est pas le cas des autres nations, comme la France.

Dans cette hiérarchie, il y a une heureuse exception : les Fidji ! Les joueurs des îles sont une attraction permanente sur le circuit. Magiques, pleins de fougue, de vitesse, et capables de gestes plus incroyables les uns que les autres, ils s'ingénient à inventer à chaque sortie un autre VII ! La star du pays s'appelle Waisale Serevi. Il est revenu en équipe nationale pour la Coupe du monde. Son retour, en 2005, a permis aux Fidjiens de surclasser la Nouvelle-Zélande en finale.

Dans l'hémisphère nord, seule l'Angleterre peut rivaliser avec ces nations. Elle a remporté la première Coupe du monde, et inscrit chaque année son nom au palmarès d'un ou deux tournois. Elle possède le meilleur marqueur de l'histoire de ce jeu, l'expatrié Ben Gollings, qui vit en Australie.

Enfin, l'Afrique du Sud remporte aussi des tournois, et reste toujours bien classée, sans toutefois s'approcher des Néo-Zélandais ou des Fidjiens. Son réservoir de joueurs est tellement grand que l'on retrouve rarement les mêmes d'un tournoi à l'autre. D'où une certaine irrégularité.

Un rugby universel

L'Argentine, les Samoa et l'Australie, tout comme l'Écosse, le Canada ou les Tonga sont des équipes bien connues de la planète quinziste. Ces équipes jouent aussi à VII, mais pas toujours entre elles. Le grand avantage du *seven* est qu'il permet des oppositions exotiques entre des nations peu ou pas éveillées au rugby à XV. Ainsi, dans les grands tournois, personne n'est étonné de voir à l'œuvre une sélection de l'Allemagne face au Maroc ou au Kenya. De la même manière, l'Ukraine a battu les îles Cook lors d'un tournoi pendant que la Chine défaisait le Sri Lanka à Hong Kong. Ces pays découvrent souvent le rugby grâce à ce raccourci, moins contraignant physiquement. Parmi les nouvelles recrues (et futurs champions ?), Madagascar et l'Ouganda se sont inscrits pour participer dans les saisons à venir au programme de l'IRB.

À noter, un joli paradoxe : depuis cinq ans, le pays de Galles (pays majeur) n'avait plus d'équipe de rugby à VII. Celle-ci s'est reformée en 2006 en vue des Jeux du Commonwealth.

Le seven olympique

On n'y croyait plus : le rugby redeviendra une discipline olympique lors des Jeux de Rio, en 2016 ! Certes, ce ne sera « que » du *seven*, peu importe, ce format est sans doute le mieux adapté à la distance olympique. Toutes les nations s'affronteront en un seul week-end, là où la Coupe du monde de rugby exige sept semaines de compétition. Ce sera la première fois qu'un dérivé fera la promotion du rugby qui par ailleurs a été une discipline olympique à Paris (1900 et 1924), Londres (1908) et Anvers (1920). L'ancien président de la Fédération française de rugby, Bernard Lapasset, aujourd'hui président de l'International Board, a longtemps œuvré auprès du Comité international olympique pour le retour de ce jeu. Depuis cette annonce, la FFR réfléchit à la mise en place d'une équipe de spécialistes du *seven* spécialement conditionnée pour les JO de Rio.

Le rugby à X

Le rugby à X se joue exactement selon les mêmes principes que le rugby à VII, sauf que l'on compte 3 joueurs supplémentaires par équipe : il y a au total 5 avants et 5 arrières. Le jeu est donc moins large que le *seven* et un peu plus engagé, notamment en ce qui concerne les avants. Les mêlées sont plus disputées, les touches également. Mais ce jeu n'est pas parvenu à s'imposer de la même manière. Dans les années 1990, il y avait un grand nombre de tournois. Le plus célèbre était celui de Bangkok, en Thaïlande, à l'instar de Hong Kong pour le rugby à VII. Il semble finalement avoir été délaissé par les équipes, car il causait des doublons avec les championnats et les tournois *seven*. Le rugby à X reste une pratique marginale, tout comme le rugby à XII (mêmes règles et même format avec 2 joueurs supplémentaires). Parmi les explications, on peut également avancer celle d'une pratique moins spectaculaire que celle du *seven*, et trop associée au rugby classique.

Le rugby à XIII

Si le *seven* est un descendant direct du jeu de rugby, un autre sport a une proche filiation avec le XV, c'est le rugby à XIII ! Sa forme est vraiment voisine. Au fil du temps, le XIII s'est émancipé et est devenu un sport à part entière avec ses propres compétitions, ses stars et ses règles. Longtemps mis en concurrence avec le XV, le XIII a cédé du terrain avec l'avènement du professionnalisme.

Les différences de base

Comme son nom l'indique, il y a deux joueurs de moins par équipe, sur un terrain aux dimensions égales. Ce n'est pas tout. Au fil du temps, la Rugby League, comme la nomment les Anglo-Saxons (le XV, lui, dépend de la Rugby Union), s'est nettement démarquée de son aîné. Le nombre de points attribués n'est pas le même. Un essai ne vaut que 4 points (contre 5 au rugby à XV, depuis 1992), la pénalité ramène 2 points (3 en rugby) et le drop un petit point (2 en rugby). Enfin, les phases de combats collectifs ne sont pas mises en valeur. La mêlée existe, mais il s'agit d'une simple remise en jeu du ballon, sans bataille. *Idem* pour la touche. Dans le jeu, les joueurs s'affrontent essentiellement sur une ligne. La défense doit stopper le porteur du ballon en le plaquant au sol : on appelle cela un « tenu ». Pour marquer un essai, l'attaque possède un nombre limité d'actions : six. Au-delà, il faut rendre le ballon à l'adversaire. En rugby à XV, vous jouez jusqu'à ce que vous perdiez la balle.

Naissance d'un nouveau jeu

Il est acquis que le XIII est un dérivé du rugby football, inventé en 1823 par William Webb Ellis. Essentiellement pratiqué, à l'origine, dans les universités, écoles et collèges chics, ce nouveau sport reste longtemps un jeu destiné aux enfants de la bourgeoisie et de l'élite sociale. Son caractère change au moment où il se développe dans l'Angleterre du centre, la partie la plus industrialisée du pays. Au cours des années 1890, les joueurs de la City (région du sud de l'Angleterre, incluant Londres), ardents défenseurs du plus strict amateurisme, et les « nordistes », partisans du « dédommagement pour manque à gagner » (on jouait surtout le dimanche, jour où les mineurs travaillaient) et du remboursement des frais médicaux issus des blessures récoltées durant les matchs, s'opposent de plus en plus vigoureusement.

Mais la Rugby Union ne veut rien entendre. Pas question d'instaurer un système de primes ou de défraiement dans un jeu qualifié d'« amateur », et qui doit le rester. Lors du congrès de 1893, qui rejette par 282 voix contre 136 la proposition du Yorkshire de dédommager les joueurs victimes d'accidents du terrain, le différend se transforme en conflit ouvert.

Le Nord fait sécession

Le 29 juillet 1895, 11 clubs du Yorkshire (Batley, Bradford, Brighouse Rangers, Halifax, Huddersfield, Hull, Hunslet, Leeds, Liversedge, Manningham et Wakefield) et 9 du Lanshire (Broughton Rangers, Leigh, Oldham, Rochdale, Saint Helens, Tyldesley, Warrington, Widnes et Wigan), en profond désaccord avec les orientations de l'Union, décident de payer le « manque à gagner » (6 shillings) à leurs joueurs. Cela, en ignorant les messages d'avertissement de la Rugby Union. Un rendez-vous est pris le 29 août au George ,, à Hudderfield, où les dirigeants de ces clubs font sécession et créent une fédération autonome : la Northern Rugby Union. Le 7 septembre s'engage une compétition à dix matchs. Deux ans plus tard, Batley remporte aux dépens de Saint Helens la première édition de la Coupe d'Angleterre, par le score sans appel de 10 à 3. La finale a lieu à Leeds-Headingley… encore aujourd'hui le fief de la Rugby League en Grande-Bretagne.

Parallèlement, les nouveaux responsables fédéraux de cette ligue étudient diverses modifications des règles, en particulier la suppression de la touche. Le 19 juillet 1898, ils légalisent le professionnalisme. Les joueurs, la plupart mineurs dans cette région de l'Angleterre, se ruent alors sur les terrains et deviennent professionnels. En 1903, pour rendre encore plus attractif et spectaculaire le jeu, le nombre de joueurs est définitivement fixé à 13 (un projet pour réduire le nombre de joueurs à 12 a longtemps été examiné). En 1922, la Northern Rugby Union s'efface au profit de la Rugby Football League.

Le XIII de l'autre côté de la planète

Jusqu'au début du siècle dernier, les colons de l'Australie ou de la Nouvelle-Zélande ne connaissent du rugby que le seul jeu proposé par la Rugby Union, c'est-à-dire avec 15 joueurs sur le terrain. En 1905, ceux que l'on ne nomme pas encore les « All Blacks » partent pour une longue tournée en Grande-Bretagne. Au programme, 35 matchs à disputer dans tout le Royaume-Uni. Mais les dirigeants de la Rugby Union ont bien pris soin de ne pas faire jouer les Néo-Zélandais dans le Nord. Sous la pression des clubs quinzistes, la sélection fait pourtant halte à Leeds lors de la 27e rencontre. Les Néo-Zélandais battent facilement l'équipe du Yorkshire. Mais, pendant ce court séjour, certains membres de la délégation assistent à ce jeu inconnu avec seulement 13 joueurs sur le terrain. Quoiqu'ils ne comprennent pas très bien l'intérêt de cette nouvelle discipline, c'est promis, ils essaieront d'y jouer dès leur retour au pays. Ainsi le XIII conquit les terres australes à la suite de la première tournée européenne des All Blacks.

Le XIII en France

Au début du siècle, la Rugby League est bien implantée outre-Manche. Il est temps de montrer aux voisins ce qu'il en est. Les Britanniques souhaitent pour cela délocaliser un match de XIII. Le 31 décembre 1933, au stade Pershing, à Paris, l'Australie bat l'Angleterre 63-13, devant 20 000 témoins conquis par tant de hardiesse, de vitesse, de clarté, d'inventivité et de combativité, sans cesse renouvelées. Le succès populaire est énorme. Seul le football, jusqu'ici, avait fait aussi bien. Conséquence immédiate : la France crée à son tour une ligue, la Ligue française de rugby à XIII, en 1934.

Quelques mois plus tard, au stade Buffalo, à Paris, la première équipe de France de l'histoire du jeu rencontre son homologue anglaise et s'incline (32-21). Dans ses rangs figure un certain Jean Gallia, natif d'Ille-sur-Têt, devenu capitaine et entraîneur du XIII Villeneuve-sur-Lot après avoir claqué la porte de la Fédération française de rugby. Il faut reconnaître que les quinzistes vivent alors une très mauvaise passe. Ils sont accusés par les Anglais de payer les joueurs dans le championnat organisé par la fédération. Jean Gallia, comme un certain nombre de joueurs, est montré du doigt. Il est de notoriété publique que le XV entretient pas mal de rugbymen dans ce que l'on appelle l'« amateurisme marron ». Ainsi, la France est exclue du Board et privée de Tournoi des V Nations (voir chapitre 9). Le XIII en profite et s'installe dans différentes villes de province comme le sport numéro un.

LÉGENDE

Le père fondateur du XIII français

Né au début du siècle, à Ille-sur-Têt, joueur de Quillan puis de Villeneuve-sur-Lot, considéré comme un des meilleurs avants du monde, **Jean Gallia (1905-1949)** est radié du XV après avoir été accusé de toucher de l'argent. En désaccord avec sa fédération, il claque violemment la porte. Ainsi, en 1934, avec l'aide des journalistes Victor Nreyer (*L'Écho des sports*) et Maurice Blein (*Le Sporting*), il se tourne vers ce jeu encore inconnu en France, le rugby à XIII. Il rassemble ce que l'on appela plus tard les « Gallia boys » : une équipe formée par d'anciens quinzistes eux aussi renvoyés pour cause de professionnalisme, dont les internationaux Samatan et Porra. Il n'oublie pas non plus les radiés ou suspendus pour diverses raisons. Il organise le fameux Australie – Angleterre au stade Pershing de Paris. Fort du succès populaire, il est ensuite à l'origine de la tournée française en Grande-Bretagne, lors de laquelle la sélection remporte un match. Même si le joueur ne porta qu'à quatre reprises le maillot du XIII de France (entre 1934 et 1936), il resta dans toutes les mémoires. Jean Gallia, dit « Monsieur Jean », personnalité exceptionnelle, a marqué de son empreinte le rugby à XIII. Il est considéré comme le père fondateur de ce jeu dans l'Hexagone.

Le coup de frein de Vichy

La guerre survient au moment même où le XIII devient un sport majeur en France. Les quinzistes, qui se débattent entre eux, sont toujours bannis par les Britanniques. Mais le lobby reste puissant au niveau des instances. Les dirigeants de la fédération montent au créneau par l'intermédiaire de l'ancien tricolore Joseph Pascot, nommé colonel d'active puis ministre des Sports de Philippe Pétain. Le nouveau gouvernement prône des orientations novatrices pour le sport dans l'Hexagone. En 1940, Jean Ybarnegary, alors ministre de la Famille et de la Jeunesse, déclare : « Le sort du rugby à XIII est clair, il a vécu, il sera rayé purement et simplement du sport français… » Ainsi, Vichy supprime, mais d'une manière arbitraire, le professionnalisme. Pendant que le football, le cyclisme, la boxe ou la pelote basque bénéficient d'un régime de faveur (un délai de trois ans est octroyé aux professionnels pour poursuivre leur activité), le XIII est purement et simplement dissolu, avec perte immédiate de tous les biens (225 clubs, biens immobiliers et mobiliers : soit largement plusieurs dizaines de millions de francs de l'époque…). Il sera à peu près le seul à payer. On somme alors les « treizistes » de regagner la maison mère. Une exception : les dirigeants étudieront l'opportunité de faire pratiquer le rugby à XIII dans le cadre scolaire d'une académie, à titre d'expérience et comme jeu préparatoire à un rugby plus rapide.

Le Board contre le mélange des genres

De tout temps, il y eut des passerelles entre les deux rugbys en France. Mais cela était très mal vu par les deux camps. En remontant le temps, le cas le plus célèbre est celui du trois-quarts centre bayonnais Jean Dauger. Titulaire très jeune (dès l'âge de 17 ans !) à l'Aviron Bayonnais, il se tourna vers le XIII, en 1938, en « s'expatriant » à Roanne. Il fut alors professionnel à part entière. Pas convaincu par ce type de rugby, il retourne à Bayonne quatre ans plus tard. En 1945, il joue pour le XV de France. Grave erreur de la part de la Fédération française de rugby, qui vient juste de renouer des relations avec les Britanniques. Cela provoque une énième crise avec le Board, qui ne veut toujours pas, ni de près ni de loin, entendre parler de ce rugby. Pas de mélange des genres ! Jean Dauger attendra pas moins de huit ans pour connaître une nouvelle sélection. Et encore, cette fois-là, c'est la fédération écossaise qui criera au scandale !

Quand le XV s'inspire du XIII

En matière de spectacle et de professionnalisme, le XV a fini par rattraper son retard sur le XIII. L'Union a calqué ses recettes sur celles de la League. La première transformation fut surtout visible dans les tenues vestimentaires et les protections. Les entraînements se multipliant, augmentant d'une manière significative la vitesse, les impacts devinrent plus importants et plus fréquents. Il était donc urgent de se protéger le mieux possible. Auparavant, seuls le protège-dents et les protège-tibias étaient monnaie courante sur les terrains de rugby. À partir de 1996, les épaulières fleurissent, ainsi que les protège-côtes, afin de résister aux plaquages, comme dans le rugby à XIII. Suivent les casques, pour prévenir les saignements et les chocs frontaux. Toujours dans le domaine de l'équipement, mais davantage pour améliorer la pratique qu'autre chose, les joueurs se gantent de mitaines. Le but est de limiter les pertes de balle. Les buteurs ajustent le viseur à l'aide d'un tee. Il a différentes tailles et formes selon les habitudes de chacun. Les maillots subissent également un lifting. Ils empruntent la même texture que ceux des treizistes : du synthétique, plutôt que du coton, jugé trop lourd en cas de pluie.

L'arbitrage profite aussi des innovations, avec la mise en place de la vidéo. Celle-ci n'est demandée que lorsqu'il y a un doute sur la validité d'un essai. Ainsi, comme dans la Super League en rugby à XIII, il n'y a plus de litige sur les essais. Enfin, même le jeu de rugby finit par adopter certaines combinaisons remarquées depuis longtemps dans le rugby à XIII. La passe au pied pour l'ailier dans un coin de l'en-but provient du XIII : elle est logiquement utilisée lors du dernier tenu. Plutôt que de rendre le ballon, les treizistes préfèrent tenter le tout pour le tout. En rugby, face à des défenses très renforcées, la passe au pied s'avère souvent décisive. Enfin, il ne faut pas oublier les *pompom girls*, crucial emprunt à l'autre rugby.

Dernier exemple en date, le Biterrois Alain Carminati, expulsé lors du match contre l'Écosse du Tournoi 1989. Il est immédiatement suspendu par la FFR pour plusieurs mois. Le troisième ligne ne l'entend pas ainsi : il a envie de rejouer rapidement. Il se tourne alors vers le XIII Catalan afin d'y poursuivre sa carrière. On pense que son avenir de quinziste est bouché. Il reviendra pourtant, après sa suspension à Castres, et retrouvera même les Bleus, en 1995.

Dans les années 1950, la Rugby League puisait allègrement dans le réservoir quinziste. Puis vinrent les années de disette pour ce sport. Depuis 1995 et l'avènement du professionnalisme dans le rugby à XV, grand nombre de treizistes se sont reconvertis. Le meilleur exemple : l'Anglais Jason Robinson, vice-champion du monde 1995 à XIII, et champion du monde à XV en 2003!

La mauvaise blague du XIII

LÉGENDE

Le XIII en France vit encore sur un fait bien malheureux. En 1981, la finale du championnat de France oppose Villeneuve au XIII Catalan. La finale a lieu au Stadium de Toulouse, et la fête s'annonce belle entre deux des meilleures équipes du moment, qui sont aussi les dernières championnes en date. À peine le coup d'envoi donné, les joueurs déclenchent une magistrale bagarre générale qui dure plusieurs minutes. L'arbitre siffle et renvoie tout le monde au vestiaire. L'incident est grave, d'autant plus que les caméras d'Antenne 2 couvrent l'événement en direct. Les joueurs ne ressortent pas. La finale est annulée, et le titre, cette année-là, n'est pas décerné. Dans la foulée, René Mauriès, le président de la fédération, démissionne. En trois minutes, le rugby à XIII vient de se discréditer. Cette finale exprima et accentua la crise profonde de ce sport, alors marqué par la violence et le désintérêt du public. Pourtant, deux heures avant, la finale junior avait été de toute beauté. Une mauvaise blague pour le XIII.

La Super League australienne

Le must en ce qui concerne le rugby à XIII est la Super League australienne : une sorte de NBA du XIII de l'autre côté de la planète… dans un pays où l'intérêt pour le XIII relègue le XV loin derrière. Comme pour le basket aux États-Unis, tout, là-bas, est valorisé pour un meilleur spectacle. L'importation du jeu date de 1907, avec la tournée des All Golds en Angleterre. Un des joueurs, Baskerville, de retour dans son pays, proposa ce nouveau sport à quelques-uns de ces amis. Avec un peu d'argent à la clé, il parvint à décider un quinziste pour 300 livres. La situation changea radicalement avec le développement de rencontres entre Néo-Zélandais et Australiens. Les « promoteurs » tinrent leurs promesses financières et le public répondit présent. La recette était telle qu'elle permit même de créer et de financer une organisation : l'Australian Rugby League. Le mouvement treiziste s'enracina très vite grâce à l'affiliation des provinces du Queensland et de la Nouvelle-Galles du Sud.

L'éphémère destin du PSG XIII

La Super League de rugby est la compétition majeure de rugby à XIII en Angleterre depuis 1996. Ce championnat récent a été créé et financé par la chaîne de télévision anglaise Sky, de Rupert Murdoch. L'idée première était de bâtir un championnat européen, d'où le nom Super League, avec la participation d'équipes comme les London Broncos (comptant parmi leurs joueurs une majorité… d'Australiens) ou le Paris-Saint-Germain XIII. Cette équipe de la capitale fut « fabriquée » de toutes pièces avec l'arrivée de quinzistes confirmés, comme le Polonais Greg Kakala, ou d'internationaux treizistes (Pascal Bomati). Le club est managé par un autre quinziste de renom : Jacques Fouroux, ancien sélectionneur de l'équipe de France. Le succès populaire est fort avec, par exemple, 18 000 spectateurs lors du match d'ouverture, à Charléty. La télévision française est également au rendez-vous grâce à Canal +. Le PSG XIII participera à deux championnats (1996 et 1997) avant de disparaître à cause du trop grand nombre d'étrangers dans son effectif. Les dirigeants de ce championnat n'ont pas renoncé à faire « monter » une équipe française. En 2006, les Catalans Dragons participent pour la première fois à l'épreuve suprême, et il n'est pas impossible qu'une seconde équipe française intègre la compétition d'ici à 2009. Le championnat passera alors, en effet, de 12 à 14 équipes.

Le football américain

Proche et lointain à la fois : le football américain est directement inspiré du jeu de rugby. Dans les écoles américaines, les universitaires britanniques avaient réussi à imposer le rugby plutôt que le football. La ressemblance entre les deux sports est frappante, simplement au regard du nombre de joueurs sur le terrain. Il est de 15, comme au rugby, même si la durée d'une partie est de 90 minutes, comme au football. Petit à petit, ce jeu prend le dessus dans les universités et en particulier à Harvard. Mais il est très critiqué, car violent. Les blessures sont fréquentes chez les jeunes lycéens. Vers 1885, ce divertissement sans véritable appellation est même interdit à Harvard. Pour le rétablir, il faut alors modifier le règlement. Cela tombe bien, car la nouvelle nation n'a pas du tout envie de réemprunter les mêmes voies que la patrie mère. Le cricket connaîtra d'ailleurs un sort semblable… en se muant en base-ball.

LÉGENDE

L'idée de revendiquer un sport en vogue, autant que de protéger la jeunesse américaine, fait son chemin. Des ajustements sont adoptés. Le but du jeu, à savoir marquer derrière une ligne de but, est maintenu, mais les joueurs sont réduits à 11 (ce chiffre a une origine anecdotique : en 1874, l'équipe du collège canadien de McGill fut invitée à participer à un match, mais ne put se déplacer qu'à 11 équipiers, car elle comptait 4 malades !) ; ils s'équipent de protections, et jouent moins longtemps (70 minutes). Ce qui n'empêche pas des accidents mortels : 18 durant l'année 1905! Le président Theodore Roosevelt menace alors les responsables d'interdire la pratique. Réaction immédiate : le port du casque revêt un caractère obligatoire. Plus rien à voir avec le rugby de la vieille Europe! Pour marquer encore plus la différence, les pratiquants du Nouveau Monde laissent tomber le mot « rugby » tout en conservant un ballon ovale… mais ils choisissent celui-ci plus petit, d'un diamètre de 1 pied (*foot*, en anglais). Le terme désormais générique de « football » est adopté : il deviendra le football américain.

Flagadabada

Le rugby n'en finit plus d'inspirer l'humanité. Le football américain descend du rugby, c'est entendu. Mais il a lui aussi fait des petits, comme le *flag*. C'est un sport d'opposition sans contact dont les règles sont issues directement du football américain, accessible à toutes et à tous par sa facilité d'apprentissage, sa mixité et son adaptation à toutes les surfaces de jeu. Le *flag* est le sport éducatif et convivial par excellence. Il existe plusieurs championnats et une équipe de France qui brille particulièrement sur la scène européenne. En 2005, après deux jours de compétition intensive, les équipes de France de *flag* reviennent les bras chargés de médailles. Les féminines ont remporté le titre de vice-champion d'Europe, tandis que les hommes décrochent celui de champion dans un tournoi fort relevé, sans avoir concédé la moindre défaite.

Les principes de base, à la sauce américaine

TABLEAU NOIR

Les équipes disposent de 11 joueurs sur le terrain. La succession des phases de jeu permet autant de changements que l'on veut. Une équipe comprend une formation d'attaque (11 joueurs), une autre de défense (11 joueurs). L'équipe en possession de la balle doit la faire progresser jusqu'à la zone d'en-but opposée (*end zone*). L'équipe qui défend doit empêcher cette progression. Les contacts entre adversaires sont réglementés et tout manquement est sanctionné par une pénalité collective (perte de terrain pour l'équipe). La rencontre est découpée en 4 quarts-temps de 12 minutes chacun (temps effectif), avec une mi-temps de 20 minutes entre le deuxième et le troisième quart-temps. Les temps morts par mi-temps (non cumulables) sont autorisés pour chaque équipe. Il y a trois façons différentes d'inscrire des points en football américain. Le *touchdown* est le plus important : il vaut 6 points. C'est l'équivalent de l'essai au rugby, à la différence qu'il n'est pas nécessaire d'aplatir.

On peut le compléter par un coup de pied entre les poteaux à 1 point (*extra point*) ou par un *mini-touchdown* qui ne vaut que 2 points. La première option est la plus courante, la seconde étant bien plus compliquée. Il existe aussi le *field goal* (3 points). C'est un coup de pied entre les poteaux tenté lors d'une phase de jeu. Le *safety*, fait de plaquer le porteur du ballon dans sa propre zone d'en-but (rare), ne vaut que 2 points.

Un sacré matériel

Contrairement au rugby où, chez les amateurs, une simple paire de crampons, un short, des chaussettes et un maillot suffisent pour pratiquer, il existe tout un attirail pour prévenir les chocs et les blessures en football américain.

De haut en bas, il y a d'abord le casque : la partie la plus importante et la plus lourde de l'équipement. À l'inverse des idées reçues, c'est une protection, et le casque ne doit, en théorie, jamais servir à porter de coups. Avec lui, il y a la grille, distincte selon les postes et les joueurs. La grille de base vient couvrir le menton. Certains joueurs, comme les *putters*, utilisent une grille qui ne comporte qu'une seule barre, afin de conserver un champ de vision maximal. Enfin, les joueurs disposent tous de protège-dents (*mouth guard*) ou de protège-dents + lèvres accrochés à la grille. Les épaulières (*shoulder pads*), destinées à porter et à encaisser les coups, sont la partie la plus impressionnante de l'équipement. L'épaulière se décompose en une série de pièces en plastique semi-rigide reliées entre elles par des sangles élastiques qui maintiennent la souplesse et la cohésion de l'ensemble. Les jambes sont protégées avec une série de petites coques (façon protège-tibias) tout le long du corps.

La tenue a également des spécificités liées aux exigences de ce sport. Elle doit fixer les protections contre le corps pour assurer un maximum de sécurité à l'athlète, tout en offrant suffisamment de flexibilité pour ne pas entraver ses mouvements. Enfin, contrairement au rugby, les crampons métalliques ne sont pas autorisés.

LÉGENDE

Un Français en Amérique

Contrairement au XIII ou au XV, il n'existe pas de passerelle pour passer du rugby au football américain. Une exception toutefois pour **Richard Tardits (né en 1965)**, le pionnier en NFL. Originaire de Biarritz, ce joueur de rugby, international junior, part à 20 ans pour effectuer un MBA à l'université de Géorgie. Il est repéré par les sélectionneurs de l'équipe de foot des Bulldogs, en 1985. En trois saisons, il réussit l'exploit d'obtenir une bourse et de s'imposer comme titulaire. « Pour moi, ce sport ressemblait tellement au rugby qu'il m'a tout de suite plu. » Avec son gabarit (1,88 m, 100 kg), il débute au poste de *defensive end*, mais change pour devenir *linebacker*. Véritable « chasseur de *quaterbacks* », comme on le surnomme, il détient le record de *sacks* de l'université, avec 29 réalisations. Il s'illustrera notamment dans un Gator Bowl, avec deux énormes sacks face à Michigan State. Il signe en 1990 aux New England Patriots, où il joue jusqu'en 1992. En 1993, il revient à ses premières amours, après sa naturalisation, et se remet au rugby dans l'équipe nationale américaine des Eagles. Il dispute deux matchs lors de la Coupe du monde de rugby, en 1999. Il est à ce jour le seul Français à avoir été pro en football américain, reconnaissant lui-même : « Les Français ont encore du mal à s'exporter parce que les États-Unis font peur : c'est loin, ils pensent que c'est cher... Mais si l'on grattait un peu, on se rendrait compte que les Français sont aussi compétitifs physiquement et sportivement que les Américains. On a des cartes à jouer. »

La finale du Super Bowl

ATTENTION !

Chez les Américains, le jour de la finale du Super Bowl est un véritable jour de fête. Ce match ne désigne rien de moins que la meilleure équipe du monde : faute de concurrence, il est vrai, car le football américain est loin d'être un sport universel, pratiqué partout sur la planète. Créé en 1967, le Super Bowl se dispute à l'origine entre le vainqueur de la ligue NFL (National Football League) et celui de la ligue AFL (Association Football League). Ces associations ayant fusionné, le Super Bowl met désormais aux prises les champions des deux conférences qui se partagent le pays : American Football Conference (AFC) et National Football Conference (NFC). Ces conférences peuvent être considérées comme des championnats.

Mais, au-delà du sport, ce rendez-vous est avant tout celui des publicitaires : une sorte de vitrine géante des marques américaines, et même planétaires. Le spectacle est autant sur le terrain que dans les tribunes ou sur les immenses écrans. Un grand festival interminable de plus de quatre heures... précédé pendant de longues heures par une sorte de cérémonie officielle et retransmis en direct dans tout le pays par une télévision omniprésente. Les études d'audience montrent que ce match enregistre des parts de marché considérables, entre 40 et 60 %. On estime ainsi que de 80 à 90 millions d'Américains suivent cette rencontre à la télévision. Sur les dix meilleures audiences de tous les temps aux États-Unis, la moitié d'entre elles sont survenues lors du Super Bowl. Il s'agit du seul championnat professionnel dont la finale se dispute en une seule partie, contrairement aux autres sports pros comme le basket (NBA) et le hockey (NHL), où la meilleure équipe est désignée au terme d'au moins quatre parties. Avec des chiffres d'audience d'un tel niveau, le coût des annonces publicitaires atteint des sommets. En 2006, un spot de 30 secondes pendant le Super Bowl XL (c'est-à-dire la finale) est facturé près de 2,5 millions de dollars.

L'Australian rules, ou le footy

Les Anglo-Saxons n'en finissent pas de chercher l'exotisme, à travers le monde comme dans leur imagination fertile. Le *footy* est aussi une de leurs inventions à la mode australienne. C'est un jeu disputé avec un ballon ovale, et sur un terrain ovale. Il y a aussi un peu de football américain et gaélique.

Comment jouer au footy

TABLEAU NOIR

Le terrain de *footy* est identique à celui du cricket : 165 m de long pour 135 de large. À chaque extrémité se situent quatre poteaux de but : deux mesurant au minimum 6 m, entourés par deux autres de 3 m au minimum. Il y a deux manières de « scorer » : entre les deux grands poteaux (6 points), ou entre un grand et un petit poteau (1 point). Autant préciser que lorsqu'un attaquant fait gagner 1 point à son équipe, ce n'est pas l'euphorie, cela peut même être interprété comme de la maladresse ! Pour marquer, il faut envoyer le ballon en tapant dedans avec le pied ou bien avec les mains. Il est donc déconseillé de se la « jouer rugby » en essayant de planter un essai.

Autre subtilité, si le ballon est touché par un défenseur avant de passer entre les grands poteaux, 1 point seulement est accordé : d'où la nécessite de tirer le plus haut possible. Il est souvent plus avantageux d'envoyer le ballon dans ses propres buts quand la situation est vraiment chaude. Le jeu se décompose en 4 quarts-temps de 20 minutes, auxquels s'ajoutent les arrêts de jeu. On compte 22 joueurs par équipe (18 sur le terrain et 4 comme remplaçants), qui se déplacent comme ils veulent sur l'aire de jeu, et ont un adversaire attitré au sein de l'équipe adverse.

Melbourne, terre d'adoption

On croit souvent que le football australien est un descendant pur du football gaélique. Même s'il y a de nombreuses ressemblances, ce n'est pas tout à fait exact. En fait, l'*Australian rules* est une variation des divers jeux de football pratiqués par les universités anglaises, au milieu du XIXe siècle. Le football australien, appelé également *Aussie rules*, est né à Melbourne, terre d'adoption des immigrants irlandais. En 1858, des hommes se retrouvent dans le pré de Richmond pour faire une partie de balle. Certains avaient une petite pratique du football des écoles anglaises, mais les autres ne connaissaient rien de ces jeux de balle.

En 1858, Tom Wills retourne en Australie après des études en Angleterre où il était le capitaine de l'équipe de rugby, en plus d'être un brillant joueur de cricket. Il décide alors de créer un jeu qui permettrait aux adeptes du cricket de maintenir leur condition physique pendant l'hiver. Il poursuit l'expérience avec l'université de Melbourne, en organisant un match contre l'université écossaise, avec les règles, modifiées, du football pratiqué au collège de Rugby. Ce jeu a donc son propre code : *Australian rules*, en anglais. Le Melbourne Football Club (actuel Demons) est ainsi formé le 7 août 1858 ; cette même année, le premier match entre le Scotch College et la Melbourne Grammar School a lieu. Le football australien prend rapidement un bel essor.

Tous les coups sont permis

Les règles du contact se rapprochent du rugby traditionnel. Quelque part, lorsque l'adversaire a la balle entre les mains, tous les coups sont permis, excepté les « cravates » (attraper un joueur par la gorge). Ainsi, il n'est pas rare de voir un équipier agrippé par la tignasse ou retourné par trois molosses. Finalement, l'arbitre n'a pas grand-chose à faire. Il y a des coups francs, mais pas de cartons ; si un joueur commet une faute gravissime, comme un coup de tête, il peut poursuivre le jeu (aucun joueur ne peut être exclu pendant le match), mais il sera jugé plus tard par une sorte de commission avec la menace d'une suspension pour plusieurs rencontres. Bref, le corps arbitral (composé de cinq membres) est davantage présent pour vérifier les lignes de touche et valider les buts que pour faire la morale aux joueurs. Pour limiter les contacts ou les blocages, la tenue a subi un vrai lifting. Il n'y a pas de protections apparentes, le maillot est très près du corps, et il n'a pas de manches. L'adversaire a donc beaucoup de mal à saisir l'attaquant (d'où les prises par les cheveux…).

ATTENTION !

La France rebelle au footy

En Australie, le *footy*, comme le rugby à XIII, fait exploser les audiences télé. Les magazines s'en donnent à cœur joie, et il est impossible de manquer les pubs avec les stars de ce jeu au pays des kangourous. En France ? C'est le désert, ou presque. Il n'y a pas de fédération, pas de terrain, et très peu de pratiquants. On joue là où l'on peut (à Paris, ce sont les fameuses pelouses des Invalides, ou bien des stades de rugby) et avec des équipes de 9 joueurs, au lieu des 18 utilisés en Australie. Il existe quelques irréductibles qui ont fondé des clubs, comme les Black Devils de Strasbourg (près de 25 joueurs), ou encore à Senlis et à Perpignan. Le *footy* français négocie pour adhérer à la Fédération de rugby à XIII ou à l'Ufolep (Union française des œuvres laïques d'éducation physique). Date historique : le 3 décembre dernier, sur le terrain de rugby de la plaine des jeux de Hautepierre, deux équipes constituées exclusivement de joueurs français, en l'occurrence les Kangourous de Strasbourg et les Razorbacks de Senlis, se sont affrontées devant une vingtaine de spectateurs. Lors de cette grande première, c'est Strasbourg qui a battu Senlis.

Le football gaélique

Là encore, nous sommes dans la consanguinité : le football gaélique est le sport national irlandais. Aussi populaire que le curling, il passionne des foules entières. Il n'existe pas moins de 2 800 clubs, pour 250 000 licenciés. Mélange de rugby et de football, et au final très proche du football australien, le football gaélique est un sport rapide et physique, demandant beaucoup d'habileté.

Un cousin germain de l'Australian rules

Est-ce l'œuf qui fait la poule, ou la poule qui fait l'œuf ? C'est la question que l'on peut se poser lorsque l'on cherche les origines du football gaélique… Les premières traces de cette pratique sont en effet antérieures à la naissance du jeu de rugby, créé selon la légende en 1823 au collège de Rugby, dans le Warwickshire. Les premières mentions écrites du foot gaélique remontent, elles, à 1527, et la première rencontre officielle date de 1712 (à Slane, dans le comté de Meath, entre les équipes des comtés de Meath et Louth)…

ATTENTION !

Alors que ce sport était à la base proche du jeu de rugby (ou l'inverse), il est aujourd'hui considéré comme un cousin germain du football australien. On imagine aisément que la forte migration irlandaise à Melbourne au cours du XIXe siècle a largement influencé la créativité des Australiens. Le football gaélique se joue sur un terrain de rugby. Les buts sont de la même forme que des poteaux de rugby, avec une barre transversale légèrement plus basse. Contrairement au *footy* et au rugby, le ballon est rond, et plus petit que celui du football. On joue au pied et à la main en frappant la balle avec la paume ou le poing. Pour marquer, il faut lancer la balle au-dessus de la transversale avec le pied (1 point) ou la main. Si vous marquez sous la barre avec le pied ou même la main dans certaines circonstances, 3 points sont accordés. Les équipes sont constituées de 15 joueurs. À la différence du rugby, et surtout du *footy*, les plaquages et les tacles sont interdits.

Tout le monde craque pour Croke Park

En 2007, le XV d'Irlande a perdu son stade. Lansdowne Road, construit en 1872, ne contenant que deux tribunes couvertes avec des sièges en bois, n'est plus adapté aux exigences du rugby professionnel. Malgré son charme (il possède également la particularité d'avoir une gare sous la tribune ouest), le vieux stade a donc été rasé pour laisser la place à un nouveau ultramoderne, d'une capacité de 55 000 sièges. Durant cette période, les rencontres des deux sélections de football et de rugby se sont déroulées, et ce pour la première fois de leur histoire, dans le temple du football gaélique de Croke Park, d'une capacité de 82 500 spectateurs. Mais, pour que le rugby puisse jouer dans cet antre, ce « sanctuaire », les négociations furent longues et pénibles, la GAA (Gaelic Athletic Association) ne voulant absolument pas qu'une autre activité se produise dans son stade fétiche. Un principe fondamental afin de préserver le gaélique, voire la culture gaélique, gravé dans le marbre de la célèbre règle numéro 42. Cette règle, destinée à protéger le football gaélique et le curling du football et du rugby, est un vieux reste de l'époque où la Grande-Bretagne régnait sur l'île, avant 1921. Aujourd'hui, le XV d'Irlande a réintégré son stade fétiche, où tout a changé, sauf l'atmosphère. Lansdowne Road s'appelle maintenant Aviva Stadium, tout en verre et en métal. Pour l'équipe de France, ces déménagements n'ont pas changé grand-chose. Les Bleus avaient battu l'Irlande pour le premier match des Irlandais à Croke Park et ils ont recommencé en s'imposant en 2011 pour leur premier match dans le nouvel écrin irlandais.

La culture gaélique

Si le jeu de rugby est pratiqué un peu partout dans le monde sous diverses formes, ce n'est pas vraiment le cas du football gaélique. Bien au contraire, il tend à se replier sur lui-même. La Gaelic Athletic Association (GAA), créée en 1884 par Michael Cusack et Maurice Davin, est un organisme de sportifs amateurs dont l'objectif est plus de préserver et de faire connaître les sports gaéliques – le football gaélique, le curling ou le handball gaélique – que de promouvoir leurs activités. L'association a longtemps eu une politique très nationaliste : les jeux non gaéliques étaient interdits à ses adhérents, qui se devaient de toute manière de parler l'irlandais gaélique. Les membres des services de la couronne britannique étaient exclus de l'association et les stades de la GAA exclusivement réservés aux Jeux gaéliques, donc défendus aux « jeux étrangers » comme le football ou le rugby. Avec 800 000 cotisants et plus de 2 800 clubs sportifs, l'association est le plus grand organisme sportif en Irlande, et a une influence importante sur la vie sociale et culturelle du pays.

Les autres rugbys

Seule l'imagination des hommes peut limiter la pratique du jeu de rugby. Il existe d'autres variantes plus ou moins marginales, ciblées sur différents publics. Elles sont parfois très éloignées du sport fondateur, mais qu'importe… depuis toujours, l'être humain a cherché à s'amuser. Autant le faire avec un ballon ovale.

Le touch rugby, ou le touché

Le *touch rugby* est aussi appelé « tout football », ou simplement « touché ». C'est un sport de ballon ovale proche du rugby à XIII, mais sans contact. Les plaquages sont remplacés par des « touchés » (un simple contact en général avec les mains). Les touchés peuvent être effectuées sur n'importe quelle partie du joueur, ou sur le ballon.

Le meilleur apprentissage

Généralement les joueurs de rugby classique jouent tous au touché avant de débuter un entraînement, ou encore à la fin d'une séance. Du fait de l'absence de contact, cela réduit les risques de blessure. Le plaisir est uniquement dans les courses, la technique individuelle, le feeling et l'adresse. Les écoles de rugby utilisent aussi, dans leur apprentissage, le *touch rugby* pour éviter les chocs associés au rugby traditionnel. Les enfants apprennent à gérer l'espace et le timing. Cette forme de jeu est la meilleure éducation possible pour les débutants. Les règles sont extrêmement simples. Lorsqu'un adversaire est touché avec le ballon, il s'arrête, l'équipe d'en face recule de 5 m. Au bout de trois touchés, si l'équipe n'a pas marqué, il lui faut impérativement rendre le ballon. On a donc la possibilité de jouer sans crainte de blessures. L'absence de contact physique génère un jeu ouvert à tous. Il existe des équipes mixtes.

L'état d'esprit du touch

Le *touch rugby* ne nécessite pas beaucoup de matériel. Le jeu au pied y est complètement interdit, et ce sport se pratique très facilement (un ballon et un terrain rectangulaire). Cette activité est tellement libre qu'il y a beaucoup de variantes, voire d'adaptations et de règles différentes. Elle n'est pas intégralement codifiée (un seul touché contre trois, touché une main ou deux mains, se replacer à 10 m et non pas à 5 m pour la défense, etc.). En général, l'équipe est composée de six joueurs et le but est simplement de marquer des essais (sans transformation ni pénalité). Il existe une Fédération internationale de *touch* (la FIT), formée après le regroupement des championnats nationaux d'Australie, qui se sont tenus en 1985, à Melbourne.

Voici les règles essentielles du *touch* :

- Le touché : c'est l'action de toucher l'adversaire sur n'importe quelle partie du corps, du ballon ou des vêtements. On doit à ce moment crier « *touch !* », ce qui permet à l'adversaire de savoir qu'il a été touché ;
- Après un *touch*, le joueur touché doit effectuer la remise en jeu (*rollball*) à l'endroit du *touch* (le *mark*). Un *touch* peut être effectué avec une ou deux mains mais ne doit jamais être violent, sous peine de pénalité. Si un joueur est touché au moment où il marque un essai, le *touch* est accordé et l'équipe attaquante doit se replier sur la ligne des 5 m pour sa prochaine attaque ;
- Chaque action dans la zone des 5 mètres doit être démarrée sur la ligne des 5 mètres pour l'attaque et la ligne d'essai pour la défense. À chaque *touch*, l'arbitre décompte à haute voix le nombre de touches effectuées. Au cinquième *touch*, l'arbitre doit annoncer « dernier *touch* ». Lorsque les joueurs d'une équipe ont été touchés à six reprises, le ballon passe à l'équipe adverse. Si un joueur passe le ballon au moment où il est touché ou après, c'est un *touch and pass*, pénalisé par la perte du ballon ;
- Le terrain réglementaire est de forme rectangulaire et mesure 70 m sur 50 : la moitié d'un terrain de rugby ou de football ;
- Le ballon du *touch* est plus petit qu'un ballon traditionnel de rugby.

Pas de conquête

En ce qui concerne la conquête, il n'y en a pas. Le ballon est rendu à l'adversaire lorsqu'un en-avant est commis, lorsqu'il y a un *touch and pass* (c'est-à-dire : une passe faite après avoir été touché) ou encore lorsque le joueur touché ne fait pas le *mark* à l'endroit précis. Ainsi, le ballon voyage de main en main sans souffler. Voilà aussi pourquoi les joueurs de club aiment se livrer à cet exercice, car il constitue un excellent échauffement à base de courses rapides et courtes. Il permet ensuite d'appréhender les contacts plus sérieusement. Enfin, l'esprit de compétition n'est pas galvaudé. Longtemps après, dans les vestiaires, les protagonistes parlent encore de leurs exploits du jour, de la feinte réussie, de la passe magique ou de la croisée surprise.

La tchatche du touch

Il existe un vocabulaire bien distinct pour les joueurs de *touch*. En voici les mots principaux, qui permettent de comprendre et de se situer sur le terrain. Lorsque le ballon est rendu à l'adversaire pour diverses raisons (six touchés, ballon au sol, touche, en-avant de passe, etc.), on dit qu'il y a *rollball*. Lorsqu'un joueur est pris par un adversaire, il doit reprendre le jeu à l'endroit même où l'action s'est déroulée, c'est le *mark*. *Le dummy half* est le joueur qui prend possession du ballon après un *rollball*. Il ne peut pas marquer d'essai et, s'il est touché, l'équipe perd la possession. C'est au moment où le *dummy half* se saisit du ballon que la défense a le droit de bouger. Mais il ne doit pas tarder à ramasser le ballon sous peine de pénalité. Il peut être n'importe quel joueur. S'il passe à un autre joueur, il cesse d'être *dummy half*. Le *tapball* est la manière de commencer le match (ou de le reprendre après la mi-temps), de recommencer le jeu après un essai ou après une pénalité. Pour exécuter un *tapball*, le joueur doit taper dans le ballon avec son pied en l'envoyant à une distance maximale de 1 m devant lui, puis le ramasser. Lorsqu'un joueur effectue un *tapball*, les joueurs adverses doivent se placer à 10 m du *mark*.

Le beach rugby

Le *beach rugby* est une variation du rugby à XV qui se veut plus ludique, plus souple et plus accessible. Comme son nom l'indique, le jeu se déroule sur la plage. À mi-chemin entre le *seven* et le *touch rugby*, les règles sont parfois différentes d'un tournoi à l'autre. Voici les spécificités les plus fréquentes.

Il y a cinq joueurs par équipe et jusqu'à trois remplaçants, sur un terrain de dimensions réduites. La durée des matchs est généralement de 2 fois 5 minutes, avec une pause à la mi-temps. Il n'y a pas d'arrêts de jeu (le temps additionnel prévu à la fin du match pour compenser les arrêts du jeu pour blessures, remplacements intervenus pendant le temps réglementaire). Des prolongations, de 2 fois 5 minutes également, sans repos, sont prévues en cas d'égalité à la fin du temps réglementaire et s'arrêtent dès qu'une équipe marque. Les règles, issues de celles définies par l'IRB, ont été fortement simplifiées.

Le *beach* se joue en short, maillot et pieds nus sur un terrain réduit : 35 m de large pour 40 m de long. Généralement, les poteaux et les lignes sont en structures gonflables. Il se peut aussi qu'il n'y en ait pas ! Dans ce cas, seules une ligne médiane et une ligne d'en-but sont tracées. Le ballon est plus petit que le celui utilisé traditionnellement. Le plaquage est proscrit, et remplacé par un touché à deux mains simultanées, clairement signalé par le joueur qui a touché en criant «*touch!*». Au bout de trois touchés, le ballon est rendu à l'adversaire. La passe en avant est interdite. La ligne de hors-jeu se situe toujours derrière le pied du dernier défenseur, ce qui signifie qu'il ne peut y avoir aucun joueur entre le dernier défenseur et la ligne d'en-but. Lors d'un en-avant, d'un plaquage, d'une touche ou d'une pénalité, la remise en jeu s'effectue ballon joué au pied pour soi. L'adversaire doit se tenir à une distance de 5 m. Enfin, il n'y a pas de touche, mêlée, transformation, coup de pied de pénalité. Les expulsions temporaires sont de trois minutes. Une expulsion définitive, elle, entraîne souvent l'exclusion du tournoi.

Considéré donc à sa naissance comme un sport de plage, le *beach rugby* est aujourd'hui devenu une branche à part entière de la Fédération française de rugby. À côté de tous les tournois qui se créent le long des plages de France, la FFR a mis en place un Beach Rugby Tour depuis 2009. Composé en 2010 de dix étapes, et pas uniquement le long des côtes françaises puisqu'il y avait même une étape à Brive-la-Gaillarde, ce circuit permet de décerner les titres de champions de France de *beach rugby*, masculins et féminins, créés par la FFR.

Ces étapes du Beach Rugby Tour sont aussi l'occasion pour la FFR et les organisateurs de faire connaître cette nouvelle pratique, grâce à des ateliers découverte et à des tournois réservés aux enfants, aux ados et aux familles, et à la présence d'un partenaire musical pour assurer la partie festive. Une étape du Beach Rugby Tour dure deux jours avec notamment la présence de joueurs de rugby à XV professionnels et, souvent, de membres de l'équipe de France à XV.

Du sable en salle

Après le saut d'obstacle, la planche à voile, le stock-car ou le ski, le *beach rugby* a également les honneurs de Bercy. Depuis 2008, le POPB accueille le plus grand tournoi de France de la discipline. Organisé traditionnellement la veille de la finale du Top 14 au Stade de France, il réunit tous les ingrédients des habituels tournois de *beach rugby*, mais en salle. Musique, ambiance festive, animations, et surtout présence des meilleures équipes de France, des sélections réunissant les meilleurs joueurs français et de nombreux jeunes retraités du XV, comme Philippe Sella, Éric Bonneval, Sébastien Viars ou même Jonah Lomu en 2010.

La soule

Tous les spécialistes et les historiens s'accordent à dire que la soule est bel et bien l'ancêtre du rugby. Un jeu de balle collectif très viril, où l'on se battait. Il s'agissait en effet de ramener une balle dans son terrain par tous les moyens possibles. Il fut très longtemps pratiqué en France, puisque les premières traces écrites remontent au XIIe siècle, et il fut encore très courant, dans certaines régions comme la Bretagne, jusqu'au début de la Seconde Guerre mondiale.

L'objet avec lequel on jouait était une boule de bois ou de cuir remplie de paille, de foin, de sciure ou de crottin séchés. La soule (ou « choulle », « colle », « melle », « savate » ou « barette » selon les régions) opposait deux paroisses ou deux villages. Les personnes d'un même village se divisaient en deux équipes dans lesquelles s'affrontaient les hommes mariés et les célibataires (le football gaélique reprendra cette opposition à son compte). La partie était lancée à la sortie de l'église et se tenait sur un terrain de préférence accidenté, éventuellement dans un bois pour pouvoir se cacher. Les limites étaient quasiment infinies et le but à atteindre très variable : un pont, un mur, un arbre, une chapelle, une cheminée… Le nombre de joueurs n'était pas limité et peu précis, et les règles inexistantes. Tout était permis du moment que l'adversaire était respecté. Mais, à cette époque, il était bien difficile d'évaluer la notion de respect. Du coup, on répertoriait de nombreux blessés dans chaque camp, parfois des morts. La soule se jouait jusqu'à épuisement, une partie pouvant allègrement durer plusieurs jours… ou être reprise plus tard en cas d'accord des deux équipes.

Les autorités religieuses et royales tentèrent à maintes reprises de l'interdire, comme le roi Charles V, en 1365, mais ce jeu violent était d'une très grande popularité. Le peuple gronda, et on décida de réglementer ce sport pour en éviter les excès. Ainsi, la soule dériva vers notre rugby moderne. Parmi les règles qui s'instaurèrent à l'époque, notamment, l'interdiction de s'en prendre aux joueurs sans ballon, qui donna plus tard naissance au hors-jeu.

Ensuite, des évolutions permirent d'utiliser une vessie de porc à la place de la boule de cuir ou de bois, vessie qui a la forme bien connue de notre ballon ovale ! Même si le rugby n'a plus rien à voir avec la soule de jadis, il lui doit sans aucun doute son esprit combatif.

Le rugby handisport

Les handicapés peuvent pratiquer en fauteuil roulant. Le jeu combine en réalité des éléments du football, du hockey sur glace et du basket. Il a été inventé en 1977 au Canada. Chaque partie est divisée en 4 périodes de 8 minutes chacune. Le but du jeu est de marquer le plus de points possible en apportant la balle derrière la ligne de but opposée, en touchant ou dépassant cette ligne avec deux roues. Les fauteuils roulants de compétition doivent être conformes à des normes précises, pour des questions d'équité et de sécurité. Les sièges sont très sollicités, car ils récoltent de nombreux chocs pendant les matchs.

Le rugby handisport se joue avec un ballon de volley-ball sur un terrain de basket-ball. Afin d'équilibrer les effectifs, les athlètes handicapés moteurs sont classés en catégories selon leurs fonctionnalités. Ils reçoivent entre 0,5 et 3,5 points. Le joueur doté du plus grand nombre de points est celui qui a le plus de facilité à se mouvoir. Chaque équipe est composée de 4 joueurs dont le nombre total de points ne peut pas être supérieur à 8. Sport de démonstration aux Jeux paralympiques d'Atlanta, en 1996, le rugby est devenu sport officiel aux Jeux paralympiques de Sydney, en 2000. Les États-Unis ont remporté le titre. Il existe également un championnat du monde. Lors du dernier, qui remonte à 2002, ce sont les Canadiens qui se sont imposés. La France ne possède pas encore d'équipe.

Le rugby subaquatique

Le rugby subaquatique est un sport joué sous la surface de l'eau d'une piscine, par deux équipes de 11 à 15 joueurs : 6 seulement participent, tandis que les autres attendent à la surface. Chaque joueur porte un équipement subaquatique de base, c'est-à-dire des palmes, un masque et un tuba.
Le jeu consiste à mettre une balle non flottante dans le but de l'équipe opposée. Le ballon est rempli d'une solution de sel et de sucre afin de le faire « plonger » rapidement au fond de l'eau. Trois arbitres contrôlent le jeu, dont deux immergés. Il est interdit d'arracher les maillots de bain ou les tubas, ou encore de donner des coups de palme, sous peine d'être expulsé. Ce sport est pratiqué surtout en Allemagne et dans le nord de l'Europe. La Norvège en est la nation majeure. Elle compte plus de 40 clubs ou équipes, représentant en moyenne 500 à 600 membres. Ce jeu est né en Allemagne dans les années 1960, à l'initiative de rugbymen férus de natation. Ils adaptèrent quelques règles du rugby avant que leur invention ne soit codifiée en 1961

Le rugby five

Le *rugby five* est plus une adaptation du *five* (une forme de jeu de paume proche de la pelote basque) que du rugby. Il s'appelle pourtant ainsi, car il a pris forme dans le fameux collège de Rugby, sous l'égide du proviseur Arnold. Celui-ci considérait le sport comme un formidable moyen d'épanouissement pour ses élèves. Il essayait régulièrement de nombreuses activités, plus ou moins définies ou réglementées. Le but du *rugby five* est simple : il faut faire rebondir une balle contre une paroi à l'aide d'une main. Comme pour le rugby, la balle fut d'abord ovale. Mais, très vite, le jeu devint lassant, car impossible à maîtriser à cause de ses rebonds capricieux.

D'une part, la sphère s'est arrondie; d'autre part, le *rugby five* est très éloigné des plaquages, mêlées et autres touches. Il s'est complètement émancipé. Le terrain est bordé par quatre murs, ce qui permet à la balle de ricocher un peu partout. Celle-ci fut longtemps en liège, avant que ne s'impose le plastique. Réservé à l'aristocratie britannique, ce sport ne fut pratiqué que par d'anciens élèves du collège de Rugby, qui avaient acquis un statut social élevé en Grande-Bretagne. Il a mis très longtemps avant de se démocratiser. Il existe aujourd'hui une compétition qui porte le nom d'un ancien de Rugby : la Cyriax Cup – du nom du Dr E. Cyriax –, disputée depuis 1934.

Le rugby féminin

En dressant ce bref portrait de famille, on n'aura pas manqué de constater que, par-delà leurs différences, les membres de la grande famille du rugby sont dans l'ensemble des sports, comment dire?... plutôt virils... Mais si le rugby reste surtout une affaire d'hommes, ceux-ci n'en savent pas moins se conduire avec galanterie. Honneur aux dames, donc. En France, le rugby féminin est un sport à part entière, qui compte aujourd'hui 9 794 licenciées (seulement 5 000 en 2007), pour 150 clubs, pour plus de 265 000 chez leurs homologues masculins.

Une fédération autonome

On joue quand même depuis moins longtemps chez les filles... Les premières équipes de rugby féminin sont apparues en France en 1965, composées pour la plupart de jeunes lycéennes désireuses de contribuer efficacement à une campagne contre la faim dans le monde! Dans la foulée, les premiers groupes de joueuses fleurissent, au sein même des clubs masculins. Ils sont d'ailleurs entraînés par les garçons des clubs.

Au fil des ans, quelques équipes s'organisent afin de pratiquer le rugby d'une manière indépendante. Les premiers clubs de rugby féminin sans tutelle mâle sont créés, et l'AFRF (Association française de rugby féminin) naît, en 1970, selon des statuts officiellement déclarés à la préfecture de Toulouse. En 1973, la nouvelle AFRF tente d'établir le dialogue avec son homologue masculin, la FFR. Il faudra attendre encore quelques années (1982) avant de rédiger un protocole d'accord entre les deux organismes. Ainsi, en 1984, l'AFRF devient légalement FFRF (Fédération française de rugby féminin). À cette époque, on compte environ 500 licenciées, réparties dans 25 clubs.

Les filles au plus haut niveau

En 2000, le rugby féminin a obtenu le statut de sport de haut niveau. Il s'agit du véritable lancement de ce sport pour l'équipe de France. À l'heure actuelle, il existe trois compétitions officielles où l'équipe de France féminine brille de mille feux.

- **La Coupe du monde, depuis 1991, officiellement reconnue par le Board en 1998, a lieu tous les quatre ans.** La France a terminé quatrième en 2010. Les filles à la fougère (Nouvelle-Zélande) ont remporté les quatre derniers titres.
- **Le Championnat d'Europe Fira, depuis 1995** (la France est championne d'Europe en 1996, 1999, 2000 et 2004).
- **Le Tournoi des V Nations, qui a débuté en 1999, est devenu Tournoi des VI Nations depuis 2001.** L'Équipe de France féminine s'y est remarquablement illustrée, s'adjugeant en 2002 son premier grand chelem. Elle a récidivé en 2004 et 2005. L'Angleterre vient de gagner les six derniers Tournois.

Chapitre 5

Les principes de base

Dans ce chapitre :

- La composition d'une équipe
- L'équipement et les supports du jeu
- Le déroulement d'un match

Nous avons brossé jusqu'ici un large historique du jeu de rugby, en nous penchant sur les nombreuses disciplines sœurs et dérivées. Revenons à présent à ce qui nous intéresse en premier lieu : le rugby à XV, le plus connu et, surtout, le plus pratiqué, dont on dit souvent qu'il façonne les hommes.

Le rugby est sans doute le sport le plus collectif du monde. Impossible de marquer un essai sans l'aide de ses partenaires! Comment pousser en mêlée si l'on ne bénéficie pas de l'appui du deuxième ligne, sauter en touche si le soutien n'est pas présent? Même chez les joueurs, il n'y a pas de notion individuelle, comme au football, par exemple : hormis l'« exception » Jonah Lomu, un rugbyman aura beaucoup de mal à traverser le terrain en se débarrassant un à un des adversaires. Chaque poste sur le *pré* (le terrain) a un rôle bien défini, chaque coéquipier œuvre pour le collectif, et s'y tient. Dans ce chapitre, nous découvrirons les différents profils de joueurs ainsi que leur rôle sur le terrain, sans oublier les éléments nécessaires à la pratique du rugby et la façon dont se déroule un match.

La constitution d'une équipe

Il y a 130 ans, on comptait une vingtaine de joueurs sur le terrain. La RFU (Rugby Football Union) était seule pour réglementer le jeu. Pour tenter de l'aérer, elle décida d'agrandir la surface de jeu tout en réduisant les effectifs à 15 équipiers.

ATTENTION !

Le rugby se joue donc aujourd'hui à 15 (22 en comptant les remplaçants, depuis l'avènement du professionnalisme). Mais une fois le nombre de joueurs arrêté, il a fallu leur donner un rôle sur le terrain. On distingue deux secteurs bien différents. D'un côté, les avants ; de l'autre, les trois-quarts. D'une manière un peu schématique, les avants, surnommés familièrement les « gros » (au physique de bûcheron), sont chargés de la conquête du ballon : ils participent activement aux touches et aux mêlées. Une fois le gain du ballon assuré, le ballon est transmis par la paire de demis (le numéro 9 et le numéro 10) aux « gazelles », c'est-à-dire les trois-quarts, pour attaquer et tenter de marquer un essai, en portant la balle et en se faisant des passes en arrière.

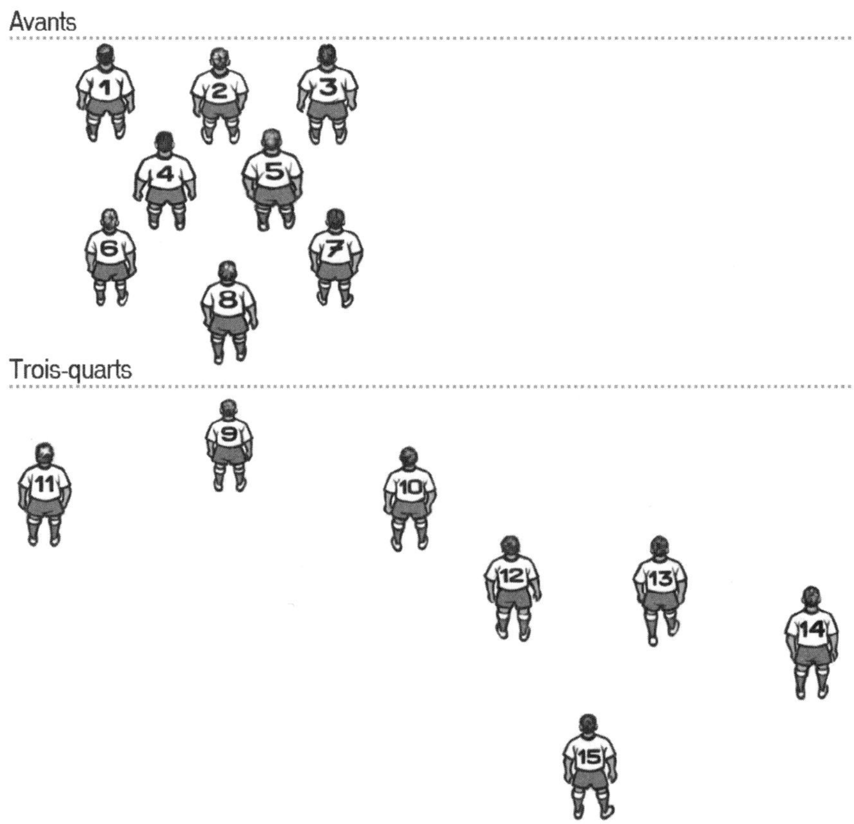

Figure 5-1 : La composition de l'équipe.

Les avants

Ils sont huit et forment la mêlée et la touche. Ce sont avant tout des combattants ! Ils possèdent les physiques les plus impressionnants. Ils sont organisés en 3 lignes bien distinctes. La première compte 3 joueurs (2 piliers et 1 talonneur), la deuxième seulement 2, et la troisième de nouveau 3 (3 troisièmes lignes aile et 1 troisième ligne centre).

La première ligne

Prenons les choses par le début. « Le rugby commence devant », entend-on de temps en temps de la bouche des spécialistes. Hommage à la première ligne et aux piliers. Les joueurs sont numérotés de 1 à 3 (gauche et droit), qui entourent le talonneur (numéro 2) et constituent la première ligne.

Les piliers

Si, en théorie, les piliers courent moins vite que les autres joueurs de l'équipe, ils sont fondamentaux dans le jeu. En effet, ils tiennent les mêlées en alliant force, puissance et technique. Autrefois, leur action se limitait à l'entrée en mêlée et au soutien en touche. Le ballon ? Ils ne le voyaient guère que dans le vestiaire avant le match ! Mais leur rôle a bien évolué depuis…

Au-delà du poste en lui-même, les piliers sont souvent le baromètre d'une formation. Ce sont finalement les seuls en mêlée (avec le talonneur) à se frotter directement à l'adversaire. Un pilier qui recule, et c'est toute une équipe qui doute. La réciproque est également vraie : une mêlée qui s'impose donne le moral au reste de la troupe.

Au poste de pilier, il y a les extravertis et les introvertis : Jean-Pierre Garuet, le Lourdais, qui s'illustra dans les années 1980, faisait partie de la deuxième catégorie. Paysan de son état, il passait son temps à lever des sacs de patates. À cause de ses reins solides, tous ses adversaires se méfiaient de sa position. Les discours et les flonflons, ce n'était pas trop son truc… Son seul objectif : tordre celui d'en face ! Il fut considéré un temps comme le meilleur pilier au monde. Mais avant cela, il dut faire face aux remontrances d'Albert Ferrasse, le président de la FFR, qui lors du banquet d'après-match contre l'Irlande, en 1984, n'hésita pas à le qualifier d'« imbécile ». Ce jour-là, il est vrai, Garuet entra tristement dans *Le Livre des records* pour avoir été le premier Français expulsé lors d'une rencontre du Tournoi… Cela n'empêchera pas la « Garuche », comme il était surnommé, de faire une carrière exemplaire au côté de son copain Pascal Ondarts. Le Biarrot contribua à perpétrer la fratrie basque au sein du XV de France. Avant lui, il y eut la paire Iraçabal-Azarete : des travailleurs de l'obscurité, ceux-là, dont le corps était issu et façonné par la terre basque ! On peut également citer les Urtizverea, Ugartemendia, Dospital ou Gonzales. En fin de compte, le Pays basque produisit, avec les clubs de Toulon et de Béziers, l'une des plus belles lignées de piliers de l'histoire.

LÉGENDE

Le duc à l'aile

La route des piliers ne croisait guère celle du ballon, c'est entendu ! Pourtant, un pilier fit longtemps exception à cette règle. **Amédée Domenech (1933-2003)**, dont le stade de Brive porte aujourd'hui le nom, était un personnage haut en couleur, et l'un des plus grands piliers que le rugby français ait connu. À l'époque où les premières lignes se contentaient de trottiner, et surtout de pousser en mêlée, Amédée Domenech, surnommé le « duc » par Jean Prat, n'en finissait pas d'épater les foules : il préfigurait l'ère des piliers modernes. Son grand fait d'armes se déroula dans l'antre de Twickenham un jour de Tournoi, le 25 février 1961. À cette période, les remplacements n'étaient pas tolérés. Ainsi, les Bleus se trouvèrent fort dépourvus lorsque l'ailier Jean Dupuy, blessé, dut quitter le terrain. Les joueurs s'interrogèrent du regard. Le capitaine, François Moncla, demanda à Domenech son avis. Ni une ni deux, le duc s'installa à l'aile de l'attaque tricolore… face à face avec le redoutable sprinteur anglais Young. Le Briviste, rapide certes, avait un gros client devant lui. Dupuy lui glissa avant de sortir de bien surveiller l'intérieur. Domenech raconta après le match : « Quand il crocheta à l'intérieur, innocemment je tendis le bras. C'était comme si je lui avais présenté ma note de resto (le duc était propriétaire d'un restaurant à Brive). Étranglé, le gars ! J'ai bien cru qu'il ne se relèverait jamais. » Domenech marqua ce match de son empreinte, même s'il échoua sur une action où il avait embarqué toute la défense grâce à une feinte de passe et à une course le long de la ligne de touche. Truculent, le verbe haut, grand conteur de match, Domenech faisait le régal des journalistes : il fit même la une de *Paris Match* avec l'actrice Kim Novak.

Le talonneur

TABLEAU NOIR

La famille de la première ligne serait orpheline sans son tuteur, véritable fer de lance, placé au milieu : le talonneur. Sur la même longueur d'onde que ses piliers, le « talon » n'a pas besoin de leur poser des questions au moment de l'impact : il sait ! Comme une deuxième peau, il a la sensibilité du combat… et de l'engagement. Le talonneur a une vraie gueule, au propre comme au figuré. Sa mission de catalyseur du pack ne doit pas lui faire oublier les gestes techniques élémentaires, comme le talonnage en mêlée, ou le lancer en touche. Il est un leader naturel, car au cœur du combat. Chez les Anglo-Saxons, il est souvent désigné capitaine de l'équipe. À la manière d'un chef de commando, il aboie après ses troupes, hurle, gesticule, invective. Dans son rôle de talonneur, il devient parfois un trapéziste, à peine lié à ses deux piliers, lançant ses longues jambes pour aller « rapiner » chez l'adversaire le ballon convoité. Ce qui, dans le rugby d'autrefois, n'était pas sans risque. En effet, dans pareil cas, il se retrouvait souvent après coup le nez dans le gazon, victime de sa curiosité… et du poing de l'adversaire. En général, le talonneur ne se plaint pas, car il connaît les limites à ne pas dépasser sous peine de sanctions.

S'il devait y avoir un prototype du talonneur, Philippe Dintrans serait celui-là! Cheveux frisés, les yeux verts, le Tarbais ne faisait pourtant pas dans la dentelle. Capitaine du XV de France, c'était un vrai chef d'orchestre à la mode *british*. Un excellent joueur, doué d'une rapidité et d'un sens du combat très marqué. Il est, malheureusement, victime d'une vilaine hernie discale au meilleur de sa forme, ce qui lui coûte sa place de titulaire lors du mondial 1987, en Nouvelle-Zélande. Dans la foulée, un autre grand se révèle en la personne de Daniel Dubroca. Alors qu'il est pilier au début de sa carrière, le sélectionneur Jacques Fouroux le trouve trop léger. Exit le poste de pilier, Dubroca passe au talonnage. Et le voilà rapidement titulaire en numéro 2. Il succède à Dintrans. Coup d'essai, coup de maître! Dubroca se voit confier les galons de capitaine du XV de France. Il est alors le dynamiseur, l'accélérateur et le leader d'une nouvelle vague qu'il mènera jusqu'en finale du mondial, et surtout au grand chelem 1987. Aujourd'hui, le joueur qui se rapproche le plus de ces deux hommes est le Parisien Dimitri Szarzewski. Fort d'un dynamisme et d'une explosivité rares, il emprunte le même chemin que ses augustes prédécesseurs.

Le talon en touche

Contrairement à ce que l'on pourrait croire, le talonneur n'est pas obligé de lancer lui-même le ballon dans l'alignement. La preuve, lorsqu'une touche se joue rapidement, le premier joueur à récupérer le ballon est souvent le lanceur. Dans l'histoire du jeu, le talonneur n'effectue la remise en jeu que depuis peu de temps. Auparavant, c'est l'ailier qui était chargé de cette tâche. Mais on s'est aperçu que les ailiers pouvaient être dangereux à partir du moment où on les intéressait au jeu sur des lancements comme la touche. On chercha alors d'autres solutions. Dans les années 1980, entre autres sous l'impulsion de Jacques Fouroux, ce fut au tour des demis de mêlée d'être désignés comme lanceurs. En théorie, cela avait l'avantage de privilégier un joueur plus adroit… tout en maintenant le talonneur dans le couloir afin de mieux défendre l'alignement. Le résultat ne fut guère meilleur : il était pratiquement impossible de jouer rapidement les touches, car il n'y avait pas de demis de mêlée pour ouvrir sur de longues passes. Du coup, le talonneur fut intronisé lanceur. Aujourd'hui, ce travail demande un entraînement spécifique. Les joueurs concernés passent d'interminables heures à fixer la mire avec des structures en métal comme points de repère.

Trois joueurs en première ligne

Les piliers et les talonneurs ont donc un rôle bien précis en mêlée. Mais quelle est l'origine de la mêlée? Ont-ils toujours été trois en première ligne? Si le jeu de rugby a bien été inventé au collège de Rugby, cette phase de jeu particulière provient plus sûrement des autres collèges d'Eton et de

Westminster. Ces écoles pratiquaient un jeu baptisé « mur ». Une dizaine d'élèves devaient s'emboîter tête baissée le long d'un muret et faire reculer l'adversaire à la poussée afin de récupérer un ballon jeté au milieu. Il n'y avait bien évidemment pas de notion de poste ou de spécialité. En 1871, sur le premier code du jeu, on note que tout en-avant doit être sanctionné par une mêlée. En 1877, l'empoignade passe de 20 joueurs à 15, et concerne toute l'équipe. Mais, un jour, les Gallois présentèrent seulement 8 joueurs en mêlée pour 7 attaquants. À la surprise générale, ils gagnèrent leur rencontre. Juste retour des choses, les autres les imitèrent. Il est à noter que, de 1892 à 1905, les touches étaient converties en mêlées, ce qui multipliait la fréquence de cette phase de jeu dans un match. Il n'y avait toujours pas de vrais spécialistes de la première ligne. Lors de la tournée de la Nouvelle-Zélande en Grande-Bretagne, en 1925, les All Blacks présentent une mêlée configurée en 2-3-2, avec 2 piliers en première ligne. Cela leur permit d'avoir un troisième ligne supplémentaire détaché… mais ne plut pas à l'International Board. L'institution fera voter une nouvelle règle obligeant la première ligne à compter trois joueurs. Les Néo-Zélandais repartiront de cette tournée avec le surnom d'« invincibles »…

La bajadita

La dernière grande innovation en termes d'organisation en mêlée est due à l'Argentine. En 1970, un certain Dr Francisco Ocampo, du club de San Isidro, imagina la *bajadita*, d'après une idée que lui avait soufflée un Sud-Africain du nom d'Izaack Van Heerden. Il s'agit simplement de placer trois piliers en première ligne et de pousser sans talonner la balle. Grâce à une puissance infernale, une pression intense et une cohésion parfaite, le pack argentin a fait souffrir toutes les mêlées du monde, y compris celle de la France. Lors de la tournée en 1974, l'équipe de Jacques Fouroux s'impose de justesse après avoir reculé en mêlée. Le futur sélectionneur importera cette méthode dans l'Hexagone. Il l'utilisera à maintes reprises lorsqu'il sélectionnera des piliers au poste de talonneur, comme Dubroca ou Marocco.

Les deuxièmes lignes

Quel que soit leur côté, pendant la mêlée, le rôle sur le terrain des deuxièmes lignes (titulaires des numéros 4 et 5) est comparable. Le deuxième ligne est traditionnellement le joueur plus grand de l'équipe. À l'origine, il était surtout utilisé dans l'alignement, et pour pousser en mêlée aux fesses des piliers. Aujourd'hui, son emploi en touche est toujours aussi important. Il doit faire preuve d'une grande habileté, ce qui demande une belle détente, et surtout une bonne « synchro » avec le lanceur, sans oublier les soutiens. Il est dégourdi, car il doit se démarquer de la zone adverse afin d'assurer la conquête à deux mains ou d'une tapette. En mêlée, il fait valoir ses qualités de pousseur. On dit souvent qu'il faut détenir deux « poutres » en deuxième ligne pour stabiliser le pack : un élément primordial pour avoir une bonne tenue de mêlée.

Les deuxièmes lignes ont également un grand rôle sur les renvois. Leur taille leur permet de réceptionner le ballon relativement haut. Avec l'aide de soutiens, ils captent un grand nombre de munitions. Dans les regroupements, on retrouve aussi la puissance au service du collectif. Ils poussent afin de déstabiliser l'adversaire. Mais, aujourd'hui, on les voit plus encore dans le jeu de mouvement. Ils courent plus qu'avant et assurent beaucoup de plaquages. Ils soutiennent l'attaque et contribuent à la continuité du jeu. Le deuxième ligne s'est transformé en un joueur plus complet, au même titre qu'un troisième ligne.

La référence au poste, celui dont tous les deuxièmes lignes ont dû s'inspirer, s'appelle Benoît Dauga. Un maître du jeu, comme s'il avait inventé le poste, et en quelque sorte le fondateur du rôle. Si la deuxième ligne était une secte, nul doute que le Montois en serait le gourou. Trente ans plus tard, les meilleurs 4 et 5 du monde jouent dans le même registre. Rapide, adroit pour prendre les espaces, il savait tout faire avec un ballon. Il a laissé une trace indélébile en devenant recordman des sélections sous le maillot bleu (63). Immortalisé par une chanson de Pierre Perret, « Vive le XV », il était surnommé le « grand Ferré », allusion à un héros picard médiéval, grand pourfendeur d'Anglais avec sa hache… Dauga termine sa carrière sur une grave blessure, en 1975. Ses dignes successeurs, aujourd'hui, sont les Lorieux, Roumat, Brouzet ou Pelous…

À deux, c'est mieux

Au sein de cette même famille, il y a une autre tendance : celle des tandems. Dans les années 1970, la France s'est constitué un « pack de fer » fort de huit éléments encore célèbres aujourd'hui (parmi eux, Jean-Pierre Rives, Robert Paparemborde et Jean-Claude Skrela). En deuxième ligne, elle possède deux joyaux de la couronne du nom de Michel Palmié et Jean-François Imbernon. Michel Palmié, surnommé « Ramsès » en raison de ses innombrables bandages, est un guerrier hors norme. Associé au Catalan Jean-François Imbernon, il ne fait pas du ballon sa priorité absolue. Les deux lascars, qui forment une association redoutable, préfèrent la pénombre d'un regroupement au soleil du grand champ ! Ils ont la franchise brutale… Le Biterrois ne laisse pas sa part au chien dans les regroupements, Imbernon non plus ! Ils seront du grand chelem 1977 avec l'équipe de France. Pourtant, lors du premier match contre Galles, Palmié, victime d'un K.-O., a terminé le match sans trop savoir comment. Il sera guidé tout le long de la rencontre par son compère Imbernon. Coïncidence supplémentaire : les deux hommes comptent chacun le même nombre de sélections (23).

La troisième ligne

Comme la première ligne, la troisième ligne est composée de trois joueurs bien différents. Le numéro 6 pousse à gauche de la mêlée, le numéro 7 à droite, alors que le numéro 8, baptisé aussi « troisième ligne centre », occupe le couloir : il est le dernier joueur de la mêlée.

Les troisièmes lignes aile

Leur rôle se conçoit en complémentarité avec celui du troisième ligne centre. Ils doivent avoir des aptitudes et des qualités similaires. Pour un équilibre correct, il est intéressant de posséder un bon sauteur parmi les troisièmes lignes. Cela, afin de proposer une solution en fond d'alignement et de soulager les deuxièmes lignes. Pour jouer à ce poste, il faut acquérir des capacités physiques importantes et au-dessus de la moyenne. Les troisièmes lignes aile sont un peu les poumons de l'équipe, à l'instar des demis défensifs en football. Ils interviennent partout, surtout là où se trouve le ballon, en attaque comme en défense. Lors des mouvements offensifs, on leur demande d'assurer la continuité du jeu sur les points de rencontre (les « regroupements »). En défense, les *flankers* (« troisièmes lignes aile », en français) sont souvent les premiers « bloqueurs » en plaquant, puis en tentant de récupérer le ballon chez l'adversaire. Ils ont aussi un rôle précis en mêlée et sur les touches. Ils « chassent » en permanence les porteurs du ballon. Dans une partie, ce sont les joueurs qui touchent le plus de balles, avec la paire de demis. Il n'est pas rare non plus de les trouver en haut du classement dans les statistiques des plaquages (une vingtaine par match au niveau international). En définitive, ce rôle demande une grande qualité technique et un physique irréprochable afin d'enchaîner avec la même réussite un jeu d'avant et un jeu de trois-quarts.

Si l'on doit désigner un joueur type pour ce poste de troisième ligne aile, on pense immédiatement à Jean-Pierre Rives. L'enfant de Toulouse inspira le respect partout où il joua. De Tucuman à Wellington, en passant par Dublin ou Johannesburg, Jean-Pierre Rives fut l'homme à tout faire du pack français dans les années 1980. Plaqueur redoutable, il était aussi et surtout un formidable combattant, et un formidable capitaine. Sa célèbre chevelure blonde fit le tour du monde au son de la voix de Roger Couderc, qui le surnomma affectueusement « casque d'or ». Énormément de joueurs se sont pourtant illustrés à ce poste. Olivier Magne détient le plus grand nombre de *capes* (c'est-à-dire le plus grand nombre de sélections en équipe nationale) sur le côté de la troisième ligne. Il est un dévoreur d'espace hors norme. Son registre est sans doute le plus complet de tous, auquel s'ajoute une classe naturelle sans égale. Il est un descendant direct des Jean Prat, François Moncla ou Laurent Cabannes. Enfin, Serge Betsen reste un inquiétant prédateur. Grand chasseur de demis d'ouverture, le Biarrot est une référence mondiale à ce poste.

Dans l'autre hémisphère, la tête à l'envers

Les Britanniques et les joueurs de l'hémisphère sud ne conçoivent pas tout à fait les rôles de troisième ligne aile comme les Français. En mêlée, par exemple, ils inversent les postes. Le numéro 6 pousse à droite et le numéro 7 à gauche. Il faut savoir que traditionnellement, en France, le numéro 6 est volontairement plus véloce que son compère. Il est chargé de monter très vite sur ce que l'on appelle le « grand côté » afin de bloquer le plus rapidement possible l'attaque et de gêner la transmission. Il vaut mieux alors avoir un joueur rapide et vif, du type de Serge Betsen. À droite de la mêlée, les choses sont bien différentes. En effet, il ne faut pas oublier que le demi de mêlée a le droit de suivre la progression du ballon. En défense, il est donc le premier à intervenir si le ballon se met à voyager vers les lignes arrière. Inutile de positionner un joueur très rapide sur ce côté. Dans l'Hexagone, donc, on préfère privilégier un gros gabarit pour renforcer le côté droit de la mêlée (toujours plus difficile à maintenir) et jouer en pénétration.

Dans l'hémisphère sud, les rugbymen ont un profil semblable, mais pas le même rôle. Selon leur position, on les nomme *openside* (« grand côté ») ou *blindside* (« côté fermé »). Il n'est pas rare non plus de les voir changer de côté sur certaines mêlées. Une culture bien différente.

Le troisième ligne centre

Le numéro 8 vient en complément du jeu des deux autres troisièmes lignes. C'est un garçon complet, et un peu la tête pensante de l'équipe. Il a un grand sens de l'adaptation en fonction du contexte et du jeu. En défense, il assure un repli défensif en deuxième rideau (juste derrière sa première ligne de défense). Il pare ainsi aux éventuels coups de pied tapés par-dessus la défense, et dans le cas où un joueur perfore la ligne. En général, il participe aussi aux relances avec l'aide de son arrière ou de ses ailiers. En mêlée, il contrôle les sorties de balle, toujours à l'écoute de son demi de mêlée. Sa position centrale lui permet d'organiser les lancements de jeu collectif autour de la mêlée. Il est aussi souvent un bon sauteur.

La France a eu souvent de bons numéros 8 dans son histoire. Le Briviste Jean-Luc Joinel faisait partie des plus grands à ce poste. Il avait acquis une science du jeu certaine tout au long de ses 50 sélections. Mais son expérience comme *flanker* n'y était sans doute pas étrangère. Il y eut également des joueurs exceptionnels comme Jean Barthes (passé à XIII par la suite), Walter Spanghero, Jean-Pierre Bastia – vainqueur du grand chelem en 1997 –, Élie Cester ou Laurent Rodriguez, finaliste du mondial 1987. Plus près de nous, Abdel Benazzi, Marc Cécillon ou Christophe Juillet ont brillé à ce poste.

Tout miser sur le 89

Il s'agit probablement de la première combinaison enseignée à l'école de rugby. Elle se nomme la 89. Facile à retenir puisqu'elle concerne le troisième ligne centre, le numéro 8, qui sort le ballon de la mêlée pour le transmettre à son demi de mêlée, le numéro 9. Avantage de ce choix de jeu ? Il y en a au moins deux. D'une part, le 8 sortant de la mêlée est très vite disponible pour jouer : cela fait un joueur de plus dans l'intervalle, ce qui n'est pas négligeable pour créer un surnombre. D'autre part, si l'adversaire ne connaît pas vos intentions (jeu derrière la mêlée ou avec les trois-quarts), son attention est maintenue le plus longtemps possible, ce qui contribue à fixer la défense au maximum. Enfin, la 89 peut-être adaptée avec l'arrière (numéro 15) intercalé, ce qui donne une 8915, ou encore avec le troisième ligne aile (numéro 6), pour une classique 896.

Les trois-quarts

Ils sont au nombre de 7. Il y a 1 paire de demis (demi de mêlée et demi d'ouverture), 2 trois-quarts centre, 2 ailiers et 1 arrière. Ils sont chargés de porter le ballon et de marquer des essais.

La charnière

Les deux joueurs qui composent la *charnière* (le demi de mêlée, numéro 9, et le demi d'ouverture, numéro 10) orientent le jeu d'une équipe et en sont la véritable tête pensante. La charnière, en articulant les attaques et en impulsant la défense, pèse véritablement sur une rencontre.

Le demi de mêlée

TABLEAU NOIR

Il est le lien entre les avants et les lignes arrière. Le plus souvent, il guide et commande les « gros » (les avants, souvent surnommés ainsi au regard de leur embonpoint chronique). Généralement, le demi de mêlée est d'un petit gabarit tout en étant performant dans toutes les dimensions du jeu, un peu comme un avant ou un trois-quarts selon le contexte. Son jeu au pied est précis et utile pour dégager son camp. C'est un élément très important dans une équipe, car il occupe un poste stratégique. Le demi de mêlée est souvent doté d'une forte personnalité, et d'un caractère bien trempé. Son entente avec le demi d'ouverture doit être parfaite pour impulser les mouvements d'attaque. On dit souvent qu'il n'y a pas de grandes équipes sans grands demis de mêlée. C'est vrai tant ce poste requiert maîtrise et intelligence tactique afin de jouer les bons coups et même ceux qui ne sont pas permis !

S'il y en a un que personne n'a oublié, c'est bien Jacques Fouroux. Demi de mêlée du XV de France entre 1972 et 1977, le Gersois a marqué son époque autant par son jeu que par son caractère ! L'œil vif, le verbe facile, il régna en maître absolu sur les décisions. Capable de faire grimper les « gros » au rideau avant d'entamer une rencontre, il pouvait convaincre n'importe qui en cinq minutes du bien-fondé de son raisonnement ! Il sera à la tête des Bleus durant une décennie avant de passer la main.

La France a souvent eu de grands demis de mêlée. Certains sont l'antithèse de Fouroux, comme Jérôme Gallion, qui lui succéda sous le maillot bleu. Le Toulonnais, plus élégant que jamais, avait une « classe pure » pour les observateurs, qui comparaient généralement les deux joueurs. Il en fut de même avec Pierre Berbizier, un autre surdoué, fin technicien et tacticien. Trois joueurs aussi différents que possible, mais tous avec un point commun : un fort caractère doublé d'une personnalité complexe. Fabien Galthié compte aussi parmi les grands joueurs. Aujourd'hui, la relève est assurée avec Dimitri Yachvili ou Jean-Baptiste Elissalde, excellents buteurs.

Le demi d'ouverture

Dans l'idéal, le demi d'ouverture est un supertacticien capable d'alterner le jeu à la main et le jeu au pied. Il gère de la même manière le jeu offensif ou la montée défensive de son équipe. Un véritable stratège ! À la main, sur mêlée ou sur touche, son rôle consiste à impulser les mouvements collectifs en plaçant ses partenaires dans les meilleures conditions. Sur des phases statiques, il lui est difficile de jouer pour lui-même, sauf grossière erreur de la défense adverse. En principe, il a sur le dos son vis-à-vis et le troisième ligne aile. En revanche, lorsque le jeu prend de l'ampleur, il bénéficie d'une plus grande liberté, il peut alors faire parler ses qualités naturelles, vitesse, technique et coup d'œil. Il est idéalement placé pour tenter des drops. Le numéro 10 est souvent un excellent buteur et tient un rôle décisif pour le gain du match.

Le demi d'ouverture a deux identités : la première l'autorise à attaquer à volonté, la deuxième lui confère un rôle de gestionnaire au pied. La France a plus souvent évolué avec des « botteurs », comme Jean-Pierre Romeu lors du grand chelem 1977. Guy Laporte ou Christophe Lamaison étaient de la même race. Parmi les attaquants, le Dacquois Jean-Patrick Lescarboura était incisif à souhait. Mais les Bleus ont aussi connu des numéros 10 atypiques. On recense des garçons comme Franck Mesnel, que Jacques Fouroux replaça au centre par la suite, ou encore Christophe Deylaud, génial dans l'improvisation. Encore aujourd'hui, Frédéric Michalak se situe dans cette catégorie. On n'a toujours pas déterminé s'il était plus à l'aise à l'ouverture ou à la mêlée.

Le champion blessé

Depuis son drop magique en finale de la Coupe du monde 2003 avec le XV de la rose, l'ouvreur **Jonny Wilkinson (né en 1979)** a connu moins d'honneurs que de malheurs. Blessé à répétitions, le joyau de la couronne a lâché. Ayant commencé sa carrière internationale à 18 ans, célèbre pour son acharnement au travail, passant de longues heures à s'entraîner tous les jours de l'année, il a parfois atteint ses limites physiques. Son obsession ? Le jeu au pied. Cela s'avère particulièrement efficace, puisqu'il détient, grâce à ses 85 sélections nationales, le record du nombre de points marqués pour l'équipe d'Angleterre (1128). Depuis la fin de la Coupe du monde 2003, il accumule les blessures : épaule, bras droit, ligament du genou... Son arrivée en France à l'été 2009 semble avoir eu l'effet d'un bain de jouvence. Finies les blessures graves, il a même retrouvé le maillot du XV d'Angleterre.

Les deux font la paire !

« Pour bien jouer, il faut que la paire de demis s'entende comme des frangins... » Ils ne croient pas si bien dire, ceux qui, au bord de la touche, pestent contre les maladresses de la charnière. La France a eu au moins un beau tandem grâce aux frères Camberabero : Lilian à la mêlée et Guy à l'ouverture. Originaires des Landes, ils sont arrivés très jeunes en Ardèche, à La Voulte. En peu de temps, ils sont devenus les héros éternels de toute une région, et ont fini par ramener le bouclier de Brennus à La Voulte, en 1970.

Ils ont également brillé sous le maillot de l'équipe de France. Bien qu'ils comptent 14 sélections chacun, ils n'ont pas toujours joué ensemble. La première fois, c'était contre la Roumanie, en 1964... il y en eut huit autres, dont la dernière, la plus belle, à Cardiff, pour le premier grand chelem français, en 1968. L'histoire se réécrira quelques années plus tard avec une nouvelle charnière Camberabero reconstituée : Didier, à l'ouverture, et Gilles, à la mêlée. Ce sont les enfants de Guy, qui porteront d'abord le maillot de La Voulte, puis celui de Béziers.

Les trois-quarts centre

C'est un des postes qui a le plus évolué ces dernières années. Autrefois, les centres étaient considérés uniquement comme des attaquants et de bons passeurs. Buste droit, cheveux au vent, col relevé : c'était surtout une question d'élégance. Aujourd'hui, ils ont un profil de troisième ligne et frisent souvent les 100 kg. Plus rien à voir avec le temps des « Boni », d'après le surnom donné aux frères Boniface. Le rôle est autant défensif qu'offensif. Ils doivent conserver cette capacité à bien faire circuler le ballon, avec finesse, au bon moment, et dans un timing parfait. Le jeu au pied s'est nettement amélioré, surtout au niveau de la précision. Il n'est pas rare de voir un centre taper un petit coup de pied rasant ou par-dessus la défense à destination des ailiers ou de l'arrière. En défense, les centres se montrent souvent intraitables. Ils permettent de récupérer le ballon grâce à des plaquages nets. Le milieu du terrain est une zone hautement stratégique. Un match se gagne parfois, ou se perd, à cet endroit. Bref, le trois-quarts centre est un beau joueur, rapide et puissant. Sa technique est irréprochable : en principe, il sait tout faire balle en main.

La France a toujours eu de fabuleux centres au sein de son attaque. Jean Dauger fait sans doute partie des orfèvres en la matière, même si sa carrière internationale a été écourtée par son passage à XIII. Sinon, quel amateur de sport n'a jamais entendu parler de la légende Boniface, les deux frangins de Mont-de-Marsan ? Certains avancent qu'André aurait été encore meilleur s'il n'avait pas eu la douleur de perdre son frère Guy, en pleine gloire, dans un accident de la route, en janvier 1968. Dans la même lignée, on trouve aussi Jo Maso, petit prince de l'attaque narbonnaise et successeur des « Boni », désigné par André lui-même dans la presse. Jo Maso ne compte que 25 sélections chez les tricolores. Les sélectionneurs le privèrent de plusieurs capes. Son style ne convenait pas, et on lui a même reproché d'avoir les cheveux trop longs…

Puis vint une nouvelle race de centres. Plus complets, plus forts, plus rapides. Leur maître a pour nom Philippe Sella ! Il a inventé un style. Capable de réaliser tous les gestes, il a renversé des montagnes, slalomé à travers les défenses et porté à 111 reprises le maillot tricolore : le record du monde ! Aujourd'hui, Yannick Jauzion évolue dans le même registre que son aîné.

Une fraction, mais pas une demi-portion

Dans l'hémisphère sud, et principalement en Nouvelle-Zélande, le premier centre, celui qui est le plus près du demi d'ouverture n'a pas le même rôle qu'en Europe. Là-bas, on l'appelle le « cinq-huitièmes », et il est un peu dans le registre de l'ouvreur. Celui-ci peut s'appuyer sur lui pour dégager au pied, par exemple, ce qui permet d'ouvrir l'angle afin d'occuper l'espace. En attaque, il est aussi actif que l'ouvreur. Cela fait donc deux joueurs à surveiller. Il peut aussi bien pénétrer que faire une passe. La référence en la matière est aujourd'hui le All Black Aaron Mauger. À noter que la plupart des numéros 10 néo-zélandais ont aussi joué au centre, ou, pour parler langage kiwi, cinq-huitièmes. Le dernier en date n'est autre que Daniel Carter, le génial ouvreur qui a démarré sa carrière avec le maillot noir flanqué du numéro 12…

Les ailiers

Les ailiers sont généralement choisis pour leurs qualités de vitesse et leur talent à *crocheter* grâce à de terribles appuis. Ils adorent les duels avec leur vis-à-vis. L'ailier est comme l'avant-centre en football, il est là pour marquer. Dans le rugby moderne, on leur en demande encore plus. Il leur faut être désormais des défenseurs et même des créateurs (au niveau des relances). Ce poste est finalement très proche, aujourd'hui, de l'arrière. Sur le jeu au pied adverse, il évolue souvent sur la même ligne. Il est cependant pour lui une partie du jeu difficile à gérer : la défense, surtout en ce qui concerne le placement. Il a plusieurs options : rester en retrait et compter sur ses jambes pour combler les espaces, ou, au contraire, se tenir à hauteur pour anticiper et intercepter le ballon. Ce n'est pas sans risque : il faut de l'intuition, de l'expérience, et parfois un brin de réussite. Il arrive aussi qu'un ailier ne touche pas de ballon dans une rencontre tendue, où le combat est de mise. Il est le dernier maillon de la chaîne offensive. C'est de toute manière un poste en pleine évolution.

Certains ont longtemps espéré les ballons pour montrer leur talent, d'autres sont allés les chercher… comme Jean Dupuy, dit « Pipiou », venu un jour à la hauteur de son ouvreur, en 1959, à Dublin, pour un essai magnifique. C'était sans doute la première fois qu'un ailier osait demander le ballon plutôt que de l'attendre. Le Montois Christian Darrouy ne se plaignait pas, tant il était servi et alimenté par les frères Boniface. Il a ainsi marqué de nombreux essais pour Mont-de-Marsan, et sous le maillot tricolore. Patrice Lagisquet, le « gaucher de Bayonne », ou Patrick Estève, le « TGV de Narbonne », étaient de cette race des grands finisseurs. Les ailiers ont ensuite changé de morphologie, avec l'arrivée de joueurs plus puissants, dont Éric Bonneval serait le prototype. Philippe Saint-André possédait un style à part, mais diablement efficace. Émile Ntamack fut, lui, le premier Français à pouvoir rivaliser avec le Néo-Zélandais Jonah Lomu.

L'arrière

C'est le dernier rempart avant la ligne d'en-but. Il occupe un poste très important, car il doit allier des capacités de défenseur à celles d'attaquant. Il reste souvent en retrait pour réceptionner les ballons frappés au pied par l'équipe adverse, mais il peut apporter sa contribution à l'offensive de son équipe en amenant le surnombre : on dit alors qu'il « s'intercale », c'est-à-dire qu'il s'introduit dans la défense. Il intervient également sur des relances (des contre-attaques). Il a la meilleure vision du jeu et n'est pas exposé directement à l'adversaire, ce qui lui laisse une grande marge de manœuvre. En défense, il n'a pas droit à l'erreur… S'il manque un plaquage, il condamne généralement son équipe. Il plaque peu, mais ses interventions sont décisives. À ce poste, un jeu au pied long et précis est indispensable. L'arrière doit maîtriser toute la gamme des coups de pied. Ses qualités premières sont le calme, la lucidité et l'enthousiasme. Il assure et met en confiance ses partenaires.

La France a eu sa perle au poste d'arrière. Au début des années 1980, un jeune métis débute sous le maillot bleu, en Afrique du Sud. Serge Blanco n'est pas encore surnommé le « Pelé du rugby », mais il va faire parler de lui. Le Biarrot confisqua le numéro 15 durant dix années. De courses folles en feintes géniales, Blanco fait tourner la tête des spectateurs comme celle des adversaires. Quand il prend un espace, un vent de panique souffle sur la défense. En Australie, il plante un essai de presque 100 m ! Les Wallabies s'en souviennent encore.

Par la suite, la France connaîtra un autre équilibriste en la personne de Jean-Baptiste Lafond. Puis viendra l'heure de Jean-Luc Sadourny, l'un des joueurs les plus adroits qu'ait connus le circuit. Il sera l'auteur de l'« essai du bout du monde », qui offrira aux Bleus la victoire face à la Nouvelle-Zélande, en 1994, à l'Eden Park d'Auckland.

Une petite révolution

En France, un garçon a révolutionné le jeu au poste d'arrière. Il se nomme **Pierre Villepreux (né en 1943)**. Il a tout du brillant joueur. Un coup de pied extraordinaire, capable de buter de loin, comme en témoigne cette pénalité réalisée à Wellington, en 1968, de 58 m en coin… C'est également un défenseur intraitable, rugueux au contact de l'adversaire. Il aurait pu se contenter du minimum syndical ! Mais le Briviste, au caractère bien trempé, très attentif à l'évolution du jeu, progresse dans sa réflexion. En avance sur son temps, Pierre Villepreux n'aime pas les emportements d'avant-match. Il croit en la prise de responsabilités de chacun. Lui prend les siennes en transformant le poste d'arrière. Il est le premier à venir s'intercaler dans la ligne d'attaque, chamboulant les plans de celle-ci : un bond en avant, à l'époque où le ballon n'arrive que péniblement à l'aile. Villepreux amène le surnombre dans la ligne et oblige donc les défenseurs à réfléchir. Il impulse un formidable mouvement au rugby à la fin des années 1960. Précurseur, il donne le ton aux futures générations d'arrières. Son intuition sera admise dans les écoles de rugby. Aujourd'hui, il n'est plus un arrière au monde qui ne vienne s'intercaler dans la ligne.

La colonne vertébrale

Maintenant que l'on vient de passer en revue chaque poste du rugby, il convient de dégager une sorte de priorité du jeu. En effet, malgré les efforts fournis, les joueurs ne sont pas tout à fait égaux. Pour que la machine fonctionne, il faut une sorte de tête pensante. Bien sûr, le capitaine a une grande responsabilité dans ce cas-là, mais il n'est pas seul : il est épaulé par ce que l'on appelle la « colonne vertébrale ». Il s'agit de l'axe 2-8-9-10-15.

Autrement dit : le talonneur, le troisième ligne centre, la paire de demis et l'arrière ont un rôle prépondérant en ce qui concerne l'orientation du jeu et l'animation d'une équipe. Pourquoi ? Simplement parce qu'ils sont aux premières loges sur le terrain.

Dans l'ordre, les missions sont évidentes : le talonneur est au plus près de l'adversaire, surtout en mêlée. Il est également celui qui effectue la remise en jeu en touche. Le numéro 8, lui, trie les ballons à la sortie de la mêlée et les transmet à la charnière. Le 9 et le 10 sont de tous les coups et touchent environ 80 % des munitions dans une partie. Quant à l'arrière, il est le dernier rempart, et il possède en plus un angle de vision unique sur le jeu, ce qui le rend apte à donner de précieux conseils. Généralement, les leaders naturels occupent l'un de ces cinq postes.

Le remplaçant

Le remplaçant a un rôle particulier, aujourd'hui, dans le rugby. Il est devenu un élément majeur au même titre que le titulaire, mais ce ne fut pas toujours le cas. Autrefois, il n'y avait pas de remplaçant heureux. Porter un numéro à deux chiffres lorsque l'on n'est pas un trois-quarts était dur à avaler. Néanmoins, il fallait garder le sourire. Dans le bus, les titulaires occupent les places devant alors que les doublures s'entassent au fond. On n'ira pas jusqu'à dire qu'ils couvent un strapontin, mais presque. Arrivés au stade une heure avant le match, leur échauffement a lieu à part. Il faut beaucoup d'humilité pour aller ramasser les ballons ou installer les plots ! De retour aux vestiaires, cinq minutes avant le coup d'envoi, les intérimaires du jour servent de « punching-ball », ils donnent de l'eau, enfilent leur survêt' et montent directement dans la tribune. Ils ont joué à celui qui risquait de jouer… Certains cherchent à fuir avant qu'on les éjecte. Leur concentration s'effiloche et, pourtant, ils doivent être prêts au cas où… Le match passe, et le remplaçant est le premier supporter… de l'équipe adverse ! Sentiment horrible d'avoir été exclu, comme ça, sans prévenir. Une fois la rencontre terminée, il faut affronter le vestiaire. Accepter d'être bousculé, piétiné par la meute de journalistes qui vous a ignoré, confondu avec un junior ou, pire, un ramasseur de balles. On ne partage pas l'euphorie ambiante la 3e mi-temps pourrait mettre du baume au cœur. Mais parfois, on n'a même plus le cœur à faire la fête.

Avec l'avènement du professionnalisme, le statut de remplaçant n'est plus du tout le même. Sa rentrée n'est plus aléatoire, mais programmée ! Il joue 20 ou 30 minutes, voire une mi-temps. La stratégie fonctionne parfaitement. Sans états d'âme. Jadis, le suppléant était tabou ; aujourd'hui, c'est un atout.

Supports et équipement

Il faut un minimum pour pratiquer le rugby. En premier lieu, bien sûr, un ballon de forme ovale sur un terrain suffisamment grand, et une paire de crampons. L'essentiel est là. Vous pouvez cependant compléter la panoplie avec les protections d'usage ou des accessoires en tous genres, de plus en plus nombreux.

Le ballon

Le ballon, lorsqu'il est neuf, doit être de forme ovale, comporter quatre panneaux, et avoir les dimensions suivantes : la longueur du grand axe doit être comprise entre 28 et 30 cm, le grand périmètre entre 76 et 79 cm, et le petit périmètre entre 58 et 62 cm. Son poids varie de 410 à 460 g.

Les dimensions des ballons peuvent être réduites, uniquement pour les joueurs scolaires et les écoles de rugby. En revanche, les ballons peuvent être traités spécialement pour être rendus résistants à la boue et plus faciles à tenir en main. Il y a une quinzaine d'années, le ballon était exclusivement en cuir. Aujourd'hui, il est en matière plastique.

LÉGENDE

Pourquoi un ballon ovale ?

À l'origine, le ballon était une vessie de porc que le cordonnier de la ville de Rugby, William Gilbert, achetait aux paysans. Avec son neveu James, ils consolidèrent la vessie de porc avec quatre panneaux en cuir. À la mort de William, James récupéra l'affaire, avec une flatteuse réputation : il était le seul à savoir gonfler un ballon sans reprendre sa respiration. Une sacrée performance lorsque l'on sait que la vessie devait être « fraîche », c'est-à-dire encore chaude, verte et malodorante. Le cuir de l'époque n'avait pas la résistance d'aujourd'hui, et on peut imaginer qu'à force d'être compressées, les vessies de porc ont pris une forme elliptique qui donnera naissance au ballon ovale. Aujourd'hui, Gilbert est une des plus grandes marques de ballon au monde.

L'aire de jeu

Le rugby se joue sur une surface recouverte d'herbe ou, en cas d'impossibilité, d'argile ou de sable, à condition que ce revêtement ne soit pas dangereux. Les surfaces dures en permanence (telles que l'asphalte ou le ciment) sont interdites.

Qu'est-ce qu'un terrain ?

On parle de « champ de jeu » lorsque l'on évoque le rectangle défini par les lignes de but et les lignes de touche. Celles-ci ne font pas partie du champ de jeu. Si l'on ajoute à cette surface les en-but, on parle alors de l'« aire de jeu ». Les lignes de touche de l'en-but et les lignes de ballon mort ne font pas partie de l'aire de jeu. Il faut également un périmètre de 5 m autour de cette surface pour définir l'« enceinte de jeu ». L'en-but est situé entre la ligne de but et la ligne de ballon mort et entre les lignes de touche de but. Pour faire simple, c'est la zone derrière les poteaux. Le terrain est découpé en plusieurs tranches. La ligne médiane est au centre, puis viennent ensuite la ligne des 10 mètres (en pointillés) et la ligne des 22 mètres.

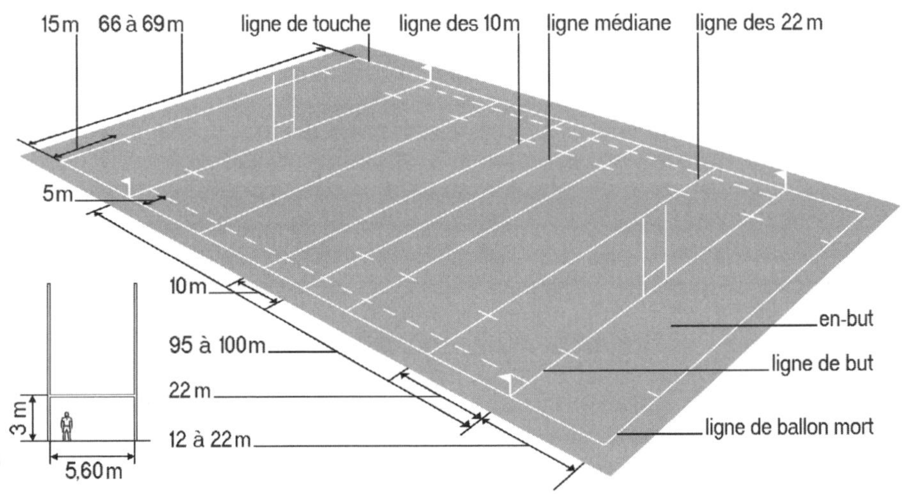

Figure 5-2 : L'aire de jeu.

Les dimensions

Tous les terrains ne se ressemblent pas. Puisque les dimensions ne sont pas fixes, certains ne se privent pas d'être au minimum des obligations. Ainsi, l'aire de jeu ne doit pas mesurer plus de 100 m de long et 70 m de large. Chaque en-but ne doit pas excéder 22 m de long et 70 m de large. Un minimum de 10 m est imposé pour les en-but. En Angleterre, les clubs de rugby partagent souvent les stades avec les clubs de football. La surface étant plus petite, il y a généralement peu de place pour l'en-but. Il n'est donc pas rare de voir des zones de moins de 10 m. Le moindre coup de pied à suivre vient invariablement terminer sa course sur les panneaux publicitaires.

Poteaux et drapeaux

Il n'y a pas moins de 14 drapeaux pour délimiter les zones. Huit doivent être plantés à l'intersection des lignes de touche de but et des lignes de but, ainsi qu'à l'intersection des lignes de touche de but et des lignes de ballon mort. Ces huit poteaux sont situés à l'extérieur de la zone d'en-but et ne font pas partie de l'aire de jeu. Les six autres doivent être plantés dans le prolongement des lignes des 22 mètres et de la ligne médiane, à 2 m à l'extérieur des lignes de touche, dans l'enceinte de jeu. Les poteaux ont aussi leurs minimums. La distance entre les deux poteaux de but est de 5,60 m. La hauteur de la transversale est de 3 m. Enfin, les montants doivent mesurer au moins 3,40 m. Dans la réalité, ils sont bien souvent au-delà des 5 m.

LÉGENDE

De plus en plus haut

Aujourd'hui, les buteurs sont très précis : ils tapent de plus en plus fort, et surtout de plus en plus haut. Cela leur joue parfois de mauvais tours, car les assistants ont bien du mal à valider un coup de pied qui passe finalement au-dessus des montants. Le Stade Toulousain a résolu le problème depuis bien longtemps : il a augmenté sensiblement la hauteur de ses barres verticales, qui atteignent aujourd'hui 8 m... Ce sont les plus hautes perches d'Europe. Un autre club l'a imité récemment, le champion de France en titre, le Biarritz Olympique. Sauf qu'avant de dresser ces nouvelles tiges, les responsables n'ont pas pensé à les mesurer... Du coup, le record officiel appartient toujours aux Toulousains.

L'équipement et les protections

Auparavant, les joueurs se contentaient d'un équipement et d'un protège-dents pour jouer au rugby. Aujourd'hui, les protections constituent une grande partie de l'équipement des joueurs.

Le short, le maillot et les crampons

Longtemps, il suffisait d'un short, d'un maillot assorti à une belle paire de chaussettes, et les joueurs étaient habillés pour l'hiver. Aujourd'hui, la mode s'est mise au service de la performance, et les choses ont changé. Le short n'a plus de poche et le maillot est désormais moulant, en synthétique. Adieu les maillots pesant 3 kg par temps de pluie ! Le rugby a copié la mode du XIII ou du football australien (adepte des maillots sans manche) afin de limiter les prises, notamment sur les plaquages. En ce qui concerne les crampons, pas de changement notable. La longueur maximale est toujours de 21 mm.

On peut toutefois noter l'arrivée massive de crampons moulés, spécialement conçus pour la pratique du rugby. Ils sont inspirés des « stabilisés » fabriqués pour le football américain.

Le tee

Avec le professionnalisme, les joueurs ont cherché immédiatement à améliorer leurs performances grâce à de petits ustensiles entrevus déjà dans d'autres grands sports pros. Le premier adopté fut le tee. Le football américain et le rugby à XIII l'utilisent depuis longtemps pour taper au but. Auparavant, les rugbymen creusaient avec le talon et confectionnaient un petit tas de terre afin de donner une assise à la balle. Pas toujours pratique lorsque les terrains étaient gras !

Le premier joueur en France à avoir recouru au tee fut le Grenoblois Cyril Savy. Il avait remarqué les plots qui balisaient les travaux sur les autoroutes. Avec un peu de découpage, leur forme conique pouvait parfaitement convenir pour allonger son coup de pied, pensa-t-il. Il faut préciser que l'arrière de Grenoble possédait un des plus longs coups de pied du championnat. Il bricola donc une ébauche de tee et s'entraîna avec durant les phases finales 1993. En demi-finale, le FC Grenoble affrontait Agen. À la dernière minute, Savy réussit un but des 60 m, et arracha la prolongation… Son club vainquit, avant que de s'incliner en finale contre Castres.

Les protections

Après l'équipement de base, il est temps de penser à la protection des joueurs. Certes, on n'en est pas encore au niveau des joueurs de football américain, mais l'apparence des rugbymen a considérablement évolué ces dernières années. Il est à noter qu'une grande partie des innovations matérielles provient de l'hémisphère sud, rompu il est vrai depuis belle lurette au grand spectacle de la Rugby League. Petit détour par cette panoplie…

De bas en haut, le joueur se protège d'abord les tibias. Il s'agit de la même protection que celle utilisée par les footballeurs. Certains garçons (les sauteurs en touche) confectionnent une sorte de grip sur chaque jambe afin de faciliter la prise des soutiens. Ils disposent alors d'un point de repère et d'appui pour maintenir fermement le partenaire dans les airs. Ensuite vient la coquille, pour éviter tout choc sur les parties intimes. Généralement, ce sont les avants qui l'utilisent le plus. En effet, elle peut gêner la course et les trois-quarts la délaissent volontiers. Les joueurs ont pris l'habitude d'enfiler un tee-shirt brodé de protections sur le haut du corps : efficace en cas de choc sur les côtes ou le thorax. Les troisièmes lignes ont recours à des épaulières, qui ne recouvrent que l'épaule et la clavicule. Tous les joueurs se sont convertis au casque, y compris les trois-quarts. Mais, dès que les premières chaleurs pointent, il devient vite encombrant. Les propriétaires n'hésitent pas alors à le larguer sur le bas-côté du terrain. Le protège-dents est quant à lui indispensable. N'oublions pas les mitaines (gants laissant à nu les dernières phalanges des doigts), mais qui contribuent plus à se saisir du ballon qu'à protéger le joueur. Enfin, la panoplie se complète du légendaire rouleau de *strap*. Le célèbre tissu adhésif est le témoin privilégié des rugbymen. Les chevilles, les poignets, les doigts et même la tête sont régulièrement ficelés par ces petits bouts de bandelette.

Les protections interdites

On ne peut pas tout faire en matière de protection. Les arbitres sont d'ailleurs chargés avant la partie de vérifier les équipements et renforts divers de chaque joueur. Certaines protections ne sont pas validées si elles sont coupantes ou abrasives. De la même manière, si elles sont composées de quincaillerie (boucles, clips, anneaux, gonds, fermeture Éclair, vis, boulons...), elles ne seront pas autorisées. Si les mitaines sont les bienvenues, le gant, lui, est banni. Le short ne peut contenir de rembourrage quelconque. Enfin, sous la semelle, le crampon isolé à l'extrémité de la chaussure est totalement prohibé.

Le déroulement d'un match

L'équipe est composée, le ballon gonflé, le terrain tracé et les joueurs bien équipés ? Parfait. Toutes les conditions sont maintenant réunies pour commencer à jouer. Toutefois, il faut faire les choses dans l'ordre. Un match de rugby, ce n'est pas seulement deux périodes de jeu de 40 minutes. Il existe aussi un avant et un après-match faisant partie intégrante de la rencontre. Évidemment, le protocole ne sera pas le même selon que l'on dispute un test-match, une rencontre de championnat ou même un match de niveau inférieur. Le déroulement du match obéit pourtant à une sorte de rituel quasi immuable. Commençons donc par le début : l'arrivée au stade.

L'avant-match

TABLEAU NOIR

Les équipes arrivent au stade généralement au même instant. Les bus se croisent et les joueurs peuvent se saluer en toute amitié. Nous sommes à une heure trente environ du coup d'envoi. Certains aiment bien respirer l'ambiance du terrain ou tâter l'état de la pelouse... Ce qui, au passage, permet de choisir définitivement la longueur des crampons. Les buteurs prennent des marques visuelles, détaillant la proportion du stade ou la hauteur des poteaux de but : rappelons une règle essentielle, à savoir que la surface de jeu n'est pas égale d'un stade à l'autre. Le règlement autorise des minimums et des maximums en ce qui concerne le traçage des lignes. Résultat, les aires de jeu sont plus ou moins étendues selon l'endroit. Les joueurs doivent absolument en tenir compte. Enfin, une autre catégorie de rugbymen n'apprécie pas trop les sourires ou la décontraction. Ces joueurs, souvent des avants, sont déjà concentrés sur le combat et préfèrent le silence des vestiaires. Ils sont alors entre les mains du kiné pour les derniers massages. C'est une longue préparation mentale.

Tout ce beau monde dispose encore d'une heure avant le coup d'envoi. Enfiler la tenue ne prend pas plus de 20 minutes, même s'il faut aussi prendre en compte la pose des *straps*, pansements et autres bandages. Le reste du temps est consacré à l'échauffement pur (25 minutes). Les ultimes secondes avant que l'arbitre n'appelle les deux équipes sont consacrées aux dernières consignes de l'entraîneur : parfois un « remontage de pendule » bien dans la tradition du rugby. Mais chut… la porte se referme. Place au jeu.

Le match

Au rugby, le match se dispute en deux périodes distinctes de 40 minutes. À l'issue de la première mi-temps, les joueurs rentrent aux vestiaires pour une pause de 10 minutes. Avant 1996, la pause n'était que de 5 minutes et les équipes restaient sur le terrain. La professionnalisation étant passée par là, les joueurs ont droit à un peu plus de repos et les téléspectateurs à un peu plus de pub… Le temps de jeu est désormais effectif (sauf en Coupe d'Europe). Lors de chaque arrêt de jeu, l'arbitre stoppe officiellement le chronomètre en faisant un signe de la main au quatrième arbitre. Ainsi, la montre s'arrête. À l'issue du temps réglementaire, une sirène retentit. Le directeur de jeu peut interrompre la partie dès le premier arrêt de jeu. S'il siffle une pénalité, les joueurs sont obligés de reprendre jusqu'au prochain arrêt de jeu.

En cas d'égalité à l'issue du temps réglementaire, une prolongation de 2 fois 10 minutes est prévue. Elle était de 2 fois 15 minutes avant la Coupe du monde 2003. Si le score est toujours à parité à la fin de la prolongation, il existe différentes solutions pour départager les protagonistes. Cela dépend en fait des règlements de chaque compétition. En Coupe d'Europe, est déclarée victorieuse l'équipe qui a marqué le plus d'essais lors de la rencontre et, si l'égalité persiste, le plus de buts ou le plus de drops (Brive a battu ainsi Toulouse en demi-finale de la Coupe d'Europe 1998, 22-22 et 2 essais à 1). En Top 14, on a prévu des tirs au but (cinq tireurs désignés pour buter face aux poteaux à partir des 22 mètres, sur le modèle des penaltys au football). Dans l'hémisphère sud, le règlement est encore plus improbable, et on renonce parfois à départager les équipes : lors de la dernière finale de Currie Cup, les Cheetahs et les Bulls n'ont pu se départager (28-28). La prochaine Currie Cup passera donc six mois à Bloemfontein et six mois à Pretoria !

LÉGENDE

La partie interminable

« J'ai vraiment cru que le match ne se terminerait jamais », déclarait Philippe Sella après la remise du bouclier de Brennus aux Biterrois, en 1984. Le jeune trois-quarts centre a en effet disputé le match le plus long de l'histoire du championnat de France. En finale, Agen et Béziers sont à égalité (21-21) lorsque l'arbitre de la rencontre siffle la fin du temps réglementaire après prolongations. M. Yché se tourne alors vers les officiels en tribune : comment faire pour départager les deux clubs ? Aussi invraisemblable que cela puisse paraître, personne au Parc des Princes ne connaît le règlement. Le nombre d'essais ? Les équipes ont marqué chacune une fois ! Les tirs au but ? Pourquoi pas ? Mais combien ? avec quels joueurs ? et depuis quel endroit du terrain ? Une confusion totale règne sur la pelouse et dans les travées du stade. Finalement, c'est Béziers qui s'imposera au terme de la séance de tirs, alors que la nuit est déjà largement entamée.

La troisième mi-temps

À la fin de la rencontre, l'arbitre renvoie les acteurs aux vestiaires. Le face-à-face n'est pas clôturé pour autant. Traditionnellement, les joueurs se saluent. Dans des rencontres internationales ou dans des finales, l'échange de maillots est incontournable, tout comme la haie d'honneur chez les Britanniques. Le vainqueur raccompagne le vaincu à l'entrée du couloir des vestiaires en l'applaudissant. La réciproque est vraie. Après l'effort, le réconfort. Une fois douchés, les joueurs sont regroupés dans une salle commune où ils partagent le repas ou la collation (cela dépend de l'heure de la rencontre). L'ambiance est toujours extrêmement détendue et joviale. Les échanges et les discussions vont bon train. Le blazer est de rigueur, les joueurs portent la tenue officielle du club. Lors des rencontres internationales, cette réception se transforme en banquet. On y mange très bien. Le smoking est obligatoire (pour les joueurs comme pour les dirigeants), tout comme les discours du capitaine et du président. La fin des obligations laisse ensuite la place à une troisième mi-temps bien méritée.

Chapitre 6

Les règles et l'arbitrage

Dans ce chapitre :

- Les subtilités de l'arbitrage
- La codification des règles
- L'homme en noir
- L'arbitrage vidéo

Sans arbitre, il n'y a pas de jeu : cette règle élémentaire est valable en rugby comme dans maints autres sports. L'homme en noir est le garant du respect des lois. Mais le rugby est sans doute le sport où l'arbitrage pèse le plus sur le jeu. La complexité, l'ambiguïté, l'évolution du règlement laissent en effet une large part à l'interprétation humaine.

Arbitrer un match de rugby équivaut à trier, parmi les multiples fautes commises, celles qui ont le plus d'incidence sur le jeu. Il est alors important de siffler, mais parfois aussi de ne pas siffler, pour permettre au jeu de se développer tout en restant ordonné. En rugby, la règle de l'avantage est primordiale ! Voilà toute la difficulté de l'arbitrage, ainsi, bien sûr, que son principal intérêt.

Les subtilités de l'arbitrage

Dans une rencontre, un arbitre doit rapidement apprécier les forces et les faiblesses des deux équipes, en tirant ainsi de précieux enseignements pour la conduite future du match. La connaissance de la règle n'est donc qu'un aspect dans la formation d'un arbitre. Bien sûr, celle-ci doit être connue sur le bout des doigts pour être appliquée… mais plus encore pour être ignorée, et ignorée à bon escient. L'arbitre mérite alors vraiment le nom de « directeur de jeu ».

Un rôle central

Sans l'arbitre, pas de rencontre, pas de compétition, pas de sport… La nature est ainsi faite, il faut une force objective pour départager les hommes, les contenir, et les raisonner. Mais le rôle d'arbitre, en rugby, ne se réfère pas seulement à l'application des règles. Sa présence implique respect et éducation. En effet, sur une aire de rugby, il y a rarement contestation ou polémique à la suite d'une décision malheureuse : simplement le respect élémentaire que se portent les hommes, et un langage simple. L'arbitre peut se tromper, il s'excuse immédiatement sans que cela lui soit reproché. Le capitaine peut demander des explications afin d'informer ses équipiers. L'arbitre l'encourage dans ce sens et lui donne les raisons de ses interventions.

Pourquoi faut-il des règles ?

Lorsque ce jeu prit un certain essor dans les années 1840, il était pratiqué d'une manière anarchique, et donc très différente selon que l'on jouait au collège de Rugby, à Westminster ou encore dans le nord de l'Angleterre. Le rugby étant dérivé et développé en opposition au football, certains ne touchaient même pas le ballon avec la main ; d'autres uniquement avec la main ! Le nombre de joueurs n'était pas non plus clairement défini. Il a donc fallu se pencher très sérieusement sur un code afin de pratiquer la même activité, et ainsi de pouvoir s'affronter loyalement. Après plusieurs réflexions parallèles, la rédaction du premier code a demandé trois jours.

Les premières règles du jeu datent du 25 août 1845. Le travail a été effectué par trois pupilles de l'école de Rugby, qui en avaient reçu l'ordre. William Delafield Arnold – 17 ans, fils de l'ancien directeur –, W. W. Shirley et Frederick Hutchins soumirent les 37 règles fondatrices à Thomas Hugues, homme de loi, auteur d'un ouvrage de référence sur la vie au collège : celles-ci furent immédiatement imprimées. Le premier livre des règles du rugby était édité. Mais, pour que le jeu puisse vivre, il fallait vite adapter certaines règles à la pratique. De nombreuses apostilles et annotations furent ainsi insérées, constituant une sorte de mise à jour périodique. En 1871, avec la création de la Rugby Football Union (RFU) et sous la pression de médecins et d'avocats, les règles subirent un petit lifting afin d'éradiquer les gestes violents. La première vraie réforme n'interviendra que 21 ans plus tard, avec la seconde écriture générale des règles (1892).

LÉGENDE

La conversion de Harvard

Un exemple de la différence d'interprétation du code d'un endroit à l'autre. Pendant de nombreuses années, le terme « football » s'applique à l'activité qui consiste à botter un objet, généralement un ballon rond, et à le diriger vers une zone de but. Sauf à Rugby, à cause de la malice de ce diable de Webb Ellis. Vers les années 1870, à Montréal, le personnel de garnison, les citoyens et les étudiants de l'université McGill pratiquent une forme hybride du rugby. En 1874, McGill est invitée à Cambridge, au Massachusetts, pour disputer un match de « football » contre Harvard. Une fois sur place, l'équipe de McGill se rend compte que Harvard joue une version du jeu utilisant les coups de pieds (le soccer). Devant l'étonnement général, on résout alors le problème en jouant deux matchs, chacun selon les règles de l'autre équipe. C'est ainsi que la version de McGill est introduite aux États-Unis. Harvard prend immédiatement goût à ce nouveau jeu et fait venir d'Angleterre les règles du rugby de l'époque. En l'espace d'un an, Harvard persuade d'autres équipes de l'est des États-Unis, connues sous le nom d'Ivy League, d'adopter le jeu.

Les règles sont-elles les mêmes partout ?

Et oui, malgré l'harmonisation décrite, on peut quand même se poser une question : les règles sont-elles semblables d'un coin à l'autre de la planète ? Du Nord au Sud, il semble que les interprétations diffèrent quelque peu. Conséquence première, une rencontre peut être différente selon que l'arbitre provient d'un hémisphère ou de l'autre : chez les « sudistes », la règle de l'avantage est exacerbée, le jeu au sol moins sanctionné, la mêlée moins sanctionnée, etc. Ainsi, l'arbitre se voit obligé, lors des grands tests internationaux, de réunir les capitaines pour leur faire part de sa vision des choses. Il existe entre eux une véritable coopération. Lorsque la conversation s'engage, ce n'est jamais pour contester, mais pour comprendre les explications. Voilà aussi une des raisons pour lesquelles les arbitres effectuent de nombreux échanges dans le monde. Les Néo-Zélandais ou les Sud-Africains dirigent chaque année des matchs du Tournoi, pendant que les arbitres irlandais, français ou anglais voyagent durant le Tri Nations. Il existe également parfois des différences d'interprétation en traversant la Manche, aussi les arbitres Britanniques ont-ils été priés de venir goûter au parfum du Top 14. Leur réputation d'intransigeance vis-à-vis de la règle ne s'est pas vérifiée en 2010 lors d'un échange franco-britannique. En effet, il n'y eut jamais si peu de cartons jaunes que lors de cette journée de Top 14. La peur du gendarme ?

En 1996, avec la création du Super 12, le jeu évolue à la vitesse grand V. C'est sans doute bon pour le spectacle, mais cela se fait parfois au détriment de l'esprit du jeu. Jusqu'à présent, un joueur ne se présentait jamais devant le porteur du ballon sans intention de jouer. Avec le Super 12 (devenu aujourd'hui Super 15), la métamorphose est spectaculaire. Des joueurs, surtout des lignes arrière, se présentent à hauteur sans s'emparer du ballon. La défense est invariablement gênée, déboussolée par ces électrons libres. Ceux qui n'ont pas la possession de la balle s'arrêtent, décontenancés par cette attitude peu sportive. Les arbitres, avec une grande mansuétude, ne les sanctionnent jamais. Il est vrai que rien dans le règlement n'interdit cette pratique… En Europe, lors du Tournoi 1998, certains sont influencés par ces combinaisons sudistes et osent la même chose. Les arbitres, impartiaux, sifflent ce que l'on nomme désormais les « passages à vide » (un joueur sans ballon se porte volontairement devant son équipier en possession de la balle : c'est aujourd'hui toléré). Enfin, épilogue de cette interprétation de la règle contre l'esprit, l'IRB légiférera en 2000 en signalant que le règlement donne une pénalité si un joueur gêne un autre pour défendre : les instances s'en remettent donc d'une certaine manière à l'interprétation de l'arbitre…

La codification des règles

Tout au long de son existence, le jeu se développe et les règles s'adaptent. Cela ne va pas, parfois, sans forcer le trait ou froisser les âmes susceptibles.

Les premières règles

Elles datent, on l'a vu, de 1846, et sont au nombre de 37. Elles ne seront déjà plus exactement les mêmes lorsque la RFU les adoptera en 1871. À cette date, le croc-en-jambe est, par exemple, interdit, remplacé par le plaquage, alors qu'un en-avant est désormais sanctionné d'une mêlée. De la même manière, la forme ovale est définitivement adoptée pour le ballon, alors que ce point n'avait pas été précisé à l'origine. Autant pour se démarquer définitivement du football que par sa fabrication (quatre bandes de cuir, cousues en forme de vessie). En 1877, les joueurs, pour la première fois de l'histoire, s'affrontent à 15 contre 15. Il est désormais acquis qu'un homme sera au milieu des débats pour arbitrer. Problème : lorsqu'il y a une faute, personne ne l'entend. Il faut donc un bruit retentissant pour alerter ces messieurs. En 1885, l'arbitre néo-zélandais Attack est le premier à adopter un sifflet. En France, les clubs se regroupent progressivement afin d'adopter les mêmes lois : ce sera chose faite en 1894. Mine de rien, le championnat de France en est déjà à sa deuxième édition. Le jeu s'est stabilisé : désormais, dans le monde entier, les hommes pratiquent la même discipline avec un code bien précis. Cela tombe bien, les Jeux olympiques de Paris, en 1900, invitent pour la première fois la discipline à participer.

LÉGENDE

Le baron au sifflet

Pour lui, l'essentiel est de participer. Passionné de rugby, personnage historique du sport français, d'une valeur exceptionnelle, il a arbitré la première finale du championnat de France de rugby jamais organisée. Le 20 mars 1892, le Racing Club de France devient le premier champion de France de rugby, et le doit en grande partie au baron **Pierre de Coubertin**. Non pas que celui-ci ait avantagé les Racingmen au cours de cette finale, non : simplement, en impulsant la création d'associations sportives en France. Fasciné et inspiré par le modèle anglais, dans lequel on pratique à tour de bras le football, le cricket ou le rugby, Pierre de Fredy, baron de Coubertin, revient sur le sol français après avoir visité les collèges de Rugby, d'Eton et de Harrow. Le sport, en France, est surtout pratiqué par des militaires, dans le cadre de leur entraînement. Aussi le baron décide-t-il de créer, en novembre 1887, avec d'autres anciens élèves des lycées Condorcet, Janson-de-Sailly, Carnot ou Monge, et avec l'aide du Racing et du Stade Français, l'USFA (Union des sports français amateurs). Accepté dans cette nouvelle fédération, le rugby, considéré comme un « beau jeu », cherche à fédérer les clubs parisiens afin de disputer un championnat, qui sera dit « de France ». À tout seigneur, tout honneur : la première finale sera dirigée par le rénovateur des Jeux olympiques.

L'arbitre, maître du jeu

ATTENTION !

En rugby, il est difficile de faire respecter exactement les règles. Les joueurs le savent, et font une totale confiance au directeur de jeu. Mais il faut bien admettre que c'est en partie dû à la méconnaissance de ces règles ! Une fois le détail de ces lois connu, en revanche, il est impossible de ne pas épingler les « fautifs » de toute nature, tant les joueurs se font une joie de contourner le règlement. Voilà pourquoi l'arbitre a ajouté à son répertoire un certain nombre de points qui n'appartiennent pas proprement au jeu. Cela lui permet de faire taire les bavards, le cas échéant. Ainsi, lorsque l'arbitre siffle une pénalité, si un joueur a la mauvaise idée de venir la contester, il le repousse à 10 m. Plutôt dissuasif, lorsque l'on a tant de mal à progresser dans le camp adverse. Généralement, une seule perte de terrain suffit à recadrer les râleurs. De la même manière, la pénalité retournée (l'arbitre accorde une pénalité puis la retourne pour un fait sortant du jeu : contestations, brutalité…) a causé plus de soucis qu'aucune remontrance aux fauteurs de troubles.

Ces règles, non écrites dans un premier temps, firent l'objet de débats afin de renforcer l'autorité… mais y en avait-il vraiment besoin ? En effet, entre joueurs et arbitre, le respect s'installe naturellement. N'oublions pas qu'il est inculqué comme valeur fondamentale dans les écoles anglaises. Les

Français s'en souvinrent lors de la finale du championnat 1908. L'arbitre, un Anglais, devenu officier de l'armée britannique après avoir été champion de France avec le Club Olympique, est jugé si pertinent que les joueurs le portent en triomphe à la fin de la rencontre. Il faut dire qu'à l'époque l'arbitre prenait part au jeu en introduisant parfois lui-même le ballon en mêlée. Ce jour-là, les acteurs se félicitèrent de l'impartialité totale et absolue de l'étranger... Comme les remises en jeu à la touche étaient systématiquement transformées en mêlées (à 10 m du point de sortie du ballon), il intervint très souvent. Cette mesure restera en vigueur, laissée à la libre appréciation du capitaine, jusqu'en 1946.

Le seul maître à bord

Les règles donnent tout pouvoir au directeur de jeu. Mais certains ont déjà compris l'avantage d'avoir des juges de touche vigilants et attentifs. Discrètement, ils s'en remettent quand il le faut à leurs assesseurs. Ce ne fut pas le cas du Dr Wheeler, arbitre irlandais de la rencontre entre l'Angleterre et le pays de Galles, en 1931. Nous sommes à Twickenham, le docteur accorde une pénalité aux Anglais. Un des juges de touche, proche de l'action, lui indique qu'il n'y a pas faute ! L'Angleterre ne se fait pas prier et prend l'avantage 8-6. Mais, en définitive, le pays de Galles réussit à tenir l'Angleterre en échec 11-11. C'est le premier match nul réussi par cette équipe à Twickenham. Le docteur déclara au banquet qu'il s'était « en effet peut-être trompé ». Avant d'ajouter : « Cela arrivera d'autres fois. »

Le décompte des points

ATTENTION !

Une des évolutions majeures du rugby concerne le décompte des points. Il a fallu valoriser, trancher ou maintenir les différences afin de ne pas déséquilibrer la fragile addition, responsable bien souvent de la tactique adoptée par les équipes.

- En juin 1871, la première loi de RFU déclare que 1 point est attribué lorsque l'on marque un but ;
- En mars 1875, une proposition pour un système de notation de points se dégage. Il est question de valoriser le but ;
- En octobre 1886, un nouveau système calqué sur celui de l'université de Cheltenham est présenté. Le but n'a pas encore de valeur. Le drop vaut 3 points alors que l'essai vaut toujours 1 point. Mais si l'essai est converti, 2 points de plus sont attribués grâce à la transformation ;

- En 1888, le hors-jeu est sanctionné d'une pénalité, il peut être tenté par un but, ce qui vaut 2 points ;
- En 1891, on accorde au drop 1 point supplémentaire (4 points), qu'il perdra au milieu du XXe siècle ;
- En 1893, la valeur de l'essai augmente, en passant de 2 à 3 points. La RFU l'adopte dès cette année, l'IRB un an plus tard. Certains résultats enregistrés ne seront donc pas les mêmes selon chaque organisme !
- En 1900, l'Écosse propose que le but de pénalité soit ramené à 2 points. La proposition est rejetée ;
- En 1971, l'IRB « teste » l'essai à 4 points. Il sera officiellement adopté en 1973. L'essai de pénalisation, récemment inclus dans le règlement, a la même valeur ;
- En 1992, dernier ajustement de l'essai. Il vaut désormais 5 points et donne un avantage sur la pénalité. Pour la première fois dans l'histoire, un essai transformé est mieux doté (5 + 2 = 7 points) que deux pénalités (3 + 3 = 6 points).

Tableau 6-1 : Le décompte des points

Période	*Essai*	*Transformation*	*But de pénalité*	*Drop-goal*
1886 à 1888	1 point	2 points	3 points	
1888 à 1890	1 point	2 points	2 points	3 points
1891 à 1892	2 points	3 points	3 points	4 points
1893 à 1947	3 points	2 points	3 points	4 points
1948 à 1970	3 points	2 points	3 points	3 points
1971 à 1991	4 points	2 points	3 points	3 points
Depuis 1992	5 points	2 points	3 points	3 points

LÉGENDE

Des débuts internationaux inédits

Ils sont très rares, les arbitres français à avoir dirigé l'équipe de France. Au début du siècle, cela arrivait régulièrement, car les arbitres étaient beaucoup moins nombreux. Le 13 janvier 1973, le premier match du Tournoi, joué contre l'Écosse dans un Parc des Princes rénové, est marqué par le claquage en cours de partie de l'arbitre anglais Ken Pattison. Il se tient la jambe tout en se faisant soigner, et persiste, avant de s'en remettre finalement à l'avis du kiné : il doit céder sa place au juge de touche. Le règlement est ainsi fait : il prévoit le changement sans se préoccuper de la nationalité. Le Français Francis Palmade fait donc ses grands débuts dans le concert international en dirigeant son équipe favorite, le XV de France. La France s'impose difficilement 16-13. Début satisfaisant pour ce Catalan, qui officiera aussi lors du match suivant, à Édimbourg, où l'Écosse reçoit le pays de Galles.

Il y avait pourtant un précédent, et déjà dans le Tournoi. Au printemps 1965, l'équipe de France de rugby reçoit les Gallois. La France joue bien et s'impose 22-13. Outre la qualité du match, on assiste également au remplacement de l'arbitre irlandais, M. Gililand, par son suppléant français, M. Bernard Marie, père de Michèle Alliot-Marie. Petit événement dans le landernau du corps arbitral : c'était la première fois qu'un arbitre français officiait dans le Tournoi.

Les cartons

Les cartons, qu'ils soient jaunes ou rouges, sont directement empruntés au football. Depuis la Coupe du monde 1966, le ballon rond préconisait la prise en compte de ces signes distinctifs afin de sanctionner les fautes évidentes.

Le carton jaune

ATTENTION !

En rugby, il faudra attendre un petit peu pour voir apparaître les fameuses « biscottes » de couleur. Mais, même sans carton, l'avertissement a toujours existé dans le règlement. Seulement, bien malin était celui qui pouvait comptabiliser cette forme de sanction. Pour preuve, lorsque l'arbitre infligeait des punitions, il devait obligatoirement mentionner lors de son rapport d'après-match les avertissements distribués. Pas simple d'en garder mémoire. Inscrire le deuxième ligne, oui, mais était-ce le 4… ou peut-être le 5 ? Allez savoir… Toujours est-il qu'un paquet de remontrances restèrent de simples admonestations verbales. Lorsque le pire se présentait, à savoir l'expulsion, l'arbitre se faisait comprendre en montrant du doigt le chemin des vestiaires au coupable. Avantage ? Joueurs, partenaires et public étaient immédiatement avisés. En 1992, l'IRB adopte enfin les cartons de couleur. Avec une différence de taille, cependant : chaque joueur sanctionné sera exclu temporairement. Une règle qui avait déjà existé avant-guerre… Les premiers expulsés purgent une peine de seulement 5 minutes, qui passe à

10 l'année suivante. Comme au football, l'addition de deux jaunes entraîne automatiquement un rouge. Ce système fonctionne à merveille. Il est même cité en exemple par d'autres disciplines. En effet, une équipe en infériorité numérique encaisse souvent des points. Il y a même un adage populaire dans le rugby : 10 minutes = 10 points !

LÉGENDE

Expulsion ou exception ?

Bien avant l'introduction du carton jaune, un joueur du championnat de France a connu l'exclusion temporaire comme sanction. Il s'agit de Guy Basquet, l'ancien international et vice-président de la fédération. En 1947, lors de la finale entre Toulouse et Agen, un incident intervient à la 24e minute. Sur une relance, Basquet étend son adversaire. L'arbitre, M. Delmas, lui montre sans ambiguïté le chemin de la touche. Les Agenais protestent vivement. Le directeur de jeu tergiverse et paraît revenir sur sa décision ; le capitaine toulousain, scandalisé, exige avec véhémence la sortie de Basquet, et les Agenais menacent de quitter la pelouse. La confusion est totale, mais finalement un compromis est trouvé : Basquet serait autorisé à reprendre le jeu en deuxième mi-temps, après 19 minutes de suspension… Pourtant, la pratique de l'exclusion temporaire n'existait plus depuis longtemps à cette date. C'était donc une mesure exceptionnelle pour tenter de sauver ce qui pouvait encore l'être ! Pour l'anecdote, c'est Toulouse qui remporta la finale.

Le carton rouge

LÉGENDE

Longtemps, le carton rouge a brillé par son absence. L'arbitre avait, certes, le droit d'expulser un joueur du terrain, mais il ne le signalait qu'avec le doigt, indiquant le chemin des vestiaires au récalcitrant. Le premier Français à se distinguer auprès du corps arbitral fut le pilier lourdais Jean-Pierre Garuet (voir chapitre 4), « viré » lors du match du Tournoi contre l'Irlande en 1984. La rencontre de 1992 entre la France et l'Angleterre, toujours dans le Tournoi, restera à tout jamais dans l'histoire : l'arbitre de la rencontre, M. Steve Hilditch, expulse deux joueurs du XV de France, le pilier Grégoire Lascubé et le talonneur Vincent Moscato. L'Angleterre s'impose dans ce qui restera pour la presse britannique le « match de la honte ». Autre record : pour sa première sélection avec les Bleus lors de la tournée en Australie (1990), Abdel Benazzi regagnera les vestiaires après seulement 13 minutes de jeu. Il sera requalifié 15 jours plus tard, ce qui lui permettra de disputer le deuxième test contre l'Australie. Enfin, à signaler, le rouge récolté par le centre Philippe Sella, en 1994, contre le Canada. L'arbitre sud-africain, Ian Rodgers, s'était mélangé les pinceaux ! Le Board reconnaîtra deux jours plus tard l'erreur de personne et prendra une décision historique : effacer des tablettes ce rouge immérité. Philipe Sella, « blanchi », disputera les deux tests en Nouvelle-Zélande et fêtera ses 99e et 100e sélections par deux fameuses victoires.

LÉGENDE

Fouroux a du nez

Les « grands chelemards » de 1977 (on appelle ainsi les joueurs qui ont remporté tous les matchs du Tournoi des V Nations, et aujourd'hui des VI Nations, voir chapitre 13), réputés pour avoir disputé et gagné les quatre matchs du Tournoi à 15 joueurs seulement, ont failli se trouver orphelins. En effet, lors du match contre l'Écosse, le capitaine, **Jacques Fouroux (1947-2005)**, est victime d'un coup sur le nez. Il est K.-O., le kiné s'affaire autour de lui. À côté, les gros respirent en attendant leur leader. Ils ne s'inquiètent pas outre mesure. Mais celui-ci tarde à se relever. Il saigne abondement du nez. Le kiné diagnostique très vite une fracture. Il demande au demi de mêlée s'il se sent bien. Jacques Fouroux, étourdi, se relève. Le kiné lui colle une tonne de mèches afin de stopper l'hémorragie. Rien n'y fait, le « petit caporal » va sortir ! Il doit quitter ses compagnons d'armes pour cette troisième levée d'un possible grand chelem. Mais, en chemin, Fouroux entrevoit Richard Astre, son remplaçant à la mêlée. Le Biterrois lui dispute aussi le capitanat, et une franche rivalité les oppose. Le sang de Fouroux ne fait qu'un tour ; il demande au soigneur de forcer la dose des mèches, et reprend finalement sa place, avec le nez cassé et beaucoup de sang perdu. Aujourd'hui, il aurait obligatoirement dû sortir du terrain afin de se faire soigner. Et Richard Astre aurait été le seizième homme.

Les sorties temporaires

Il n'y a pas si longtemps, le remplacement temporaire n'était pas autorisé. En cas de blessure, même légère, tout changement signalé était définitif. En 1992, une nouvelle règle apparaît : désormais, tout joueur qui quitte le terrain pour faire arrêter une hémorragie et/ou panser une blessure ouverte peut être momentanément remplacé. Si ce joueur ne revient pas sur l'aire de jeu dans les 15 minutes (de jeu réel) suivant sa sortie, le remplacement devient définitif et le joueur remplacé ne peut plus revenir sur le terrain. Concrètement, une plaie sur le cuir chevelu suivie d'un petit détour par le vestiaire afin de se faire recoudre, et voici notre guerrier bon pour le service ! Cette directive a été inspirée par les autorités. Au début des années 1990, nous sommes au cœur d'une grande campagne contre le sida, qui est au centre de bien des débats. Pas question de prendre des risques avec des saignements non contrôlés. La boxe ainsi que d'autres sports de combat sont également concernés par ces nouvelles règles.

LÉGENDE

Les sorties temporaires ont eu une influence non négligeable sur le règlement du Board. En effet, lorsque la sortie temporaire entra en vigueur, en 1992, l'institution ne se posa pas de questions en ce qui concerne les remplaçants. Pour une simple présence de quelques minutes, accordait-on oui ou non aux joueurs une cape ? Non, légiféra le Board un an plus tard. Ainsi, de nombreux postulants portèrent les couleurs nationales, sans pour autant apparaître sur les compositions officielles, jusqu'au jour où… En 1997, lors de du premier test entre la France et l'Australie, Markham, titulaire à l'arrière, est victime d'une coupure au menton. Il doit sortir momentanément, car il saigne. Mitch Hardy fait alors sa rentrée. Il n'aura pas grand-chose à faire jusqu'à son premier ballon d'attaque, trois minutes après son entrée. Il est en bout de ligne et inscrit le premier essai de son équipe. Trois minutes plus tard, il récidive de l'autre côté du terrain. À peine relevé, il doit céder sa place à Larkham, la tête arrondie par une bande *strap*. À la fin de la rencontre, l'arbitre mentionne le nombre d'essais et le marqueur : problème, pour le Board, il n'est pas apparu en tant que joueur, car il n'est entré que temporairement… Selon le règlement, il n'a pas officiellement joué ! Pourtant, on peut considérer qu'il a battu à lui seul les Français ! Il faut revoir vite ce règlement. Dès le mois suivant, l'IRB attribuera une sélection à part entière à chaque joueur pénétrant sur le terrain. Mitch Hardy ne sera toujours pas titulaire lors du deuxième test. Il rentrera à l'heure de jeu… mais, cette fois-ci, sans marquer.

Vers de nouvelles règles ?

En janvier 2006, l'IRB a mené une réflexion visant à améliorer certaines règles jugées « aménageables ». Un groupe de recherche composé de représentants de l'institution internationale, d'anciens arbitres et d'anciens entraîneurs, dont Pierre Villepreux, se sont attelés à la tâche. En France, la Ligue nationale de rugby s'est également penchée sur le règlement sur et en dehors du terrain.

TABLEAU NOIR

Au niveau international, au moins trois grands thèmes ont été abordés. La touche, le maul (voir chapitre 7), et la plaie du rugby moderne : la zone plaqueur-plaqué. Expérimentées durant un tournoi opposant les équipes universitaires de Stellenbosch, elles ont fait l'objet d'analyses de la commission à partir des films de tous les matchs. Les membres de ce groupe de recherche se sont retrouvés six mois après pour étudier les avancées du projet. L'objectif est de rendre les règles plus simples à jouer pour les joueurs, plus faciles et moins subjectives du point de vue de l'arbitre, et plus aisées à comprendre pour le public.

L'approche de la touche

Il s'agissait de revoir l'action un peu avant le moment du lancer. Une première suggestion consistait à laisser les équipes déterminer le nombre de participants dans l'alignement, en maintenant un minimum de deux joueurs par équipe. Ainsi, il n'y aurait plus forcément le même nombre de joueurs dans l'alignement. Certains techniciens, comme Pierre Villepreux, ne trouvaient pas logique cette adaptation : « Cela devrait jouer négativement sur le jeu en favorisant les défenses. Il est logique que chaque formation ait le même nombre de joueurs en touche, et ainsi les mêmes chances de récupération. Si l'on retire cela, ça fausse cette phase de jeu. » Bien vu pour l'ancien technicien, cette règle en vigueur en 2008 fut abandonnée un an plus tard, les équipes l'ayant très peu utilisée.

Une autre nouveauté adoptée en 2007 a été un succès : le droit de remettre la balle en jeu rapidement en direction de son camp, augmentant le potentiel offensif grâce à un replacement rapide. Cette nouveauté est entrée très vite dans les mœurs des joueurs. Cette option privilégie ainsi l'accélération du jeu en laissant l'avantage et l'initiative à l'attaque. Il n'est pas rare aujourd'hui dans un match international de voir une demi-douzaine de touches être jouées ainsi.

La situation de plaqueur-plaqué

Depuis 2007, cette règle a encore évolué. L'idée étant de clarifier le plus possible cette zone délicate. Cette phase de jeu est celle qui provoque le plus de fautes au rugby. Lors de la saison 2007-2008, les réflexions de l'IRB donnaient la possibilité aux joueurs de jouer le ballon avec les mains dans le cadre du plaquage et du postplaquage. Les hommes se joignant à l'action devaient par ailleurs le faire par l'arrière du regroupement, et si la balle ne sortait pas, ou qu'elle devenait injouable, la défense bénéficiait d'un coup franc (l'équivalent d'une pénalité, sauf que le buteur ne peut pas tenter de tir au but) ou d'une mêlée. En 2010, les législateurs sont allés plus loin : il est désormais interdit pour le plaqueur de contester le ballon. Il doit lâcher son adversaire, se relever puis se replacer avant de pouvoir légalement disputer le ballon. Cela bien sûr afin de favoriser le jeu et d'accélérer les attaques. Le spectacle est garanti, comme dans l'hémisphère sud, qui a déjà adopté cette règle lors de l'édition du Super 14 2010.

Les JIFF, une spécificité française

À l'instar de l'économie, le rugby s'est mondialisé ces dernières années. Il n'est pas rare de voir des équipes du Top 14 débuter des rencontres avec une ribambelle d'internationaux venus de tous horizons. Le Top 14 est aujourd'hui le championnat le plus attractif du monde, aussi les meilleurs rugbymen étrangers n'hésitent-ils plus à s'exiler. Mais voilà, l'équilibre est parfois rompu entre les jeunes formés par les clubs et les étrangers. Pour encourager la formation, la Ligue nationale de rugby, alertée, a donc imposé des « quotas ». Désormais, chaque équipe de Top 14 doit disposer dans son effectif de 40 % de joueurs issus de la filière formation (JIFF). En 2011, il en faudra 50 %, avant d'atteindre les 60 % en 2012. Cela afin de privilégier les jeunes joueurs sélectionnables en équipe de France. Cette règle a été adoptée après bien des controverses en raison de la discrimination dénoncée par certains. Cette mesure est unique dans le rugby mondial. Dans l'hémisphère sud, les étrangers ne sont pas autorisés en général à participer à la compétition. Parmi les Français, seuls Christian Califano, en 2003 (Auckland Blues), et Frédéric Michalak, en 2008 (Sharks), ont pu exporter leur talent dans le Sud.

L'homme en noir

En matière de sport, l'arbitre est une personne neutre qui doit veiller au bon déroulement des épreuves et au respect des règlements. L'arbitrage sportif existait déjà sous l'Antiquité, mais a eu tendance à disparaître au Moyen Âge. Nous étions alors il est vrai dans des civilisations plus « barbares » que chevaleresques. Le respect était une notion étrangère aux mœurs.

Contrairement à l'image donnée, l'arbitre n'est pas seul ni isolé. Chaque match est sous contrôle des officiels de la rencontre, c'est-à-dire un arbitre et deux juges de touche. Selon l'organisation, l'arbitre peut également être assisté d'un officiel utilisant les systèmes technologiques, dans le cas du recours à la vidéo, d'un contrôleur du temps, et du médecin officiel du match.

Chaque sport a connu une histoire différente concernant l'arbitrage et la gestion du match, comme le prouve la très grande variété existant dans ce domaine aujourd'hui. Mais, en rugby, il faut bien avouer que l'homme en noir (il n'a d'ailleurs jamais, contrairement au football, arbitré avec un maillot noir !) a un statut à part.

Un rôle multiple

En rugby, on assimile souvent le rôle d'arbitre à celui de directeur de jeu. On pourrait penser que son intervention dure environ 80 minutes, le temps de la partie. Ce serait oublier que sa charge va bien au-delà du coup d'envoi…

Avant la rencontre

ATTENTION !

Sa responsabilité est parfaitement définie : il dirige le *toss*, le tirage au sort entre l'arbitre et les capitaines effectué avant la rencontre pour déterminer le choix du terrain ou du coup d'envoi. Le *toss* réunit les deux capitaines 35 minutes avant le début de la rencontre. Le vainqueur du tirage au sort choisit soit le coup d'envoi, soit le côté du terrain. Ensuite, le travail de l'arbitre consiste à inspecter les équipements des joueurs pour s'assurer qu'ils sont conformes aux règles (crampons, protections, etc.). L'arbitre peut déléguer cette responsabilité aux juges de touche. En revanche, en aucun cas l'arbitre ne peut se permettre de donner des conseils aux équipes avant le match.

Pendant la rencontre

ATTENTION !

L'arbitre est le seul juge des faits et de l'application des règles pendant le match. Il applique loyalement les règles du jeu au cours de chaque match. Exception faite des règles expérimentales, approuvées toutefois par l'organisation suprême (IRB). Il est également le seul décideur en ce qui concerne le chronomètre. Dans l'hémisphère sud, une sirène retentit pour indiquer à l'arbitre la fin de la partie. Mais celui-ci a tout loisir de prolonger le temps de jeu. Il est le seul également à informer du score. Il peut être assisté par un arbitrage vidéo, et s'en remet alors à l'avis d'un confrère visionnant moult ralentis. L'arbitre a le pouvoir d'autoriser les joueurs à quitter l'aire de jeu. C'est lui également qui ordonne les substitutions de joueurs. En revanche, il a perdu de son autorité en ce qui concerne la partie médicale. Avant, il était le seul habilité à demander ou non les soigneurs. Depuis cinq ans, les divers kinés et médecins peuvent intervenir sans que le jeu s'interrompe.

Un arbitrage à plusieurs

Le sacro-saint serment « un arbitre ne revient jamais sur sa décision » n'est pas valable en rugby. Grâce au système des oreillettes, le corps arbitral, composé de l'arbitre central et des deux juges de touche, communique en permanence. L'arbitre peut donc revenir sur une décision lorsqu'un de ses assesseurs a levé son drapeau pour indiquer une touche ou un acte de jeu déloyal. Il est en droit également d'obtenir de l'aide s'il a le moindre doute lorsqu'un joueur aplatit dans l'en-but. Le juge de touche, encore lui, peut être amené à valider un drop ou une pénalité douteuse. Quant au juge vidéo, il est uniquement habilité à intervenir dans l'en-but.

TABLEAU NOIR

Quand l'arbitre touche le ballon

Un des premiers réflexes enseigné au corps arbitral est le placement. Il se trouve parfois que ce que les joueurs appellent la « zone arbitre » soit très encombrée. Le ballon, voire le joueur, peut percuter ou simplement frôler l'arbitre. Le règlement a tout prévu : si personne ne tire avantage de la situation, le jeu se poursuit. L'arbitre en est bien évidemment seul juge. Si, au contraire, une des équipes bénéficie d'un avantage sur le terrain de jeu, l'arbitre ordonne une mêlée, et la dernière équipe ayant joué le ballon bénéficie de l'introduction. Si la même action se produit dans l'en-but et que l'équipe qui attaque est en possession du ballon, l'arbitre accorde un essai à l'endroit où le contact a eu lieu. La même chose, mais avec le ballon dans les bras du défenseur, se transformera en un touché en-but à l'endroit où le contact a eu lieu.

Les gestes de l'arbitre

ATTENTION !

Certes, l'arbitre peut se faire entendre de tous grâce au sifflet, mais pour se faire comprendre, c'est une autre histoire. De tout temps, les hommes ont cherché à communiquer grâce à des signes, des symboles ou des gestes. Le rugby n'est pas épargné, et il a son propre langage, ses codes bien à lui.

Ainsi, l'arbitre, en une fraction de seconde, peut justifier ses actes et ses décisions. Pour cela, le *referee* a à sa disposition une grande panoplie de gestes adaptés aux situations les plus variées. Il y en a 40, qui forment un langage universel, valable et reconnu par tous, de Canberra à Buenos Aires, du Cap à Bucarest. Cette sorte d'espéranto est codifiée et certifiée par l'IRB elle-même. Revue de détail des principaux gestes utilisés, afin de mieux comprendre les moments clés du jeu.

En-avant

L'homme en noir désigne le fait d'avoir commis un en-avant. C'est-à-dire avoir laissé échapper le ballon devant soi.

Figure 6-1 : En-avant.

Passe en avant

L'autre en-avant (passe en avant) correspond au même geste mais avec les bras. Il indique clairement la passe.

Figure 6-2 : Passe en avant.

Mêlée ordonnée

En mimant une sorte de tête de pont, l'arbitre invite les avants à former une mêlée. Auparavant, il s'est servi du geste signalant un en-avant. Mais il peut également siffler une mêlée parce que le ballon est inutilisable. La mêlée se situe autour du point où se trouve l'arbitre.

Figure 6-3 : Mêlée ordonnée.

Hors-jeu sur mêlée, ruck ou maul

Un geste destiné à signaler une position de hors-jeu sur un regroupement. Épaules parallèles à la ligne de touche, l'arbitre balance le bras le long de la ligne de hors-jeu.

Figure 6-4 : Hors-jeu sur mêlée, *ruck* ou maul.

Maul écroulé

Un des gestes les plus spectaculaires du rugby. L'arbitre signale qu'un maul a été écroulé. Il s'agenouille en mimant un joueur tirant une charge vers le sol. Démonstratif et efficace !

Figure 6-5 : Maul écroulé.

Plongeon au sol

En imitant un plongeon, l'arbitre indique qu'un joueur s'est jeté volontairement dans un regroupement. C'est interdit, les joueurs doivent rester sur leurs appuis. Un seul endroit permet ce type d'acte : l'en-but. Plonger est autorisé pour marquer, même s'il y a des adversaires.

Figure 6-6 : Plongeon au sol.

Ballon gardé au sol

En faisant une sorte de croix sur la poitrine, comme s'il tenait quelque chose, l'arbitre reproduit la faute du joueur qui n'a pas lâché le ballon au sol. Une faute qui se répète régulièrement, même si l'arbitre tolère un certain laps de temps avant de siffler. Parfois, il est vrai, l'homme en possession de la balle ne peut la libérer, enfoui sous ses partenaires et adversaires. L'arbitre n'a alors pas le choix, il siffle la faute au sol !

Figure 6-7 : Ballon gardé au sol.

Obstruction

Un geste que l'on ne voyait guère jadis. L'arbitre constate qu'un joueur est passé devant un autre sans jouer le ballon, il indique alors une gêne occasionnée. On dit aussi qu'il y a « écran ». Ce geste sert également à désigner une obstruction quelconque : tirage de maillot, plaquage sans ballon, etc.

Figure 6-8 : Obstruction.

Plaquage haut

Là encore, ce geste n'est apparu régulièrement sur les terrains que depuis une dizaine d'années. Il sanctionne les plaquages hauts, au-delà de la ligne des épaules, assimilés à un geste dangereux. L'arbitre peut même sortir un carton jaune en cas de brutalité avérée ou de récidive.

Figure 6-9 : Plaquage haut.

Coup franc

Il s'agit là encore de sanctionner une faute. Mais ce n'est qu'un coup franc. On ne peut donc pas jouer au pied. L'arbitre casse son bras. Les joueurs disent couramment avoir « joué un bras cassé » lorsqu'ils refont le match lors des troisièmes mi-temps.

Figure 6-10 : Coup franc.

Coup de pied de pénalité

Celui-ci revient parfois un peu trop souvent. L'arbitre désigne le camp de l'équipe qui obtient la pénalité en se tournant vers sa ligne de but.

Figure 6-11 : Coup de pied de pénalité.

Essai accordé

Le geste le plus simple et le plus élémentaire. Lorsqu'un joueur aplatit dans l'en-but et marque un essai, l'arbitre lève le bras, généralement en direction de la ligne médiane. Le bras tendu est accompagné d'un coup de sifflet strident.

Figure 6-12 : Essai accordé.

De grands noms de l'arbitrage

Voici des personnes qui n'ont certes pas révolutionné l'arbitrage, mais qui ont contribué à assurer, un jour ou l'autre, la tenue d'une rencontre. Elles ont toutes, en l'occurrence, dirigé une finale du championnat de France. Atypiques, les profils sont aussi différents que fascinants. L'arbitrage mène à tout… à moins que cela ne soit le contraire.

Gilbert Brutus

Si vous êtes catalan, vous ne pouvez ignorer ce nom. Ancien joueur d'origine perpignanaise, Gilbert Brutus fut un arbitre français. Il a la particularité d'avoir dirigé deux finales du championnat consécutives. Cela concernait les deux fois Toulouse et Bayonne, en 1922, puis de nouveau en 1923. Militant SFIO, Gilbert Brutus eut aussi des responsabilités municipales à Port-Vendres, ainsi qu'à la préfecture de son département ; il devint ensuite entraîneur et dirigea un certain Jean Gallia (voir chapitre 4). Son parcours le mena à la présidence du comité des sélections durant les années 1930, en compagnie de Jules Cadenat. La guerre entre le XV et le XIII faisait rage. Résistant durant la Seconde Guerre mondiale, il conduit divers groupes dans les Pyrénées-Orientales. Arrêté une première fois en 1943, il est transféré à la prison de Montpellier, de laquelle il est relâché par le directeur en personne. Arrêté de nouveau, il sera torturé par la Gestapo dans une geôle de l'ancienne citadelle, où il mourra, le 7 mars 1944, au petit matin, après avoir été affamé. Perpignan lui a rendu hommage en donnant son nom à un stade. Paradoxalement, c'est celui où évolue le club du XIII Catalan.

Henri Amand

Henri Amand est le premier joueur international de rugby. Il porte la carte numéro 1 d'international français, sans avoir pourtant joué de rencontre officielle avant 1906 ! Il doit cet honneur à un déplacement à Édimbourg et à Richmond, en 1893, en compagnie de Frantz Reichel et de Louis Dedet… et au fait d'avoir disputé, 13 ans plus tard, le premier match officiel contre la Nouvelle-Zélande, le 1er janvier 1906, au Parc des Princes. Il est alors capitaine (son unique sélection), et sa casquette, ainsi que sa cape de titulaire, portent la mention 1893-1900 sur le devant (et 1893-1906 sur le côté). Tout comme celles de l'arbitre du match… Louis Dedet. Né le 17 novembre 1873, à Paris, Henri Amand fut un excellent ailier, ou ouvreur, du Stade Français. Il est mort en octobre 1967, à Villeneuve-sur-Yonne. De petite taille (1,63 m pour 60 kg à peine), il était rapide et rusé. Il se distinguait par sa barbe, qu'il laissait pousser chaque hiver. Outre son talent de joueur, il était un excellent dessinateur industriel et un merveilleux chanteur à la voix de baryton, grand amateur d'opéra. Il interrompit sa carrière de joueur, en 1915, lors d'une dernière partie de rugby près d'un champ de boue bombardé d'obus. Deux ans auparavant, il s'était essayé à l'arbitrage en dirigeant la finale du championnat entre Bayonne et le SCUF (Sporting Club Universitaire de France).

Albert Ferrasse

Né en 1917, Albert Ferrasse, un des personnages les plus mythiques, fut un honnête joueur au poste de deuxième du club d'Agen (champion de France au lendemain de la Libération, en 1945). Auparavant, il avait débuté comme ailier à Marmande. Fin et athlétique, il possédait une belle détente. Inamovible président du club d'Agen de 1965 à 1985, président de son comité régional, il dirigea également la Fédération française, de 1968 à décembre 1991 (élu à sept reprises !), traversant stoïquement de nombreuses crises internes, face à Jacques Fouroux et Jean Fabre notamment.
Il resta longtemps le pourfendeur d'une évolution inéluctable vers le professionnalisme. Les épaules carrées dans son pardessus, il gouvernait de main de maître, faisant à l'occasion plier les Anglais, sans parler un seul mot de la langue de Shakespeare. Avec son compère Guy Basquet, il a marqué son époque. Ils comptent parmi les dirigeants sportifs français les plus marquants du XXe siècle : après Henri Amand, il fut le deuxième joueur à cumuler un bouclier de Brennus, l'arbitrage d'une finale (en 1959) et la présidence de la FFR...

William Derek Bevan

Ce Gallois est devenu célèbre dans la France du Rugby lors de la demi-finale de la Coupe du monde 1995 entre l'Afrique du Sud et la France. Il fait alors partie des meilleurs arbitres internationaux et a dirigé des matchs des deux premières Coupes du monde. Ex-joueur de Neath, il a aussi le respect des joueurs. C'est un grand honneur et une grande responsabilité que lui confient les officiels avec cette demi-finale du pays hôte. Les pressions sont nombreuses, dès l'avant-match, avec les pluies diluviennes qui s'abattent sur Durban et qui auraient dû conduire au report du match. Mais c'est la fin de la rencontre qui crée le doute. Malmenés en mêlée devant leur ligne de but, les Sud-Africains ne sont jamais pénalisés par M. Bevan et s'imposent sur le fil. L'arbitre gallois sera suspecté d'avoir favorisé les Springboks, un soupçon renforcé lorsque Louis Luyt, le président de la fédération sud-africaine lui remet une montre en or au soir de la finale, en tant que meilleur arbitre de la compétition. Une ombre sur une carrière impressionnante, forte de 49 matchs internationaux lors de 4 Coupes du monde, mais aussi dans le Tournoi des V Nations et dans le Tri Nations.

Alain Rolland

Cet arbitre irlandais a deux particularités qui en font un arbitre apprécié des joueurs français. Il est d'abord l'un des rares anciens joueurs de bon niveau à être devenu un arbitre international et il bénéficie également de la double nationalité franco-irlandaise, grâce à sa mère, française, et à son père, irlandais. Alain Rolland, né à Dublin, en 1966, a d'abord réussi une belle carrière de demi de mêlée qui le verra devenir international à trois reprises entre 1990 et 1995.

Il se dirige ensuite vers l'arbitrage avec succès et dirige son premier match international en 2001. Il gravit ensuite tous les échelons jusqu'au plus haut : c'est lui qui arbitre la finale de la Coupe du monde de rugby 2007 entre l'Afrique du Sud et l'Angleterre. Et quand on est à moitié irlandais et à moitié français, ça fait deux bonnes raisons de se réjouir, intérieurement, de voir l'Angleterre perdre.

Francis Palmade

Un Catalan cabochard, voilà la réputation avec laquelle Francis Palmade fit son entrée dans l'arbitrage. Mais il va vite devenir une référence et même le numéro un français, dirigeant notamment deux finales du championnat et une finale du Du-Manoir. Mais c'est au niveau international qu'il se fit le plus remarquer. Il arbitre son premier match du Tournoi des V Nations, en 1973, en tant que remplaçant. L'arbitre, M. Pattinson, se blesse en début de match et Francis Palmade le remplace. Ironie du sort, ce match oppose la France à l'Écosse. La même aventure était arrivée huit ans plus tôt à Bernard Marie lors de France – pays de Galles. Il fut également l'un des précurseurs des gestes de l'arbitrage moderne. La légende dit que, maîtrisant mal l'anglais, il s'appliqua par gestes à se faire comprendre des joueurs anglo-saxons. Bien que souvent cité parmi les arbitres pouvant arbitrer lors de la première Coupe du monde, il prit sa retraite en 1986.

L'arbitrage vidéo

Encore une fois, l'innovation vient du sud. Les dirigeants de l'hémisphère sud entendent désormais utiliser cet outil dans le Super 12 et le Tri Nations.

En Australie, Afrique du Sud et Nouvelle-Zélande, les arbitres des grands sports pros sont depuis fort longtemps rodés aux séances vidéo. Ainsi, en 1999, ils demandent à l'International Board de mettre à l'épreuve l'arbitrage vidéo pour juger les situations litigieuses. Le rugby international y est vraiment prêt, affirment-ils en écho aux réticences de l'institution. Contre toute attente, celle-ci donne son feu vert. Dans la foulée, ces trois pays suggèrent par ailleurs la modification de quelques règles, notamment en mêlée ouverte et en touche, afin de rendre le jeu plus attrayant.

ATTENTION !

C'est entendu, l'arbitre ne peut demander l'aide de la vidéo que dans l'en-but. Cela afin de ne pas interrompre le jeu. En fait, le recours à la vidéo résout le problème récurrent des sports collectifs : y a-t-il eu but, ou pas ? En football, jeu planétaire et universel, les dirigeants en sont encore à juger de la validité d'un but aux seuls yeux de l'arbitre de champ. Patrick Viera le sait (but refusé alors que le ballon a franchi la ligne de 10 cm lors d'un France – Corée du Sud du dernier mondial), comme beaucoup d'autres joueurs... En rugby, au moindre doute, l'arbitre dessine un carré de ses mains, comme un écran de télévision. Un assistant, assis en régie, visionne toutes sortes de ralentis afin de déterminer s'il y a essai ou non. Imparable! S'il y a un doute, si l'on ne voit pas le ballon, cela profite à la défense. Plus de discussions sans fin. Le jeu reprend par une mêlée à 5 m avec introduction au camp attaquant. Ce tour de passe-passe ne prend en tout et pour tout que deux minutes. Le système est employé automatiquement lors d'une rencontre internationale. En France, dans le Top 14, seules les phases finales bénéficient de cette technologie. Le reste de la saison, des juges sont positionnés dans les en-but afin de vérifier la validité ou non d'un essai. Cette mesure, unique dans le monde, est à l'initiative de la ligue.

La vidéo pour enrayer la violence

En 2003, le Super 12 innove encore. En effet, le Board a autorisé l'utilisation de la vidéo ailleurs que dans l'en-but. Les organisateurs de la compétition veulent à tout prix rayer de la carte les mauvais gestes du rugby. Ils optent alors pour cette solution. Si un joueur est victime d'une brutalité ou d'un jeu déloyal, le directeur de jeu peut solliciter les caméras afin de faire la lumière sur l'affaire. Beaucoup de joueurs ont été suspendus en cours de match (cartons jaunes ou rouges) ou pénalisés, faisant basculer parfois la rencontre. Problème : autant le jeu dur fut éradiqué, autant le match fut saucissonné. Entre les arrêts de jeu suscités par les essais douteux et les mauvais gestes, le spectacle a fini par en souffrir. L'année d'après, cette mesure fut abandonnée.

Troisième partie

Les techniques du jeu

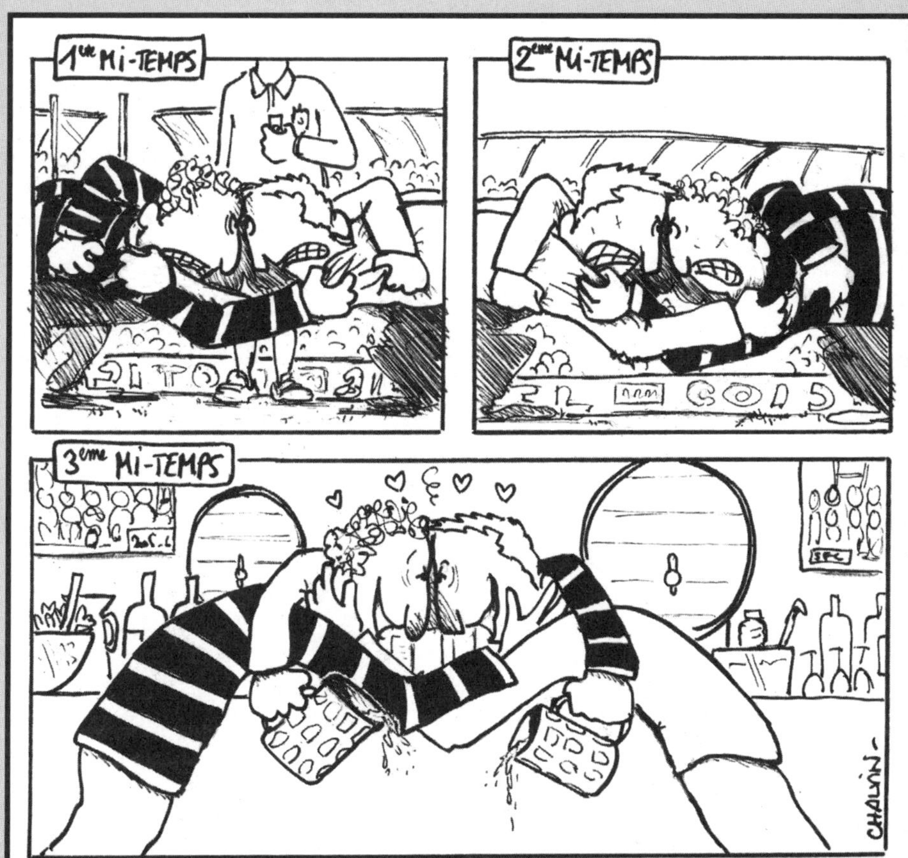

Dans cette partie…

Le rugby est un jeu et, comme tout jeu, il faut apprendre à y jouer. Pour cela, il existe des méthodes, des techniques, enseignées généralement à l'école de rugby. Cette partie est tout entière consacrée à la technique de base. La manière d'atteindre le but grâce à une ribambelle de passes, la différence entre un plaquage haut et un plaquage bas, ou les subtilités du jeu au pied, si spectaculaire.

Une fois la technique acquise, il sera temps d'évoquer la stratégie d'un match. Attaquer et défendre sont les deux objectifs poursuivis par les équipes. Il y a des éléments de tactique différents selon les entraîneurs, les convictions ou les cultures. Il y a également une évolution propre à la nature humaine : on n'aborde plus aujourd'hui le jeu offensif comme du temps d'André Boniface. Attention, c'est à vous de jouer !

Chapitre 7

Les gestes de base

Dans ce chapitre :

- Le jeu à la main
- Le jeu au pied
- Le jeu sans ballon
- Les phases de jeu clés

En rugby, la technique est primordiale. Elle permet d'appréhender le jeu de la manière la plus simple du monde. Courir paraît à première vue facile ; ça l'est moins lorsque l'on a sous le bras un ballon ovale. Il faut apprendre à manier le cuir avec les mains, mais également avec les pieds, chose encore plus improbable avec un tel engin. Enfin, curieusement, le jeu sans ballon est très important. Le plaquage, puisque plaquage il y a, n'est pas à proprement parler un geste d'instinct… Il faut dédramatiser le contact avec l'adversaire et le sol.

ATTENTION !

Le geste de base est la passe. Il constitue sans doute le plus joli paradoxe de ce sport : pour avancer, il faut se faire des passes en arrière. Mais d'autres mouvements se greffent autour du jeu à la main. Le jeu au pied prend une grande place, ainsi que le plaquage, les réceptions de balle et les tirs au but. Plus le niveau s'élève, plus les attitudes sont précises et spécialisées. Ce que l'on appelle le « nettoyage », par exemple, n'existait pas sous cette forme il y a dix ans. Le lifting en touche ou le « grattage » de ballons dans les regroupements non plus. Tour d'horizon des différents gestes du jeu de rugby.

Le jeu à la main

Contrairement au football, où l'usage de la main est proscrit (à part pour le gardien et les touches), le rugby est par excellence un jeu de main – mais pas, contrairement à l'adage et aux idées reçues, un jeu de vilains !

La passe

Geste du rugby par excellence, la passe consiste à transmettre le ballon à un équipier situé en arrière ou sur la même ligne afin de faire « vivre le cuir » en renouvelant sans cesse le jeu. Il en existe toute une panoplie : des petites, des longues, des profondes, des fortes, des sautées, des vrillées, etc. Encore faut-il choisir la bonne… et l'effectuer sans commettre d'en-avant (voir chapitre 6) !

Schématiquement, le répertoire des passes se divise en deux catégories principales :

- Les phases « classiques », les plus fréquemment utilisées au cours du jeu ;
- Les « autres » passes, utilisées moins souvent ou lors de phases de jeu spécifiques.

Les passes classiques

Pour filer la métaphore musicale, les passes dites « classiques » constituent le répertoire de base du joueur de rugby. Pour pratiquer ce sport, il est recommandé d'en maîtriser la technique, un peu comme on exige d'un musicien qu'il connaisse le solfège !

Chassé-croisé

À l'origine simple passe classique dite « en suspension », la *passe croisée* n'est pas une passe au sens propre, mais plutôt une *course* croisée. Le passeur et le destinataire « croisent » leur course au moment d'effectuer la passe, inversant brusquement la trajectoire du ballon pour déstabiliser la défense adverse. Pour réussir ce type de combinaison, il faut un superbe timing et de la vitesse. C'est une des plus vieilles combinaisons au monde avec la *passe sautée*, qui, elle, consiste à « sauter » le joueur situé immédiatement à ses côtés pour adresser le ballon à un joueur plus éloigné. La dernière passe croisée décisive entrevue au plus haut niveau a été menée par le Néo-Zélandais **Daniel Carter (né en 1982)**. Lors du deuxième test-match à Paris contre la France, le génial ouvreur a servi son centre Ma'a Nonu, qui a inversé sa course au dernier moment pour un essai sous les poteaux. Du grand art !

La passe à plat

Il s'agit sans doute du geste technique le plus décliné dans l'histoire du rugby. Mais en exagérant, on pourrait dire qu'il existe autant de styles de passes que de joueurs. Plus sûrement, on observe des différences selon les époques et les générations. Au début, avec un ballon ovale, la passe était simple, avec les deux mains, le buste droit devant et les épaules tournées vers son partenaire : on la nomme spontanément la « passe à plat », car le ballon ne bouge pas lors de la transmission. Elle se pratique encore aujourd'hui. Elle présente peu de risques de déboucher sur une faute (un en-avant), car le ballon est rendu « léger » et n'arrive pas très vite dans les mains de son destinataire.

La passe vissée

TABLEAU NOIR

À partir des années 1980, la passe à plat est détrônée par la passe vissée. Très rapide et très précise, c'est aujourd'hui le geste de référence dans les écoles de rugby. Il s'agit de faire tourner le ballon sur lui-même en respectant l'« ovalité » du cuir. Pour les droitiers par exemple, la main gauche tient le ballon sur la pointe alors que le poignet droit donne une rotation à la passe. Sa longueur est impressionnante et peut atteindre une vingtaine de mètres. Cette spécificité est inspirée du football américain, où les *quaterbacks* s'illustrent avec un ballon plus petit, certes, mais où les passes (d'une seule main) permettent souvent de traverser le terrain. Le problème pour le joueur qui réceptionne ce type de passe est qu'il peut commettre un en-avant. En effet, le ballon vrillé arrive dans les mains avec beaucoup de puissance. Gare aux maladresses !

TABLEAU NOIR

La feinte de passe

Passer est souvent décisif, mais ne pas passer peut l'être également. Le rugby se pratique dans l'affrontement, l'évitement et parfois la feinte. Certains défenseurs anticipent tant que, sur une passe, ça passe ou ça casse. C'est l'interception ou la feinte de passe. En effet, l'attaquant qui voit du coin de l'œil son adversaire défendre entre lui et son partenaire fait mine de passer, tend les bras, tient le ballon, enroule… et, au dernier moment, garde et accélère ! Bien exécuté, l'effet est foudroyant ! On dit alors que le défenseur « grimpe aux rideaux » ou « défend dans la tribune », par allusion à sa course vers l'extérieur. Ce type de passe n'arrive que rarement. Dans une rencontre, la situation ne se produit que deux ou trois fois. L'attaquant qui a déjà utilisé cette ruse sera attendu au coup d'après. S'il alterne, il s'en sortira. En revanche, si son inspiration lui commande de feinter de nouveau, le défenseur averti, et surtout vexé de la première expérience, lui fera payer l'audace au prix fort : sans doute par un « tampon » (c'est-à-dire un plaquage) mémorable !

Les autres passes

À côté de ces passes classiques, il y a toute une série de passes adaptées aux circonstances de jeu ou à l'action du moment. Par exemple, lorsque le jeu est pénétrant (souvent réservé aux avants), les passes sont courtes et se font généralement au contact de l'adversaire, afin d'enchaîner dans l'axe. Si l'action est bloquée, les « gros » s'arrachent le ballon de main en main, comme dans les mauls. C'est bien entendu autorisé, dans la mesure où la passe est toujours en arrière. Il existe aussi des variantes de passes qui sont généralement effectuées par un joueur en particulier. Revue de détail.

La passe volleyée

La passe volleyée est très spectaculaire, car elle prolonge le jeu sous la pression de l'adversaire. Il faut d'ailleurs faire preuve d'adresse pour la réussir. Vous n'avez même pas eu le temps de contrôler le ballon venu de la gauche que celui-ci est transmis à votre partenaire à droite… La classe ! Philippe Sella ou Denis Charvet étaient des spécialistes. L'efficacité est généralement au rendez-vous. Cette passe ressemble à la passe sur un pas à la différence près que, dans cette dernière, le joueur a contrôlé le ballon du bout des doigts avant de le donner, tout en restant bloqué dans sa course. Là encore, il s'agit d'un geste de grande élégance. Le centre de Mont-de-Marsan André Boniface en fut longtemps la référence.

La chistera

Restent des types de passes exceptionnelles, comme la fameuse chistera. Pratiquée par les Basques – d'où son nom (à l'origine, la chistera désigne le gant en osier du jeu de pelote) –, elle crée toujours une grande surprise. Opérée dans le dos en revers, elle est géniale lorsqu'elle parvient à son destinataire. Elle a le don d'épater la galerie. La référence ? Les Basques, bien sûr, lors de la finale du championnat de France 1992, dernier match officiel de Serge Blanco. Biarritz domine Toulon : sur une action, l'ouvreur varois David Arrieta part en travers et « chiste » pour son ailier Peyo Hontas, qui marque. Les Basques bondissent, mais s'inclinent…

La passe redoublée

Toujours dans l'exception, il existe la passe redoublée. Le porteur du ballon donne à son partenaire et se porte immédiatement sur son extérieur afin de recevoir de nouveau le ballon. Cela crée un décalage dans la défense adverse, comme lors d'Angleterre-France en 1981. À Twickenham, les Français attaquent avec Pardo et Codorniou. Ce dernier rend le ballon à Laurent Pardo. Essai en bout de ligne, et grand chelem à la clé.

LÉGENDE

Bien vu, l'aveugle !

L'histoire du rugby est riche en passes de tous genres. Si la mémoire doit en conserver une, ce serait celle de **David Campese (né en 1962)**, dit « Campo », lors du mondial 1991. Durant la demi-finale Australie – Nouvelle-Zélande, il ne se passe pas grand-chose. Le match est verrouillé et les équipes n'osent pas se livrer. Les Wallabies ont beaucoup à gagner durant ce mondial et ils ont choisi une option défensive qui leur a plutôt bien réussi jusqu'à ce stade de la compétition. Ils font front face à des Blacks pas franchement inspirés. Il reste dix minutes à jouer, le génial ailier wallaby slalome dans la défense des All Blacks. Un coup extérieur, un coup intérieur, le couloir s'étrangle et la défense va le propulser en touche lorsque soudain, sur une inspiration divine, l'homme aux 64 essais internationaux (record mondial) offre le ballon, par-dessus son épaule et sans se retourner, à son compère Tim Horan. Sa *passe aveugle* fait mouche. Les Wallabies s'imposent et deviennent champions du monde pour la première fois de leur histoire.

Le lancer en touche

TABLEAU NOIR

Dans le vaste registre des passes, on trouve encore d'autres mouvements originaux. Par exemple, ceux des talonneurs, qui sont de grands passeurs : avec le ballon au-dessus de la tête, façon foot, ils effectuent les lancers en touche. C'est une des passes les plus importantes du jeu. De sa qualité dépend la réception. Auparavant, les ailiers, puis les demis de mêlée, étaient dévolus à cette tâche.

La passe plongée

TABLEAU NOIR

La passe plongée a longtemps été la référence des demis de mêlée. Dans les années 1970, le jeu s'accélère. Les attaques prennent de la vitesse. Pour suivre le mouvement, il faut allonger la passe. C'est dans ce contexte qu'apparaît la passe plongée, où généralement le demi de mêlée se jette à l'horizontale pour effectuer sa passe. Outre la rapidité, le principal avantage est la longueur de celle-ci : environ 10 m. La technique est relativement simple : le joueur s'empare du ballon au sol avec les mains en parallèle et se jette, bras tendus, vers son partenaire. Le maître de ce mouvement était sans doute l'ancien capitaine du XV de France, Jacques Fouroux. L'inconvénient majeur : la défense a le temps de monter, car cette initiative est longue à amorcer.

TABLEAU NOIR

La passe au pied

Depuis la Coupe du monde 1999, les défenses prennent le pas régulièrement sur les attaques. Les rideaux défensifs sont de plus en plus compliqués à franchir. Alors, les joueurs s'adaptent à cette nouvelle forme de rugby. Après tout, si les attaquants ne peuvent aller dans l'en-but, le ballon, lui, peut toujours. Reste à arriver le premier pour marquer. Ainsi est née la passe au pied. Le principe est simple. Il suffit de décaler un partenaire (ailier ou troisième ligne) près de la ligne de touche et de lui adresser, grâce à un coup de pied, une passe au millimètre. Les ouvreurs généralement le font très bien. Ce procédé est directement inspiré du rugby à XIII. C'est donc naturel de découvrir cette combine pour la première fois chez les Wallabies australiens, spécialistes du XIII. Démarche bien rodée, car en finale de la Coupe du monde 2003, l'ouvreur **Stephen Larkham (né en 1974)** adresse dans les bras de Lote Tuqiri un modèle de passe longue de plus de 30 m. L'ailier – très au fait de ce genre de tactique, car ancien treiziste –, se trouvant déjà dans l'en-but anglais, n'a plus qu'à se baisser pour aplatir.

Marquer un essai

Sans doute le geste le plus facile à réaliser dans le rugby. Il suffit de poser le ballon derrière la ligne d'en-but. *A priori* à la portée de n'importe quel enfant avide d'épater les copains. Et pourtant, c'est un acte à part entière. Il existe là aussi plusieurs techniques que l'on enseigne à l'école de rugby.

Que dit la règle ?

ATTENTION !

Un essai est marqué lorsqu'un joueur attaquant est le premier à effectuer un touché à terre dans l'en-but adverse. Très élémentaire dans la définition, moins dans la réalité ! La preuve, le rugby fait souvent appelle à la vidéo pour valider ou non un essai. Au-delà du simple touché, il faut qu'il y ait une pression de haut en bas avec la main ou une partie du haut du corps, comme les avant-bras ou le torse. Pas toujours facile à déterminer.

LÉGENDE

Si près du but

Deux joueurs ont fait parler d'eux en équipe de France pour avoir raté un essai qualifié d'« immanquable ». **Patrick Estève (né en 1959)**, l'ailier de Narbonne surnommé le « TGV » par Roger Couderc, s'en allait marquer à Twickenham contre l'Angleterre (1985), lorsque dans l'en-but, tout en se dirigeant vers les poteaux, il laisse échapper le ballon. La France concède le match nul (9-9) et perd toutes ses chances de réaliser le grand chelem. Plus récemment (2004), **Christophe Dominici (né en 1972)**, face à l'Italie, au Stade de France, est lui aussi seul sous les perches. Il se couche et commet une maladresse. L'arbitre demande la vidéo, car il n'est pas sûr de la validité de l'essai. Bien lui en prend, car on voit nettement le ballon glissant des doigts du Parisien. La France s'impose tout de même 25-0. Une mésaventure qu'a connue aussi le Fidjien Rupeni Caucaunibuca. Arrivé en cours de saison cette année à Toulouse, il franchit la ligne de but contre Bourgoin et se penche pour aplatir d'une seule main. Un excès de confiance ou un manque de souplesse et le ballon lui glisse de la main. L'essai est refusé après recours à l'arbitrage vidéo.

Les différentes manières de marquer

La façon la plus traditionnelle de marquer consiste simplement à aplatir dans l'en-but en posant le ballon au sol, tout en restant debout. Efficace lorsque l'on est seul pour marquer. Risqué si l'adversaire rôde non loin de l'action. C'est pour cela que les All Blacks ont instauré une autre manière d'aplatir, dans les années 1980. Ballon sous le bras, mais tendu vers l'avant. Une sorte de guide au moment de se mettre à plat ventre et de glisser sur 3 m. Il assure un essai imparable, et surtout non soumis à un dernier plaquage désespéré du défenseur, qui n'a alors plus rien à perdre. Depuis, dans les écoles de rugby néo-zélandais, il n'est pas rare d'assister à des séances de couché dans l'en-but.

LÉGENDE

Au-dessus de la mêlée

Lors de la Coupe du monde 2003, les Gallois furent novateurs pour meubler le tableau d'affichage. Sur plusieurs phases de jeu près des lignes adverses, le porteur du ballon tenta de sauter par-dessus le regroupement, à la manière des joueurs de football américain, pour retomber dans l'en-but, à la surprise générale. Le coup fonctionna parfaitement à deux reprises, contre la Nouvelle-Zélande, puis contre l'Angleterre. Il n'y eut pas de suite à ce mouvement spectaculaire.

afin de faciliter la tache de leur buteur. Une question de solidarité et d'état esprit inculquée dans toutes les écoles de rugby.

Techniquement, la transformation ressemble comme une goutte d'eau à la pénalité. Le ballon est posé sur un tee. Il y a toutefois deux différences notoires : d'abord, le joueur choisit sa distance. S'il est en bord de touche, il aura tendance à reculer afin de s'ouvrir l'angle. Ensuite, les joueurs adverses ont le droit de monter pour essayer de contrer le buteur dès que celui-ci bouge. C'est déjà arrivé en match international, car le botteur avait pris trop d'élan en étant très près des poteaux.

ATTENTION !

Pourquoi transformer un essai ?

À l'origine, le jeu de rugby est un dérivé du football. Le geste un peu fou de William Webb Ellis, qui s'était emparé à la main du ballon pour le planter dans un but lors d'une partie de football, est devenu un des fondamentaux du rugby. Ainsi, lors des premières rencontres, seule la transformation comptait au tableau d'affichage, et valait 1 point. Mais, pour pouvoir tenter la transformation, il fallait avoir le droit d'essayer. En anglais, on utilise alors le verbe *to try* (« essayer ») pour désigner le fait de poser le ballon derrière la ligne de but. En France, cela s'est traduit naturellement par « essai ». La transformation de l'essai était donc justifiée. Aujourd'hui, l'essai est prépondérant (5 points). La transformation ne fait que compléter la marque (2 points).

L'attitude des buteurs

LÉGENDE

Aujourd'hui, il y a tout un cérémonial au moment de tenter une pénalité. Le précurseur est, pour toujours, l'Anglais Jonny Wilkinson. Il se tourne sur le côté, les mains jointes, comme s'il tenait un club de golf dans l'alignement des poteaux. Il a fait des émules à travers la planète rugby. Loin des tirs réalisés de la pointe de la chaussure par Jean-Pierre Romeu lors du grand chelem 1977 avec les Bleus. Le tee a également suscité des attitudes, mais moins sur le terrain qu'en dehors. Dans le Super 12, puis en France, le meilleur moyen d'amener ce petit objet est encore d'adopter la voiture… télécommandée, depuis le bord de touche. Les gamins sont ravis et le public enchanté. Enfin, saluons aussi l'ancien ouvreur toulousain, Christophe Deylaud, inimitable, car lorsqu'il prenait ses marques, il finissait carrément par tourner le dos aux poteaux. C'était un redoutable buteur.

Les phases de jeu clés

Si vous évoquez le mot « mêlée », la majorité du public répondra « rugby ». Il possède des phases de jeu propres, qui sont la clé de son évolution. La touche en est aussi un moment important. Sans elle, le rugby ne serait sans doute pas un sport de combat. Touche et mêlée sont ce que l'on appelle des « phases statiques ». Mais il y a également des phases dynamiques comme les *cadrages débordements* (crochets sur l'extérieur) ou les *groupés pénétrants* (organisation des avants un peu comme une mêlée).

La touche

La touche est une phase de jeu fondamentale en rugby. On peut directement conquérir le ballon en luttant face à l'adversaire. Au même titre que la mêlée, la touche est un corps-à-corps permanent où bien des rencontres se gagnent ou se perdent. Mais rappelons ce qu'est une touche et comment on la dispute.

Organiser une touche

Elle est signalée par l'arbitre assistant lorsque le ballon franchit la ligne de touche ou entre en contact avec celle-ci. Si un joueur court avec le ballon et effleure la ligne avec son pied ou toute autre partie de son corps, il y a touche, car la ligne ne fait pas partie de l'aire de jeu. Pour disputer une touche, il faut au moins deux joueurs dans chaque camp. L'équipe qui bénéficie du lancer choisit le nombre de joueurs participant à l'alignement. L'adversaire s'adapte.

Le premier joueur de l'alignement est à 5 m, et le dernier ne peut sortir des 15 m. La théorie demande également une distance de 1 m entre chaque joueur, mais elle n'est pas vraiment respectée. Le lancer a lieu à l'endroit où la balle est sortie, sauf près de l'en-but. En effet, même si le ballon sort à 1 m de la ligne de but, le juge assistant commande la touche à 5 m.

Le lancer

Le lancer se fait généralement par le talonneur même si, en théorie, n'importe quel joueur peut effectuer la remise en jeu. Le lancer doit être droit au milieu des deux alignements, sans favoriser aucune équipe. Il faut être très adroit et très précis pour ajuster le tir. Si le lancer n'est pas correct, le ballon est rendu à l'équipe qui ne possédait pas le ballon. Celle-ci a le choix de reprendre une touche au même endroit ou de commander une mêlée.

La prise de balle

À première vue, cela semble simple : le talonneur lance la balle pour son deuxième ligne, qui l'attrape, tout en étant « surélevé » par ses soutiens. En réalité, c'est plus compliqué qu'il n'y paraît. Il faut une parfaite entente et une grande coordination pour déplacer tout ce petit monde et sauter dans le même timing tout en échappant à l'adversaire, prompt également à chiper le ballon. Ce sont des heures de répétition et d'entraînement pour capter des balles à deux mains dans l'alignement. Dans une rencontre, on dénombre en moyenne 30 à 35 touches.

Les soutiens

Ils forment ce que l'on baptise un « bloc ». Autour d'un sauteur, il y a généralement deux soutiens. Ils sont chargés de lifter le preneur de balle et de le lever le plus haut possible dans les airs afin d'intercepter le ballon. C'est un exercice d'équilibre et de force à la fois. Il faut être très puissant sur ses jambes pour soulever très vite un type de plus de 100 kg et, dans le même temps, il faut pouvoir le maintenir droit durant quelques secondes pour qu'il puisse combattre dans les airs.

Les soutiens ont de petits secrets pour effectuer leur mission. Généralement, les sauteurs, pour leur faciliter le boulot, se bandent les cuisses d'adhésif avec un peu de mousse à l'intérieur. Cela provoque une petite rondeur, qui aide grandement au moment de lever le joueur. En golf, on appelle cela un « grip ». C'est le même principe. Reste au soutien à plaquer ses mains sur les cuisses de son camarade sans risquer de glisser ou de le déséquilibrer. L'autre soutien, placé derrière, s'agrippe simplement au short.

Après la touche

TABLEAU NOIR

Ce n'est pas tout d'attraper le ballon, encore faut-il l'utiliser à la descente. Il y a généralement deux cas de figure. La *directe* et le *maul*. La première correspond à une passe du sauteur – lorsqu'il est dans les airs – à son demi de mêlée, qui lui-même transmet à ses arrières. Autrement dit, la touche est terminée dès que la passe est effectuée. L'autre option est plus technique et complexe. Le preneur de balle s'empare du ballon et redescend en présentant le ballon dos à l'adversaire. Ses partenaires s'organisent autour de lui en poussant dans l'axe et en arrachant le ballon : c'est un maul. Le but est d'avancer sans se faire piquer le ballon. Lorsqu'il est bien organisé, le *groupé pénétrant* est très difficile à défendre. Les équipes puissantes utilisent souvent cette technique.

Différentes formes de touches

L'alignement se dispute généralement à sept joueurs. Mais il arrive qu'il y ait des choix tactiques différents, selon le contexte ou l'opposition. Par exemple, une équipe qui perd ses trois ou quatre premiers lancers et qui n'a pas de solution aura tout intérêt à raccourcir la touche (deux sauteurs au minimum).

L'avantage est de pouvoir récupérer le ballon sans trop s'exposer au contre, l'inconvénient est que l'on ne peut construire une véritable attaque, car les soutiens sont à 10 m de la touche.

Il existe également une touche appelée « pénaltouche » dans le langage commun. Les équipes marquent souvent un essai en force sur cette action, c'est pourquoi elle a hérité d'une partie du nom de la sanction suprême en foot : le penalty. De quoi s'agit-il exactement ? Lorsqu'un camp obtient une pénalité, il dégage en touche le plus près possible de l'en-but adverse. Dans ce cas, la règle restitue le ballon à celui qui a tapé en touche. Ainsi, celui-ci peut choisir son sauteur et provoquer un maul avec l'effort de tout son pack pour franchir la ligne de but en force. Le taux de réussite étant convaincant, c'est une phase de jeu très importante du rugby moderne.

La règle qui change tout

Lors de l'avènement du professionnalisme (26 août 1995), un certain nombre de règles entrent en vigueur afin de dynamiser le jeu. Les deux objectifs de dépoussiérer le rugby et de produire du spectacle se confondent… En effet, la première compétition à bénéficier de ces modifications est le Super 12. La nouvelle épreuve, créée par le magnat de la presse australienne Rupert Murdoch, réunit les provinces de l'hémisphère sud dans un championnat où il n'y a pas de descente. Une sorte de laboratoire du rugby est ainsi improvisé, propice aux nouveautés. Il faut donc une forme de jeu attractive pour attirer les foules et les téléspectateurs. Les joueurs profitent à fond des récentes règles. Parmi elles, deux sont immédiatement adoptées. Elles concernent l'alignement. Désormais, l'ascenseur est autorisé : on a le droit de soulever son partenaire en touche (interdit auparavant, sanctionné d'une pénalité) ; et, à la suite d'une pénalité, l'équipe qui tape en touche conserve le gain du lancer. Ainsi naquit la pénaltouche.

La main dans le sac

Le rugby est devenu professionnel en 1995. Ainsi, les coups pendables ne passent plus inaperçus, comme ce fut le cas durant de nombreuses années. La première sanction vidéo de l'histoire viendra d'une touche. Le pays de Galles affronte les Springboks à Johannesburg. Le Gallois Derwyn Jones, 2,08 m, ne se remet pas d'une charge volontaire de son vis-à-vis, Kobus Wiese, récent champion du monde. Celui-ci lui a collé un violent coup de poing et Jones se retrouve K.-O. Après vidéo, le Sud-Africain sera condamné à verser une amende. Cela fera jurisprudence, car il y a eu bien d'autres cas comme celui-ci.

La mêlée

Sans doute la phase de jeu la plus énigmatique et la plus mythique : que se passe-t-il là-dessous ? Comment pousser en mêlée ? À quoi ça sert ? Quelle différence entre un pilier droit et un gauche ? Autant de questions qui fascinent bien souvent les novices de ce jeu. En réalité, la mêlée n'est qu'un simple accident de jeu qui permet de remettre de l'ordre sur le terrain.

La mêlée fermée

Elle est ordonnée par l'arbitre quand une équipe effectue un en-avant. Ou lorsque le ballon est enterré et n'est plus jouable. Les packs de huit joueurs forment un cercle autour du ballon. La mêlée est modelée par 3 lignes de joueurs, chacun des postes étant nommé par rapport au placement dans la mêlée. La première ligne compte 3 coéquipiers (2 piliers et 1 talonneur, plutôt petits et trapus pour tenir le choc), la deuxième ligne est composée de 2 joueurs (grands pour pousser et capter des munitions en touches), et la troisième ligne aligne 2 ailiers (aux profils plutôt mobiles et rapides afin de couvrir le plus possible de terrain) et 1 centre, le numéro 8. Lorsque le ballon est introduit par le demi de mêlée, les talonneurs de chaque équipe tentent de le ratisser vers leur camp, où il est digéré jusqu'au dernier élément de la mêlée, à savoir le troisième ligne centre. La mêlée est terminée lorsque le ballon quitte les pieds du dernier joueur.

Quelques règles

La mêlée est une phase très structurée. L'arbitre assiste la mise en place et les joueurs sont placés sous ses ordres. Il fait respecter un timing pour éviter tout accident. « Flexion ! Touchez ! Stop ! Entrez ! » sont les différents commandements avant que les joueurs ne s'affrontent. Toujours à l'initiative de l'IRB, ces indications ont même été ralenties en 2010 afin de clarifier cette phase de jeu, mais également, de la sécuriser. Cela divise le monde du rugby, car on estime que les annonces sont trop lentes, ce qui déséquilibre parfois la structure avant l'impact. Une fois entrée, la mêlée est loin d'être terminée, les joueurs attendent l'introduction avant de pousser. S'ils tentent de produire leur effort avant, l'arbitre peut accorder un coup franc aux adversaires. Tant que le ballon est dans la mêlée, personne ne peut s'en saisir, pas même le demi de mêlée. En défense, les troisièmes lignes doivent avoir les épaules liées à la mêlée avant la sortie du ballon. Cette règle fut instaurée en 1995 avec l'ouverture du rugby au monde professionnel. Le but était de favoriser les attaques.

Autre détail important, seuls des joueurs formés en première ligne peuvent prétendre jouer à ce poste. En aucun cas d'autres joueurs ne sont admis à remplacer un pilier ou un talonneur sur une mêlée. Voilà pourquoi les instances ont admis sur la feuille de match depuis 2009 un 23e homme qui est obligatoirement un pilier. Il y a donc désormais trois remplaçants de première ligne. La règle dit aussi qu'ils peuvent rentrer et sortir sans compter. Toujours dans un souci de sécurité. Si d'aventure, il n'y a plus de joueurs de première ligne valides, la mêlée est alors simulée, c'est-à-dire que les joueurs se positionnent sans pousser. Le demi de mêlée introduit le ballon, celui-ci n'est pas disputé par l'adversaire, le jeu reprend à la sortie du ballon.

Épreuve de force

La mêlée est dans toutes les têtes avant une rencontre. C'est l'endroit de l'affrontement, le combat collectif le plus important, car il y a une vraie osmose entre les joueurs. L'impact est déterminant au moment de l'introduction. Ensuite, tout se joue sur la poussée, la puissance, la force, la ruse, la technique. C'est un match dans le match. Chaque joueur a un rôle précis au service du groupe. Personne ne peut défaillir, sous peine de voir la « matrice » emportée. Suprême humiliation, d'ailleurs, pour un pack de reculer en mêlée. Même les trois-quarts qui assistent à cette scène sont affectés. Il n'est pas rare ensuite qu'ils manquent des plaquages ou commettent des en-avant, subissant pour, finalement, perdre la rencontre. « La mêlée, c'est le baromètre de l'équipe », notait Jean-Pierre Garuet, un des plus fameux piliers de l'histoire.

Voyage au centre de la Terre

Même avec les progrès de la télévision et des caméras placées un peu partout, il reste difficile de savoir ce qui se passe sous les mêlées. Seuls les protagonistes ont une idée de ce qui se trame dans ces profondeurs. À cet égard, une *mêlée relevée* est comparable à la partie émergée d'un iceberg, au pic d'une éruption volcanique. Souvent, tout commence au moment de l'introduction du ballon. Il y a comme une sorte d'autoarbitrage entre les joueurs. Il est malvenu de pousser en travers tout comme il est mal vu de chercher à talonner la balle sur introduction adverse. Autant de petits détails qui finissent par agacer le policier du pack. En général, il s'agit du brave deuxième ligne. Il ne parle pas beaucoup, il a la main ferme et sait s'en servir. Lorsqu'il entend le signal, il lâche son compagnon et envoie une marmite par-dessous. Objectif : le nez du talonneur d'en face qui, lui, pauvre Jésus, ne peut se défendre, pris entre ses deux piliers avec les bras en croix. Généralement, c'est à ce moment que les forces telluriques se déchaînent…

La mêlée ouverte

Dans le jargon du rugby, il existe également la mêlée ouverte. En anglais, les arbitres évoquent le *ruck*. C'est une phase de jeu désorganisée où chaque camp lutte pour la conquête du ballon. On parle également de « regroupement ». Aujourd'hui, au plus haut niveau, il y a cinq fois plus de mêlées ouvertes que fermées. Conséquences de la bonne préparation des joueurs et du peu de fautes engendrées tout au long d'une partie.

Elle tourne, elle tourne la mêlée

LÉGENDE

La mêlée n'est pas une histoire élémentaire. Une multitude de combinaisons découlent de cet engagement. Mais, avant cela, il faut gagner la poussée. Certaines équipes, un peu coquines, plutôt que d'affronter la force pure, préfèrent la contourner. Ainsi, on observe des mêlées ordonnées avoir soudain le tournis. Elles se désaxent complètement. Conséquence, le ballon est « pourri » et difficilement jouable. De plus, une règle impose de relever la balle avant que la mêlée ne pivote à plus de 90 degrés. Si ce n'est pas respecté, l'introduction du ballon est donnée à l'équipe qui défend. Il existe des techniques pour faire tournoyer en moins d'une seconde la « tortue humaine ». Les arbitres ont bien du mal à s'y retrouver. Il suffit par exemple de ne pas pousser d'un côté pour qu'automatiquement la structure se désaxe. Mais, chut ! c'est un secret de piliers.

Le jeu derrière la mêlée

Une fois le ballon digéré, le jeu reprend ses droits. L'avantage derrière cette structure définie est pour l'attaque qui joue devant une défense fixe. Ainsi, les combinaisons fleurissent. Les plus classiques concernent le troisième ligne centre (le numéro 8). Il relève la balle pour son demi de mêlée (le numéro 9). Si vous vous promenez un jour pas loin d'un terrain de rugby et que vous entendez une annonce du style « on fait la 89 », vous serez à proximité d'une mêlée, c'est sûr !

LÉGENDE

Vu à la télévision

Le jeu est tellement dense sur les phases de mêlée qu'il est difficile, même au plus haut niveau, de faire la différence. Pourtant, lors de la dernière finale de Coupe d'Europe entre le Biarritz Olympique et la province irlandaise du Munster, une mêlée fait basculer la rencontre. Au Millenium de Cardiff, dans les 22 mètres basques, le demi de mêlée irlandais **Peter Stringer (né en 1977)** introduit le ballon dans sa mêlée. La balle est dans les pieds de son numéro 8. Il s'apprête à transmettre à son ouvreur lorsque soudain il s'empare du ballon ovale, file sur le petit côté, et s'en va inscrire un essai incroyable ! Les Biarrots sont consternés. L'homme du match avouera ensuite : « Sur l'action, je vois dans l'écran géant placé dans le stade que la mêlée est stable et qu'il n'y a pas de joueur sur le côté. Je ramasse et je marque. » Le Munster décroche ainsi son premier titre de champion d'Europe.

La mêlée et le règlement

Au nom de la sécurité ou pour développer le jeu d'attaque, la commission des règles de l'IRB n'a cessé de reprendre les textes régissant la mêlée. En 1964, le talonnage des piliers est autorisé. Le hors-jeu passe par le dernier pied de la mêlée. Seul le demi de mêlée peut suivre la progression du ballon. En 1982, les piliers opposés doivent désormais se lier en mêlée. En 1985, l'entrée en mêlée se limite à une longueur de bras et les épaules doivent être plus hautes que le bassin. En 1988, il est interdit de tourner les mêlées de plus de 90 degrés. Si la mêlée s'effondre, il faut la refaire. En 1996, les mêlées doivent se jouer à huit. La tête d'un joueur de première ligne ne peut plus être à côté de la tête de l'un de ses équipiers (plus d'entrées en bélier). Les troisièmes lignes doivent être liés au moins par un bras jusqu'à la fin de la mêlée. En 2000, quand il n'est plus possible de constituer une première ligne complète, le jeu continue avec des mêlées dites « simulées », le ballon étant gagné obligatoirement par l'équipe qui l'introduit. Si la mêlée tourne à plus de 90 degrés, l'introduction revient à l'adversaire. Sur les 22 joueurs de chaque équipe, 5 doivent être au moins capables de jouer en première ligne (6 pour les moins de 19 ans). Enfin, depuis 2002, tout joueur de première ligne peut être remplacé et revenir en jeu à tout moment s'il n'est pas sorti sur blessure.

LÉGENDE

Forte tête

La première mêlée d'une rencontre est toujours abordée d'une manière délicate. Elle doit permettre de jauger l'adversaire, de mesurer si l'on va passer un bon dimanche ou bien souffrir Denis Lalanne en a tiré l'un de ses chefs-d'œuvre, *La Mêlée fantastique*. Le célèbre commentateur Roger Couderc y a gagné ses premiers galons de « seizième homme », en poussant avec les petits. Si l'on doit garder une mêlée dans la mémoire collective, ce sera celle du France – Afrique du Sud de 1961. On promettait l'enfer au pack français contre ces Sud-Africains qui avaient tordu tous les Britanniques. Les Bleus de François Moncla avaient misé sur une extrême motivation, symbolisée par le fameux duel des piliers Domenech-Du Toit. Le Briviste savait son adversaire redoutable, il se méfiait de sa force et de sa puissance. Les premières mêlées furent extrêmement disputées, voire violentes. Puis, dans une mêlée suivante, **Amédée Domenech (1933-2003)** surprit son vis-à-vis et entra en bélier, c'est-à-dire tête contre tête. Du Toit fut presque assommé et dut quitter le terrain. Bilan : quatre ballons pris sur introduction adverse et un score rarissime (0-0), qui fit basculer définitivement le match dans la légende.

Le jeu sans ballon

Un vieil éducateur de rugby tenait toujours le même discours. Sa phrase favorite ? « Tu joues quand tu n'as pas le ballon, et tu fais jouer quand tu as le ballon »... Petit, ce n'est sans doute pas facile à assimiler. Pourtant, le sage a raison. En rugby, le jeu sans ballon est aussi important qu'avec. Et aussi spectaculaire. Le plaquage et les phases de nettoyage appartiennent à cette catégorie.

Le plaquage

Toutes les défenses s'appliquent aujourd'hui à filer des « timbres », des « tampons », des « cartouches », des « soleils »... soit un nombre incalculable de dénominations pour désigner un simple plaquage. Sans doute parce que ce geste technique est le plus difficile à réaliser. Mais il est aussi spectaculaire qu'efficace quand il est réussi...

Une manière d'arrêter la progression

Puisque le règlement approuve la progression d'un joueur avec le ballon, il fallait bien que le défenseur ait un moyen de bloquer l'attaquant. Ainsi, le porteur du ballon peut être plaqué. Mais pas n'importe comment. En rugby, le plaquage est autorisé du niveau de la ceinture aux chevilles. La tendance, chez les pros, est toutefois de plaquer le plus haut possible afin de récupérer le ballon. La limite est mince entre le plaquage et le jeu dangereux, sanctionné, lui, d'une pénalité, voire d'un carton jaune.

Qu'est-ce qu'un plaquage ?

Le plaquage est l'élément de base pour défendre au rugby. On dit qu'un joueur est « plaqué » s'il a au moins un genou au sol. Le plaquage est une action où le défenseur ceinture à la taille ou aux jambes le porteur du ballon adverse. Celui-ci doit lâcher ou passer le ballon lorsqu'il est par terre. Il est impossible de plaquer un joueur sans ballon, de plaquer un joueur au-dessus des épaules ou de le percuter avec l'épaule. Ces actes sont en effet assimilés à du jeu dangereux.

TABLEAU NOIR

Origine du plaquage

Les premières règles écrites en Angleterre pour codifier ce nouveau jeu datent de 1843. Le problème est que personne ne les respecte vraiment, car elles ne sont pas les mêmes selon que l'on pratique dans le Nord, à Londres ou à l'Université. Ainsi, le rugby qui se dénomme toujours alors officiellement *rugby football* est de plus en plus dangereux. Les coups pleuvent lorsqu'un joueur se trouve pris en possession du ballon. Il a fallu réfléchir à une astuce permettant de jouer sans faire mal. Il a été décrété que pour arrêter un joueur il faudrait désormais le tenir et le faire tomber au sol. Ce même joueur serait alors dans l'obligation de lâcher le ballon. Le meilleur moyen de se protéger tout en rendant la balle disponible...

À la chaîne...

Il n'est pas rare de voir une équipe passer la barre des 100 plaquages dans une rencontre. Les troisièmes lignes sont soumis à rude épreuve. En effet, généralement premiers sur les points de rendez-vous, ils ont pour mission de « tamponner » et d'arrêter la progression de l'attaque. Chez les pros, les trois-quarts centre sont aussi de redoutables bloqueurs. Il est vrai que leur profil aujourd'hui est plus proche de celui d'un... troisième ligne. Ils végètent peu ou prou au-delà du quintal. Les piliers et l'arrière sont peu utilisés dans ce secteur, car, bien souvent, ils arrivent en second rideau. Le métier a déjà été fait !

Offensif ou défensif ?

TABLEAU NOIR

Ainsi, les entraîneurs décomposent communément le plaquage en trois phases différentes, selon ce qui se passe après le geste :

- Le plaquage défensif est un classique. Le joueur plaque son adversaire en le faisant tomber, il n'y a pas de récupération, l'action se poursuit pour l'attaque et il faudra recommencer pour enrayer l'attaque.
- Le plaquage à deux requiert une bonne coordination. Le premier joueur plaque le porteur du ballon aux jambes afin de le faire chuter pendant que le second ceinture son adversaire au niveau du torse afin de lui faire « exploser » le ballon des bras.
- Le plaquage offensif est le plus spectaculaire et le plus efficace. Le défenseur, repousse carrément son vis-à-vis, en « un contre un », en lui faisant perdre le ballon. Ce type de plaquage est rare dans une rencontre (deux ou trois au maximum par équipe). Au-delà du ballon chipé, la forme fracassante de l'action a le don de galvaniser les troupes.

Petit mais costaud

On se souvient toujours de ses débuts internationaux surtout lorsqu'ils sont décisifs. Lors d'un Australie – Nouvelle-Zélande, un joueur s'est illustré pour l'éternité. Les All Blacks sont menés, de 4 points, à une minute de la fin de la rencontre. La Bledisloe Cup est en jeu. Les Wallabies défendent chèrement leur peau, mais les Blacks sont de plus en plus pressants. Sur un mouvement magnifique, la défense est battue et l'allier blond Jeff Wilson se couche bientôt dans l'en-but lorsque surgit un jeune joueur qui a fêté un mois auparavant sa première cape. Il se jette sur Wilson et, sur un magistral plaquage, empêche ce dernier d'aplatir. Le demi de mêlée **George Gregan (né en 1973)**, futur capitaine et recordman mondial des sélections, s'est révélé ce jour-là au monde entier du haut de son 1,72 m et de ses 79 kg.

Les phases de nettoyage

Longtemps, les phases de nettoyage n'ont pas été clairement définies, se jouant plus ou moins à l'emporte-pièce : elles sont donc récentes dans leur organisation actuelle. Mais au fait, c'est quoi, exactement, une phase de nettoyage ?

Mettre de l'ordre dans les regroupements

Auparavant, on disputait le ballon dans les airs, debout, au sol, sans vraies règles pour éclaircir le jeu. D'ailleurs, celui-ci était loin d'être fluide. Les arrêts de jeu étaient largement plus commentés que les belles envolées. Il fallait donc faire évoluer les règles. Les joueurs ont été obligés de libérer le ballon dès qu'ils étaient au sol, rendant celui-ci plus facile à récupérer pour la défense. Il devenait alors urgent de s'organiser afin de sauver le précieux bien. Ainsi est né ce que l'on nomme aujourd'hui, populairement, le « nettoyage ». Concrètement, lorsqu'un joueur en possession du ballon est plaqué au sol, il doit lâcher immédiatement la balle. La défense peut ainsi intervenir et s'en emparer. Donc, pour éviter de perdre une munition, les joueurs (au moins deux) les plus proches de ce regroupement se lient et « nettoient » la zone en percutant l'adversaire, qui ne peut se saisir du ballon.

Les « gros », puis les arrières

Dans les années 1980, cette tâche était totalement dévolue aux « gros », et en particulier à la troisième ligne. C'est elle qui arrivait le plus souvent la première sur ces phases de jeu. Mais ce schéma de jeu a perdu de sa pertinence aujourd'hui. En effet, la tendance est d'envoyer au charbon le joueur le plus proche de l'action, afin de ne pas perdre de temps et d'empêcher l'adversaire d'intervenir. Conséquence : une nouvelle « race » de trois-quarts est apparue au fil des saisons. Les petits (85 kg de moyenne) ont fait place à des bulldozers écrasant la balance à plus de 100 kg. Jonah Lomu en est le prototype avec ses 120 kg. Aujourd'hui, d'ailleurs, même les joueurs les plus fins techniquement, comme Jauzion, flirtent avec la barre des 100 kg. Utile lorsque l'on a besoin d'impact.

La technique

Il ne suffit pas d'entrer tête baissée dans la meule. Le résultat n'est pas garanti. Non, il faut également faire preuve d'une bonne technique. Tout d'abord, le règlement n'autorise pas un joueur à « décaniller » (bousculer violemment sans être lié à un regroupement) un autre joueur en « un contre un ». Ce que l'on surnomme la « guerre des étoiles » est très dangereux, car le choc est souvent violent. En revanche, les coéquipiers sont autorisés à se lier avant d'entrer dans les regroupements. Mais l'adversaire, solidement ancré sur ses jambes, continue de faire front. La solution consiste alors à l'agripper à une jambe et, dans le même geste, à le faire basculer hors de la zone. Le ballon devient alors propre et jouable !

Les groupés pénétrants

La forme de jeu la plus collective du rugby est indéfinissable, car il n'y a pas vraiment de règle. Rien n'interdit à toute l'équipe d'y participer. L'organiser est primordial pour ne pas perdre de vue le ballon, tout en poussant droit et en restant lié. Il faut réunir et réussir beaucoup de paramètres pour que cette phase de jeu devienne, quelque part, jouissive.

Qu'est-ce qu'un groupé pénétrant ?

C'est la forme de jeu la plus spécifique, généralement pratiquée par les avants. Ils peuvent à la fois porter le ballon ou se le passer de main en main afin de faire progresser celui-ci dans l'axe du terrain. Un groupé pénétrant oblige les défenseurs à venir se mettre en opposition et à résister. Résultat ? Beaucoup d'adversaires sont fixés au paquet, ce qui libère des espaces.

Quand l'utilise-t-on ?

Deux phases de jeu sont propices à la naissance de cette « cocotte ».
En touche, tout d'abord, où le preneur de balle expose le ballon – dos à l'adversaire – à ses partenaires qui se précipitent. Ils se disposent un peu comme en mêlée et s'attachent à faire reculer la défense. On retrouve la même organisation, mais sur les renvois, lorsqu'un joueur a capté la balle avec ses soutiens très proches. Il peut tranquillement organiser ce que l'on appelle aussi un « maul ».

Combien faut-il de joueurs pour créer un maul ?

Il y a maul lorsqu'un joueur portant le ballon est saisi par un ou plusieurs adversaires et qu'un ou plusieurs coéquipiers du porteur du ballon se lient à ce dernier. Tous les joueurs qui participent au maul sont sur leurs pieds et avancent vers une ligne de but. Un maul met fin au jeu courant.

LÉGENDE

La tortue des Rapetou

Une équipe a fortement marqué les esprits en utilisant le maul comme arme principale. Les Girondins de Bègles sont devenus champions de France, en 1991, en broyant leurs adversaires grâce à ce que l'on appellera, plus tard, la fameuse « tortue béglaise ». Trois hommes en sont à l'origine. Le duo de la première ligne, c'est-à-dire les piliers **Serge Simon (né en 1968)** et **Philippe Gimbert (né en 1966)**, ainsi que le talonneur **Vincent Moscato (né en 1965)**. Leur surnom ? Les « Rapetou ». Avec le crâne rasé, ils effraient la galerie, mais ils sont maîtres de leur destin, et surtout de leur technique. Serge Simon, médecin de son état, disait : « Notre tortue, c'est la matrice de notre amitié : rien ne peut la détruire. » Psychologiquement, mentalement et moralement, cette équipe était imbattable cette année-là. L'image à retenir fut une « tortue » réalisée sur près de 70 m lors d'un match à Musard. Dans le fief de Bègles, le public était debout.

Chapitre 8

Éléments de stratégie

Dans ce chapitre :

- L'attaque
- La défense

Entendons-nous bien : en décrivant l'attaque et la défense, il n'est pas question de théoriser le rugby comme dans les manuels techniques. Ce chapitre est, finalement, très subjectif, simplement parce que le jeu de rugby est propre à chacun d'entre nous : à chaque entraîneur, à chaque environnement et à chaque culture. Les Irlandais ne conçoivent pas l'offensive comme les All Blacks, par exemple… De la même manière, peut-on parler d'un rugby unique selon qu'il est pratiqué à Agen, Mont-de-Marsan ou Toulon ? Non, bien sûr. Chaque région a ses traditions, ses inspirations et sa culture, et André Boniface n'aurait pas été le même homme s'il avait porté le maillot de Toulon, ou André Herrero les couleurs montoises.

Autant il est normal d'organiser un tant soit peu le blocage des attaquants adverses, autant l'assaut est, et restera, le domaine des indomptables de la balle, des improbables du crochet, des fous de la relance ou des inconditionnels du cadrage débordement. Bref, des génies du jeu ! Et les talents, cela ne se commande pas, cela se contemple…

Voilà pourquoi nous abordons ce chapitre consacré à l'attaque et à la défense avec une infinie précaution et une seule idée : ne pas généraliser ni stéréotyper ces actions collectives. Notre but sera de dépeindre les phases classiques, qui autorisent ensuite l'élaboration de schémas plus complexes. Au fond, chaque entraîneur ou pratiquant pourra avoir son point de vue sur la question. Un placement, un détail, un geste… et tout est différent. Le dernier mot, comme toujours, appartient au joueur.

ATTENTION !

L'art de ce jeu est finalement de passer de l'attaque à la défense, ou l'inverse, sur la même action. Peu importe alors le placement, les schémas où les directives, seuls se ressentent l'instinct du jeu, la passe, le décalage ou le débordement. Mais le rugby demande aussi parfois une certaine patience : une stratégie destinée à attirer l'adversaire à un certain endroit du terrain pour mieux le surprendre à revers, par exemple…

Même chose en défense : le joueur sans ballon peut obliger l'attaquant à s'enferrer dans les mailles du filet.

L'attaque

« Il n'y a pas de citadelle imprenable, il n'y a que de mauvais assaillants », avançait Walter Spanghero après un match perdu au pays de Galles. Le tricolore se reprochait de ne pas avoir assez tenté de déstabiliser l'adversaire. La réflexion était lancée. Attaquer et défendre sont du domaine de la stratégie. Celle-ci est d'abord impulsée par l'entraîneur, en fonction de ses propres convictions. Il met sa patte, construit son jeu, un peu comme un sculpteur qui se doit de trouver un équilibre sans pour autant enfreindre ses conceptions ou revenir sur ses certitudes. Voici différentes façons de partir à l'assaut...

Franchir la ligne d'avantage

Rappelons une règle simple en rugby : on ne peut recevoir une passe que si l'on se trouve derrière le porteur du ballon, donc, logiquement, ce n'est pas évident d'avancer... Le premier objectif de l'attaque est donc d'atteindre et de dépasser la *ligne d'avantage* (ligne définie par la position du ballon lors de la remise en jeu) afin de créer un déséquilibre favorable à l'attaque et défavorable à la défense (car l'équipe qui défend recule).

Voilà tout le paradoxe du rugby. Mais cela n'a jamais empêché les hommes de conquérir le terrain adverse ni d'avancer dans la défense. Pour simplifier le découpage stratégique, posons un principe : on attaque toujours sur du jeu placé après une phase statique, qu'il s'agisse d'une mêlée ou d'une touche. Les attaques sur des ballons de récupération appartiennent à une autre catégorie qui, heureusement, n'est pas prévue dans les manuels, l'inspiration de l'individu étant plus importante que l'application des consignes. Trois options fortes existent dans le domaine de l'offensive : jouer devant la défense ; pénétrer au cœur de celle-ci ; enfin, jouer derrière le rideau défensif. Chacune a ses avantages et ses inconvénients.

Naviguer devant les défenseurs

Il y a 30 ans, déjà, ce type d'attaque était une priorité pour les équipes. Envoyer le plus vite possible la balle à l'aile après une mêlée ou une touche, par exemple. Le but ? Déplacer le jeu et, surtout contourner les défenseurs. La vitesse de jambes des trois-quarts était alors exploitée à merveille. Il faut dire aussi que le gabarit de ces attaquants, qualifiés de « racés », était parfaitement adapté. La pointe de vitesse des Boniface, Maso et autre Trillo donnait le tournis aux défenseurs. Seul inconvénient – à l'époque –, le manque d'alternance. Après quelques courants d'air, la défense prenait enfin la mesure de l'attaque : ces attaques étaient dites « grand champ », comme si le terrain était infini et l'espace incommensurable. Pour les paysans rugbymen, la métaphore sentait bon le terroir mais finissait par trouver ses limites.

TABLEAU NOIR

Crochet meurtrier

Le *cadrage débordement*, ou *cad' déb'* pour les intimes, est sans doute le geste offensif individuel le plus apprécié des puristes. Il s'agit de contourner son adversaire en faisant parler ses jambes : la finesse et la technique au service de l'élégance… Les écoles de rugby tentent bien de l'enseigner, mais c'est délicat. En effet, si l'on devait définir ce mouvement, cela ressemblerait un peu à ça : « Action qui consiste à fixer un adversaire direct en courant dans sa direction. » Le défenseur « fixé » ou « cadré », puisqu'il doit rester dans la trajectoire de l'attaquant, est battu par un changement d'appuis brusque (un *crochet*) le débordant sur l'extérieur. Il s'agit plus d'un geste d'instinct que télécommandé. D'ailleurs, le cadrage débordement est une spécialité des ailiers. Il leur permet de passer leur vis-à-vis dans un espace restreint. Pour le réussir, il faut impérativement être très rapide, sinon l'opposant a le temps de réagir. Autrement dit, les piliers ne sont pas vraiment invités à faire admirer leur déhanché devant la tribune officielle.

Le joueur français **Cédric Heymans (né en 1978)** a été le rugbyman le plus insaisissable des années 2000. Comme il est capable de déborder un adversaire sur 1 m, Laurent Cabannes disait de lui : « Il peut déborder un joueur dans une cabine téléphonique. » Avec le temps, il a été lui-même dépassé par **Chris Ashton (né en 1987)**. Cet ancien « treiziste » est aujourd'hui l'arme fatale du XV d'Angleterre : il est capable de marquer six essais dans le même match du Tournoi des VI Nations (Italie, 2010). Rapide, maître du contre-pied, c'est lui le joueur insaisissable du moment.

Un jeu en percussion

TABLEAU NOIR

Naviguer devant un rideau défensif prompt à intervenir ne suffit pas forcément à déstabiliser un adversaire. Il faut donc de temps en temps parvenir à resserrer cette défense. Le moyen le plus efficace pour faire venir des joueurs dans une zone précise est de percuter droit devant. Une forme d'assaut d'autant plus dangereuse qu'il y a ensuite de nombreuses possibilités d'enchaîner avec un jeu de mouvement. L'action typique ? À la suite d'une mêlée sur un côté du terrain, l'ouvreur transmet à son centre, qui va au contact de la défense. Ce joueur doit avoir une belle capacité de lutte afin de conserver la balle. Avec le soutien de sa troisième ligne, la libération doit être rapide. On se trouve donc au milieu du terrain avec plusieurs possibilités d'enchaînement. Le demi de mêlée peut de nouveau envoyer les « gros » au charbon, ou au contraire élargir le jeu avec une attaque déployée devant la défense. Inconvénient de ce type de construction : il faut être fort physiquement afin d'avancer à l'impact et de garder un peu d'avance sur l'adversaire. Il faut surtout posséder de belles qualités physiques, à l'image d'un Traille ou d'un Jauzion.

Contourner le rideau grâce au pied

C'est sans doute le jeu le plus subtil. Mais il n'y a pas vraiment de surprise, car cette phase de jeu ne se réalise que grâce au jeu au pied. Il s'agit de taper *à suivre* derrière le rideau défensif afin de récupérer le ballon par des attaquants lancés à pleine vitesse. Lorsque le ballon est botté au millimètre, cela peut s'avérer imparable. Mais voilà, cette attaque placée est aussi meurtrière qu'aléatoire. Cela tient en premier lieu à la forme du ballon. Le coup de pied est rarement récupéré sans qu'il y ait de rebonds. Il faut donc un brin de réussite pour capter l'olive avant les défenseurs. De plus, ceux-ci ont une farouche tendance à anticiper ce genre d'action. En plaçant un joueur en repli défensif, généralement le troisième ligne centre, il est difficile de bien doser le coup de pied. La suite peut mener à une large contre-attaque… Donc prudence !

TABLEAU NOIR

L'art de l'alternance

En réalité, et sans entrer dans des schémas préétablis, il est clair que la meilleure attaque consiste à varier les attaques : c'est le principe de l'*alternance*. Ne pas répéter deux fois la même action lors d'une rencontre oblige les défenseurs à être extrêmement vigilants. En effet, comment défendre face à des attaquants rapides qui aiment faire voyager le ballon d'un bout à l'autre du terrain si, d'un seul coup, un des joueurs décide de passer en force un rideau largement étiré par ces courses en essuie-glace ? De la même manière, pour contrer un trois-quarts centre costaud, il vaut mieux monter haut et pratiquer un pressing intense afin de limiter son champ d'action. Dans ce cas précis, l'ouvreur au coup d'œil aiguisé ne manquera pas de jouer au pied par-dessus une ligne de défense qui n'aura pas assuré son arrière-garde et qui aura laissé trop d'espace dans son dos… Idéal pour se réapproprier le ballon. Bref, il n'y a pas de formule magique. L'attaque est sans aucun doute ce qu'il y a de plus difficile à mettre en place en rugby. Voilà pourquoi les instinctifs, les indomptables et autres créateurs de toutes sortes détiennent en grande partie les clés de la vérité.

La défense

Le principe premier de la défense est le même qu'en attaque : il s'agit d'avancer afin de bloquer l'attaque avant son développement, et avant qu'elle franchisse la ligne d'avantage. En défense, on a le droit de plaquer uniquement le joueur porteur du ballon. Des règles de sécurité définies par l'International Rugby Board sont appliquées pour déterminer si un plaquage est légal ou dangereux. Le plaquage permet d'arrêter la progression de l'attaque. En passant par le sol, le porteur doit immédiatement libérer le ballon (on n'a pas le droit de jouer le ballon lorsque l'on est au sol), ce qui donne à la défense une chance de récupérer le ballon… et d'attaquer à son tour. Dans le rugby d'aujourd'hui, les joueurs raffolent de ce type de munitions, celles que l'on exploite facilement, *au large* (vers les extérieurs du terrain) comme dans l'axe des poteaux. La position attaque/défense est donc fragile. Le *turnover* (changement de mains, selon une expression plus courante dans le rugby à XIII) est essentiel pour un jeu animé, rapide, vif et spectaculaire.

La défense a une organisation aussi précise que l'attaque. Nous évoquons toujours le *jeu placé* (mêlée ou touche), pour considérer le placement de la ligne de défense. Pour contrer l'attaque dans tous les axes du terrain, on oppose un premier rideau sur la largeur du terrain pour un pressing collectif. Le deuxième rideau navigue juste derrière pour parer d'éventuelles percées dans l'axe du terrain ou prévenir un jeu au pied court. Enfin, le troisième rideau couvre l'axe profond, essentiellement pour contrer le jeu au pied long de l'adversaire.

Pour un pressing haut

La *défense glissée* est le plus classique des systèmes de barrage. Le principe est simple : trois joueurs (l'ouvreur et les deux trois-quarts centre) sont chargés de monter le plus vite possible sur les attaquants. Ce premier rideau est renforcé par un troisième ligne. À la suite d'une touche ou d'une mêlée, ce quatrième personnage permet ainsi à la défense de glisser, et non de se retrouver face à face avec son adversaire… ce qui aide bien lorsque l'arrière adverse amène un surnombre. Le principal avantage de cette méthode est de pousser tout doucement l'attaque vers la ligne de touche, ce qui autorise la récupération du ballon à moindres frais. Mais elle n'est pas sans risques non plus ! Cette glissade majuscule offre des intervalles importants aux adversaires. Si le porteur de la balle est doué d'un coup de reins dévastateur ou d'une accélération tranchante, il est aisé pour lui de foncer dans les espaces et de déchirer le rideau.

Les premiers contre-attaquants

Voilà pourquoi les équipes s'organisent avec un deuxième rideau, un peu en retrait du premier. Le but pour cette vague, composée en général du troisième ligne aile et du demi de mêlée (toujours après une mêlée ou une touche), est de recoller les morceaux. En clair, il s'agit de colmater les brèches du premier rideau. Si un adversaire pointe son nez, il est immédiatement stoppé par ces joueurs en doublette. Leur rôle sur les coups de pieds courts est également primordial. Grâce à un bon placement, ils peuvent réceptionner les ballons bottés et, ainsi, contre-attaquer dans la foulée : un de ces ballons de récupération tant prisés – et redoutés – par les rugbymen.

À la relance

La relance est souvent l'ultime rempart d'une équipe. Le troisième rideau intervient dans deux cas : le premier, logiquement, après que les deux premiers ont été battus. Dans ce cas, il reste encore un espoir de revoir les attaquants avant la ligne de but, grâce à l'arrière aidé de ses deux ailiers. Il faut savoir que neuf fois sur dix ce positionnement est inutile, car la vitesse des opposants efface d'un crochet ou d'une feinte les velléités défensives des battus, statiques sur leurs appuis et ne pouvant pas anticiper.

La seconde option, à privilégier en cas de jeu au pied offensif de l'adversaire, est bien différente. Le troisième rideau s'organise différemment. L'arrière invite ses deux ailiers à se rapprocher de lui afin de relancer le jeu, ce qui offre très vite des situations de contre face à une équipe toujours en configuration d'attaque. Les qualités essentielles sont la vitesse, bien sûr, mais également le sens de l'anticipation, afin de réceptionner un ballon sans que l'équipe du botteur puisse mettre une trop grosse pression.

LÉGENDE

L'essai du bout du monde

Voici un des exemples les plus flagrants d'une équipe arc-boutée en défense sur sa ligne des 22 mètres, qui plie mais ne rompt pas, et qui, soudain, est en position de marquer et de remporter le match… En 1994, en tournée chez les Néo-Zélandais, les Bleus ont créé la sensation en remportant le premier test. Le second, à Auckland, s'annonce terrible, le capitaine Sean Fitzpatrick promet l'enfer aux tricolores. Le combat est intense et les Blacks, déchaînés, mènent au score toute la durée du match. Mais un essai sur interception d'Émile Ntamack permet aux Bleus de rester à portée de l'exploit (20-17), alors que le match entre dans sa dernière minute. Les Blacks veulent faire payer la note du premier test : ils poussent pour inscrire un nouvel essai. La maîtrise est All Black, tout comme la force et la puissance. La défense française, aux abois, cède du terrain à chaque impact. L'arbitre va siffler la fin de rencontre lorsque les Néo-Zélandais perdent le ballon sur la ligne des 22 mètres. Immédiatement, le capitaine des Bleus, Philippe Saint-André, relance cette dernière chance. Ses partenaires se mettent au diapason, le talonneur Gonzales joue les demis de mêlée pendant que Benazzi se prend pour un centre. Il n'y a plus de poste, le ballon vole de main en main avec les Deylaud, Cabannes, Delaigue ou Accoceberry. Ce dernier repique à l'intérieur et sprinte pour marquer un essai historique. À bout de souffle, il va être repris quand, venu du bout du monde, Jean-Luc Sadourny vient à son secours et se jette sous les poteaux. Cet essai, synonyme de victoire, est devenu légendaire. L'« essai du bout du monde », comme on l'appelle, montre comment passer de la défense à l'attaque en un éclair !

Quatrième partie

La planète rugby

Dans cette partie…

Nous vous proposons un voyage en ballon – ovale, évidemment ! Nous allons partir du Havre, berceau du rugby français, pour arriver dans le Sud-Ouest, sa terre d'adoption. Nous vous expliquerons comment s'est bâti le rugby sur notre sol au travers du championnat et des autres compétitions.

Après la France, place à l'Europe. Nous vous raconterons comment le rugby s'est développé dans les îles Britanniques, puis comment il a réussi à s'implanter dans d'autres pays européens, latins essentiellement. Nous aborderons en détail les grandes compétitions continentales, à savoir le Tournoi et la Coupe d'Europe.

À l'image des colons anglais partis conquérir les terres de l'empire britannique et y exportant leur mode de vie (au premier chef, le rugby !), nous partirons ensuite sur les routes du monde. Malgré la prééminence des trois grandes nations de l'hémisphère sud que sont la Nouvelle-Zélande, l'Australie et l'Afrique du Sud, on peut parler de « véritable planète ovale », tant le rugby est pratiqué dans de nombreux pays, aussi bien au Canada qu'aux îles Fidji ou en Argentine.

Chapitre 9

La scène rugbystique nationale

Dans ce chapitre :

- La France, terre de rugby
- Le championnat de France
- Les autres compétitions

Historiquement, le rugby est arrivé en France par le nord et par le port du Havre, porte ouverte sur le commerce avec l'Angleterre. Mais si ce sport est aujourd'hui implanté dans toute la France, c'est dans la région du Sud-Ouest que l'on retrouve la majorité des clubs de l'élite. D'abord, parce que les étudiants anglais étaient nombreux à Bordeaux et à Toulouse, et qu'ils y ont importé le sport appris dans leur collège. Ensuite, parce que le football a très rapidement pris dans les régions plus industrielles du Nord, au détriment du rugby.

C'est, notamment, le côté amateur, et l'interdiction de gagner de l'argent en pratiquant le rugby qui ont poussé les régions les plus pauvres vers le football, comme ils ont poussé les régions minières de l'Angleterre vers le rugby à XIII professionnel plutôt que vers le XV. Après les étudiants, ce sont les populations rurales qui se sont retrouvées dans ce sport convivial et en ont fait un sport régional dans un Sud-Ouest très agricole.

Le championnat de France a été créé en 1892, la première finale opposant le Racing Club de France et le Stade Français. Depuis, hormis en période de guerre ou à de rares exceptions, les clubs luttent pour le titre et pour le bouclier de Brennus, qui est le trophée remis au champion. Si le championnat est l'épreuve phare à l'échelle nationale, d'autres compétitions ont opposé les clubs français depuis le début du XXe siècle, à l'image du Trophée Yves-du-Manoir ou de la Coupe de France.

La carte du rugby français

Le rugby est aujourd'hui largement implanté en France, grâce aux 33 comités régionaux répartis dans toute la métropole et outre-mer (voir annexe B). C'est par l'intermédiaire de ces comités que la fédération française accorde aux clubs les licences qui leur permettent de disputer les différentes compétitions, qu'elles soient organisées par la FFR ou par la Ligue nationale, en charge du secteur professionnel. Bien que les comités recouvrent l'intégralité du territoire, celui-ci peut être partagé en deux secteurs. L'un au sud d'une ligne La Rochelle-Lyon, regroupant les fiefs historiques du rugby, incluant l'Île-de-France et son secteur professionnel. L'autre, au nord, moins dense, ensemble des terres où le rugby a un gros potentiel de développement.

Le Nord

C'est dans le Nord que le rugby a pris racine. Le Havre, pionnier des clubs français, était d'ailleurs représenté pour le centenaire du premier test contre la Nouvelle-Zélande, en novembre 2006, au Stade de France. Mais ensuite, c'est à Paris que le rugby a pris son essor. Le Havre n'a pas été très longtemps compétitif, alors que les clubs parisiens trustaient les premiers titres de champion de France. Les plus célèbres sont, encore aujourd'hui, les deux qui se partagent l'élite en région parisienne : le Racing Club de France (cinq titres), premier créé, en 1882, qui devint le premier champion de France dix ans plus tard ; et le Stade Français (12 titres), créé un an plus tard, premier à adopter les règles du rugby appliquées en Angleterre. Ce sont les étrangers, les Anglais en particulier, qui l'ont appelé « français », car à l'époque, il était le seul représentant du pays à s'engager dans les tournois internationaux. À noter, en 1995, la fusion du Stade Français avec le CASG (Club de la Société générale) pour donner le Stade Français-CASG.

Le Sud-Ouest

On a souvent dit que le rugby français était arrivé d'Angleterre par Le Havre, qui fut d'ailleurs le premier club fondé en France, avant de s'étendre à Paris. Mais les étudiants et les marins anglais pouvaient également entrer en France par Bordeaux. Et c'est par cette porte d'entrée que le rugby s'est vraiment implanté en France. Les étudiants anglais de Bordeaux ont rapidement fondé leurs clubs et essaimé dans toute la région, véritable eldorado du rugby français, jusqu'à Toulouse. On reconnaît aujourd'hui que le rugby répondait aux besoins d'une jeunesse étudiante en recherche d'activité, et d'une population rurale qui se retrouvait plus dans les valeurs de solidarité et de combat du rugby que dans celles du football. Le rugby s'est alors développé dans toute la région sud, et notamment sud-ouest, à la manière du football dans les autres régions du pays.

LÉGENDE

La « barrette » ou le rugby nationaliste

En 1889, la France connaît une période troublée où les nationalistes se retrouvent sous la bannière du général Boulanger. Ce dernier se veut notamment le défenseur de la grandeur de la France, malmenée lors de la guerre de 1870. Parmi les points communs qui réunissent ces contestataires, très hétéroclites, il y a le rejet de l'Angleterre et de tout ce qu'elle a importé en France. En matière d'activités physiques, ces nationalistes prônent le retour du jeu de paume et de la barrette à la place du tennis et du rugby. La barrette est un dérivé du rugby qui se pratique avec un ballon ovale, mais où les plaquages sont interdits. Dès que l'on touche le ballon, il suffit de crier « barrette ! » pour que le jeu s'arrête et reprenne sur une mêlée. On y privilégie l'évitement, plutôt que l'affrontement. Pour certains, cette dernière particularité expliquerait le développement du rugby dans le Sud-Ouest, par l'intermédiaire de la barrette, qui se prêtait à une pratique assidue dans les cours de récréation, souvent pavées à cette époque.

Il faut néanmoins 20 ans entre le moment où le rugby arrive au Havre et celui où il atteint le Sud-Ouest. Le ballon ovale fait son apparition dans les années 1880, en Aquitaine, avec le Bordeaux Athletic Club. Et le Stade Bordelais devient le premier club de province champion de France, en 1899.

ATTENTION !

De tous les clubs du Sud-Ouest, le Stade Toulousain, fondé en 1907, est le plus prestigieux. Son omniprésence tout au long de l'histoire du championnat de France et son palmarès en font même aujourd'hui le club le plus titré de l'histoire du rugby français (16 titres de champion). Il est né de la fusion de deux clubs estudiantins toulousains. Parmi les rivaux de Toulouse, on retrouve souvent Agen (8 titres). Situé à moins de 100 km de Toulouse, le SU Agen s'est souvent mesuré au grand frère, et l'a également souvent dépassé. On trouve à l'origine de ce club, il est vrai, un Français, Alfred Armandie (qui a donné son nom au stade d'Agen), mais aussi deux Anglais.

Ces derbys de la Garonne se jouent en même temps que ceux entre Dax et Mont-de-Marsan. Né en 1908, le club de Mont-de-Marsan (1 titre) a vite pour obsession d'en imposer aux voisins dacquois. Le club des frères Boniface aura pour lui de rapidement imposer son style de jeu, vif et offensif : le jeu à la montoise. Dax, créé quatre ans auparavant, en 1904, a toujours eu également une belle image, mais reste un club maudit avec cinq finales du championnat de France perdues.

Sur la côte atlantique, trois clubs se partagent l'histoire du rugby dans la région. Bordeaux est la première place forte, avec la présence de nombreux étudiants anglais. Il y aura même une lutte terrible entre le SBUC (Stade Bordelais Université Club, 7 titres) et Bègles-Bordeaux (2 titres), créé en 1907. L'Aviron Bayonnais (3 titres) est créé en 1904 et fusionne rapidement avec le Stade Bayonnais. Tout comme les Montois, les Bayonnais vont rapidement imposer leur style de jeu et devenir les maîtres de la côte basque. Il faut attendre 1913 pour que le Biarritz Olympique (5 titres) voie le jour, après la fusion des deux clubs locaux. La rivalité entre Bayonnais et Biarrots ne cessera dès lors de s'exacerber.

Le Sud-Est et le Centre

Du côté de la Méditerranée, trois clubs se hissent rapidement au plus haut niveau. Perpignan (six titres) est le premier à briller, avec un titre dès 1914 et des équipes à l'identité régionale forte. Les Narbonnais fondent le Racing (2 titres), en 1907, et la rivalité entre les joueurs de l'Aude et les Catalans se cristallise immédiatement sur le terrain. L'arrivée de Béziers (11 titres) en 1911 ne fait qu'ajouter un troisième larron dans la farandole. Premier titré, le club catalan devra, comme Narbonne et tous les autres clubs français, subir la loi du grand Béziers, de 1970 à 1984. Dans le Sud-Est, c'est le RC Toulon (3 titres), créé en 1907, la plaque tournante du rugby dans la région, même si Nice a, à une époque, disputé le leadership aux Varois.

Très présent dans le Sud-Ouest et le Sud-Est, le rugby s'est également rapidement développé dans le centre de la France. Lyon (2 titres) est la première ville à se doter d'un vrai club, en 1902. Brive suit peu de temps après, grâce notamment à l'afflux d'appelés du Sud-Ouest venus faire leur temps en Corrèze. C'est enfin l'entreprise Michelin qui monte un club sportif, en 1911, pour ses employés, et qui donne naissance à l'ASM (Association sportive Michelin, future Association sportive montferrandaise). Si le Lyon Olympique Universitaire, aujourd'hui en Pro D2, domine le championnat au début des années 1930 (une finale en 1931, 2 titres en 1932 et 1933), Brive et Montferrand font partie des clubs maudits du championnat, avec respectivement 4 et 7 finales jouées sans jamais remporter le bouclier de Brennus.

Le championnat de France

En France, le premier championnat est en fait un défi organisé par l'USFSA (Union des sociétés françaises des sports athlétiques), en 1892, auquel ne répondent que deux clubs : le Racing Club de France et le Stade Français. C'est le Racing qui est couronné lors d'un match arbitré par le baron

Pierre de Coubertin. Le championnat va ensuite grandir tranquillement, jusqu'à ce qu'intervienne un premier scandale, révélé par des Britanniques. En décembre 1912, la fédération écossaise prévient l'USFSA que le SBUC, club toulousain quadruple champion de France, a salarié son entraîneur en 1910 et a recruté des joueurs écossais par l'intermédiaire de petites annonces dans *The Scottish Referee*. Voilà donc des Français qui paient non seulement leurs joueurs, mais aussi leurs entraîneurs !

Les premières disputes

Après la guerre, c'est la Fédération française de rugby, née en octobre 1920, qui prend en charge l'organisation du championnat. Perpignan, au printemps 1921, est le premier champion de l'après-guerre. En 1923, Toulouse remporte devant Bayonne la première finale de l'histoire retransmise à la radio. L'année suivante, un règlement est adopté pour éviter les pratiques de recrutement qui se généralisent en France : le titre national devient si important que les clubs oublient de plus en plus le côté amateur et viennent débaucher les meilleurs joueurs des autres clubs... Mais devant la fronde de certains présidents de club, ce règlement est vite oublié. En revanche, une page est tournée : le bouclier de Brennus, la récompense remise au vainqueur du championnat, devient incontestablement l'objectif premier de chaque club.

Les recettes augmentent avec l'affluence, mais le besoin de gagner est maintenant si important que le jeu devient de plus en plus violent. La victoire des mercenaires de Quillan lors de la finale 1929, face à Lézignan, se termine par une bagarre générale dans les tribunes. L'année suivante, six clubs font sécession, car ils ne reconnaissent plus leur sport ni sa philosophie dans le rugby pratiqué par Quillan et par d'autres. Le challenge des six vient de naître avec le SBUC, le Stade Français, Toulouse, Bayonne, Perpignan et Pau. Rapidement, les 6 se retrouvent à 15, et mettent en cause le pouvoir fédéral. Le championnat de France, privé de ses clubs phares, est en train de disparaître. Le 24 janvier 1931, les sécessionnistes quittent la FFR, fondent l'UFRA (Union française du rugby amateur), et créent leur propre championnat. Il y a donc dorénavant deux compétitions fédérales différentes en France.

L'union après le divorce

La scission dans le rugby français ne dure pas longtemps, car les tenants du XV redoutent de voir, de guerre lasse, les meilleurs éléments partir au rugby à XIII. Le 5 mai 1932, la FFR et l'UFRA tombent d'accord pour reprendre un championnat commun et pour réaffirmer l'amateurisme. Il n'y aura plus de scission. Mais la France reste écartée du Board : comme gage de sa nouvelle bonne conduite, la FFR supprime au bout de quelques années le championnat de France, après la finale de 1939, qui coïncide avec le début de la guerre et l'interruption de la compétition. La France est alors réintégrée dans le Tournoi.

Le championnat reprend ses droits dès 1943, mais retombe vite dans ses anciens travers aux yeux des Britanniques : recrutement, amateurisme marron, violence… Devant la menace d'une nouvelle exclusion du Tournoi, qui serait terrible pour le rugby français, la FFR décide de saborder à nouveau le championnat de France, le 17 mars 1952. Mais les clubs, cette fois-ci, protestent. Ils maintiennent leur attachement à l'esprit du jeu mais pensent que l'on peut négocier avec les Britanniques sans pour autant supprimer le championnat. À l'assemblée générale de la FFR, les clubs sont largement majoritaires et font tomber le président Alfred Eulère pour élire René Crabos. Ce pari est le bon puisque les Home Unions maintiennent les Français au sein du Tournoi.

Une ligue professionnelle

Il n'y aura par la suite plus de soubresauts, les Britanniques se rangeant peu à peu aux arguments des Français. Le championnat grandit en même temps que l'intérêt pour le rugby en France. La prochaine révolution sera l'arrivée du professionnalisme, dans les années 1980 ! Depuis longtemps déjà, le rugby s'est mondialisé. Dans l'hémisphère sud, et notamment en Nouvelle-Zélande, les joueurs sont largement défrayés et les droits de retransmission en partie redistribués aux clubs et aux provinces. En France, tout est encore géré par la fédération, qui ne veut pas entendre parler d'un championnat d'élite réduit aux meilleurs clubs mais veut une compétition où la majeure partie des clubs puisse participer. Peu avant la Coupe du monde, en avril 1995, des présidents de clubs français se réunissent pour faire valoir leur point de vue auprès de la fédération. Ils créent le « club des présidents », qui regroupe notamment ceux de Toulouse, Brive, Montferrand et Agen. Ces dix présidents veulent avoir leur mot à dire sur les évolutions du sport et le partage des recettes, notamment. Une ligue des clubs est en train de voir le jour.

Une fois le professionnalisme adopté, et le changement de statut des clubs opéré, il devient urgent de créer une ligue chargée d'organiser le championnat de France professionnel, sous la délégation de la fédération. C'est chose faite le 13 juin 1998, lors de l'assemblée générale de la FFR qui crée la LNR (Ligue nationale de rugby). L'assemblée constituante de la LNR a lieu le 24 juillet, et Serge Blanco en devient le président.

En juin 2000, le championnat de France est organisé en deux divisions professionnelles, le Top 16 et la Pro D2. La ligue, qui s'est orientée dès le début vers un resserrement de l'élite, touche au but et créé le Top 16 en 2001. La poule unique est créée en 2004. Le but est de veiller à ce que tous les clubs se rencontrent lors de la première phase du championnat. En 2005, la Ligue nationale de rugby fait un pas de plus vers un resserrement de l'élite et réduit la poule unique à 14 clubs : c'est le Top 14. Mais la formule de la poule unique qui qualifie les quatre premiers pour les demi-finales a l'inconvénient de tuer parfois le suspense un peu tôt avec des équipes qualifiées avant la dernière journée de la phase régulière. De plus, il n'y a quasiment pas d'avantage à terminer premier de la saison régulière puisque les demi-finales se jouent sur terrain neutre. Résultat, la LNR décide lors de la saison 2010 d'introduire des barrages. Les deux premiers à l'issue de la phase régulière sont qualifiés pour les demi-finales sur terrain neutre. Les clubs classés de 3 à 6 se rencontrent dans deux matchs de barrage pour désigner les deux derniers demi-finalistes, selon l'ordre 3 contre 6 et 4 contre 5. L'attribution du titre de champion de France se fait en revanche toujours à l'issue de la finale du championnat de France.

Les missions de la ligue

La Ligue nationale de rugby a pour mission de gérer le secteur professionnel du rugby, par délégation du ministère de la Jeunesse, des Sports et de la Vie associative, d'une part, et de la FFR, d'autre part. C'est la ligue qui organise, gère et réglemente les compétitions professionnelles, à savoir le Top 14 et la Pro D2. Elle assure également la promotion du rugby français, qu'elle représente dans la gestion de la Coupe d'Europe. Elle est également en charge de la négociation et de la commercialisation des droits de télévision et de partenariat du championnat de France, du Top 14 et de la Pro D2.

Tableau 9-1 : Le palmarès du championnat de France

Année	*Vainqueur (résultat)*
1892	Racing CF bat Stade Français (4-3)
1893	Stade Français bat Racing CF (7-3)
1894	Stade Français bat Inter-Nos (18-0)
1895	Stade Français bat Olympique (16-0)
1896	Olympique bat Stade Français (12-0)
1897	Stade Français, vainqueur de la poule
1898	Stade Français, vainqueur de la poule
1899	Stade Bordelais UC bat Stade Français (5-3)

Tableau 9-1 : Le palmarès du championnat de France (*suite*)

Année	*Vainqueur (résultat)*
1900	Racing CF bat Stade Bordelais UC (37-3)
1901	Stade Français champion après la disqualification du Stade Bordelais UC
1902	Racing CF bat Stade Bordelais UC (6-0)
1903	Stade Français bat Stade Olympique (16-8)
1904	Stade Bordelais UC bat Stade Français (3-0)
1905	Stade Bordelais UC bat Stade Français (12-3)
1906	Stade Bordelais UC bat Stade Français (9-0)
1907	Stade Bordelais UC bat Stade Français (14-3)
1908	Stade Français bat Stade Bordelais UC (16-3)
1909	Stade Bordelais UC bat Stade Toulousain (17-0)
1910	FC Lyon bat Stade Bordelais UC (13-8)
1911	Stade Bordelais UC bat SCUF (14-0)
1912	Stade Toulousain bat Racing CF (8-6)
1913	Aviron Bayonnais bat SCUF (31-8)
1914	AS Perpignan bat Stadoceste Tarbais (8-7)
1920	Stadoceste Tarbais bat RC France (8-3)
1921	US Perpignan bat Stade Toulousain (5-0)
1922	Stade Toulousain bat Aviron Bayonnais (6-0)
1923	Toulouse bat Bayonne (3-0)
1924	Toulouse bat US Perpignan (3-0)
1925	US Perpignan bat SA Carcassonne (5-0)
1926	Stade Toulousain bat US Perpignan (11-0)
1927	Stade Toulousain bat Stade Français (19-9)
1928	Section Paloise bat US Quillan (6-4)
1929	US Quillan bat FC Lézignan (11-8)
1930	SU Agen bat US Quillan (4-0)
1931	RC Toulon bat Lyon OU (6-3)
1932	Lyon OU bat RC Narbonne (9-3)

Tableau 9-1 : Le palmarès du championnat de France (*suite*)

Année	*Vainqueur (résultat)*
1933	Lyon OU bat RC Narbonne (10-3)
1934	Aviron Bayonnais bat Biarritz (13-8)
1935	Biarritz bat USA Perpignan (3-0)
1936	RC Narbonnais bat Montferrand (6-3)
1937	CS Vienne bat Montferrand (13-7)
1938	Perpignan bat Biarritz (11-6)
1939	Biarritz bat Perpignan (6-0)
1943	Bayonne bat Agen (3-0)
1944	Perpignan bat Bayonne (20-5)
1945	SU Agen bat FC Lourdes (7-3)
1946	Section Paloise bat FC Lourdes (11-0)
1947	Stade Toulousain bat SU Agen (10-3)
1948	FC Lourdes bat RC Toulon (11-3)
1949	Castres bat Mont-de-Marsan (14-3)
1950	Castres bat Racing CF (11-8)
1951	US Carmaux bat Stadoceste Tarbais (14-12)
1952	FC Lourdes bat USA Perpignan (20-11)
1953	FC Lourdes bat Mont-de-Marsan (21-16)
1954	FC Grenoble bat US Cognac (5-3)
1955	USA Perpignan bat FC Lourdes (11-6)
1956	FC Lourdes bat US Dax (20-0)
1957	FC Lourdes bat Racing CF (16-13)
1958	FC Lourdes bat SC Mazamet (25-8)
1959	Racing CF bat Stade Montois (8-3)
1960	FC Lourdes bat AS Béziers (14-11)
1961	AS Béziers bat US Dax (6-3)
1962	SU Agen bat AS Béziers (14-11)
1963	Stade Montois bat US Dax (9-6)

Tableau 9-1 : Le palmarès du championnat de France (*suite*)

Année	*Vainqueur (résultat)*
1964	Section Paloise bat AS Béziers (14-0)
1965	SU Agen bat CA Brive (15-8)
1966	SU Agen bat US Dax (9-8)
1967	US Montauban bat CA Bègles (11-3)
1968	FC Lourdes bat RC Toulon (9-9, Lourdes vainqueur au nombre d'essais)
1969	CA Bègles bat Stade Toulousain (11-9)
1970	La Voulte Sportif bat AS Montferrand (3-0)
1971	AS Béziers bat RC Toulon (15-9)
1972	AS Béziers bat CA Brive (9-0)
1973	Stadoceste Tarbes bat US Dax (18-12)
1974	AS Béziers bat RC Narbonne (16-14)
1975	AS Béziers bat CA Brive (13-12)
1976	SU Agen bat CA Béziers (13-10)
1977	AS Béziers bat USA Perpignan (12-4)
1978	AS Béziers bat AS Montferrand (31-9)
1979	RC Narbonne bat Stade Bagnères (10-0)
1980	AS Béziers bat Stade Toulousain (10-6)
1981	AS Béziers bat Stade Bagnères (22-13)
1982	SU Agen bat Aviron Bayonnais (18-9)
1983	AS Béziers bat RC Nice (14-6)
1984	AS Béziers bat SU Agen (21-21, Béziers vainqueur aux tirs au but)
1985	Stade Toulousain bat RC Toulon (36-22)
1986	Stade Toulousain bat SU Agen (16-6)
1987	RC Toulon bat Racing CF (15-12)
1988	SU Agen bat Stadoceste Tarbais (9-3)
1989	Stade Toulousain bat RC Toulon (18-12)
1990	Racing CF bat SU Agen (22-12)
1991	CA Bègles-Bordeaux bat Stade Toulousain (19-10)

Tableau 9-1 : Le palmarès du championnat de France (*suite*)

Année	*Vainqueur (résultat)*
1992	RC Toulon Biarritz bat Olympique (19-14)
1993	Castres Olympique bat FC Grenoble (14-11)
1994	Stade Toulousain bat AS Montferrand (22-16)
1995	Stade Toulousain bat Castres Olympique (31-16)
1996	Stade Toulousain bat CA Brive (20-13)
1997	Stade Toulousain bat CS Bourgoin-Jallieu (12-6)
1998	Stade Français-CASG bat USA Perpignan (34-7)
1999	Stade Toulousain bat AS Montferrand (15-11)
2000	Stade Français-CASG bat US Colomiers (28-23)
2001	Stade Toulousain bat AS Montferrand (34-22)
2002	Biarritz bat Agen (25-22)
2003	Stade Français bat Toulouse (32-18)
2004	Stade Français bat Perpignan (38-20)
2005	Biarritz bat Stade Français (37-34)
2006	Biarritz bat Toulouse (40-13)
2007	Stade Français Paris bat Clermont (23-18)
2008	Toulouse bat Clermont (26-20)
2009	Perpignan bat Clermont (22-13)
2010	Clermont bat Perpignan (19-6)
2011	Toulouse bat Montpellier (15-10)

Les clubs de l'élite en France (saison 2011-2012)

Top 14 : Sporting Union Agen Lot-et-Garonne, Aviron Bayonnais Rugby Pro (Bayonne), Biarritz Olympique Pays Basque, Union Bordeaux-Bègles, CA Brive Corrèze Limousin, Castres Olympique, ASM Clermont Auvergne (Clermont-Ferrand), Lyon Olympique Universitaire, Montpellier Hérault Rugby Club, Stade Français Paris, Racing Metro 92 (Paris), Union Sportive Arlequins Perpignanais (Perpignan), Stade Toulousain Rugby (Toulouse), RC Toulon.

Pro D2 : Pays d'Aix Rugby Club (Aix-en-Provence), Sporting Club Albigeois, FC Auch Gers, Stade Aurillacois Cantal Auvergne (Aurillac), AS Béziers Hérault, CS Bourgoin-Jallieu Rugby, US Carcassonne, US Dax Rugby Landes, FC Grenoble Rugby, Atlantique Stade Rochelais (La Rochelle), Stade Montois Rugby (Mont-de-Marsan), Racing Club Narbonne Méditerranée, Union Sportive Oyonnax Rugby, Section Paloise (Pau), CA Périgueux Dordogne, Tarbes Pyrénées Rugby.

Les autres compétitions

Le championnat de France, né en 1892, reste la compétition majeure de rugby en France. Mais le rugby français s'est organisé d'autres rendez-vous réguliers pour permettre aux clubs de s'affronter. Ceux-ci avaient pour but soit de pallier les défaillances du championnat, soit de satisfaire les désirs d'émancipation d'autres clubs, soit de combler les trous d'un calendrier parfois irrégulier. La Coupe de France et le Challenge Yves-du-Manoir, notamment, ont occupé l'espace de compétition du rugby, sans pour autant jamais déclencher l'intérêt voire la passion suscités par le championnat.

Les championnats amateurs

Si le championnat de France professionnel regroupe deux divisions, il y a une multitude de championnats de France amateurs, classés par catégorie. Il en existe plus d'une vingtaine, avec notamment : division fédérale 1, fédérale 2, fédérale 3, Top 10 féminine et élite 2 féminine, division fédérale 1 et 2 féminines, Nationale B, Fédérale B, Excellence B, Espoirs, Reichel A (19 ans et plus), Crabos (moins de 19 ans) et Alamercery (moins de 17 ans).

À ces compétitions nationales, dites « fédérales », il faut ajouter la Coupe de la fédération, qui oppose 20 équipes régionales, la compétition Inter-secteurs moins de 19 ans, 18 ans et 17 ans, le Challenge des Comités séries territoriales moins de 26 ans, les coupes Roger-Taddei moins de 19 ans, 18 ans, 17 ans et 16 ans, et les challenges de l'Espérance, de l'espoir et de l'essor. Il existe également des championnats pour le rugby à VII.

Le rugby amateur français est également structuré par 33 comités répartis dans la métropole et en outre-mer. Ces comités organisent des championnats dits « territoriaux », en opposition aux championnats nationaux. Le nombre de ces championnats varie en fonction du nombre de clubs dans chaque comité et des catégories d'âge et de niveau représentées. Il existe ainsi 39 championnats territoriaux dans le comité Midi-Pyrénées et 23 en Île-de-France. La plupart donnent ensuite lieu à des phases finales qui réunissent les meilleurs de chaque comité dans leur catégorie et qui permettent d'attribuer des titres de champions de France par catégorie.

La Coupe de France

La Coupe de France de rugby apparaît dès 1906 ; elle se déroule alors entre équipes régionales, mais on n'en conserve ni traces ni archives jusqu'à sa véritable renaissance, en 1942. Avec la guerre et l'envahissement de la zone libre, on crée une nouvelle formule du championnat de France et on ressuscite la coupe. Mais en 1951, le climat de la finale est si détestable que les Anglais, qui ne voient pas cette épreuve d'un très bon œil, en demandent à mots couverts l'interdiction. La FFR s'exécute, au prétexte d'un calendrier annuel trop chargé pour les clubs. Le Challenge Yves-du-Manoir prend le relais. Dans les années 1980, brève réapparition entre 1984 et 1986, vouée à l'échec faute d'un succès public suffisant.

Tableau 9-2 : Le palmarès de la Coupe de France

Année	*Vainqueur (résultat)*
1943	Agen bat SBUC (11-4)
1944	TOEC (Toulouse) bat SBUC (19-3)
1945	SU Agen bat AS Montferrand (14-13)
1946	Stade Toulousain bat Section Paloise (6-3)
1947	Stade Toulousain bat AS Montferrand (14-11)
1948	Castres Olympique bat FC Lourdes (6-0)
1949	CA Bègles bat Stade Toulousain (11-6)
1950	FC Lourdes bat AS Biterroise cheminots (16-3)
1951	FC Lourdes bat Stadoceste Tarbais (6-3)
1984	Stade Toulousain bat FC Lourdes (6-0)
1985	RC Narbonne bat Stade Toulousain (28-27)
1986	AS Béziers bat Stade aurillacois (40-9)

Le Challenge Yves-du-Manoir

En 1921, avec l'éveil du professionnalisme, les clubs dissidents créent l'UFRA pour se dégager de la fédération, qui ne fait pas respecter l'amateurisme. Le rugby français est alors un peu perdu, à la recherche de ses valeurs. Le Racing Club de France, qui se veut le garant de l'esprit du jeu, crée alors sa propre compétition, basée sur la correction et la bonne tenue des équipes. C'est un tournoi sur invitation, réservé aux clubs fidèles à la FFR mais qui veulent conserver les valeurs originelles du rugby. Sept équipes se disputent ce premier Challenge Yves-du-Manoir, nommé ainsi en hommage à un ancien international du Racing, mort en 1928.

L'idée est de favoriser le beau jeu et de s'éloigner de la recherche de la victoire à tout prix, qui est en train, selon les organisateurs, de gangrener le rugby français. D'où la pratique d'un jeu violent qui n'a plus grand-chose à voir avec les principes fondateurs de ce sport. Le Challenge Yves-du-Manoir, joué pour la première fois en septembre 1931, s'éteint avec le début de la guerre, en 1939. Il renaît de ses cendres en 1952, pour remplacer la Coupe de France, qui, par son système d'élimination directe, entraîne à nouveau les clubs et les joueurs à la recherche de la victoire à tout prix, souvent au détriment du jeu.

À partir de la saison 1996-1997, le trophée, rebaptisé « Coupe de France Yves-du-Manoir », est directement géré par la fédération. Les clubs engagés en Coupe d'Europe (voir chapitre 10) entrent désormais dans la compétition à partir des seizièmes de finale.

Tableau 9-3 : Le palmarès du Challenge Yves-du-Manoir

Année	*Vainqueur (résultat)*
1932	Agen, vainqueur en poule
1933	Lyon OU, vainqueur en poule
1934	Toulouse-Toulon (0-0, les deux clubs vainqueurs)
1935	Perpignan-Montferrand (3-3, les deux clubs vainqueurs)
1936	Bayonne bat Perpignan (9-3)
1937	Biarritz bat Perpignan (3-0)
1938	Montferrand bat Perpignan (23-10)
1939	Pau bat Toulon (5-0)
1952	Pau, vainqueur en poule
1953	Lourdes bat Pau (8-0)

Tableau 9-3 : Le palmarès du Challenge Yves-du-Manoir (*suite*)

Année	*Vainqueur (résultat)*
1954	Lourdes bat Toulon (28-12)
1955	Perpignan bat Mazamet (22-11)
1956	Lourdes bat Perpignan (3-0)
1957	Dax-Montferrand (6-6, Dax vainqueur au bénéfice du club le plus ancien)
1958	Mazamet bat Mont-de-Marsan (3-0)
1959	Dax bat Pau (12-8)
1960	Mont-de-Marsan bat Béziers (9-9, victoire au nombre d'essais)
1961	Mont-de-Marsan bat Béziers (17-8)
1962	Mont-de-Marsan bat Pau (14-9)
1963	Agen bat Brive (11-0)
1964	Béziers bat Pau (6-3)
1965	Cognac bat Perpignan (5-3)
1966	Lourdes bat Mont-de-Marsan (16-6)
1967	Lourdes bat Narbonne (9-3)
1968	Narbonne bat Dax (14-6)
1969	Dax bat Grenoble (24-12)
1970	Toulon bat Agen (25-22)
1971	Dax bat Toulouse (18-8)
1972	Béziers bat Montferrand (37-6)
1973	Narbonne bat Béziers (13-6)
1974	Narbonne bat Brive (19-10)
1975	Béziers bat Agen (16-12)
1976	Montferrand bat Graulhet (40-12)
1977	Béziers bat Lourdes (19-18)
1978	Narbonne bat Béziers (19-19, victoire au nombre d'essais)
1979	Narbonne bat Montferrand (9-7)
1980	Bayonne bat Béziers (16-10)
1981	Lourdes bat Béziers (25-13)

Tableau 9-3 : Le palmarès du Challenge Yves-du-Manoir (*suite*)

Année	*Vainqueur (résultat)*
1982	Dax bat Narbonne (22-19)
1983	Agen bat Toulon (29-7)
1984	Narbonne bat Toulouse (17-13)
1985	Nice bat Montferrand (21-16)
1986	Montferrand bat Grenoble (22-15)
1987	Grenoble bat Agen (26-7)
1988	Toulouse bat Dax (15-13)
1989	Narbonne bat Biarritz (18-12)
1990	Narbonne bat Grenoble (24-19)
1991	Narbonne bat Bègles (13-12)
1992	Agen bat Narbonne (23-18)
1993	Toulouse bat Castres (13-8)
1994	Perpignan bat Montferrand (18-3)
1995	Toulouse bat Bordeaux-Bègles (41-20)
1996	Brive bat Pau (12-6)
1997	Pau bat Bourgoin-Jallieu (13-11)
1998	Toulouse bat Stade Français (22-15)
1999	Stade Français-CASG bat CS Bourgoin-Jallieu (27-19)
2000	Biarritz Olympique bat CA Brive (24-13)

La Coupe de la Ligue

ATTENTION !

Cette épreuve est née peu après l'apparition du professionnalisme dans le rugby français et la création de la Ligue nationale de rugby. Le principe est le même que pour la Coupe de la Ligue existant déjà dans le football. À savoir des éliminations directes dans une compétition réservée aux clubs professionnels. Il n'est en effet pas envisageable de faire se rencontrer des équipes amateurs et des équipes professionnelles dans le rugby, tellement l'écart de niveau est important. Le principe de la Coupe de France de football, à savoir un mélange des clubs pros et amateurs, serait inapplicable.

Elle apparaît lors de la saison 2000-2001, prenant le relais du Challenge Yves-du-Manoir. Son format évolue très rapidement, avec des poules de huit équipes la première année, puis des éliminations directes les deux années suivantes, d'abord en matchs aller et retour puis sur un seul match à partir des huitièmes de finale. Mais le succès n'est pas au rendez-vous, car le calendrier des équipes pros est de plus en plus chargé, et les rendez-vous du championnat et de la Coupe d'Europe sont les plus importants à leurs yeux.

La Ligue transforme donc la Coupe de la Ligue en « Challenge Sud Radio », du nom de son sponsor, lors de la saison 2003-2004. Cette épreuve est réservée aux équipes du Top 16 ; la Pro D2 est mise à l'écart. Ce challenge se dispute avant le début du championnat et le vainqueur est qualifié pour la Coupe d'Europe. C'est un bel objectif pour les clubs. Ce challenge ne durera qu'une année et ne sera remplacé par aucune compétition.

Tableau 9-4 : Le palmarès de la Coupe de la Ligue

Année	*Vainqueur (résultat)*
2001	AS Montferrand bat FC Auch (34-24)
2002	La Rochelle bat Biarritz Olympique (23-19)
2003	La Rochelle bat Bourgoin-Jallieu (22-20)
2004	Castres Olympique bat Bourgoin-Jallieu (27-26)

Chapitre 10

La scène rugbystique européenne

Dans ce chapitre :

- Le rugby européen
- La légende du Tournoi
- L'invention de la Coupe d'Europe

Le rugby européen s'est longtemps réduit au rugby britannique. Né en Angleterre, ce sport a été exporté dans les colonies de l'empire avant de l'être en Europe, la France exceptée. Le Tournoi des IV, puis des V Nations, n'a pas non plus favorisé son implantation en Europe, les Britanniques ayant longtemps eu peu de considération pour les nations émergentes en rugby. C'est à partir des années 1930 que le rugby continental prend son essor, mais sans jamais y devenir un sport majeur, hormis en France et, par périodes, en Italie. Le rugby se développera aussi dans les pays de l'Est, avant que la glaciation et le rideau de fer ne le ramènent à la portion congrue. Exclu des Jeux olympiques, le rugby n'était pas un sport très utile à la propagande soviétique…

La carte du rugby européen

Quarante et un pays européens sont membres de l'IRB, même si tous ne sont pas égaux, en raison notamment de leur niveau. Si le rugby est un sport à dimension nationale en Irlande et au Royaume-Uni, en France et à un degré moindre en Italie, il reste une activité marginale dans la plupart des autres pays. On peut néanmoins distinguer trois blocs parmi les pays « amateurs ». Le premier, où le rugby est un sport traditionnel, implanté profondément dans la culture du pays. Puis les pays latins, l'Italie et la Roumanie en tête, suivis de l'Espagne, où le rugby est un sport vivace, implanté depuis le début du XXᵉ siècle. Ces pays ont connu des évolutions diverses, puisque la Roumanie a longtemps été la sixième nation du rugby européen avant de sombrer dans les années 1980 et de laisser sa place à l'Italie ! Le troisième bloc serait constitué par nombre d'anciennes républiques de l'Est, au premier rang desquelles la Géorgie, la République tchèque et la Russie.

Les nations britanniques

L'Angleterre, suivie immédiatement par l'Écosse ont donné le *la* en matière de rugby. Mais elles ont vite été rejointes par les autres nations du royaume, le pays de Galles et l'Irlande du Nord, ainsi que par le grand voisin irlandais. À noter : l'Irlande du Nord et l'Eire font taire leurs différends le temps des matchs internationaux, notamment pendant la durée du Tournoi, pour lesquels elles alignent une équipe commune.

Les fondateurs, et les premiers participants du Tournoi des IV Nations, sont donc l'Angleterre, l'Écosse, Galles, et l'Irlande provisoirement unie. Entre ces quatre nations, de mini-challenges se confondent avec les matchs du Tournoi : le vainqueur du match entre l'Écosse et l'Angleterre remporte la Calcutta Cup ; la nation qui bat les trois autres remporte la triple couronne.

Angleterre

L'Angleterre est *le* pays du rugby. On a vu tout au long de cet ouvrage l'importance prise par les Anglais dans l'évolution de ce sport. Ils ont été les premiers à faire vivre des clubs, à bâtir une équipe nationale et à créer leur fédération. À tel point qu'ils n'ont pas jugé utile, à ce moment-là, de préciser qu'il s'agissait de la fédération « anglaise » de rugby. En l'absence d'autres fédérations nationales, il leur semblait incongru d'envisager une autre appellation que la Rugby Football Union. Un nom toujours identique aujourd'hui. Les Anglais ont aussi, pendant des années, refusé l'idée de partager le pouvoir de décision au sein du Board. Après tout, n'avaient-ils pas eux-mêmes codifié les premières règles de ce sport et invité les autres nations britanniques à disputer des matchs internationaux ? Lors des premières éditions du Tournoi, avant qu'il ne devienne officiel, l'Angleterre était le seul pays à rencontrer les trois autres équipes nationales : l'Écosse, le pays de Galles et l'Irlande !

Mignonne, allons voir si la rose…

L'emblème de l'équipe d'Angleterre est la rose. Elle est imprimée sur la poitrine des joueurs, qui portent un maillot de couleur blanche. L'origine de cet emblème remonte à la guerre des Deux-Roses, qui opposa la maison royale de Lancaster, dont l'emblème était une rose rouge, à la maison royale d'York, symbolisée par une rose blanche. La victoire d'Henri Tudor sur Richard III, roi d'Angleterre, mit fin au régime d'York. Henri Tudor, devenu Henri VII, roi d'Angleterre, se maria avec Elizabeth d'York et réunit les deux maisons royales, avec comme emblème une rose rouge au cœur blanc appelée « rose Tudor ». Dès la création de la RFU, il fut décidé que la rose Tudor figurerait sur les maillots anglais.

L'Angleterre a remporté 35 fois le tournoi (des IV, puis des V et des VI Nations), dont 24 fois seule à la 1re place. Et accrochez-vous bien ! Un tiers de ces victoires, c'est-à-dire 12, ont pris la forme de grands chelems (1913, 1914, 1921, 1923, 1924, 1928, 1957, 1980, 1991, 1992, 1995, 2003). L'Angleterre a aussi été finaliste de la Coupe du monde, en 1991, et vainqueur, en 2003.

Mère du rugby, l'Angleterre compte de nombreux joueurs de grande classe :

LÉGENDE

- **Rob Andrew (né en 1963, 71 sélections)** fut le joueur emblématique du rugby anglais dans les années 1990, avec Will Carling, représentant le classicisme et l'efficacité anglaise au poste d'ouvreur et avec le rôle de buteur. Joueur de Newcastle, il en devient le manager après sa retraite sportive, et peut couver la nouvelle merveille du rugby anglais, Jonny Wilkinson : il est le premier à lui donner la conduite du jeu de son équipe alors qu'il n'a pas encore 20 ans.
- **Will Carling (né en 1965, 72 sélections)** est le capitaine du XV de la rose qui aura redonné sa fierté à l'équipe d'Angleterre. C'est sous son capitanat que l'Angleterre renoue avec le grand chelem, en 1991, onze ans après son dernier sacre ! Solide et travailleur, meneur d'hommes hors du commun qui a su s'appuyer sur une génération dorée, ce trois-quarts centre traite les membres de la fédération anglaise d'*old farts* (« vieux pets »). Les Français se souviennent de lui pour ses fameux « *sorry, good game !* » (« désolé, bon match ! ») adressés aux joueurs français lors des nombreuses victoires de l'Angleterre sur la France dans les années 1990.
- **Martin Johnson (né en 1970, 84 sélections)** fut capitaine de l'Angleterre championne du monde en 2003, à Sydney. Deuxième ligne rugueux, puissant et excellent combattant, il est aussi un grand stratège conduisant le XV de la rose à de nombreux succès dans le Tournoi. Parallèlement, il mène une grande carrière en club chez les Tigres de Leicester, avec lesquels il sera double champion d'Europe (2001 et 2002). Il est aujourd'hui le sélectionneur de l'Angleterre, depuis avril 2008. Sa mission ? Remporter un nouveau titre en 2011, en Nouvelle-Zélande.
- **Cyril Lowe (né en 1891)** fut le premier héros du rugby anglais. Ailier rapide, il fut sélectionné à 25 reprises avec l'Angleterre, un exploit à une époque où l'on jouait rarement plus de quatre test-matchs par saison. Préfigurant les ailiers modernes, il détient le record d'essais marqués lors d'un Tournoi des V Nations (huit réalisations en 1914).
- **Brian Moore (né en 1962, 64 sélections)** est arrivé dans le concert du ballon ovale à la fin des années 1980. Avocat de formation, vrai guerrier et formidable lanceur en touche, il s'est fait une réputation de sale type, avec comme spécialité de faire disjoncter son adversaire. Son palmarès est prestigieux. Il devient après sa carrière l'un des premiers défenseurs de la professionnalisation du rugby.

- **Dean Richard (né en 1963, 48 sélections)** fut le patron d'un XV de la rose puissant et dominant, de 1986 à 1997. Il est aussi l'homme d'un seul club, Leicester, avec lequel il disputa la finale de la Coupe d'Europe 1997, son dernier match. Grand manager, il dirige cette même équipe de Leicester qui truste les titres de champion d'Angleterre et décroche deux Coupes d'Europe d'affilée (2001 et 2002), ce qu'aucune autre équipe n'a encore pu réaliser.
- **Jonny Wilkinson (né en 1979, 85 sélections),** demi d'ouverture et petit prince du rugby anglais, a été découvert à Newcastle et est devenu en peu de temps le maître à jouer de l'équipe d'Angleterre. Sacré joueur de l'année par l'IRB, en 2003, il est un travailleur acharné, et le meilleur réalisateur de l'histoire du rugby anglais. Mais son acharnement au travail et son implication sur le terrain lui coûtent cher, puisqu'il collectionne les blessures. C'est paradoxalement sa venue en France qui relance ce génie anglais. Son arrivée à Toulon, à l'été 2009, est le début de la renaissance. Épargné par les blessures, il rejoue au plus haut niveau et goûte à nouveau aux joies de la sélection. Il devrait faire partie du *squad* anglais pour la Coupe du monde.

ATTENTION !

Les Anglais, longtemps défenseurs du rugby amateur, se sont évertués pendant un siècle et demi à rejeter toute idée d'un championnat national de clubs. C'était, à leurs yeux, favoriser l'émergence du professionnalisme, car un championnat pousse à la recherche du résultat à tout prix et fait primer l'enjeu par rapport au jeu. C'est d'ailleurs à cause du championnat de France que les Britanniques, et les Anglais en premier lieu, ont exclu la France du Tournoi dans les années 1930. Mais l'évolution du rugby vers le professionnalisme était inéluctable, et les Anglais ont finalement décidé de se doter d'un championnat de l'élite, en 1987.

À ses débuts, le championnat adopte une formule classique avec des matchs aller et retour, et le premier est proclamé champion d'Angleterre. La formule évolue, en 2003, avec l'apparition de phases finales. Les quatre premiers à l'issue de la phase régulière se retrouvent en demi-finale puis les deux vainqueurs en finale pour l'attribution du titre. Parmi les clubs emblématiques des dernières années figurent Leicester (vainqueur du championnat à 8 reprises depuis 20 ans), Bath (vainqueur de la coupe à 10 reprises), et les London Wasps.

LÉGENDE

Philippe le conquérant

Ancien international et capitaine du XV de France, **Philippe Saint-André (né en 1967)** quitte la France et son équipe de toujours, Montferrand, pour tenter l'aventure du rugby pro anglais. Joueur à Gloucester, il en devient peu après le directeur sportif et se forge progressivement une belle réputation d'entraîneur visionnaire. Les Anglais, une fois adopté le professionnalisme, se donnent en effet les moyens de leurs ambitions, et Saint-André se retrouve parfaitement dans leur rigueur et leur détachement. Ses années à Gloucester sont une réussite : le club des « *cherry and white* » retrouve un peu de son lustre. Lorsqu'il y reviendra jouer avec son nouveau club de Bourgoin, le public lui fera une ovation appuyée. Le séjour de Saint-André en France se termine abruptement; pour lui, à quelques exceptions près, le rugby de club en France ne s'est pas encore donné les moyens du professionnalisme. Son retour en Angleterre est inévitable. Directeur sportif de Sale en 2004, il met fin l'année d'après à trois années de domination des Wasps et décroche le premier titre de l'histoire du club. Le premier entraîneur français jamais sacré champion d'Angleterre est aussi nommé « entraîneur de l'année ». En 2009, il rejoint le RC Toulon qu'il mène en demi-finale du Top 14 au printemps 2010.

Écosse

LÉGENDE

L'Écosse est venue très tôt au rugby, peu de temps après l'Angleterre. Les premiers clubs écossais suivent mécaniquement les clubs anglais ; on trouve d'ailleurs beaucoup d'ex-étudiants d'Oxford ou de Cambridge parmi leurs fondateurs… L'Écosse est le premier pays après l'Angleterre à créer sa fédération, et c'est elle qui jouera le premier match international de l'histoire contre l'Angleterre, le 27 mars 1871, à Raeburn, sur un terrain de cricket.

ATTENTION !

Les Écossais vont rapidement devenir les plus fervents défenseurs des valeurs du rugby prônées par les fondateurs. Ils seront les plus virulents pour réclamer l'exclusion de la France du Tournoi. De la même manière, ils seront parmi les derniers à refuser le passage au rugby open en 1995. Aujourd'hui, le rugby écossais est devenu professionnel, avec son championnat et ses provinces qui disputent la Ligue celtique et la Coupe d'Europe. Mais le rugby écossais souffre. Il dispose d'un réservoir de joueurs trop peu important, et les provinces sont mal à l'aise dans un rugby professionnel de plus en plus gourmand financièrement.

L'Écosse a remporté 21 victoires dans le Tournoi (mais jamais encore depuis qu'il se joue à six), parmi lesquelles 3 grands chelems (1925, 1984 et 1990). Parmi ses autres hauts faits, 10 triples couronnes et une 4e place à la Coupe du monde 1991.

LÉGENDE

Un emblème qui a du piquant

Le chardon (sur maillot bleu marine) est l'emblème écossais, et son origine remonterait aux racines guerrières de ce pays. Des soldats écossais endormis étaient sur le point de se faire attaquer par des Vikings lorsque l'un de leurs agresseurs marcha sur un chardon. Ses cris de douleur réveillèrent les Écossais. Ceux-ci remportèrent la bataille et, dès lors, le chardon (appelé « chardon gardien ») devint le symbole de l'Écosse.

LÉGENDE

Gardienne du temple, et fidèle parmi les fidèles, l'Écosse a offert au monde le spectacle de quelques grands joueurs :

- **Gavin Hastings (né en 1962, 61 sélections)** est l'un des joueurs les plus emblématiques du rugby écossais. Capitaine du XV, attaquant né, il bat la France lors de sa première cape, au Parc des Princes, en marquant les 18 points écossais du match ! Recordman des points marqués en équipe d'Écosse (667 points, dont 17 essais), il est aujourd'hui l'un des hommes les plus écoutés dans un rugby écossais qui se cherche.
- **Andy Irvine (né en 1951, 51 sélections)** est pour beaucoup le seul joueur écossais à soutenir la comparaison avec les Diables gallois, qui dominaient le rugby dans les années 1970. Il avait comme eux le culte du beau jeu, le col relevé et un maintien de prince. Cet arrière qui adorait relancer savait également buter.
- **John Jeffrey (né en 1959, 40 sélections)** avait été surnommé le « requin blanc », car il n'avait pas de rival lorsqu'il se mettait à chasser les joueurs adverses en défense. Sa chevelure blonde a fait le reste. Highlander amoureux de son pays et de ses traditions, il est retourné s'occuper de son élevage dans les Borders, comme si le rugby n'avait été pour lui qu'une parenthèse.
- **Roy Laidlaw (né en 1953, 47 sélections)** aura longtemps été, entre 1980 et 1988, l'un des inspirateurs d'une équipe un peu rustre et très solide au combat. Demi de mêlée, il savait également cornaquer ses avants comme personne.
- **Christopher Douglas Paterson (né le 30 mars 1978, 104 sélections)** est aujourd'hui le recordman de sélections pour l'Écosse. Ouvreur, ailier ou arrière, il a commencé sa carrière en 1999 et est également le recordman de points marqués pour l'équipe du chardon, dépassant Gavin Hastings, avec 783 points. L'un de ses nombreux faits d'armes est certainement d'avoir réussi 36 coups de pied d'affilée en matchs internationaux, entre août 2007 et juin 2008, enchaînant au passage une Coupe du monde et un Tournoi des VI Nations sans échec.

- **David Sole (né en 1962, 44 sélections)** fut le capitaine de l'équipe d'Écosse vainqueur du grand chelem, en 1990. Digne successeur des grands piliers de l'histoire du rugby écossais, il est également un meneur hors du commun, jamais aussi fort que lorsqu'il faut se préparer à affronter l'Angleterre… l'ennemi de toujours. Il a milité pour l'adoption du « Flower of Scotland » comme nouvel hymne écossais.

Pays de Galles

Le premier club de rugby gallois à voir le jour est dû à un regroupement de joueurs anglais, en 1870 ! Huit ans plus tard, ce club devient la South Wales Football Union. Richard Mullock, dirigeant de Newport, veut encore accélérer les choses, et il prend rapidement la présidence de cette mini-fédération, devenue en 1880 la Welsh Football Union. La création de cette instance donne alors aux Gallois l'opportunité de solliciter l'Angleterre pour l'organisation de matchs internationaux. Le premier test contre l'Angleterre a lieu en 1881, fondant également les bases du futur Tournoi puisque, pour la première fois, l'Irlande et les nations britanniques se présentent avec des équipes nationales… même si pour le moment, l'Angleterre est la seule à rencontrer les trois autres sélections.

Le rugby gallois va alors se développer le long des côtes et dans les régions industrielles, délaissant un peu le nord et le centre du pays. Ce sont les industriels eux-mêmes qui poussent au développement de ce jeu pour offrir une distraction aux ouvriers et aux mineurs. Le rugby connaît une popularité grandissante et les stades se remplissent. Les dirigeants décident alors de faire payer l'entrée des stades et d'utiliser l'argent pour défrayer les déplacements et le manque à gagner pour les joueurs. En 1886, les Gallois sont les premiers à apporter une évolution marquante au rugby en retirant un avant pour augmenter la qualité de leur ligne de trois-quarts. La première tentative contre l'Écosse, le 9 janvier 1886, est un échec, mais c'est le pays de Galles qui, pour la première fois dans l'histoire, se dote d'une vraie ligne de trois-quarts. Les Gallois sont également les premiers à payer un joueur, chose impensable à la fin du XIXe siècle, où le sport ne se conçoit qu'en amateur. Arthur Gould, trois-quarts centre international, décide de prendre sa retraite en 1897 et, pour le remercier, les supporters gallois et la fédération décident d'ouvrir une souscription pour lui offrir une somme d'argent. Le Board refuse et, malgré la marche arrière de la fédération galloise, l'Écosse et l'Irlande annulent leurs matchs prévus contre Galles : les premiers à avoir tenté de toucher à l'amateurisme.

Le rugby gallois connaîtra son heure de gloire dans les années 1970 avec la fabuleuse génération des Gareth Edwards, JPR Williams et Barry John. Ironie de l'histoire : Gareth Edwards, le maître à jouer de cette équipe, connaît sa première sélection un 1er avril (en 1967).

Le pays de Galles a remporté le Tournoi à 33 reprises, dont 23 fois seul. Il est l'auteur de 9 grands chelems (1908, 1909, 1911, 1950, 1952, 1971, 1976, 1978, 2005). L'équipe a terminé 3e de la Coupe du monde 1987.

LÉGENDE

Le poireau des hercules gallois

Le poireau qui figure sur le maillot gallois est également le légume national. La légende dit que saint David, le patron du pays, conseilla à ses soldats de porter un poireau sur leur casque afin de distinguer alliés et ennemis lors de la bataille contre les Saxons. Toujours d'après la légende, le même stratagème fut utilisé par les archers gallois contre les Français à la bataille d'Azincourt. On trouve également sur le maillot gallois, de couleur rouge, trois plumes d'autruche et la devise allemande *Ich dien* (« Je sers »). Ce sont les insignes d'Edward, prince de Galles, appelé aussi le « prince noir », à la bataille de Crécy, le 25 août 1346. Les armes du prince Edward, l'une des figures historiques du pays, furent ensuite reprises par tous les princes de Galles.

LÉGENDE

Parmi les légendes du rugby gallois, on peut mentionner :

- **Jonathan Davies (né en 1962, 32 sélections)** fut le digne successeur des génies gallois des années 1970. Le talent de cet ouvreur éclate rapidement et il est un des principaux artisans de la 3e place à la Coupe du monde 1987. Le rugby à XIII lui fait les yeux doux : en 1989, il quitte Llanelli et le XV gallois pour rejoindre le club anglais de Widness. Six ans plus tard, il revient au XV, participe à la première finale de l'histoire de la Coupe d'Europe entre Toulouse et Cardiff, et est à nouveau sélectionné par les Gallois.
- **Gareth Edwards (né en 1947, 53 sélections)** est l'un des quelques joueurs connus dans le monde entier. Ce demi de mêlée fut à son époque le meilleur joueur du monde. Trois grands chelems à son actif entre 1971 et 1978, et un match légendaire avec les Barbarians contre les All Blacks, en 1973 ! Pour avoir mené les « diables rouges » au sommet, il possède aujourd'hui sa statue au cœur de Cardiff : reconnaissance d'une nation du rugby pour le plus grand de ses fils.
- **Ieuan Evans (né en 1964, 72 sélections),** un des plus grands ailiers gallois de l'histoire, détient le record d'essais marqués en équipe du pays de Galles (33). Après avoir fait presque toute sa carrière à Llanelli, il rejoint le club de Bath, en 1997, et devient champion d'Europe l'année suivante. Il est élu meilleur joueur britannique en 1993, et participe à trois tournées avec les Lions (1989, 1993, 1997).
- **Barry John (né en 1945, 25 sélections),** demi d'ouverture, excellait aussi bien dans la lecture du jeu que dans son sens de la passe ou du jeu au pied. À Cardiff, son association à la mêlée avec Gareth Edwards va devenir une évidence et faire d'eux la meilleure charnière au monde. Il fut surnommé « the king » lors de la tournée en Nouvelle-Zélande en

1971… l'année précise où il remporte son grand chelem avec le pays de Galles, en marquant notamment un essai décisif contre la France. Il se retire l'année suivante, au sommet de son jeu, à 27 ans.

- **Gareth Thomas (né en 1974, 100 sélections),** capable d'évoluer au centre, à l'aile ou à l'arrière, Thomas a marqué 40 essais tout au long de sa carrière internationale. Il a été depuis dépassé par Shane Williams. Il a également conquis un titre européen avec le Stade Toulousain, en 2005. En 2009, il révèle publiquement son homosexualité et quitte le rugby à XV pour rejoindre le XIII. Contre l'Australie, le rapide ailier a marqué un essai de 90 m sur interception, ce qui constitue la plus longue course pour marquer un essai. Il détient encore aujourd'hui ce record peu banal.
- **John Peter Rhys Williams (né en 1949, 55 sélections)** fut le relanceur de génie et l'ultime défenseur du XV gallois des années 1970. Vainqueur du tournoi de tennis de Wimbledon junior en 1966, il fait des études de médecine et se lance dans le rugby à l'Université. Des qualités de compétiteur et de défenseur hors norme, associées à sa vitesse et à son esprit offensif, font de lui un joueur phare. Il a remporté le Tournoi à huit reprises et, comble du bonheur pour un Gallois, n'a jamais connu la défaite en dix matchs contre les Anglais.
- **Shane Williams (né en 1977, 79 sélections)** est le digne successeur des trois-quarts gallois aux jambes de feu. Il est devenu, en 2008, le meilleur marqueur d'essais de l'histoire du rugby gallois (53 essais), à l'occasion du grand chelem du XV du poireau. Deux fois sélectionné avec les Lions, en 2005 et 2009, il a annoncé qu'il prendrait sa retraite après la Coupe de monde 2011.

Irlande

L'implantation du rugby en Irlande s'est faite plus lentement que chez ses voisins. Dans les années 1870, le pays est déjà en proie aux querelles intestines entre les catholiques, indépendantistes, et les protestants, fidèles à l'Angleterre. Cet antagonisme se retrouve aussi dans la géographie du pays, coupé entre le Nord, protestant, et le Sud, catholique. Dans le même temps, les Jeux gaéliques reviennent à la mode pour exacerber le sentiment nationaliste. Dans le sud du pays, le rugby, associé à la domination anglaise, vit dans une semi-clandestinité, au point de presque disparaître. Il faut tout l'enthousiasme et l'abnégation des tenants du rugby pour maintenir la flamme de ce sport et le développer.

En 1875, les deux fédérations de l'Eire (Irish Football Union, fondée en 1874) et du Nord (Northern Football Union of Ireland, fondée en 1875) se réunissent pour organiser le premier match international d'une équipe d'Irlande. Celle-ci est composée à parts égales de joueurs des deux fédérations. L'Angleterre est le premier adversaire de cette équipe qui porte déjà le trèfle à trois feuilles (le *shamrock*) sur le cœur, le 15 mars 1875, en Angleterre, avec une victoire des Anglais. Par la suite, l'Irlande ne sera jamais un monstre du tournoi, comme si les années d'atermoiements entre le rugby et le sport gaélique s'étaient payées par la suite. L'Irlande ne remporte son premier grand chelem (et le seul à ce jour!) qu'en 1948.

LÉGENDE

Une rancune tenace

En 1920, la France est encore le petit poucet du Tournoi. Cette année-là, elle a perdu ses trois premiers matchs avant de se rendre en Irlande. Mais la guerre civile fait rage à Dublin, et les joueurs irlandais n'ont pas forcément la tête au match, face à des Français très remontés et auteurs d'une superbe prestation. Les Bleus s'imposent 15-7, avec cinq essais à la clé, lors de ce qui est leur première victoire à l'extérieur dans le Tournoi. Une victoire qui accélère les préparatifs pour faire entrer la France au Board. L'Angleterre, l'Écosse et le pays de Galles sont d'accord... Il ne manque plus que l'approbation des Irlandais. M. Warren, le président de la fédération irlandaise et secrétaire du Board, assure les Français de son appui... qui, en fait, ne viendra jamais. La France attendra encore près de 60 ans pour s'imposer dans le fameux cénacle. Personne ne sait si une victoire de l'Irlande aurait ce jour-là aidé les Français, mais beaucoup ont pensé que l'Irlande avait la rancune tenace.

LÉGENDE

Le pays connaîtra des heures sombres dans les années 1970, avec le retour de la violence entre l'IRA et la couronne britannique. À cette époque, le rugby reste quasiment le seul lien entre les deux communautés... Mais les événements reprennent vite le dessus : le 30 janvier 1972, l'armée anglaise tire sur les manifestants de Londonderry, faisant 13 morts ; le pays tout entier est secoué par de violents heurts et des manifestations contre les autorités anglaises. Devant de tels risques, l'Écosse et le pays de Galles refusent de se rendre en Irlande et, pour la première et unique fois de son histoire, il n'y a pas de classement dans le Tournoi. De la même manière, les républicains refusent dorénavant que l'hymne anglais soit chanté à Dublin. Ce sont du même coup tous les hymnes qui sont oubliés lors des matchs du Tournoi en Irlande... jusqu'en 1997, où la fédération irlandaise fait marche arrière. Et, ironie de l'histoire, c'est *La Marseillaise* qui est le premier hymne étranger joué à Dublin, la France faisant l'ouverture du Tournoi le 15 janvier 1997.

Au palmarès de l'Irlande, 19 victoires dans le Tournoi, dont 11 seules, deux grands chelems (1948, 2009), et des quarts de finale de la Coupe du monde, en 1987, 1991, 1995 et 2003.

LÉGENDE

Trèfle vert sur fond vert

Le trèfle, emblème du XV irlandais, est l'un des rares à ne pas trouver ses origines dans les traditions guerrières du pays. C'est à saint Patrick, chargé de l'évangélisation du pays et qui en devint finalement le patron, qu'on le doit. Il se servit du trèfle à trois feuilles pour faire passer son message, afin d'illustrer le mystère de la sainte Trinité. Très abondant en Irlande, le trèfle à trois feuilles, appelé *shamrock*, devint rapidement le symbole du pays, également surnommé la « verte Erin ».

LÉGENDE

Les grands noms du rugby irlandais sont les suivants :

- **Mike Gibson (né en 1942, 69 sélections)** est le joueur le plus capé de l'histoire du pays. À une époque où le rugby irlandais traversait des heures difficiles, il fut bien souvent celui qui remettait son équipe dans le bon sens ou qui parvenait à sauver la patrie en danger, que ce soit par son intelligence de jeu ou par sa capacité à buter. Il fut également sélectionné à 12 reprises avec les Lions britanniques.
- **Willie John Mc Bride (né en 1940, 63 sélections)** fut de 1962 à 1975 le leader du pack au trèfle, incarnant à lui seul toute la vaillance et l'abnégation du rugby irlandais. Ce deuxième ligne, qui marque son unique essai international contre la France, en 1975, ne manquera qu'une seule rencontre de l'Irlande en 14 ans de carrière internationale. Il sera même le capitaine des Lions britanniques vainqueurs de leur première tournée en Afrique du Sud, en 1974.
- **Brian O'Driscoll (né en 1979, 112 sélections)** est considéré comme l'un des meilleurs, si ce n'est le meilleur, trois-quarts centre au monde. Capitaine de l'équipe d'Irlande après la retraite de Keith Wood, il fait depuis des misères à toutes les défenses du monde. À ses commandes, l'équipe d'Irlande a remporté la triple couronne à trois reprises, en 2004, 2006 et 2007, et le grand chelem, en 2009. Lorsqu'il ne porte pas le maillot du XV d'Irlande, il joue pour la province du Leinster, avec laquelle il a été sacré champion d'Europe en 2009. Il est aujourd'hui le recordman d'essais marqués avec l'Irlande (44) et dans le Tournoi des VI Nations (25).
- **Ronan O'Gara (né le 7 mars 1977, 108 sélections),** bien qu'irlandais, n'est pas né dans une terre de rugby puisqu'il voit le jour à San Diego, en Californie. Mais l'ouvreur de la province de Munster devient international dès l'an 2000, une entrée fracassante puisqu'il part avec les Lions dès l'année suivante. Il est devenu au fil des années le maître à jouer d'une magnifique génération de joueurs irlandais. Il remporte la

triple couronne en 2004, la première de l'Irlande depuis 19 ans, avant de piloter le XV du trèfle vers son premier grand chelem depuis 61 ans, en 2009. Cerise sur le gâteau, c'est lui qui réussit le drop de la victoire contre le pays de Galles, rien de plus normal pour le meilleur buteur de l'histoire du tournoi. Durant la même période, il a remporté deux Coupes d'Europe avec sa province de toujours, le Munster. Il lui manque, comme aux autres Irlandais de sa génération, une grande performance en Coupe du monde. Pour le moment

- **Keith Wood (né en 1972, 58 sélections)** est le fils d'un international irlandais (Gordon Wood, 29 sélections). Son crâne chauve fut pendant de longues années le point de ralliement des avants irlandais. Ce talonneur est celui par qui le rugby irlandais a retrouvé une vraie stature internationale après un creux à la fin des années 1980 : il symbolise le *fighting spirit* des Irlandais, auquel il allie les qualités d'un joueur hors pair. Solide à son poste, il sait aussi se montrer joueur et fantasque, capable de réussir un cadrage débordement pour marquer un essai international ou de tenter et de réussir un drop. Il fut finaliste de la Coupe d'Europe, avec le Munster, en 2000.

ATTENTION !

Les Celtes se liguent

Le rugby de club, que ce soit en Irlande, en Écosse ou au pays de Galles, a eu du mal à se mettre au professionnalisme. Le rugby amateur convenait aux petites structures et se satisfaisait des chocs entre clubs réunis par une vieille rivalité. Mais le besoin d'être compétitif au niveau européen n'est plus compatible avec les vieilles compétitions de clubs dans ces pays. En 1999, les clubs écossais de Glasgow et d'Édimbourg rejoignent le championnat gallois de première division. Ce premier rapprochement se consolide, en 2001, avec l'arrivée des quatre provinces irlandaises. En 2001, 15 équipes disputent la première édition de la Celtic League, avec 4 provinces irlandaises, 2 équipes écossaises et 9 équipes galloises. Ce championnat va prendre de l'ampleur avec les années, et les équipes galloises vont également se regrouper pour arriver en 2004 à la formule encore en place aujourd'hui : 4 provinces irlandaises, 3 écossaises et 4 galloises.

Les pays latins

On l'a vu, l'Angleterre et les nations britanniques ont très longtemps considéré que le rugby ne valait d'être joué que par eux et entre eux. Peu à peu, les colonies de l'empire britannique ont obtenu par leurs victoires le droit de partager le terrain. La France fut elle aussi, progressivement, accueillie, mais l'histoire des relations rugbystiques avec ses grandes sœurs est suffisamment riche et chaotique pour comprendre que rien ne fut simple. Aujourd'hui, le rugby latin existe bel et bien en dehors de la France.

La Roumanie fut la première à s'initier à ce sport, l'étroitesse des relations avec la France favorisant cet intérêt grandissant pour le ballon ovale. L'éveil italien fut plus tardif, car il n'était pas porté par une relation franco-italienne aussi forte culturellement. La maturation fut plus lente, mais plus solide, le rugby roumain s'affaissant peu à peu dans les années 1980 et 1990, victime de la mégalomanie de Ceausescu et de la crise qui suivit sa chute. Mais, tout au long de ces années, la France a été le partenaire numéro un de ces deux pays pour le développement du rugby, que ce soit par le biais de matchs internationaux, comme les test-matchs annuels avec la Roumanie, ou par l'envoi de techniciens réputés, que ce soit au niveau national ou à celui des clubs.

Résultat : aujourd'hui, l'Italie est l'empêcheur de tourner en rond du Tournoi des VI Nations, capable de battre toutes les équipes chez elle, tandis que la Roumanie se reconstruit peu à peu. Les autres pays latins, comme l'Espagne ou le Portugal, sont aujourd'hui trop loin du niveau italien ou roumain pour rivaliser, et ne comptent quasiment pas sur la carte du rugby européen.

Italie

C'est paradoxalement à un homme peu en accord avec les valeurs du rugby – le partage, la fraternité et le respect de l'adversaire – que ce sport doit son essor en Italie. Benito Mussolini fut en effet l'un des militants les plus convaincus de la pratique du rugby, car il le trouvait idéal pour préparer la jeunesse de son pays. L'Italie fasciste crée la Fédération italienne de rugby (FIR), en 1928, et joue ses premiers matchs face à la France. Mais on ne rattrape pas 60 années de retard uniquement pour le bon plaisir du Duce. Les défaites cuisantes de l'équipe d'Italie lassent rapidement le dictateur, qui se désintéresse de ce sport. Le rugby entre ensuite dans une longue ère d'hibernation, le football phagocytant rapidement les autres sports de ballon dans la péninsule.

C'est finalement par l'intermédiaire de ses individualités que le rugby italien renaît. Le championnat est quasi inexistant et, dans les années 1960, les meilleurs joueurs partent s'exiler, le plus souvent en France. Dans le même temps, nombre de descendants d'immigrants italiens apparaissent au plus haut niveau dans l'Hexagone : ils font le chemin inverse pour essayer de remonter une équipe nationale. Celle-ci existe mais met des années avant de retrouver un niveau international. Avec l'arrivée du professionnalisme, les joueurs italiens sont de plus en plus nombreux à passer les Alpes pour venir vivre de ce sport en France et les clubs transalpins en sont réduits à faire venir des entraîneurs prestigieux et des joueurs reconnus pour élever le niveau de leur championnat national. Le Néo-Zélandais John Kirwan ou l'Australien Michael Lynagh vont ainsi, à la fin de leur carrière, apporter leur expérience internationale dans les clubs italiens, Kirwan devenant même l'entraîneur de l'équipe d'Italie, avant Pierre Berbizier.

Ces éléments font que l'Italie est de plus en plus compétitive. Elle participe à cinq Coupes du monde et, en 2000, elle est invitée à rejoindre le Tournoi des V Nations, devenu pour l'occasion Tournoi des VI Nations. Pour son premier match, elle bat l'Écosse, en Italie. La suite est plus difficile : elle ne gagne plus un match pendant deux ans. En 2007, l'Italie remporte pour la 1re fois 2 victoires (Écosse et Galles). En 2011, elle bat la France à Rome 22-21.

Bleus comme l'azur

Le blason de l'équipe d'Italie reprend les trois couleurs du drapeau national, le vert, le blanc et le rouge, surmontées du sigle de la FIR. La fédération italienne avait un temps envisagé de changer de blason et lancé un concours pour en trouver un autre. Devant les résultats recueillis, elle a finalement décidé de garder le blason actuel. Les maillots sont bleu azur, et les joueurs surnommés les « Azzuri ».

Quelques grands joueurs ont permis de remettre sur pied l'équipe d'Italie :

- **Marcello Cuttita (né en 1966, 46 sélections)** fut l'un des premiers Italiens à bénéficier d'une vraie reconnaissance internationale. Il quitte très jeune l'Italie avec toute sa famille, pour émigrer en Afrique du Sud, où il découvre le rugby. Il est sélectionné dans les équipes sud-africaines de jeunes mais joue son premier match international avec l'Italie, en 1987, contre le Portugal. Il a marqué 24 essais en sélection (le record national), et participé à trois Coupes du monde (1987, 1991 et 1995).
- **Massimo Cuttita (né en 1966, 63 sélections),** frère jumeau du précédent, fit lui aussi ses classes en Afrique du Sud, au poste de pilier. Il commence sa carrière internationale trois ans après son frère mais monte plus haut, puisqu'il est à 19 reprises le capitaine de la sélection italienne. En 1997, il devient le premier joueur italien à signer dans un club anglais, les Harlequins. Il a disputé les quatre premiers matchs de l'équipe d'Italie au Tournoi des VI Nations.
- **Diego Dominguez (né en 1966, 73 sélections),** né à Córdoba, en Argentine, fait partie de ces rares joueurs à avoir porté deux maillots d'une équipe nationale. En 1989, dans l'ombre du grand Hugo Porta, il dispute deux tests avec les Pumas, avant de rejoindre l'Italie. Il se fait connaître aux yeux du monde entier en rejoignant le Stade Français, en 1997. Redoutable buteur, l'Italo-Argentin devient le maître à jouer de Paris. Il sera un modèle de préparation et de longévité, comme en témoigne son âge lors de son dernier match (38 ans). Avec l'Italie, il marquera 971 points, record à battre.

- **Ivan Francescato (né en 1967, 38 sélections)** est le plus doué des six frères Francescato, une fratrie qui se consacre totalement au rugby : trois furent internationaux, deux autres évoluant en club au niveau national. Il a marqué 16 essais pour l'équipe d'Italie, dont un face à la France, à Grenoble, en 1997 – la seule victoire de l'Italie face aux Bleus à ce jour. Il a également joué demi de mêlée avec la sélection nationale. Il meurt d'une rupture d'anévrisme en 1999 ; les dirigeants de son club, le Benetton Trévise, décident alors, en hommage, de retirer son maillot, le numéro 13. Une première dans l'histoire du rugby de haut niveau !

Roumanie

C'est la France qui est à l'origine du développement du rugby en Roumanie. Depuis l'empire napoléonien et la reconnaissance de la Roumanie par l'empereur, les Roumains se sont toujours sentis très proches de la France. Au XXe siècle, les étudiants roumains sont nombreux en France, et ils ne tardent pas à ramener le rugby à Bucarest, qui bénéficie de l'attractivité liée à la France. Le Stadiul Roman, cousin du Stade Français, avec les mêmes couleurs de maillot, naît en 1915. La Roumanie rencontre pour la première fois le grand frère français lors des Jeux olympiques de 1924. Un peu plus tôt, elle a remporté sa première victoire internationale contre la Pologne, 46-0. Mais les premières années, le rugby existe principalement à Bucarest, où l'on compte 17 clubs, contre un seul en province. La fin de la guerre et le début de la république démocratique obligent le rugby à devenir corporatiste ; il s'étend alors en province.

À partir des années 1960, la France affronte régulièrement la Roumanie, mais elle est bien la seule parmi les membres du Tournoi des V Nations. En 1975, la Roumanie organise sa première et unique tournée en Nouvelle-Zélande. Il n'y a pas de test-matchs mais plusieurs rencontres contre les clubs et une autre face à une sélection de jeunes Néo-Zélandais. Il faut attendre 1983 pour que les Home Unions accordent une cape à leurs joueurs pour un match contre la Roumanie. Le rugby roumain est alors à son apogée, avec un réservoir de 13 000 joueurs. Mais la dictature de Nicolae Ceausescu plonge le pays dans la crise et le rugby est durement touché. La révolution de 1989 achève de déstabiliser ce sport. Les meilleurs joueurs partent à l'étranger, et notamment en France, un exode qui s'amplifie avec l'arrivée du professionnalisme, en 1995. Paradoxalement, le rugby roumain est aujourd'hui dans la situation du rugby italien dans les années 1970 et 1980. Quasiment inexistant au haut niveau dans son pays, il fait le bonheur de nombreux clubs en Europe grâce à ses meilleurs joueurs : ainsi Petru Balan ou Ovidiu Tonita en France. Ce sont ces hommes-là qui permettront de rebâtir peu à peu une équipe roumaine compétitive, en même temps que se développera un championnat national de bon niveau au fur et à mesure de la sortie de la crise.

La Roumanie décrocha la médaille de bronze aux Jeux olympiques de 1924 ; elle a également participé à cinq Coupes du monde.

Le chêne se déchaîne

L'emblème des joueurs roumains est une feuille de chêne jaune sur fond bleu. Le chêne représente la force des hommes roumains, et le jaune est la couleur du blé, fierté de l'agriculture roumaine. Le maillot est jaune, lui aussi.

Deux joueurs roumains sortent du lot dans le dernier demi-siècle :

- **Florica Morariu (né en 1955, à Mitos, 59 sélections)** fut l'un des fers de lance de l'équipe de Roumanie entre 1976 et 1988, donnant toute sa puissance et sa combativité à une équipe réputée pour son jeu d'avant. Troisième ligne aile, il sera même le capitaine de la sélection à 21 reprises. Il est tué en 1989, lors de la révolution, par des militaires fidèles à Ceausescu.
- **Viorel Moraru (né en 1931, 9 sélections)** a, malgré son peu de sélections, un palmarès que peu de joueurs roumains peuvent prétendre égaler. Invaincu face à l'équipe de France lors des quatre matchs disputés entre 1960 et 1963, le capitaine de l'époque, multiple champion de Roumanie, fut également finaliste de la Coupe d'Europe de la Fira, en 1963, face à une équipe de Béziers renforcée pour l'occasion par les frères Boniface.

Le Tournoi des VI Nations

Le Tournoi fut la première compétition de rugby. Même si, durant longtemps, ce ne fut pas un tournoi, mais une série de matchs sur invitation. Profitant de la rivalité entre les nations britanniques, puis avec la France, le Tournoi est rapidement devenu très populaire. Il bénéficia aussi de l'éloignement des nations de l'hémisphère sud, qui en faisait le seul rendez-vous régulier annuel. Son histoire est riche de mille petites anecdotes qui participent à la légende du rugby. Passé de 4 (1883) à 5 (1910) puis 6 nations (2000), le Tournoi est devenu professionnel avec un trophée et un classement officiel (1993), mais il est toujours ancré dans ses racines et ses traditions. Un rapprochement avec l'Argentine a longtemps été évoqué par le Board, finalement les Pumas rejoindront le Tri Nations en 2012, l'autre compétition annuelle opposant les équipes du Sud que sont la Nouvelle-Zélande, l'Australie et l'Afrique du Sud.

La préhistoire du Tournoi

Le rugby arrive en Écosse en 1855. Les hommes des Highlands aiment ce sport rugueux et reprochent au soccer (l'ancêtre du football) de ne développer que le haut du corps. Dès lors, les collèges et les clubs écossais se multiplient, et le 27 mars 1871 a lieu le premier test officiel de rugby entre les deux nations pionnières, l'Écosse et l'Angleterre. Un duel qui tourne à l'avantage des Écossais.

En Irlande, le développement du rugby a été plus laborieux. Il est vrai que le pays supporte mal ce sport, qui est celui de la bourgeoisie de l'occupant anglais. On préfère les jeux gaéliques, qui permettent de revendiquer ses origines irlandaises. Le premier test-match entre l'Angleterre et l'Irlande n'a lieu que le 15 mars 1875. L'Angleterre remporte ce premier match et devient la seule nation à disputer deux test-matchs par an.

Le pays de Galles doit attendre 1880 pour que soit créée la Welsh Football Union. Dès 1881, l'Angleterre affronte ainsi dans la même année l'Irlande, le pays de Galles et l'Écosse. Le Championship, nom officiel du Tournoi des IV Nations, est créé l'année suivante ; les quatre équipes se rencontrent toutes. C'est la naissance du Tournoi.

La naissance d'une instance dirigeante

LÉGENDE

Ces brillants débuts d'un rugby international en Europe ne durent pas. En 1884, l'Écosse s'estime volée lors de son match face à l'Angleterre et demande réparation. Devant le refus anglais, l'Écosse ne veut pas jouer le Championship en 1885. Pour régler ce problème, l'idée est lancée par les quatre pays de créer une instance supérieure chargée de légiférer et de régler les conflits. Le chantier de l'International Rugby Board est lancé en 1886, mais les Anglais, qui estiment être les dépositaires du jeu, se heurtent aux autres nations pour savoir qui dirigera le Board. Ils veulent la majorité des voix ; les autres prônent un partage équilibré. Dans l'impasse, les Anglais se retirent des discussions et du Championship, qui, en 1888 et 1889, ne réunit plus que trois nations. L'Angleterre cède finalement sur les statuts du Board. Elle aura 6 voix dans la future institution, contre 2 à chacune des 3 autres nations. L'instance qui va régner sur le monde du rugby jusqu'à aujourd'hui est officiellement créée le 5 novembre 1890.

Trois ans plus tard, une sélection française rencontre pour la première fois l'Angleterre, mais le Tournoi des V Nations ne voit le jour qu'en 1910, car, jusqu'alors, l'Écosse refuse de jouer contre la France.

LÉGENDE

Aller au charbon

En 1910, la France est enfin appelée à jouer contre les quatre Home Unions. Elle s'est déjà, par le passé, frottée aux Anglais, aux Irlandais et aux Gallois. Son match d'ouverture se joue au pays de Galles et la France subit un sévère 49-14 (dix essais encaissés). Lors du banquet, le joueur gallois Bancroft est chargé de faire le discours et ne se gêne pas pour dire aux Français toute l'estime dans laquelle il les tient : « Vous, Français, vous pourrez peut-être battre chez eux les Anglais, les Irlandais ou les Écossais, mais vous ne triompherez chez nous que le jour où il n'y aura plus de charbon en Galles du Nord. » L'avenir le contredira : la France s'impose au pays de Galles 38 ans plus tard, alors que le charbon est encore la première ressource du pays.

La lente maturation du Tournoi

LÉGENDE

Dès lors, le Tournoi rythme la vie internationale européenne, car seules ces cinq nations ont un niveau de jeu suffisamment élevé. Il n'y a que peu d'exceptions… En 1924, à l'occasion des Jeux olympiques de Paris, un tournoi de rugby est créé, mais trois pays seulement y participent : la France, les États-Unis et la Roumanie, qui fait ses premiers pas sur la scène européenne. En 1927, c'est l'Allemagne qui vient se frotter à la France.

Auparavant, le tournoi était une compétition amicale ne donnant pas lieu a un classement officiel. Le championnat devient officiellement un tournoi en 1993, avec l'attribution pour la première fois d'un trophée au vainqueur. La France est d'ailleurs la première à le recevoir. En l'an 2000, l'arrivée des Italiens transforme l'épreuve en Tournoi des VI Nations… presque 130 ans après le premier test-match entre deux nations européennes !

Après la Coupe du monde 2007 et la remarquable performance de l'Argentine (3e), la question d'intégrer les Pumas est de plus en plus d'actualité. Leur isolement en Amérique du Sud les empêche de rencontrer régulièrement les nations majeures et, pour se développer plus encore, le rugby argentin doit se frotter aux meilleurs. En 2012, pour la première fois de l'histoire, l'Argentine défiera officiellement les trois équipes de l'hémisphère sud dans ce que l'on nomme encore le Tri Nations.

Tableau 10-1 : Le palmarès du Tournoi

Année	*Vainqueur*
1883	Angleterre
1884	Angleterre
1885	Pas de classement
1886	Angleterre et Écosse
1887	Écosse
1888	Pas de classement
1889	Pas de classement
1890	Angleterre et Écosse
1891	Écosse
1892	Angleterre
1893	Pays de Galles
1894	Irlande
1895	Écosse
1896	Irlande
1897	Pas de classement
1898	Pas de classement
1899	Irlande
1900	Pays de Galles
1901	Écosse
1902	Pays de Galles
1903	Écosse
1904	Écosse
1905	Pays de Galles
1906	Irlande et pays de Galles
1907	Écosse
1908	Pays de Galles
1909	Pays de Galles
1910	Angleterre (première édition du Tournoi des V Nations)

Tableau 10-1 : Le palmarès du Tournoi (*suite*)

Année	*Vainqueur*
1911	Pays de Galles
1912	Angleterre et Irlande
1913	Angleterre
1914	Angleterre
1920	Angleterre, Écosse, pays de Galles
1921	Angleterre
1922	Pays de Galles
1923	Angleterre
1924	Angleterre
1925	Écosse
1926	Écosse et Irlande
1927	Écosse et Irlande
1928	Angleterre
1929	Écosse
1930	Angleterre
1931	Pays de Galles
1932	Angleterre, pays de Galles et Irlande (la France est exclue du Tournoi jusqu'en 1947)
1933	Écosse
1934	Angleterre
1935	Irlande
1936	Pays de Galles
1937	Angleterre
1938	Écosse
1939	Angleterre, pays de Galles et Irlande
1947	Angleterre et pays de Galles
1948	Irlande
1949	Irlande

Tableau 10-1 : Le palmarès du Tournoi (*suite*)

Année	*Vainqueur*
1950	Pays de Galles
1951	Irlande
1952	Pays de Galles
1953	Angleterre
1954	Angleterre, pays de Galles et France
1955	Pays de Galles et France
1956	Pays de Galles
1957	Angleterre
1958	Angleterre
1959	France
1960	Angleterre et France
1961	France
1962	France
1963	Angleterre
1964	Écosse et pays de Galles
1965	Pays de Galles
1966	Pays de Galles
1967	France
1968	France
1969	Pays de Galles
1970	Pays de Galles et France
1971	Pays de Galles
1972	Pas de classement
1973	Angleterre, France, Écosse, Irlande et pays de Galles
1974	Irlande
1975	Pays de Galles
1976	Pays de Galles
1977	France

Tableau 10-1 : Le palmarès du Tournoi (*suite*)

Année	*Vainqueur*
1978	Pays de Galles
1979	Pays de Galles
1980	Angleterre
1981	France
1982	Irlande
1983	France et Irlande
1984	Écosse
1985	Irlande
1986	Écosse et France
1987	France
1988	Pays de Galles et France
1989	France
1990	Écosse
1991	Angleterre
1992	Angleterre
1993	France (premier classement officiel dans le tournoi, avec goal-average en cas d'égalité)
1994	Pays de Galles
1995	Angleterre
1996	Angleterre
1997	France
1998	France
1999	Écosse
2000	Angleterre (première édition du Tournoi des VI Nations)
2001	Angleterre
2002	France
2003	Angleterre
2004	France

Tableau 10-1 : Le palmarès du Tournoi (*suite*)

Année	*Vainqueur*
2005	Pays de Galles
2006	France
2007	France
2008	Pays de Galles
2009	Irlande
2010	France
2011	Angleterre

LÉGENDE

Tournois bis

Il existe aujourd'hui un Tournoi des VI Nations B, qui oppose tous les ans la Roumanie, le Portugal, la Géorgie, la Russie, la République tchèque et l'Ukraine. Le tournoi B est l'attraction principale du Championnat européen des nations, championnat de sept divisions dont la première est le tournoi B. Un système de promotion et de relégation est institué entre toutes ces divisions.

Il existe également un tournoi féminin, créé en 2001, qui oppose les équipes féminines de France, d'Angleterre, d'Écosse, du pays de Galles, d'Irlande et d'Espagne. La France et l'Angleterre se sont pour le moment partagé les victoires dans ce tournoi (trois chacune).

La Coupe d'Europe

Il est étonnant de voir que le rugby européen a dû attendre 1995 pour assister à la naissance de sa première Coupe d'Europe, alors que tous les autres sports d'équipe possédaient la leur. Ce retard est dû au manque de clubs de haut niveau en dehors des pays du Tournoi autant qu'à la réticence des Home Unions de voir une nouvelle compétition accélérer l'arrivée du professionnalisme. La Coupe d'Europe de la Fira dans les années 1960, qui n'engageait pas les clubs britanniques, ou le Masters toulousain, en 1986, ont fait long feu avant que l'évidence d'une compétition européenne ne s'impose d'elle-même. Aujourd'hui, la Coupe d'Europe est un rendez-vous majeur du rugby européen, un succès populaire, et un objectif prioritaire pour les clubs.

Les premières compétitions officielles de clubs à l'échelle européenne remontent à 1961. Il s'agit alors d'un match entre deux équipes française et roumaine, Béziers et Bucarest. Le match se joue à Bucarest et c'est Béziers qui s'impose. Béziers rééditera la performance l'année suivante face à Grivita Rosie et, en 1963, Mont-de-Marsan assure la relève, face au même adversaire! On n'entend plus parler de Coupe d'Europe jusqu'en 1986, quand le président du club de Toulouse, Jean Fabre, décide d'organiser un masters réunissant des équipes de plusieurs pays, dont la Roumanie, l'Australie et la Nouvelle-Zélande. C'est un championnat du monde des clubs qui se dessine, mais uniquement sur invitation. Le succès de cette première, remportée par Toulouse, aura forcément joué dans la décision du comité d'organisation du Tournoi de créer une coupe d'Europe.

Celle-ci est officiellement créée en 1995 et lancée le 31 octobre de la même année par un match entre les Roumains de Constantza et Toulouse. De nombreux investisseurs privés faisaient les yeux doux aux clubs pour organiser eux-mêmes cette compétition continentale, ce qui a précipité les choses. Douze clubs sont qualifiés pour la première édition, après le refus de l'Angleterre et de l'Écosse de participer : des clubs français, gallois, italiens, des provinces irlandaises et un club roumain. Toulouse remporte cette première Coupe d'Europe en battant Cardiff, à l'Arms Park.

Aujourd'hui, la Coupe d'Europe est partagée en deux épreuves : la H Cup réunit les meilleurs clubs français, anglais et italiens, plus les provinces irlandaises, galloises et écossaises. Le Challenge européen réunit le reste des clubs français, anglais et celtes, ainsi que des clubs italiens et un club roumain et espagnol.

Le Sud croque le Nord

L'idée est originale. Faire s'affronter le champion d'Europe et le champion du Super 12, deux épreuves « récentes » censées aider le rugby à réussir le passage au professionnalisme. *A priori* prévue en match aller et retour, la première rencontre oppose les Brivistes champions d'Europe 1997 aux Blues d'Auckland, vainqueur du Super 12 1996, le 22 février, à Brive, un mois après le sacre des Brivistes. Mais l'écart entre les deux équipes est énorme. Les Néo-Zélandais font une démonstration athlétique, autant que tactique et technique. Ils marquent six essais, en encaissent un seul, et s'imposent 47-11. Les spectateurs et les téléspectateurs admirent le rugby moderne de Vidiri, Stensness, Lima ou Fitzpatrick. Hélas, la revanche n'aura pas lieu, les joueurs brivistes ne parvenant pas à réunir leurs meilleurs éléments pour partir en Nouvelle-Zélande ! À ce jour, et par deux fois, hélas, ce duel au sommet n'a pas été réédité.

Tableau 10-2 : Le palmarès de la Coupe d'Europe

	Année	*Vainqueur (résultat)*
H Cup		
	1996	Toulouse (Fra) bat Cardiff (Gal) (21-18)
	1997	Brive (Fra) bat Leicester (Ang) (28-9)
	1998	Bath (Ang) bat Brive (Fra) (19-18)
	1999	Uster (Irl) bat Colomiers (Fra) (21-6)
	2000	Northampton (Ang) bat Munster (Irl) (9-8)
	2001	Leicester (Ang) bat Stade Français (Fra) (34-30)
	2002	Leicester (Ang) bat Munster (Irl) (15-9)
	2003	Toulouse (Fra) bat Perpignan (Fra) (22-17)
	2004	Wasps (Ang) bat Toulouse (Fra) (27-20)
	2005	Toulouse (Fra) bat Stade Français (Fra) (18-12)
	2006	Munster (Irl) bat Biarritz (Fra) (23-19)
	2007	Wasps (Ang) bat Leicester (Ang) (25-9)
	2008	Munster (Irl) bat Toulouse (Fra) (16-13)
	2009	Leinster (Irl) bat Leicester (Ang) (19-16)
	2010	Toulouse (Fra) bat Biarritz (Fra) (21-19)
	2011	Leinster (Irl) bat Northampton (Ang) (33-22)
Challenge européen		
	1997	Bourgoin (Fra) bat Castres (Fra) (18-9)
	1998	Colomiers (Fra) bat Agen (Fra) (43-5)
	1999	Montferrand (Fra) bat Bourgoin (Fra) (35-16)
	2000	Pau (Fra) bat Castres (Fra) (34-21)
	2001	Harlequins (Ang) bat Narbonne (Fra) (42-33)
	2002	Sale (Ang) bat Pontypridd (Gal) (25-22)
	2003	Wasps (Ang) bat Bath (Ang) (48-28)
	2004	Harlequins (Ang) bat Montferrand (Fra) (27-26)
	2005	Sale (Ang) bat Pau (Fra) (27-3)
	2006	Gloucester (Ang) bat London Irish (Ang) (36-34)

Tableau 10-2 : Le palmarès de la Coupe d'Europe (*suite*)

2007	Clermont (Fra) bat Bath (Ang) (22-16)
2008	Bath (Ang) bat Worcester (Ang) (24-16)
2009	Northampton (Ang) bat Bourgoin (Fra) (15-3)
2010	Cardiff (Gal) bat Toulon (Fra) (28-21)
2011	Harlequins (Ang) bat Stade français (Fra) (19-18)

Chapitre 11

La scène rugbystique internationale

Dans ce chapitre :

- Un rugby planétaire
- La Coupe du monde
- Les challenges de l'hémisphère sud

Le rugby a rapidement quitté les îles Britanniques pour se développer dans les colonies de l'empire britannique. Les navires qui quittaient l'Angleterre exportaient l'art de vivre anglais, et donc le rugby, qui s'est développé sur tous les continents, de l'Afrique du Sud à l'Australie en passant par le Canada. En revanche, le ballon ovale a mis beaucoup plus de temps pour atteindre les régions éloignées de la sphère britannique... et plus de 150 ans avant de créer sa Coupe du monde.

La carte du rugby mondial

Né en Angleterre pendant l'empire colonial, le rugby s'est développé rapidement en suivant les routes maritimes de l'empire victorien. Les premières passes avec un ballon de rugby se firent en Australie, en Nouvelle-Zélande et en Afrique du Sud. Dès lors, il n'est pas étonnant de retrouver sur la carte actuelle du rugby le Royaume-Uni, la France, l'Afrique du Sud, l'Australie et la Nouvelle-Zélande comme points d'ancrage de ce sport.

Mais la carte du rugby mondial ne s'arrête pas là, grâce à une forte présence dans les îles du Pacifique (Samoa, Fidji, Tonga) et à un développement constant au Japon. L'Argentine est devenue une nation majeure de l'ovalie, et le sport se développe aussi progressivement en Afrique.

L'hémisphère nord

Le phare de l'hémisphère nord du rugby est l'Europe, et, naturellement, le Royaume-Uni. Mais ce phare éclaire jusqu'en Amérique du Nord, où le rugby est présent au Canada et aux États-Unis…

Canada

Le Canada était, avant d'être indépendant, une colonie britannique. Le rugby y fut très tôt implanté, la fédération canadienne étant fondée en 1889, deux ans avant la fédération néo-zélandaise. Mais il n'y connut en revanche pas le même succès ! La faute au climat, d'abord, qui empêche les longues saisons. Le Canada n'émerge sur la scène internationale que dans les années 1960, avec la Colombie britannique, qui bat l'Argentine 11-8 (1958). En 1966, ce sont les Lions britanniques qui s'arrêtent au Canada, au retour d'une tournée en Australie, et s'imposent difficilement 19-8. Depuis, toutes les nations majeures sont venues jouer au Canada, et inversement, mais le niveau de l'équipe progresse lentement à cause de l'absence d'un championnat de haut niveau, d'un climat difficile et d'un amateurisme qui supporte difficilement la concurrence des sports professionnels. En 1987, la création de la Coupe du monde redonne un coup d'élan au Canada. Tous les quatre ans, ce pays se mesure aux meilleures nations et, peu à peu, les meilleurs joueurs canadiens s'exilent en Europe, faisant profiter leur équipe nationale de leur éveil au monde pro.

Le Canada a atteint les quarts de finale de la Coupe du monde en 1991.

Une feuille d'érable sur le râble

Une feuille d'érable rouge et noir, avec un joueur de rugby au milieu, constitue l'emblème des joueurs canadiens et orne leur maillot rouge. L'érable est l'arbre national au Canada. On retrouve d'ailleurs une feuille d'érable sur le drapeau canadien.

LÉGENDE

Parmi les joueurs canadiens qui se sont particulièrement illustrés, on peut citer le quator suivant :

- **Al Charron (né en 1966, 76 sélections)** fait partie de ces joueurs qui ont rapidement quitté le Canada pour aller exercer leurs talents en Europe. Il commence à jouer à Bristol, avant de venir en France, à Pau et à Dax. Rugueux et dur au mal, il est un adversaire difficile à jouer. Lors de la Coupe du monde 2003, il joue, en tant que capitaine du Canada, sa quatrième Coupe du monde. Il est le deuxième joueur de l'histoire à réussir une telle performance après Gareth Rees… un autre Canadien d'ailleurs !

- **Jamie Cudmore (né le 6 septembre 1978, 19 sélections)** est souvent surnommé le « bûcheron » par les supporters de Clermont. C'est probablement dû à ses origines canadiennes, mais un petit peu aussi à cause de son abattage sur le terrain. Ce deuxième ligne au gabarit impressionnant est un rugueux terriblement dévastateur pour les adversaires. Et s'il a collectionné les cartons jaunes depuis son arrivée en France, il est surtout l'une des pièces maîtresse d'un pack auvergnat enfin sacré champion de France, en 2010.
- **Mike James (né en 1973, 54 sélections)** est le premier joueur canadien à être sacré champion de France, le 7 juin 2003. Cette force de la nature a débuté sept ans plus tôt à Perpignan, où il parvient à faire oublier le grand Sud-Africain Warren Britz. Finaliste du championnat en 1998, il quitte les « sang et or » pour rejoindre le Stade Français, avec lequel il décroche deux titres (2003 et 2004).
- **Gareth Rees (né en 1967, 55 sélections),** malgré un physique pas toujours exemplaire, est le premier joueur à disputer quatre Coupes du monde. Excellent buteur, il a marqué 487 points en 55 matchs avec le Canada. Après des débuts à Mérignac, en France, il passe le reste de sa carrière en Angleterre, aux Wasps (avec lesquels il remporte la Coupe d'Angleterre, en 1999), à Bedford et aux Harlequins.

États-Unis

Le rugby a failli devenir le sport national aux États-Unis au début du XXe siècle. À cette époque, le football américain se développe à la vitesse grand V, mais il est de plus en plus violent (18 morts et 159 blessés graves en 1905). Le président des États-Unis, Teddy Roosevelt, est obligé d'intervenir pour mettre fin à l'hécatombe. Les collèges et les universités interdisent la pratique du football américain et poussent les étudiants vers le rugby. L'effet est immédiat et l'équipe nationale participe aux Jeux olympiques, en 1908, 1920 et 1924. Une médaille d'or vient même récompenser le pays après sa victoire contre la France, en 1924. Dans le même temps, les États-Unis reçoivent les autres équipes durant leurs tournées, notamment la Nouvelle-Zélande.

Mais le veto présidentiel ne tient pas longtemps, et dans les années 1930 le rugby cède sa place au football américain. Dès lors, il n'existe quasiment plus à l'échelle nationale chez les jeunes. La prédominance des quatre sports professionnels majeurs aux États-Unis (base-ball, basket, hockey et football américain) ne laisse que peu de place aux sports amateurs. Comme au Canada, c'est la Coupe du monde qui va permettre aux États-Unis de donner l'opportunité de progresser à ses joueurs.

Au palmarès américain figure un titre de champion olympique, en 1924, et quatre participations à la Coupe du monde.

L'aigle déploie ses ailes

L'emblème des États-Unis est l'aigle aux ailes déployées, symbole de souveraineté. Leur maillot est bleu (symbole de vigilance, de justice et de persévérance) et blanc (symbole de pureté et d'innocence), avec une bande rouge (symbole de valeur et de hardiesse).

Les joueurs américains ne sont pas des stars. Peu ont réussi une carrière internationale. En voici deux :

- **Dan Lyle (né en 1970, 45 sélections)** est un des premiers joueurs américains à s'imposer dans une équipe anglaise. Il débarque à Bath en 1996. Jeune international (1994), Dan Lyle a très peu d'expérience du rugby. Très adroit et physique, il devient titulaire très rapidement. En 1998, il est un des artisans de la victoire de Bath en Coupe d'Europe, à Bordeaux, contre Brive. Il est le premier Américain à décrocher un titre de champion d'Europe. Capitaine de Bath, il disputera deux Coupes du monde (1999 et 2003) avant de mettre un terme à sa carrière, en 2003. Il deviendra ensuite directeur exécutif de la fédération de rugby aux États-Unis.
- **Takudzwa Ngwenya (né en 1985, 17 sélections).** Une course peut parfois modifier le cours de la vie. C'est ce qui est arrivé en 2007 à cet ailier originaire du Zimbabwe. Lors de la rencontre Afrique du Sud – États-Unis, il plante un essai d'anthologie en cadrant et débordant le meilleur marqueur d'essais d'alors, Bryan Habana. L'IRB le qualifiera d'ailleurs d'« essai de l'année ». Très rapide, incisif, Takudzwa Ngwenya fait le bonheur du Biarritz Olympique depuis cette date. Il est devenu un des cadres de cette équipe.

L'hémisphère sud

L'hémisphère sud est avant tout celui des trois gros : l'Afrique du Sud, l'Australie et la Nouvelle-Zélande. Ces trois pays ont mordu très tôt dans le ballon de rugby et sont devenus rapidement des nations phares. Pionniers en matière d'évolution du jeu et dans la lutte pour le professionnalisme, membres du Board avant la France, les trois « sudistes » sont à la pointe de la modernisation de ce sport et brillent, tant par l'intérêt de leurs compétitions internationales (Super 14 et Tri Nations) que par les résultats de leurs équipes nationales, souvent meilleures que leurs consœurs européennes.

Nouvelle-Zélande

Que dire de plus sur la Nouvelle-Zélande que l'on ne sache déjà ? Le rugby y est plus qu'un sport national, c'est une raison de vivre… L'objet de toutes les attentions, et même d'un véritable culte.

Le rugby arrive en Nouvelle-Zélande en 1869, et atteint la capitale, Auckland, en 1874. Ce jeu est d'abord passé par la campagne, si bien que lorsqu'il touche la population étudiante d'Auckland, tout le pays est conquis et l'adopte comme sport national, aussi bien les fermiers et les étudiants, immigrés européens, que les Maoris, ces populations des îles qui y trouvent une manière de se rapprocher de leurs traditions guerrières. Devant ce début de succès, les Anglais ne tardent pas à monter leur première tournée : en juin 1888, c'est un joueur de cricket, Arthur Shaw, qui organise la première tournée en Australie et en Nouvelle-Zélande.

Se rendre aux antipodes à cette époque est une aventure en soi ! Le voyage dure au total huit mois ; les joueurs disputent 24 matchs de rugby en Australie et en en Nouvelle-Zélande, ainsi que des matchs de cricket, d'*Australian rules*, de football et même d'aviron. Les Néo-Zélandais leur rendent la politesse l'année suivante. La fédération n'existe pas encore et c'est une équipe de Maoris qui se rend dans les îles Britanniques. Leur venue suscite la curiosité, tout autant que le rugby qu'ils pratiquent, basé sur l'attaque. Les Maoris, pour payer leur voyage de retour, sont obligés de multiplier les matchs : ils en disputeront 77 au total, un chiffre encore inégalé.

En 1905, la Nouvelle-Zélande organise sa première tournée officielle. Pour roder son équipe, elle l'envoie faire une première série de tests en Australie, d'où elle revient invaincue. C'est ensuite le périple vers les îles Britanniques, où les Néo-Zélandais font sensation. Emmenés par leur capitaine, Dave Gallaher, ils héritent du surnom d'« All Blacks », qu'ils ne quitteront plus, et remportent 31 victoires en 32 matchs.

Les tournées s'organisent également entre pays de l'hémisphère sud. Les rendez-vous australo-néo-zélandais sont déjà fréquents et, en 1921, l'Afrique du Sud se rend en tournée en Nouvelle-Zélande.

Le derby du Pacifique

Il n'y a pas plus de compétitions officielles dans les confrontations des pays de l'hémisphère sud que dans le Tournoi des VI Nations, mais les nations s'organisent pour créer des rendez-vous réguliers. En 1931 est créée la Bledisloe Cup, qui récompense le vainqueur du match annuel entre l'Australie et la Nouvelle-Zélande. C'est le gouverneur de la province d'Auckland, comte de Bledisloe, qui fait cadeau du trophée. Les Néo-Zélandais, ne manquant pas d'aplomb, choisissent la première année un Australien d'origine pour occuper le poste de talonneur. Ils remporteront d'ailleurs ce premier match, joué à Auckland.

La Nouvelle-Zélande va dès lors partager son temps entre les tournées dans l'hémisphère sud et ses rares incursions en Europe, qui sont toujours autant d'événements depuis le premier voyage des hommes de Gallaher, en 1905. Une constante : les défaites restent rares. Mais, en 1949, les dirigeants néo-zélandais commettent un péché d'orgueil et acceptent, au même moment, d'envoyer une tournée en Afrique du Sud et de recevoir l'Australie. Les All Blacks, qui ne peuvent aligner deux équipes de même niveau, se font étriller aussi bien par les Springboks que par les Wallabies. Les Blacks réussissent leur premier grand chelem en tournée en 1978, avec des victoires sur l'Irlande, le pays de Galles, l'Angleterre et l'Écosse. L'épisode de 1986 est moins glorieux : ils décident de se rendre en Afrique du Sud malgré le boycott infligé au pays depuis 1977, en réaction contre la politique d'apartheid. Il est vrai que la somme promise aux joueurs est rondelette. Devant l'absence de sanctions de la part de la fédération néo-zélandaise, les autres pays protestent et, pour éviter de salir le maillot des Blacks, les joueurs se rebaptisent les « cavaliers ». La Nouvelle-Zélande se rattrape l'année suivante lorsque son capitaine, David Kirk, qui avait refusé la tournée des cavaliers, soulève le trophée de la Coupe du monde.

Champions du monde en 1987, les Blacks ont été finalistes en 1995, et ont remporté sept victoires dans le Tri Nations.

Sincères condoléances

L'emblème des All Blacks est une fougère argentée. La fougère est la plante que l'on trouve le plus en Nouvelle-Zélande et le deuxième emblème national après le kiwi, un oiseau autochtone. Leur maillot est noir. Pour porter le deuil de leur adversaire, entend-on souvent dire…

Entre autres célébrités, citons les noms de quelques joueurs remarquables :

- **Zinzan Brooke (né en 1965, 58 sélections),** bloqué au début de sa carrière par Wayne Shelford, fait tout de même partie du groupe champion du monde en 1987. Il devient titulaire en 1990. En tant que maori, il devient également le leader du haka, danse rituelle interprétée par les Blacks avant leurs matchs. En demi-finale de la Coupe du monde contre l'Angleterre, il se permet de réussir un drop de 40 m. Vainqueur de deux titres du Super 12 avec Auckland, en 1996 et 1997, il rejoint l'Angleterre pour jouer avec les Harlequins, en 1998.
- **Daniel Carter (né le 5 mars 1982, 79 sélections)** a commencé sa carrière internationale en marquant un essai lors de son premier match. On le savait doué avant ce premier match, il n'a pas déçu, comme

lors de ses sélections suivantes. Centre avant de devenir ouvreur des Crusaders dans le Super Rugby (ex-Super 14) et des All Blacks, il est devenu rapidement le meilleur joueur du monde, sacré par l'IRB en 2005. Dan Carter a tout gagné : le Super 14, le Tri Nations, la série de tests contre les Lions. Il a même gagné le Top 14, jouant quelques matchs avec Perpignan lors de la saison 2009. Un seul trophée lui manque, la coupe du monde. L'élimination contre la France en quart de finale en 2007 est même le plus mauvais souvenir de sa carrière. Et il est bien décidé à se racheter.

- **Grant Fox (né en 1962, 46 sélections),** soumis à forte concurrence au poste de numéro 10, décroche la place de titulaire pour la Coupe du monde 1987 grâce à son impressionnante réussite au pied. Aux commandes de l'équipe jusqu'en 1993, malgré les critiques nombreuses quant à son manque de panache, il quitte la sélection avec le record de points marqués par un Néo-Zélandais (645), avant d'être dépassé par Andrew Mehrtens. Une fois retiré des terrains, il reste dans l'encadrement des Blues d'Auckland, avec lesquels il gagne le Super 12, en 2003.
- **Dave Gallaher (né en 1873 en Irlande, 6 sélections)** fut le capitaine mythique de la première tournée des All Blacks en Amérique et en Europe. Son équipe ne perdra qu'un seul match sur les 34 disputés au cours de ce périple. Il joue son dernier match pour le premier test entre la France et la Nouvelle-Zélande le 1er janvier 1906 et marque deux essais. Devenu sélectionneur national, il part ensuite en Europe pour combattre aux côtés des alliés, et est tué au combat en 1917. Aujourd'hui, le trophée qui récompense le vainqueur des test-matchs entre la France et la Nouvelle-Zélande porte son nom.
- **John Kirwan (né en 1964, 63 sélections)** est l'un des grands ailiers de l'histoire de ce sport, et le premier à ajouter une vraie dimension physique à des qualités de course et d'appui hors du commun. Meilleur marqueur d'essais de l'histoire du rugby néo-zélandais, il laisse le souvenir d'un essai de légende, long de 80 m, contre l'Italie, lors de la Coupe du monde 1987, remportée par… la Nouvelle-Zélande (il marque un autre essai en finale). Après un passage à XIII, il devient joueur-entraîneur au Japon, puis sélectionneur de l'équipe d'Italie.
- **Richard Hugh McCaw (né en 1980, 94 sélections)** est le capitaine actuel des All Blacks, ce qui est une référence en soi. Mais il est surtout l'archétype du joueur moderne, athlétique, infatigable, ayant le sens du jeu et capable de faire le lien entre les avants et les trois-quarts. Il n'est pas seulement le meilleur troisième ligne aile au monde. Depuis 2006, il a déjà été élu à trois reprises meilleur joueur du monde. Successeur de Tana Umaga au capitanat des All Blacks, il étrenne ses galons avec une victoire dans le Tri Nations. Quatre autres suivront les cinq années suivantes, ainsi que deux grands chelems, au Royaume-Uni et en Irlande.

Insatiable, Richie McCaw a été capitaine des All Blacks à 52 reprises, dépassant le légendaire Sean Fitzpatrick. Il n'a plus qu'un seul rêve : succéder à David Kirk et brandir la coupe du monde avec le maillot noir sur le dos, 24 ans plus tard, mais toujours à l'Eden Park.

- **Brian Lochore (né en 1940, 68 sélections)** se révèle en 1959 lorsque sa province affronte les Lions britanniques. Immédiatement remarqué, il devient international en 1963, obtient sa première cape en 1965, et devient capitaine (au numéro 8) jusqu'en 1971. Sélectionneur des All Blacks à partir de 1983, c'est lui qui les mène à leur titre de champions du monde en 1987.
- **Jonah Lomu (né en 1975, 63 sélections)** est pour beaucoup le plus grand joueur de tous les temps. Doté d'un gabarit hors norme, 1,96 m pour 114 kg, ce trois-quarts aile apporte une nouvelle dimension physique dans le rugby. Lancé, il est quasiment impossible à arrêter. Son jeu explosif et ses exploits lors des Coupes du monde 1995 et 1999 en firent le joueur le plus populaire du monde et la première star de ce sport. Victime d'une maladie des reins courante chez les hommes originaires des îles du Pacifique, il doit subir la transplantation d'un rein en 2003. Malgré ses efforts, il annonce sa retraite en 2006.
- **Graham Mourie (né en 1952, 21 sélections)** devient, un an après ses débuts internationaux contre les Lions en 1977, capitaine des All Blacks, réalisant le grand chelem lors de la tournée dans les îles Britanniques. Meilleur *flanker* de l'histoire du rugby néo-zélandais, il refuse en 1981 de partir en tournée en Afrique du Sud pour protester contre l'apartheid. Entre-temps, il aura un peu usé ses crampons sur les terrains du PUC (Paris Universités Club) lors de la saison 1977-1978. Par la suite, il entraîne notamment les Hurricanes de Wellington.
- **Jonathan Falefasa « Tana » Umaga (né le 27 mai 1973, 74 sélections)** est, plus encore que Dan Carter, le symbole de l'esprit All Black. Il débute sa carrière internationale à l'aile, en 1997, avant de basculer au centre, en 2000, et de devenir une référence mondiale à son poste. Graham Henry le nomme capitaine des All Blacks en 2004 et sous son capitanat, les Néo-Zélandais gagneront 19 de leurs 21 matchs, avec notamment une série de 3 victoires contre les Lions et un grand chelem lors de la tournée européenne en 2007. Avant Dan Carter encore, il choisit de venir s'essayer au rugby français, à Toulon. En tant que joueur d'abord, entraîneur ensuite et entraîneur-joueur enfin. Son retour en Nouvelle-Zélande à 36 ans aurait pu signifier la fin de sa carrière, mais ce joueur dans l'âme a signé pour participer au Super Rugby avec les Chiefs. Et pas pour y faire de la figuration.

Australie

L'Australie découvre le rugby en 1864 grâce aux fils de Thomas Arnold, qui avait généralisé la pratique de ce sport, Richard et Montague. Étudiants à l'université de Sydney, ils montent une équipe qui affronte les marins et les soldats de passage dans la capitale. Mais, à Melbourne, les immigrés irlandais, majoritaires, imposent une version plus proche du *hurling* irlandais. L'histoire du rugby australien est donc une perpétuelle lutte d'intérêts entre le XV, le XIII et le *footy* (voir chapitre 4).

ATTENTION !

On peut presque schématiser et dire que le rugby à XV va vraiment se démarquer, avec l'émergence d'une équipe compétitive, au début des années 1980. Le déclic, c'est le grand chelem réalisé lors de la tournée dans les îles Britanniques, en 1984. Une génération géniale emmenée par Mark Ella, avec à ses côtés David Campese, Michael Lynagh, Nick Farr-Jones, Simon Poidevin et tant d'autres qui régalent les spectateurs avec leur brio et leur efficacité. Pas une nation ne résiste et, peu à peu, le rugby australien trouve sa marque de fabrique. La consécration arrive sept ans plus tard, en 1991, avec la première Coupe du monde remportée par le *squad* de Bob Dwyer et ses jeunes pousses, Tim Horan et Jason Little, encadrant l'ancien Campese. Certes, le style n'est plus le même qu'en 1984 : plus sobre et moins exaltant. Mais le rugby australien a découvert la culture de la gagne, qui l'aidera à décrocher un deuxième titre mondial en 1999. Sûre d'elle, cette équipe trustera même le Tri Nations et la Bledisloe Cup les années suivantes, avant de lever un peu le pied.

Championne du monde en 1991 et 1999, et seule équipe à avoir réalisé ce doublé, l'Australie a remporté le Tri Nations en 2000 et 2001.

De l'or pour les braves

L'emblème de l'Australie regroupe les symboles des six états australiens (Nouvelle-Galles du Sud, Queensland, Australie méridionale, Tasmanie, Victoria, Australie occidentale), plus l'acacia doré, le kangourou et l'émeu, symboles de la flore, de la faune et des oiseaux de l'île continent. Le maillot est de couleur or.

LÉGENDE

Il faut retenir les noms de quelques joueurs célèbres :

- **David Campese (né en 1962, 101 sélections),** surnommé « Campo », illustre parfaitement le désir de liberté et d'offensive prôné par Alan Bond, l'entraîneur australien au début des années 1980. Réputé piètre défenseur, ce trois-quarts est en revanche un attaquant génial, détenant le record mondial d'essais marqués par un international (64). Il a laissé à tous les défenseurs de la planète sa carte de visite sous la forme d'un pas de l'oie qui faisait trembler ses vis-à-vis. À la retraite, il reste un observateur piquant du monde du rugby et ne se gêne jamais pour critiquer ses successeurs sous le maillot des Wallabies.
- **John Eales (né en 1970, 86 sélections),** surnommé « Nobody » par ses coéquipiers (car *nobody's perfect*), fut le leader d'une magnifique génération, championne du monde à deux reprises. Il débute sa carrière internationale en 1991 et, devenu capitaine en 1996, conduit son équipe à sa deuxième Coupe du monde, à deux Tri Nations, et à une victoire contre les Lions, en 2001. Buteur international, il a marqué 173 points pour l'Australie tout au long de sa carrière.
- **Nick Farr-Jones (né en 1962, 63 sélections),** capitaine des Wallabies pour le premier titre mondial décroché en 1991, fut le complément idéal de Michael Lynagh, le demi de mêlée (Farr-Jones) et le demi d'ouverture (Lynagh) ayant été associés 47 fois. Il quitte la sélection en 1993, à 31 ans, après en avoir été capitaine à 36 reprises et avoir marqué 9 essais. Il donne ensuite quelques conseils à l'équipe de Brive, championne d'Europe.
- **Matt Giteau (né en 1982, 91 sélections)** est parti pour battre le record de sélections de George Gregan. Centre ou ouvreur, ce surdoué a débuté dans l'ombre de Stephen Larkham. Il a même joué demi de mêlée pour les Wallabies. Il possède un excellent jeu au pied et bute régulièrement. Il a déjà remporté un Super 12 avec les Brumbies en 2004, mais il n'a encore rien gagné avec sa sélection.
- **George Gregan (né en 1973, 139 sélections)** est simplement le joueur le plus capé de l'histoire du rugby, il devance l'Anglais Jason Leonard (119) et le Français Fabien Pelous (118). Demi de mêlée, il est champion du monde en 1999 et finaliste, chez lui, à Sydney, quatre ans plus tard. Il a formé durant dix ans la charnière la plus douée du rugby mondial avec Stephen Larkham, son compère des ACT Brumbies. Il a fait une pige d'une saison à Toulon, en 2008, après la Coupe du monde.
- **Stephen Larkham (né en 1974, 102 sélections),** autre figure incontournable du rugby australien, a disputé 78 tests aux côtés de George Gregan. Personne n'a fait mieux dans le monde. Stratège de Canberra, Larkham est un digne descendant des Mark Ella ou Michael Lynagh. Il utilise peu le jeu au pied, préférant franchir lui-même la ligne d'avantage. Il sera l'homme du mondial 1999 en décrochant entre autres un monumental drop en demi-finale contre les Springboks. Il termine actuellement sa carrière au Japon.

- **Michael Lynagh (né en 1963, 72 sélections)** débute sa carrière internationale en 1984. Il évolue alors au centre, puis prend le numéro 10 en 1986, devenant le patron du jeu des Wallabies. L'apothéose arrive en 1991 avec le sacre mondial en Angleterre. À sa retraite internationale, en 1995, il détient le record du monde du nombre de points marqué (911), qui tiendra jusqu'en 1999. Son dernier club : Saracens, en Angleterre.

Afrique du Sud

LÉGENDE

Pour beaucoup, le cœur du rugby ne bat plus aujourd'hui en Angleterre et à Rugby, mais en Nouvelle-Zélande. C'est ce pays, qui a adopté le rugby comme sport national, qui fait figure de nouveau temple de l'ovalie. Et pourtant, ce n'est pas là-bas que les Anglais importèrent d'abord leur ballon ovale… C'est en Afrique du Sud que l'on trouve les premières traces de la pratique du rugby en dehors des îles Britanniques. En 1862, le révérend Canon Ogilvie, arrivé quatre ans plus tôt, voit la ville du Cap se vider peu à peu de ses forces à la suite de l'affrontement entre les Afrikaners et les Anglais. Pour redonner du tonus à la jeunesse anglaise, Ogilvie, proviseur du collège de Stellenbosch, à proximité du Cap, oblige les collégiens à joueur au jeu de *gog* (voir chapitre 2) pour s'endurcir. Ce jeu, à base de mêlées, rappelle énormément le rugby. Il sera par la suite interdit pour ne pas nuire au développement du rugby, mais les bases sont jetées pour un développement harmonieux… selon les règles malheureusement en vigueur sous l'apartheid, qui contraignent à la création de fédérations séparées. Même le rugby n'autorise pas le mélange en Afrique du Sud !

LÉGENDE

Les tournées néanmoins se développent et les Sud-Africains se trouvent un nom lors de leur voyage en Angleterre en 1906. Craignant de se faire baptiser et moquer par la presse britannique, les joueurs adoptent le surnom de « Springboks ». Dès le lendemain, le springbok est cousu sur les blazers et ne quittera plus l'équipe. Les Boks font leur première tournée en Nouvelle-Zélande en 1921. Mais la politique d'apartheid les éloigne peu à peu du reste du monde et ils sont de moins en moins chaleureusement accueillis. En 1969, la tournée en Angleterre est un fiasco tant les manifestations anti-apartheid sont nombreuses et virulentes. L'année suivante, l'Afrique du Sud accepte la présence de joueurs de couleur dans l'équipe des All Blacks. Celle-ci peut alors se rendre en tournée, forte de ses 17 victoires consécutives. Mais c'est le pays hôte qui remporte la série de tests et qui peut s'estimer la meilleure nation du monde. En 1976, après les manifestations sévèrement réprimées dans le ghetto de Soweto et le boycott des Jeux de Montréal par les nations africaines en protestation contre l'apartheid, le pays est de plus en plus isolé. Les tournées sont plus rares, et toujours la source de vives tensions.

ATTENTION !

L'Afrique du Sud retrouve le sourire en 1992 avec la fin de l'apartheid et la levée du boycott. Dès lors, les Springboks peuvent de nouveau rencontrer toutes les nations, avec, en point d'orgue, une victoire en Coupe du monde.

Vainqueurs de la Coupe du monde en 1995, et troisièmes en 1999, les Sud-Africains ont remporté le Tri Nations en 1998 et en 2004.

Les antilopes du bush

L'emblème des Sud-Africains est le springbok, nom afrikaans de l'antilope du bush. Au-dessus, on trouve une fleur de protéa, l'arbuste typique d'Afrique du Sud. Le maillot des Boks, comme on les appelle, est vert foncé.

LÉGENDE

Parmi leurs joueurs les plus célèbres, plusieurs noms émergent :

- **Naas Botha (né en 1958, 28 sélections),** arrivé au plus haut niveau alors que le rugby sud-africain subissait de plein fouet le boycott, n'a probablement pas eu la carrière qu'il méritait. Ouvreur doué pour le jeu au pied, il est le maître à jouer des Boks et du Northern Transvaal, même si certains lui reprochent de trop s'appuyer sur le jeu au pied. Il remporte 6 Currie Cups avec sa province et 2 titres de champion d'Italie avec Rovigo.
- **Danie Craven (né en 1910),** originaire de l'État libre d'Orange, découvre le rugby, comme beaucoup de Sud-Africains, en venant étudier à l'université de Stellenbosch. Il décroche sa première sélection avec les Springboks en 1931 alors qu'il n'a pas encore joué un match dans sa province. Considéré comme l'un des meilleurs demis de la planète, il passe beaucoup de temps à étudier le jeu, notamment en Europe, mais la guerre stoppe sa carrière internationale. Il se tourne alors vers l'entraînement et devient le patron de Stellenbosch, l'« usine à Springboks ». Entraîneur des Boks, puis président de la fédération sud-africaine de 1956 à 1993, il œuvre pour mettre fin à la politique d'apartheid.
- **Morne du Plessis (né en 1949, 22 sélections),** grand militant anti-apartheid lui aussi, devient capitaine des Springboks dans les années 1970, suivant le chemin de son père, lui aussi capitaine des Boks. Joueur au grand rayon d'action, il devient ensuite manager de l'équipe nationale lors de la Coupe du monde de 1995. Son charisme fait beaucoup pour calmer les tensions dans une équipe où les rivalités sont nombreuses, et il mène les Boks au titre mondial.
- **François Pienaar (né en 1969, 29 sélections)** est le joueur qui a su redonner sa fierté à tout un peuple, en 1995, en brandissant la coupe du monde à l'Ellis Park. Capitaine des Boks cette année-là, il représente autant la réconciliation de son pays que Nelson Mandela, qui entre sur le terrain de la finale avant le match en portant sur le dos le maillot national avec le numéro de Pienaar dans le dos. Écarté peu après par le nouvel entraîneur, il part pour l'Angleterre et les Saracens, mais sa reconversion en tant qu'entraîneur-joueur n'est pas une réussite.

- **Chester Williams (né le 8 août 1970, 27 sélections)** a été, tout autant que François Pienaar, le joueur symbole de la Coupe du monde 1995. Si Pienaar symbolisait la longue tradition des Springboks blancs, Williams, en devenant le premier joueur noir de l'équipe, fut le symbole d'une nation arc-en-ciel qui devait apprendre à vivre avec toutes ses communautés, même dans le rugby. International à partir de 1993, il figurait dans le *squad* qui devait jouer la Coupe du monde à domicile, mais il se blessa avant l'épreuve. C'est l'exclusion de Pieter Hendricks après une bagarre contre le Canada qui lui vaut de revenir dans l'équipe. Il marque quatre essais en quart de finale contre les Samoa et ne quitte plus l'équipe jusqu'à la victoire finale. Mais, au-delà de ses performances, le public retiendra cette image de la Coupe du monde : le sourire de Chester Williams sur les affiches en 4 m par 3 dans tout le pays, comme le symbole d'une nation devenue multicolore.
- **Joost Van der Westhuizen (né en 1971, 89 sélections)** est un leader né. Demi de mêlée des Springboks lors de la Coupe 1995, il était le patron d'un pack de fer sur le terrain. Certes, Pienaar était le capitaine, mais dans le feu de l'action c'est Van der Westhuizen qui pilotait. Cette Coupe du monde fut le sommet d'une carrière bien remplie qui le vit un temps devenir le joueur sud-africain le plus capé de l'histoire, avec ses 89 sélections (avant d'être dépassé par Montgomery). Il détient encore aujourd'hui le record d'essais marqué avec les Springboks, cumulant un total de 38. Véritable star en Afrique du Sud, il a continué à faire parler de lui après sa retraite en tant que joueur, en étant au cœur d'une affaire de *sex tape* avec sa femme, une actrice et chanteuse sud-africaine, Amor Vittone.

Argentine

LÉGENDE

Les Britanniques ont très tôt importé le rugby en Argentine, et cette dernière dispute son premier match international en 1873. Une ébauche de fédération est créée en 1899 avec l'association de quatre clubs de la région de Buenos Aires, qui fondent la River Plate Rugby Football Union, appelée à devenir l'UAR (Unión Argentina de Rugby). Celle-ci intègre le Board en 1987, après sa participation à la première Coupe du monde. Dès lors, le rugby argentin ne fait que progresser, en termes de qualité et de résultats. Les joueurs manquent de 1 point les quarts de finale de la Coupe du monde en 2003 et battent la France en 2004, à Marseille, alors que celle-ci restait sur un grand chelem. Depuis le match nul obtenu contre les Lions en 2005, l'Argentine a officiellement fait une demande pour intégrer le Tournoi. Une demande appuyée par sa première victoire face à l'Angleterre, dans son temple de Twickenham, en novembre 2006.

Sur cinq participations à la Coupe du monde, l'Argentine a été quart-de-finaliste en 1999.

Un jaguar dans le moteur

L'emblème de l'Argentine est un jaguar, sur un maillot rayé bleu ciel et blanc. Les joueurs argentins sont pourtant surnommés les... Pumas. Cela pourrait remonter à l'erreur d'un journaliste ayant, lors d'un match contre l'Afrique du Sud, confondu les deux animaux. Le surnom leur serait resté.

LÉGENDE

Au moins quatre joueurs vedettes ont hissé le niveau de jeu argentin à celui des grandes nations :

- **Juan Martin Hernandez (né en 1982, 32 sélections),** probablement le joueur le plus doué de sa génération, « El Mago » sait tout faire avec un ballon. Brillant avec le pied, il peut passer un drop dans toutes les positions des deux pieds. Découvert par le Stade Français, le centre ou ouvreur devient vite un grand joueur à Paris. Très convoité par Leicester, il quitte finalement la capitale, en 2009, pour rejoindre Durban et les Sharks du Super 14. Il revient un an après, mais il signe au Racing Metro. Il a déjà disputé deux Coupes du monde avec les Pumas (2003-2007).
- **Agustin Pichot (né en 1974, 72 sélections),** véritable cerveau des Pumas, Pichot en fut le leader incontesté durant de nombreuses saisons. Il est même surnommé le « petit Napoléon » par ses camarades. Remplaçant à 19 ans lors du mondial 1995, il tiendra la sélection à bout de bras jusqu'à la 3e place en 2007. Vif, malin, gagneur, son influence dépasse alors le cadre du terrain. Il profite de sa voix pour interpeller le Board et pousser à l'intégration de son équipe dans le Tri Nations. Il sera entendu ! En 2012, l'Argentine intégrera le tournoi du Sud.
- **Hugo Porta (né en 1951 à Buenos Aires, 57 sélections)** a d'abord joué au football avant de rejoindre le club de Banco Nation et d'intégrer les Pumas en 1971. Demi d'ouverture, il participe à la victoire contre l'Australie en 1979. Capitaine des Pumas pour la Coupe du monde de 1987, il raccroche ses crampons après avoir marqué 529 points en sélection, dont 10 essais et 25 drops. Après sa carrière, il est nommé ambassadeur de l'Argentine en Afrique du Sud, puis ministre des Sports.
- **Pedro Luis Sporleder (né en 1971, 77 sélections)** est l'un des rares joueurs, et le seul Argentin, à avoir disputé quatre Coupes du monde. Ce deuxième ligne de devoir fut capitaine à 20 reprises et conclut sa carrière internationale par une victoire face à la Roumanie, en Coupe du monde.

Fidji

Une fois n'est pas coutume, ce ne sont pas les Anglais mais les Néo-Zélandais qui ont introduit le rugby sur l'île aux palmiers. Sa proximité avec la Nouvelle-Zélande a très tôt favorisé les échanges et les transferts de population. La jeunesse étudiante y allait apprendre le maniement du ballon ovale avant de le ramener chez elle. La fédération fidjienne est créée en 1913 grâce à des ouvriers néo-zélandais qui la baptisent Fidji Rugby Football Union. Curieusement, le style des joueurs fidjiens va très vite se démarquer de ce que l'on peut voir en Nouvelle-Zélande ou en Australie, avec un objectif prioritaire : s'amuser. Le combat n'est pas la tasse de thé des Fidjiens, qui lui préfèrent l'évitement, même si leur progression au plus haut niveau passe par un gros travail dans le secteur de la conquête. C'est dans ce sens que les Fidjiens travaillent, car, pour le moment, ils tiennent difficilement le rythme.

L'équipe fidjienne a été quart-de-finaliste de la Coupe du monde 1987.

Décrocher le cocotier

L'emblème fidjien est un palmier, symbole du bois utilisé pour faire les poteaux de rugby... et dont le fruit, la noix de coco, sert de ballon aux enfants lorsqu'ils jouent à ce sport à l'extérieur. Leur maillot est blanc.

LÉGENDE

Les îles Fidji regorgent de joueurs doués plus spectaculaires les uns que les autres, en voici quatre :

- **Rupeni Caucaunibuca (né en 1980, 8 sélections)** est un joueur déconcertant par son talent mais également son physique. Il pèse près de 120 kg lorsqu'il est en forme et un peu plus lorsqu'il oublie de s'entraîner. Incroyablement doué, « Rup's », comme le surnomment ses camarades, n'a pas à proprement parler de réflexes professionnels. Il est aussi connu pour ses crochets que par ses absences à répétition. Agen en sait quelque chose. Lui qui a obligé ses dirigeants à aller le chercher aux Fidji durant une intersaison. Il a été deux fois meilleur marqueur du Top 14 (2005-2006). Las de ses frasques, les dirigeants agenais mettent fin à son contrat, mais les joueurs de talent retombent toujours sur leurs pieds, et il a rebondi avec succès à Toulouse en tant que joker médical en 2011.
- **Napolioni Nalaga (né en 1986, 3 sélections),** surnommé « Napo », est très vite devenu une attraction du Top 14. Doté d'un gabarit hors norme, il est parfois comparé à Jonah Lomu en personne. Repéré très jeune par Clermont, il est extrêmement rapide pour son poids (108 kg), il

possède en outre un raffut destructeur. À quelques mètres de la ligne, il est impossible à arrêter. Il devient champion de France en 2010 avec Clermont, en marquant l'unique essai de la finale. Depuis ses débuts en 2007 en Top 14, il a déjà marqué plus de 50 essais. Touché par des événements familiaux, il refuse de rentrer des Fidji cette saison et le club de Clermont met fin à son contrat. Personne ne sait si Nalaga rejouera un jour au rugby.

- **Waisale Serevi (né en 1968, 38 sélections)** peut jouer à la fois comme demi d'ouverture, ailier ou demi de mêlée. C'est Bob Dwyer qui le fait venir le premier en Europe pour son club de Leicester. Barré à l'ouverture et à l'arrière, il est rapidement placé à l'aile, où il fait des merveilles en attaque. Il part pour Mont-de-Marsan, où il se révèle au rugby à VII. Il gagne deux Coupes du monde à VII, cinq fois le tournoi de Hong Kong, et est élu trois fois meilleur joueur de ce tournoi.
- **Joeli Vidiri (né en 1973, 3 sélections avec les Fidji et 2 avec la Nouvelle-Zélande)** est un joueur d'origine fidjienne qui a fait toute sa carrière de joueur en Nouvelle-Zélande, du côté d'Auckland. Premier d'une longue lignée d'ailiers fidjiens puissants et rapides, il fait les beaux jours de la province des Blues en Super 12 (61 matchs, 43 essais). De telles statistiques motivent les sélectionneurs All Blacks, et après avoir joué avec les Fidji, il devient Black en 1998. Une maladie des reins l'oblige à arrêter sa carrière au sommet son art.

Samoa

Le rugby samoan a été fortement influencé par le modèle néo-zélandais, car l'île fut longtemps colonisée par les grands frères insulaires. Leur rugby est du coup un mélange du spectacle fidjien et de la rigueur des All Blacks. Il ne manque au rugby samoan qu'un large réservoir de joueurs de talent pour leur permettre de s'épanouir. C'est d'abord le manque d'argent qui pénalise l'île, puis, avec l'essor de la culture du cacao, c'est la main-d'œuvre qui fait défaut, les hommes étant trop occupés par les récoltes pour se consacrer sérieusement au sport.

Le rugby samoan commence à décoller dans les années 1950, profitant notamment de rencontres régulières avec les voisins fidjiens, tonguiens ou néo-zélandais. Le résultat ne se fait pas attendre et les Samoans participent à la Coupe du monde de 1991, puis à toutes les éditions suivantes. Ils s'offrent même le luxe de battre le pays de Galles à deux reprises, à Cardiff, en 1991 et 1999.

Sur quatre participations à la Coupe du monde, les Samoans se sont qualifiés pour les quarts de finale à deux reprises, en 1991 et 1995.

Les étoiles du Sud

L'emblème samoan, calqué sur un motif du drapeau samoan, est une référence aux îles du Pacifique : cinq étoiles représentant la Croix du Sud, surmontées d'une croix représentant la religion catholique. Leur maillot est bleu.

La Coupe du monde

Le développement du rugby et l'accroissement des échanges et des tournées entre les pays, notamment entre les deux hémisphères, ne suffisent plus à assouvir la soif de ceux qui veulent voir le rugby devenir un sport planétaire majeur. Il n'y a pour eux qu'une seule solution, une coupe du monde. Mais pour les tenants de l'amateurisme, organiser une coupe du monde, c'est donner plus de retentissement à ce sport, attirer plus de public, plus de sponsors, et favoriser l'arrivée en masse de l'argent. Après plusieurs refus en 1983 et 1984, le Board accepte le principe d'une coupe du monde, le 22 mars 1985, malgré les réticences des Écossais et des Irlandais. Paradoxalement, c'est la voix de l'Afrique du Sud qui fait pencher le vote en faveur du oui, alors que sa politique d'apartheid et le boycott qu'elle entraîne l'empêcheront de participer à l'épreuve!

Les huit nations membres du Board seront automatiquement qualifiées pour une épreuve qui doit se dérouler pour la première fois en 1987. Cette première édition est une réussite, et depuis, tous les quatre ans, le monde du rugby se réunit pour ce qui est devenu le quatrième événement le plus médiatisé au monde après les Jeux olympiques, la Coupe du monde de football et les Championnats du monde d'athlétisme.

Coupe du monde 1987

La première édition est jouée en Nouvelle-Zélande et en Australie dans une joyeuse pagaille, les droits télé n'étant, par exemple, cédés que quelques heures avant le début de l'épreuve. Seize équipes disputent cette première Coupe du monde, avec un grandissime favori : la Nouvelle-Zélande. Elle remporte ses deux premiers matchs 70-6, contre l'Italie, et 74-13, contre les Fidji. L'autre pays organisateur, l'Australie, se promène aussi tranquillement après une première victoire contre l'Angleterre. La surprise des quarts de finale vient des îles Fidji, qui posent des problèmes à la France, avant que celle-ci ne trouve la solution sur le tard. Et en demi-finale, la Coupe du monde nous offre son premier match de légende entre la France et l'Australie. À Sydney, la France parvient à battre les Wallabies au bout d'un terrible suspense. Dans un match fou, les deux équipes sont encore à égalité 24-24 à quelques secondes de la fin du match. Mais une énième relance de la France aboutit à un essai magique de Serge Blanco qui propulse la France en finale. Les Bleus ne pèsent pas plus lourd que les autres équipes face à la Nouvelle-Zélande et s'inclinent 29-9 à l'Eden Park d'Auckland. Le capitaine des Blacks, David Kirk, devient le premier joueur à soulever le trophée William-Webb-Ellis.

Coupe du monde 1991

La règle de l'alternance joue, et c'est au tour de l'hémisphère nord d'accueillir le monde du rugby, plus précisément à la Grande-Bretagne et à la France. Mais la surprise vient encore de l'hémisphère sud lorsque le monde découvre les joueurs samoans et leurs plaquages destructeurs. Le pays de Galles et l'Argentine s'inclinent devant la hargne des guerriers du Pacifique, qui se retrouvent en quart de finale à la place des Gallois ! L'autre surprise vient du Canada, qui bat les Fidji et leur vole la place en quart. Au Parc des Princes, à Paris, le quart entre la France et l'Angleterre est un non-match, les Anglais s'efforçant de faire disjoncter les Français. Serge Blanco, victime des fautes anglaises durant tout le match, craque et est expulsé… à l'image de la France, éliminée sans gloire. Les demi-finales se jouent ensuite par hémisphère, avec Écosse – Angleterre et Australie – Nouvelle-Zélande, et conduisent au sacre final de l'Australie face à l'Angleterre, à Twickenham (12-6). L'alternance entre les pays d'accueil n'a pas provoqué d'alternance au palmarès. Quatre ans plus tard, c'est encore un pays du Sud qui s'imposera…

Coupe du monde 1995

LÉGENDE

Dans une Afrique du Sud qui a abandonné l'apartheid quatre ans plus tôt, cette Coupe du monde doit montrer que la reconstruction est en marche. Ce sera un succès, tant l'accueil de la nation arc-en-ciel est chaleureux. Pourtant, les premiers matchs de l'équipe sont laborieux, avec notamment une violente bagarre lors du match contre le Canada. L'émerveillement est offert par un jeune joueur néo-zélandais qui renverse tout sur son passage : Jonah Lomu. La Nouvelle-Zélande fait d'ailleurs exploser tous ses records en battant le Japon 145-17 ! L'Afrique du Sud revit avec le retour en quart de finale de sa star Chester Williams, joueur de couleur, blessé pour le début de la compétition, et s'en sort *in extremis* en demi-finale contre la France. Le match est âpre et tendu ; l'Afrique du Sud s'impose 19-15 alors qu'Abdelatif Benazzi s'écroule à 15 cm de la ligne d'en-but pour un essai qui aurait pu donner la victoire à la France à quelques minutes de la fin. Dans l'autre demi-finale, la Nouvelle-Zélande et Lomu n'ont fait qu'une bouchée de l'Angleterre.

Pour son retour sur la scène internationale, l'Afrique du Sud retrouve son ennemi préféré en finale et parvient à s'imposer 15-12 après prolongations face à des All Blacks un tantinet amorphes. On apprend par la suite qu'ils étaient tous intoxiqués après avoir bu un jus d'orange suspect…

Coupe du monde 1999

C'est la première Coupe du monde à 20 équipes et l'Europe veut enfin stopper l'hégémonie de l'hémisphère sud. Pourtant, dès les premiers matchs, tous les regards se portent sur la Nouvelle-Zélande et sur Jonah Lomu, qui recommence à effrayer tout le monde : l'Angleterre est mangée chez elle 30-16, comme quatre ans auparavant. La France, coorganisatrice, bafouille son rugby et sort première de sa poule malgré trois matchs mal maîtrisés face à des nations de second plan. Pour la première fois, on joue des barrages pour l'accession aux quarts, à l'instar de l'Argentine, qui rencontre l'Irlande à Lens, dans une atmosphère de feu : les Argentins marquent un essai de dernière minute qui les envoie en quart de finale à Lansdowne Road, face à la France. Les quarts verront un exploit du Sud-Africain Jannie De Beer, passant cinq drops dans le même match face à l'Angleterre pour se qualifier en demi. La demi-finale France – Nouvelle-Zélande, elle, est un sommet du jeu. Les Blacks bousculent d'abord les Français, au bord du K.-O. à la mi-temps (24-10). Puis c'est le réveil tricolore au retour du vestiaire : menés par un Titou Lamaison en état de grâce, ils marquent 33 points d'affilée pour aller chercher une victoire historique et leur deuxième finale de Coupe du monde. Mais les Bleus ont tout donné dans ce match et, comme en 1987, ils s'inclinent sur la dernière marche face à une équipe d'Australie au sommet de son art (35-12). L'Australie est le premier pays à remporter deux fois la Coupe du monde.

Coupe du monde 2003

Cette Coupe du monde, organisée par l'Australie, est *a priori* faite pour l'Angleterre, qui l'année précédente s'est offert le luxe de battre d'affilée les trois nations de l'hémisphère sud chez elle. Il n'y a pas de surprises en quart de finale, où l'on retrouve pour la première fois les huit nations majeures de ce sport : les trois des Tri Nations et les cinq du Tournoi. Frédéric Michalak, bombardé ouvreur de l'équipe de France, suscite une véritable folie médiatique en étant l'un des meilleurs réalisateurs de la coupe. De son côté, l'Angleterre ne fait pas détail, et marque 195 points en deux matchs face à la Géorgie et à l'Uruguay. Elle domine réellement son sujet. La France est dépassée en demi-finale, tout comme la Nouvelle-Zélande, incapable de changer de jeu devant la défense et l'organisation australiennes. La finale oppose donc le tenant du titre, et double vainqueur, à la meilleure équipe des deux dernières années. Un match aussi serré sur le papier ne pouvait se décider que dans la prolongation… grâce à un drop de Jonny Wilkinson (voir chapitre 15). L'Angleterre s'impose 20-17 et devient la première équipe de l'hémisphère nord à remporter la Coupe du monde.

Coupe du monde 2007

La France a enfin l'honneur d'être le pays hôte de la Coupe du monde. Même si quelques matchs se déroulent dans les îles Britanniques, c'est tout un pays qui rêve de voir les Bleus enfin sacrés, chez eux, au Stade de France. Si la fête est omniprésente dans toutes les villes, le rugby pratiqué est en revanche très austère et très pragmatique. Hormis quelques scores fleuves entre les grandes et les petites nations, on sent que la défense prend le pas sur l'attaque. Battue d'entrée par l'Argentine lors du match d'ouverture, l'équipe de France se retrouve obligée de joueur son quart de finale à Cardiff, face aux All Blacks. Et si l'on dit qu'un même miracle n'arrive jamais deux fois de suite, la France parvient néanmoins à éliminer les grands favoris, comme huit ans plus tôt à Londres. Un exploit sans suite, car la France s'incline ensuite en finale contre l'Angleterre, tout comme les Argentins, magnifiques demi-finalistes qui se heurtent à la puissance sud-africaine. Les Springboks ne trembleront d'ailleurs pas en finale face à des Anglais usés. Le rugby springbok, rigoureux, intraitable en défense, d'une précision chirurgicale au pied et bénéficiant des jambes de feu de Habana (8 essais pendant la compétition) remporte la Coupe du monde pour la deuxième fois. L'Afrique du Sud rejoint ainsi l'Australie, les seules nations doubles championnes du monde.

Tableau 11-1 : Le palmarès de la Coupe du monde

Année	*Vainqueur (résultat)*
1987	Nouvelle-Zélande bat France (29-9)
1991	Australie bat Angleterre (12-6)
1995	Afrique du Sud bat Nouvelle-Zélande (15-12)
1999	Australie bat France (35-12)
2003	Angleterre bat Australie (20-17)
2007	Afrique du Sud bat Angleterre (15-6)

LÉGENDE

Les records de la Coupe du monde

- Points marqués : 145 (Nouvelle-Zélande, face au Japon, en 1995) ;
- Essais marqués sur un match : 22 (Australie, face à la Namibie, en 2003) ;
- Essais marqués sur une édition : 52 (Nouvelle-Zélande, 2003) ;
- Drops sur un match : 5 (Afrique du Sud, face à l'Angleterre, en 1999) ;
- Coupes du monde disputées : 5 (Brian Lima [Sam]), 4 (Gareth Rees [Can], Al Charron [Can], Carlo Checchinato [Ita], Fabien Galthié [Fra], Jason Leonard [Ang], George Gregan [Aus], Mike Catt [Ang], Romeo Gontineac [Rou], Rob Snow [Can], Gareth Thomas [Gal], Mike James [Can] et Pedro Sporleder [Arg]) ;
- Matchs joués en Coupe du monde : 22 (Jason Leonard [Ang]) ;
- Points marqués, toutes éditions confondues : 249 (Jonny Wilkinson [Ang]) ;
- Points marqués en une Coupe du monde : 126 (Grant Fox [N-Z], 1987) ;
- Points marqués sur un match : 45 (Simon Culhane [N-Z], face au Japon, en 1995) ;
- Essais marqués, toutes éditions cumulées : 15 (Jonah Lomu [N-Z]) ;
- Essais marqués en une Coupe du monde : 8 (Jonah Lomu [N-Z], 1999), (Bryan Habana [AdS], 2007) ;
- Essais marqués en un match : 6 (Mark Ellis [N-Z], face au Japon, en 1995) ;
- Spectateurs à un match : 82 957 (Australie-Angleterre, finale 2003, à Sydney).

Les autres compétitions

ATTENTION !

Si la Coupe du monde est aujourd'hui le rendez-vous planétaire du rugby tous les quatre ans, les trois grands de l'hémisphère sud proposent tous les ans, afin de maintenir leurs équipes au sommet, des matchs internationaux et une compétition de provinces capables d'attirer les télévisions et de produire un spectacle de haut niveau. Depuis 1996, la Nouvelle-Zélande, l'Australie et l'Afrique du Sud se retrouvent annuellement pour un tournoi à trois, alors que l'ancien championnat des provinces a subi une cure de rajeunissement et s'est renforcé pour passer à 14 provinces. Ces multiples épreuves alourdissent considérablement un calendrier chargé, mais c'est le prix de la mondialisation du rugby.

Le Tri Nations

La Coupe du monde 1995 est une révélation pour les dirigeants des pays de l'hémisphère sud. Le rugby est un sport télégénique et le retour de l'Afrique du Sud au premier plan après la fin du boycott, en 1992, promet des lendemains qui chantent. Mais il ne suffit plus d'organiser un ou deux test-matchs chaque été pour surfer sur la vague…

Avec la participation du milliardaire australien Rupert Murdoch, qui achète l'épreuve pour ses chaînes de télé, les trois fédérations mettent sur pied un tournoi annuel où les trois équipes ont l'occasion de se rencontrer à domicile et à l'extérieur. Un total de six matchs par été, un classement pour désigner le vainqueur, et un avantage donné à l'offensive avec l'apparition des points de bonus pour les équipes qui marquent au moins 4 essais ou qui perdent par moins de 8 points. Rupert Murdoch s'engage pour dix ans pour un total de 2,75 milliards de francs (419 millions d'euros aujourd'hui). Il embarque aussi dans sa besace les droits du Super 12, l'ancien Super 10 modernisé.

Tableau 11-2 : Le palmarès du Tri Nations

Année	*Vainqueur*
1996	Nouvelle-Zélande
1997	Nouvelle-Zélande
1998	Afrique du Sud
1999	Nouvelle-Zélande
2000	Australie
2001	Australie
2002	Nouvelle-Zélande
2003	Nouvelle-Zélande
2004	Afrique du Sud
2005	Nouvelle-Zélande
2006	Nouvelle-Zélande
2007	Nouvelle-Zélande
2008	Nouvelle-Zélande
2009	Afrique du Sud
2010	Nouvelle-Zélande

Le Super Rugby

Depuis longtemps, le rugby de l'hémisphère sud se conjugue avec les provinces ; les championnats de clubs, eux, sont d'un niveau bien inférieur. Mais il n'existe toujours pas de compétition internationale des provinces. Les trois pays ayant régulièrement des face-à-face au niveau de l'équipe nationale, il faut franchir une étape supplémentaire.

La première initiative vient de Nouvelle-Zélande, avec la naissance en 1986 du South Pacific Championship (Championnat du Pacifique sud), regroupant trois provinces néo-zélandaises (Canterbury, Auckland et Wellington), deux australiennes (Nouvelle-Galles du Sud et Queensland) et la sélection nationale des Fidji. Ce championnat dure jusqu'en 1990, puis réapparaît en 1992 sous le nom de « Super 6 », devenu Super 10 l'année d'après avec le retour de l'Afrique du Sud dans le giron du sport mondial (puis Super 12 en 1996). On retrouve 10 provinces des 3 pays, réparties en 2 poules de 5. La finale 1993 oppose les Sud-Africains du Transvaal aux Néo-Zélandais d'Auckland. Comme pour fêter le retour des Boks, le Transvaal s'impose 20-17.

En 1996, les trois fédérations créent la Sanzar, chargée de veiller à l'organisation et au bon déroulement de l'épreuve. Elle suit le même règlement que le Tri Nations en termes de comptage des points et d'attribution des bonus, mais le format de l'épreuve change. Cinq provinces néo-zélandaises, trois australiennes et quatre sud-africaines se disputent un championnat où chaque équipe rencontre une fois toutes les autres, une année à domicile, la suivante à l'extérieur. Les quatre meilleures équipes à l'issue de ce championnat se retrouvent en demi-finale, et les deux vainqueurs en finale, le match se jouant toujours sur le terrain du mieux classé. En 2006, la Sanzar a accueilli deux nouvelles provinces, la Western Force australienne et les Central Cheetahs sud-africains, pour transformer le Super 12 en Super 14. Il faut multiplier les matchs pour allonger la compétition et augmenter le nombre de matchs télévisés. Il est vrai que les diffuseurs de l'hémisphère sud ont considérablement réévalué les montants versés à la Sanzar et ils en veulent pour leur argent. Une nouvelle formule est d'ailleurs inaugurée en 2011, avec la création d'une quinzième équipe, les Melbourne Rebels. Les trois pays participant ont maintenant chacun cinq provinces engagées dans l'épreuve et une compétition qui court de mi-février à fin juin. Initialement nommée « Super 15 », cette compétition devient finalement le Super Rugby.

LÉGENDE

Les équipes qui animent la compétition depuis l'origine, à part les Australiens des Brumbies (2 victoires) et les Sud-Africains des Bulls (3 victoires), sont toutes néo-zélandaises : les Blues (3 victoires) et surtout les Crusaders (7 victoires depuis 1998!) trustent en effet les performances…

Tableau 11-3 : Le palmarès du Super Rugby

Année	*Vainqueur*
1996	Auckland Blues (N-Z)
1997	Auckland Blues (N-Z)
1998	Canterbury Crusaders (N-Z)
1999	Crusaders (N-Z)
2000	Crusaders (N-Z)
2001	Brumbies (Aus)
2002	Crusaders (N-Z)
2003	Blues (N-Z)
2004	Brumbies (Aus)
2005	Crusaders (N-Z)
2006	Crusaders (N-Z)
2007	Bulls (AdS)
2008	Crusaders (N-Z)
2009	Bulls (AdS)
2010	Bulls (AdS)

Les test-matchs

On a vu que le calendrier international, pour les sélections nationales, s'orientait autour de quelques rendez-vous majeurs : le Tournoi des VI Nations pour l'Europe, le Tri Nations pour l'hémisphère sud, et la Coupe du monde tous les quatre ans. Mais ces pays ont besoin de se rencontrer d'un hémisphère à l'autre plus régulièrement. C'est pour cela que le calendrier international prévoit deux périodes pour les tournées. En juin et juillet pour les nations de l'hémisphère nord qui se rendent dans l'hémisphère sud, et en novembre dans le cas inverse.

Ces rencontres ne participent au classement d'aucune compétition. En revanche, elles peuvent être le support pour l'attribution d'un trophée, comme le trophée Dave-Gallaher, remis au vainqueur du match ou de la série entre la France et la Nouvelle-Zélande, en hommage au capitaine des Blacks de la tournée de 1905. Lorsqu'un pays dispute plusieurs test-matchs face au même adversaire, on attend le résultat de tous les matchs pour savoir qui a gagné la série.

Chapitre 12

La pratique du rugby

Dans ce chapitre :

- Le choix d'un club
- Les formalités d'inscription
- La préparation physique et l'équipement

Se mettre au rugby, si vous êtes débutant, n'est pas sorcier. La Fédération française de rugby et les comités qui se partagent l'ensemble du territoire vous dirigeront vers le club le plus proche de chez vous. Les formalités sont simples et l'équipement de base peu coûteux pour faire de vous un joueur de rugby. Il ne vous restera plus qu'à trouver le club qui vous sied le mieux par son ambiance, son ambition, sa taille... ou celui qui correspond le plus possible à votre propre idée de ce sport.

Choisir son club

ATTENTION !

La Fédération française de rugby est aujourd'hui représentée partout sur le territoire français. Elle régit le rugby amateur et, à ce titre, c'est à elle qu'il faut s'adresser pour tout ce qui concerne la pratique du rugby. Votre première démarche est donc de vous renseigner auprès de la FFR ou de votre mairie pour connaître le club le plus proche de chez vous. Mais la proximité géographique ne doit pas être votre seul critère. Le rugby est un sport d'équipe, où le relationnel est capital. Pour en revenir aux principes de ce sport, on ne peut pas se montrer solidaire avec des coéquipiers avec lesquels on n'a pas d'affinités. C'est pourquoi il ne faut pas hésiter à prendre la température d'un club, à venir voir les entraînements et les matchs sur le bord du terrain d'abord, pour comprendre comment fonctionne cette équipe et quelles sont les relations entre les joueurs. Il n'est pas inutile non plus de passer au *club house* après un match, car c'est souvent là que l'on appréhende le mieux l'âme d'une équipe.

Voilà pour l'esprit. Mais il reste l'autre composante primordiale : le sportif. Il vous faut un club qui corresponde à vos ambitions sportives. Le calendrier amateur est divisé entre les compétitions fédérales, gérées par la fédération et qui correspondent au haut niveau amateur, et les compétitions territoriales, gérées par les comités régionaux.

Si vous êtes un compétiteur (ou une compétitrice), sportif dans l'âme et avec un bon niveau de sport, n'hésitez pas à vous tourner vers des grands clubs avec plusieurs équipes. Vous aurez ainsi tout le loisir de progresser et d'intégrer des équipes évoluant dans des compétitions de plus en plus relevées. Si c'est l'esprit rugby qui vous attire le plus et que le côté compétition n'est pas primordial, n'hésitez pas à intégrer un petit club ou une association de petite taille. Vous n'y serez jamais champion de France dans votre catégorie, mais « l'essentiel est de participer ».

Il existe néanmoins deux règles d'or qu'il ne faut pas perdre de vue :

- **Si vous n'avez jamais joué au rugby ou que votre niveau est plutôt faible, dirigez-vous plutôt vers des clubs formateurs avec un vrai personnel d'encadrement.** Le rugby ne s'invente pas et il est toujours plus facile de suivre des professionnels formés pour vous initier sans vous dégoûter.
- **La pratique du rugby ne se conçoit pas sans match.** L'entraînement peut être un plaisir et une manière de s'entretenir ou de faire du sport, mais pour comprendre et vivre le rugby, il faut faire des matchs, quel que soit le niveau de ceux-ci. Le rugby est un sport de combat collectif, dont le respect de l'adversaire et du partenaire est le fondement. Il vous faut donc un adversaire et des matchs. Car sans match, mine de rien, pas de troisième mi-temps !

Tableau 12-1 : Les catégories amateurs

Âge	*Catégorie*
Moins de 17 ans	Teulière
	Cadets territoriaux
Moins de 19 ans	Danet
	Philiponeau
	Balandrade
	Crabos
19 ans et plus	4e série
	3e série
	2e série

Tableau 12-1 : Les catégories amateurs (*suite*)

Âge	*Catégorie*
	1re série
	Promotion honneur
	Division honneur
	Fédérale 3
	Fédérale 2
	Fédérale 1

Les démarches administratives

S'inscrire dans un club de rugby n'est pas si compliqué. Pour obtenir une licence, les deux documents de base sont la fiche de renseignements – qui contient vos coordonnées personnelles et celles des personnes à prévenir en cas d'accident – et l'affiliation sportive (AS) à la fédération (qui est en fait la demande de licence). Cette demande de licence s'accompagne d'un certificat médical pour la pratique du rugby qui vous est délivré par votre médecin traitant.

À cela s'ajoute habituellement une photocopie de la carte d'identité ou du livret de famille, des photos d'identité (notamment pour la licence) et le règlement de la licence. Celle-ci prend en charge les déplacements, l'équipement et l'assurance prise par la fédération pour couvrir tous les pratiquants. À ce titre, la Fédération française de rugby recommande à tous ses licenciés de prendre une assurance personnelle supplémentaire pour bien se couvrir de tous les risques inhérents à la pratique du rugby, notamment pour les cas d'invalidité supérieurs à 66 %.

Tableau 12-2 : Le prix de la licence (tarif indicatif)

Catégorie	*Prix*
École de rugby (de 5 à 9 ans)	80 €
Cadets	105 €
Juniors	120 €
Seniors	180 €

Chaque club a ses propres habitudes et besoins en termes de démarches administratives, mais voilà la base de ce qui vous sera demandé. Vous pouvez aussi vous diriger vers le comité qui gère votre club de rugby. Il y a des liens internet vers tous les comités de France sur le site internet de la Fédération française de rugby : www.ffr.fr.

Entraînement et équipement

On ne vous demandera jamais lorsque vous débuterez le rugby de vous soumettre à la même charge que les professionnels, à savoir un ou deux entraînements par jour. En règle générale, il vous sera proposé entre deux et trois entraînements par semaine, selon le niveau auquel vous évoluez.

La reprise de la saison s'accompagne régulièrement d'une remise en forme physique avec un gros travail foncier. Le but est d'établir une forme physique de base élevée et uniforme sur l'ensemble de l'équipe. Elle permet aussi de gommer les effets parfois indésirables des vacances. Cette base étant acquise, la semaine est divisée généralement en trois parties : la préparation physique, l'entraînement collectif et le match.

Le physique

Quel que soit le niveau auquel vous évoluez, le rugby est un sport qui demande une grande dépense d'énergie et nécessite une bonne préparation physique. En plus de la course, il est effectivement demandé au joueur de plaquer, sauter (en touche) et même de combattre.

Aujourd'hui, tous les entraîneurs insistent sur cette partie de la préparation, en développant notamment la capacité à enchaîner les efforts sur la durée d'un match. L'époque où les piliers devaient s'occuper de la mêlée et le deuxième ligne de la touche est révolue. Tout le monde participe au jeu et cela demande une vraie condition physique.

L'entraînement physique est en général le premier de la semaine (le mardi), parce que le plus fatigant, et il faut ensuite vous laisser le temps de récupérer.

Le jeu

Être prêt physiquement n'a d'autre but que de vous permettre ensuite de jouer et d'appliquer les consignes et les tactiques de l'entraîneur. Cette partie de la préparation est généralement la plus ludique, notamment parce qu'elle se déroule avec le ballon. Elle est en général divisée en deux phases.

La première est constituée d'ateliers où l'on travaille des combinaisons ou des séquences spécifiques à chaque poste, comme la touche, la mêlée ou les situations d'affrontement balle en main, comme les « 2 contre 1 » ou les « 3 contre 2 ». La deuxième partie de cet entraînement consiste à réaliser en équipe les exercices effectués précédemment. Cela se fait généralement avec l'équipe qui va débuter le match le dimanche suivant et les remplaçants, plus les autres joueurs en opposition. Cet entraînement est traditionnellement le plus proche du match parce que le moins exigeant physiquement, et afin que les combinaisons et les tactiques mises en place restent fraîches dans les esprits. Le jour du match, durant l'échauffement, il suffit alors de rappeler les bases.

L'équipement

La pratique du rugby nécessite un équipement pas forcément très cher, mais impératif. À commencer par le protège-dents, devenu obligatoire. Il en existe des standards, que l'on peut se procurer dans les magasins de sport, mais il est recommandé de s'en faire préparer un sur mesure par votre dentiste.

Toujours dans le domaine des protections, le casque est recommandé, notamment pour les postes d'avant. En plus de protéger des coups, il évite les frottements derrière les oreilles, qui sont réguliers chez les joueurs de la mêlée ; les protections sous les maillots se sont aussi généralisées, qui protègent en partie les épaules, les côtes et la colonne vertébrale. Les protège-tibias sont aussi autorisés.

Il est également recommandé de porter deux paires de chaussettes, dont une fine que vous mettez sous les chaussettes de rugby. Elle permet que les frottements se fassent entre les deux couches et non sur la peau, limitant ainsi les ampoules.

On en arrive aux chaussures. Il vous faut des chaussures à crampons, « métal » ou « moulés », selon votre préférence et votre poste. En règle générale, les avants, qui doivent avoir des appuis ancrés lors des phases de mêlée choisissent des crampons métal, plus ou moins longs selon la qualité du terrain. Les arrières se portent plus volontiers sur les moulés, plus légers. Il vous faut également une paire de tennis classiques pour les entraînements physiques. À vous de voir ce que vous souhaitez intégrer à votre équipement, en sachant que la saison de rugby débute en septembre et qu'elle bat son plein pendant l'automne et l'hiver. Vous pouvez prévoir le nécessaire pour vous entraîner sous la pluie et dans la boue sans perdre votre plaisir.

Sortez couvert !

Le rugby est un sport qui se pratique en automne et en hiver, dans des conditions parfois difficiles et sur des terrains boueux. Il faut toujours prévoir pour l'entraînement un deuxième tee-shirt à mettre sous le maillot, et éventuellement un K-way pour les jours de pluie. Les crèmes chauffantes à appliquer avant l'effort peuvent être utilisées par temps froid pour éviter les blessures.

Chapitre 13

L'école de rugby

Dans ce chapitre :

- Une école de la vie
- S'amuser en toute sécurité

Le rugby a parfois souffert de sa réputation de sport brutal, et effrayé les parents qui voulaient inscrire leurs enfants dans un sport. Soyons clairs dès le début : la pratique du rugby peut provoquer des bleus et des écorchures aux genoux. Mais il n'est pas plus dangereux que les autres sports de contact ! Les protections qui existent pour le corps et les règles du rugby adaptées aux enfants protègent ceux-ci des accidents. Tout est fait aujourd'hui pour qu'ils ne passent pas à côté des qualités éducatives et humaines de ce sport à cause de la crainte qu'il a pu inspirer par le passé. L'apprentissage du rugby aux enfants passe par le dépassement de la crainte de l'affrontement physique et de la peur de mal faire, et cela par le plaisir du jeu et le sens du collectif. La pratique du sport va de pair avec l'épanouissement de qualités humaines.

La mission de l'école de rugby

La différence principale entre l'école de rugby et le club classique est la mission de formation qu'elle intègre. Il ne s'agit pas seulement d'apprendre aux enfants à jouer au rugby, il faut aussi leur enseigner les valeurs de ce sport. L'école de rugby est une école de la vie. C'est pourquoi son choix est capital et doit être fait avec précaution. Il faut que les parents accompagnent les enfants pour découvrir le club et voir s'il correspond à la mentalité du jeune. Certaines écoles de rugby sont plus axées vers la compétition que d'autres et correspondent mieux à certains caractères. Il est important d'encourager les enfants à s'inscrire à plusieurs avec des copains ; il leur sera plus facile de s'intégrer ensuite à l'équipe.

Ne vous inquiétez pas non plus pour le gabarit de votre enfant. Il n'est pas nécessaire à cet âge d'avoir un corps d'athlète. Le rugby est communément qualifié de « sport pour les déménageurs de pianos et pour ceux qui jouent du piano ». Il y a des places pour tous les gabarits dans le rugby : les petits, les grands ou les gros…

Tableau 13-1 : Les catégories d'âge

Âge	*Catégorie*
De 5 à 9 ans	Mini-poussins
De 9 à 11 ans	Poussins
De 11 à 13 ans	Benjamins
De 13 à 15 ans	Minimes
De 15 à 17 ans	Cadets
De 17 à 19 ans	Juniors
Plus de 19 ans	Seniors

Les démarches administratives

Ce sont les mêmes démarches que pour les adultes en termes de papiers à fournir pour obtenir la licence (voir chapitre 12). Il faut en plus ajouter une autorisation parentale dans la mesure où les enfants sont mineurs.

L'entraînement et l'équipement

ATTENTION !

Comme pour les adultes, les séances d'entraînement de votre enfant dépendront en grande partie de son attrait pour son sport, du niveau du club dans lequel il va s'intégrer, et de son esprit de compétition. Les enfants commencent en général avec le traditionnel entraînement du mercredi après-midi. Il n'est pas nécessaire, surtout pour les jeunes classes d'âge qui commencent à 5 ans, de prévoir plus. Il ne faut pas surentraîner un enfant. Il est d'une part en pleine période de croissance et le haut niveau ne s'improvise pas – il exige d'ailleurs un suivi médical. De plus, il faut éviter de les dégoûter. Le rugby est un sport où le principe premier est de prendre du plaisir.

Une fois l'entraînement programmé, il vous faut équiper vos futurs joueurs ou joueuses pour qu'ils puissent s'amuser dans la boue. Les protections sont primordiales, des protège-tibias au protège-dents (obligatoire), en passant par le casque, pas forcement esthétique mais très utile. Le choix des chaussures est important également. Peu importe la couleur, il faut des chaussures à crampons de qualité, car l'enfant est encore en phase de croissance. Pour ceux qui se spécialisent vers les postes d'avant, le choix de chaussures montantes peut se révéler judicieux pour protéger les chevilles, mais quoi qu'il en soit il est nécessaire de prendre conseil auprès de l'entraîneur ou d'un podologue.

Voilà autant de protections contre les coups et les éléments qui protégeront les futurs champions, mais dites-vous bien que leur meilleure protection vient des éducateurs. Tout est fait aujourd'hui dans les écoles de rugby pour que ce sport représente une pratique sans risque (compte non tenu des bleus et des écorchures bien sûr). Les règlements sont adaptés à l'âge des joueurs et, dans les petites catégories, le nombre de joueurs et les phases de jeu dites « à risques », comme la mêlée, sont modifiés pour éviter les blessures.

Que mettre dans le sac de votre enfant ?

- Un maillot de rugby pour l'entraînement (le maillot, le short et les bas de match sont fournis par le club) ;
- Un deuxième tee-shirt pour mettre sous le maillot lorsqu'il fait froid ;
- Un short ;
- Un survêtement complet à utiliser pendant l'échauffement pour monter en température et ne pas se refroidir avant le début des exercices avec ballon ;
- Un K-way ou équivalent pour les temps de pluie ;
- Deux paires de chaussettes dont une plus fine à mettre en premier pour que les frottements se fassent entre les deux tissus et non sur la peau ;
- Une paire de crampons ;
- De l'Élastoplast pour protéger les parties du corps qui risquent d'être traumatisées : doigts, poignet, chevilles, oreilles… ;
- Un protège-dents ;
- Éventuellement, un casque, des protège-tibias et une protection pour les épaules à mettre sous le maillot ;
- Une grande serviette et du savon, car la douche est indispensable après l'entraînement ;
- Un sac plastique pour isoler les crampons, le maillot et le short, souvent boueux, du reste des affaires dans le sac.

Sixième partie

La partie des Dix

Dans cette partie…

Vous découvrirez 80 « chefs-d'œuvre » inscrits au patrimoine du rugby mondial. Qu'il s'agisse de matchs d'anthologie, comme le fabuleux Barbarians – Nouvelle-Zélande de 1973, d'équipes de légende, comme le grand Béziers des années 1970 ou de personnalités marquantes de l'histoire du rugby, comme le baron Pierre de Coubertin.

Vous pénétrerez dans le temple de Twickenham et dans le jardin de l'Eden Park, des stades mythiques qui résonnent encore du bruit des furieuses batailles qui y furent livrées.

Comme le rugby est aussi une affaire d'honneur et de gloire, vous apprendrez l'origine et l'histoire des trophées qui récompensent ces valeureux guerriers.

Des guerriers amoureux du rugby dans tous les cas, dont le fabuleux destin de joueur a été au rendez-vous parfois. Mais aussi des guerriers qui souvent ont vu leur destin lié à celui d'un partenaire, car le rugby est avant tout un sport collectif.

Chapitre 14

Dix matchs de légende

Dans ce chapitre :

- Des finales de légende
- Des rencontres d'anthologie
- Un rendez-vous à ne pas manquer

Depuis 1871, les rencontres de rugby se succèdent de par le monde. De Paris à Londres, de Dublin à Buenos Aires, de Durban à Auckland, les stades sont les témoins privilégiés des grands combats, des grandes équipes, des grands joueurs et même des grands arbitres. Certaines équipes sont entrées directement dans le panthéon du rugby avant même que le coup de sifflet final n'ait retenti. Il n'y a pas de recette miracle ou infaillible permettant de classer un match parmi les « grands », mais le public de l'Arms Park de Cardiff ne se trompa pas lorsqu'il ovationna les 30 joueurs d'un historique Barbarians – Nouvelle-Zélande, en janvier 1973. Cette rencontre est sans doute la référence suprême de ce que l'on désigne comme un « grand match » ! Durant 80 minutes, les acteurs du jeu ont offert tous les beaux gestes du rugbyman (voir chapitre 6), les crochets répondant aux attaques, les croisées répliquant aux relances, pendant que les gros s'affrontaient en mêlées et en touche. De ce jour, on se pencha davantage sur le passé afin de repérer d'autres rencontres monumentales, qui n'avaient pas eu la chance de passer à la postérité, parce qu'elles n'étaient pas télévisées.

Dans ce chapitre, nous revivrons ces moments forts et ces points culminants de l'histoire du rugby. Que ce soit au niveau national, avec des finales du championnat de France à couper le souffle, ou international, avec la Coupe d'Europe des clubs, dans le cadre du Tournoi, lors de test-matchs, ou encore lors de la Coupe du monde, qui nous entraîne sur les sommets du suspense. Enfin, impossible d'ignorer l'affiche la plus ancienne du rugby. Depuis 1872, les deux écoles mythiques, Oxford et Cambridge, s'affrontent régulièrement sous leurs couleurs traditionnelles : les bleu marine contre les bleu clair.

La fiche du match, mode d'emploi

Après le résumé de chaque rencontre, des tableaux récapitulatifs intitulés « La fiche du match » donnent le score final (et, entre parenthèses, le score à la mi-temps), les points marqués par chaque équipe (E = essai ; T = transformation ; B = but de pénalité ; D = drop), ainsi que la composition des équipes, présentées par lignes et par ordre décroissant (du numéro 15 au numéro 1), comme c'est l'usage, en précisant les joueurs qui occupaient les postes d'ouvreur (o), de milieu (m) et de capitaine.

Lourdes – Racing 1957

Le championnat de France, qui existe depuis 1892, est l'une des plus vieilles compétitions nationales (voir chapitre 9). Le titre de champion fut toujours attribué au vainqueur de la finale, à deux exceptions près : en 1894 et 1895, le championnat est disputé en poules finales de quatre clubs, et le premier au classement devient champion. Si finale ne rime pas toujours avec spectacle, il y en a pourtant qui sortent du lot, où le beau jeu prend le pas sur l'enjeu. C'était le cas, notamment, en 1957, avec la belle équipe de Lourdes opposée à un ambitieux Racing.

On s'attend à une rencontre de haut vol entre les deux équipes. Sur la pelouse de Gerland, à Lyon, où se déroule la rencontre, pas moins de 13 internationaux sont présents. À une époque où les meilleurs joueurs sont largement « essaimés » dans un championnat très large (48 clubs), l'exploit n'est pas mince. Les deux équipes rivalisent de talent : le Racing, avec un pack conquérant composé des Moncla-Crauste-Brun, et Lourdes, grâce à ses lignes arrière fortes de Lacaze, Martine et Maurice Prat (pour ne citer qu'eux), promettent un joli spectacle. Le match tient toutes ses promesses et les 30 000 spectateurs sont ravis. Une course-poursuite s'engage entre les deux équipes. Lourdes se détache et mène 11-0 à la 50e minute. Le Racing se réveille alors, revenant à 11-10. La partie n'est plus seulement excellente, mais haletante. Il reste à peine trois minutes à jouer et Lourdes mène 16-13. Le Racing tente son va-tout et joue au pied. Le ballon roule dans l'en-but… Le titre dépendra du rebond : favorable ou non aux Parisiens. Hélas pour le Racing, le ballon revient dans les bras du demi de mêlée lourdais François Labazuy, qui se dégage. Un dernier drop manqué donne définitivement le titre au FC Lourdais. Cette finale sera qualifiée de « plus belle depuis la création du bouclier de Brennus », en 1892.

La fiche du match

FC Lourdes – Racing CF : 16-13 (8-0)

26 mai 1957, à Lyon (Gerland)

Points : Lourdes 4 E : Rancoule (2), Barthe (1), Donnec (1), 2 T : A. Labazuy, Lacaze – Racing 2 E : M. Gris, Vannier ; 1 B ; 2 T Vannier

Arbitre : M. Durand

Spectateurs : 30 000

FC Lourdes : Lacaze – Rancoule, Martine, M. Prat, Tarricq – (o) A. Labazuy, (m) F. Labazuy – Domec, Barthe, J. Prat (capitaine) – Guinle, Laffont – Mantérola, Deslus, Taillantou

Racing CF : Vannier – Conquet, Marquesuzza, Vignes, Chappuis – (o) Chaubet, (m) Dufau (capitaine) – Moncla, Crauste, Brun – Grousset, M. Gri – Bourbié, Labèque, Paillassa

La belle année 1957

Malgré les déconvenues du XV de France dans le Tournoi (quatre défaites), le rugby français se porte plutôt bien cette année-là. Dans l'Hexagone, plusieurs équipes pratiquent un rugby léché et spectaculaire. Lourdes et le Racing font preuve tout au long de la saison d'une belle régularité et d'un jeu peaufiné. Mais ils ne sont pas seuls : Mont-de-Marsan se montre aussi très à l'aise avec sa paire d'attaquants racée : les frères Boniface. À quelques kilomètres de là, les Dacquois ne sont pas en reste. Ils rivalisent avec le voisin de toujours dans des relances folles et des courses vives et instinctives. Une autre équipe montre le bout de son nez : Béziers, qui apparaît comme un outsider dangereux grâce à un rugby complet et diversifié. Disposant d'un riche réservoir de joueurs de talent, le XV de France partira un an plus tard conquérir la terre des Springboks pour une tournée historique, ponctuée d'une première victoire (voir chapitre 16).

Toulouse – Toulon 1985

Cette affiche est sans doute l'une des plus belles finales de l'après-guerre ! Toulouse, en avance sur son temps, affronte Toulon, alors au sommet de son art, pour une finale du championnat de France explosive. Pour en arriver là, le Stade Toulousain a sorti Béziers en quart de finale (21-0), d'une manière sèche qui ressemble un peu à une passation de pouvoir. De son côté, et comme un symbole, Toulon a lui aussi éliminé un ténor du championnat : le FC Lourdes dispute cette année-là sa dernière demi-finale avant de plonger dans les divisions inférieures du rugby français.

Le match est équilibré, les deux équipes prennent chacune son tour l'avantage à la marque. Le demi de mêlée de l'équipe de France, le Toulonnais Jérôme Gallion, croit tenir la victoire après son essai de la 70e minute, mais Denis Charvet égalise sur une passe d'Éric Bonneval : il faut jouer la prolongation, comme l'année précédente entre Agen et Béziers ! Elle sera favorable à Toulouse, dans un Parc des Princes rouge de plaisir. Éric Bonneval, puis Gérard Portolan donnent de l'avance au Stade Toulousain avant que Denis Charvet, auteur d'un troisième essai, ramène définitivement le bouclier de Brennus place du Capitole ! C'est le premier titre d'une longue série pour le Stade Toulousain, qui sera l'équipe des années 1990. Toulon, pour sa part, deviendra champion deux ans plus tard face au Racing.

La fiche du match

Toulouse – Toulon : 36-22 a. p. (3-12, 19-19)

25 mai 1985, au Parc des Princes

Points : Toulouse 6 E : Bonneval (2), Charvet (3), C. Portolan ; 3 T et 2 B : Lopez – Toulon 2 E : Fournier, Gallion ; 1 T : Bianchi ; 3 B : Bianchi (2), Cauvy ; 1 D : Cauvy

Arbitre : M. Bressy

Spectateurs : 47 000

Toulouse : Gabernet (capitaine) – Rancoule, Bonneval, Charvet, Novès – (o) Rougé-Thomas, (m) Lopez – Janik (puis Lecomte), Cigagna, Maset – Cadieu (puis Janik), G. Portolan (puis Giraud) – C. Portolan, Santamans, Breseghello

Toulon : Bianchi (puis Fargues) – Jehl, Blachères (puis Fournier), Carbonel, Fournier (puis Salvarelli) – (o) Cauvy, (m) Gallion – Doucet, Coulais (capitaine), Champ – Pujolle, Occhini – Braendlin, Herrero, Diaz

La finale de tous les records

Les 47 000 spectateurs du Parc des Princes ne s'attendaient certainement pas à vivre une finale d'une telle intensité, aussi prolifique en points… et surtout en essais. Six pour Toulouse et deux pour Toulon : on a frôlé le record historique des neuf essais atteint lors des finales 1900 et 1913. De plus, le trois-quarts centre Denis Charvet signe un triplé (trois essais), exploit suffisamment rare pour être souligné. Aucun joueur n'avait réussi pareille performance depuis 1913 et les quatre essais inscrits par Eugène Lissalde, un deuxième ligne… Enfin, avec 36 points au compteur, le champion de France détient le record de l'époque moderne (c'est-à-dire de l'après-guerre). Seule la finale de 1900 a été plus productive, avec 37 points pour le Racing face au Stade Bordelais. À noter que les 36 points de Toulouse ont tenu 18 ans. Ils ont été battus, trois fois consécutives, par le Stade Français, en 2004 (38 points), et par Biarritz, en 2005 et 2006 (37 et 40 points). Mais n'oublions pas qu'en 1985 l'essai ne rapportait que 4 points. Avec le règlement d'aujourd'hui, Toulouse aurait marqué 42 points…

Brive – Leicester 1997

La Coupe d'Europe a plus de dix ans (voir chapitre 10). Elle a contribué à combler le fossé existant entre les compétitions nationales et les rencontres internationales. Les joueurs abordent cette épreuve d'une manière différente, car elle se dispute en club. Et défier des Anglais, des Gallois ou des Irlandais reste toujours une belle aventure, surtout lorsque se profile le titre de champion d'Europe. La finale de la seconde édition de la Coupe d'Europe, en 1997, fut marquée par une magnifique opposition de styles entre une équipe anglaise de Leicester comptant de nombreux internationaux dans ses rangs et un Brive rayonnant.

La rencontre se déroule dans le vieil Arms Park de Cardiff. Mais le stade semble hostile aux Corréziens, tant les 20 000 supporters anglais sont déchaînés. La petite colonie française, forte de 3 000 irréductibles, se fait pourtant entendre. Brive est loin d'être favori : la presse anglaise ne jure que par les Tigres de Leicester, l'équipe qui compte une demi-douzaine de titulaires du XV de la rose, comme Martin Johnson, Neil Back, Rory Underwood, Will Greenwood, Austin Healey ou Graham Rowntree. Le début du match va faire mentir les spécialistes. À peine cinq minutes de jeu, et l'arrière briviste Sébastien Viars s'enfuit le long de la touche, joue les funambules sur la ligne, feinte, rentre et sprinte jusque dans l'en-but pour une merveille d'essai. Le stade est cloué! Bien en place, Brive occupe le terrain. Les Anglais, sans s'affoler, reviennent dans la rencontre, et mènent

9-8 même après 50 minutes. C'est à cet instant précis que le match bascule. L'ailier Gérald Fabre prend le grand Rory Underwood à l'extérieur et marque au terme d'une folle course. Dès cet instant, il n'y a plus qu'une équipe sur la pelouse. Brive enchaîne à la perfection jeu groupé et grandes envolées. Les mouvements collectifs succèdent aux exploits individuels. Viars, inspiré, s'intercale et offre deux nouveaux essais au sprinteur Sébastien Carrat. Brive devient champion d'Europe à l'issue d'une rencontre de toute beauté, saluée par tous les spécialistes, y compris l'entraîneur de Leicester, l'Australien Bob Dwyer.

La fiche du match

Brive – Leicester : 28-9 (8-6)

25 janvier 1997, à Cardiff (Arms Park)

Points : Brive 4 E : Viars, Fabre, Carrat (2) ; 1 B ; 1 D ; 1 T : Lamaison – Leicester 3 B : Liley

Arbitre : M. Bevan

Spectateurs : 46 000

Brive : Viars – Fabre, Lamaison, Venditti, Carrat – (o) Penaud (puis Paillat), (m) Carbonneau – Kacala, Duboisset (puis Labrousse), Van der Linden (puis Domi) – Ross, Alégret (puis Rees) – Crespy, Travers, Casadéi (puis Bouti). Entraîneurs : Laurent Seigne et Pierre Montlaur

Leicester : J. Liley – Hackney, Creenwood, Potter, R. Underwood – (o) R. Liley, (m) Healey – Back, Richards (capitaine) (puis Miller), Wells – Poole, Johnson – Carforth, Cockerill, Rowntree. Entraîneurs : Bob Dwyer et Duncan Hall

Galles – France 1968

ATTENTION !

Avant la création de la Coupe d'Europe, le Tournoi fut longtemps la seule référence du rugby européen (voir chapitre 10). Pourtant, au départ, ce n'était même pas une compétition officielle. Il l'est devenu seulement en 1993, avec un classement tout ce qu'il y a de plus conforme. Durant chaque hiver, dix matchs se disputaient entre les nations britanniques, l'Irlande et la France. Il est bien difficile d'isoler une rencontre tant la légende du rugby s'est écrite avec le Tournoi. Les Gallois des années 1970 furent merveilleux, tout comme les Écossais de David Sole, en 1990. L'Irlande était invincible juste après la guerre, et les Anglais torturèrent longtemps les tricolores. Si l'on doit choisir un match malgré tout, prenons celui qui décomplexa définitivement le rugby français : la victoire des Bleus à Cardiff, en 1968, pour le premier grand chelem de leur histoire.

Au moment où elle pénètre sur la pelouse de l'Arms Park, la France est encore invaincue dans le Tournoi, cette année-là. Après avoir battu l'Écosse, l'Irlande et l'Angleterre, les Bleus ne sont pourtant pas favoris face à Gareth Edwards et Barry John. Jean Salut blessé, Walter Spanghero est rappelé au poste de troisième ligne aile. Dans la boue, les Français font rapidement front aux assauts gallois. Pas de place pour la beauté du geste, le capitaine, Christian Carrère, demande à ses hommes de tenir après avoir marqué un essai à la suite du drop contré de Lilian Camberabero. La France refait son retard alors qu'Edwards, et surtout Barry John tentent l'impossible. Finalement, la France s'impose dans un immense combat et conquiert le premier grand chelem de son histoire. Carrère est porté en triomphe sur les épaules de Yachvili, Spanghero, Plantefol, Cester, Dourthe et des frères Camberabero : il a mis fin à 60 ans de mauvais rebonds dans le Tournoi. Le match ne fut pas esthétique, mais la bravoure manifestée à Cardiff ce jour-là équivaut à bien des envolées.

La fiche du match

Galles – France : 9-14 (3-9)

25 mars 1968, à Cardiff (Arms Park)

Points : Galles 1 E : Keri Jones ; 2 B : Rees – France 2 E : Carrère, L. Camberabero ; 1 B ; 1 D ; 1 T : G. Camberabero

Arbitre : M. Laidlaw (Écosse)

Spectateurs : 55 000

France : Lacaze – Bonal, Dourthe, Maso, Campaès – (o) G. Camberabero, (m) L. Camberabero – Carrère (capitaine), Greffe, Spanghero – Plantefol, Cester – Noble, Yachvili, Lasserre

Galles : Rees – K. Jones, Dawes (capitaine), Raybould, Richards – (o) John, (m) Edwards – Taylor, R. Jones, Morris – Wiltshire, D. Thomas – Lloyd, Young, O'Shea

France – Afrique du Sud 1961

Assurément, il n'y a rien à gagner : ni trophée, ni titre, ni coupe. Pourtant, les test-matchs entre deux nations sont de véritables rendez-vous. L'honneur est en jeu selon un défi bien dans la tradition britannique. Ce type de rencontre a bien sûr proposé de fameuses affiches, passées à la postérité. La France a remporté des victoires magistrales, chez les All Blacks, par exemple (1979 et 1994), ou encore au terme d'une formidable empoignade contre l'Afrique du Sud, le 18 février 1961.

Ce jour-là, c'est une redoutable équipe des Springboks que les Français s'attendent à affronter à Colombes. Les Sud-Africains ont encore en travers de la gorge l'humiliation infligée trois ans plus tôt par la bande de Lucien Mias, lors de la tournée victorieuse de 1958. Ils sortent eux-mêmes d'une tournée triomphale dans les îles Britanniques avec un grand chelem ; seule une défaite face aux Barbarians dément leur invincibilité. La première ligne est annoncée comme redoutable, avec un certain Du Toit comme pilier droit. Amédée Domenech en fait son affaire avec des rentrées en mêlée « au casque » (tête contre tête). Les Springboks se plaignent de la violence des Bleus. Du coup, après ce début d'intimidation, la rencontre est claire, engagée et correcte. Les Sud-Africains sont dans l'ensemble plus dangereux que les Bleus, mais ceux-ci résistent encore et toujours aux assauts des Wilson et autre Claassen. Le pack tricolore rivalise avec son hôte et le 0-0 satisfait finalement tout le monde : les Français, pour l'opinion publique, et les Boks parce que, battus dans l'agressivité, ils s'en sortent grâce à un bon rugby.

La fiche du match

France – Afrique du Sud : 0-0

18 février 1961, à Colombes

Arbitre : M. Walters (pays de Galles)

Spectateurs : 35 569

France : Vannier – Rancoule, G. Boniface, Bouquet, Dupuy – (o) Albaladejo, (m) Lacroix – Moncla (capitaine), Celaya, Crauste – Saux, Bouguyon – Roques, De Gregorio, Domenech

Afrique du Sud : Wilson – Antelme, Kirkpatrick, Gainsford, Engelbrecht – (o) Stewart, (m) Lockyear – H. Van Zyl, Hopwood, Pelser – Claassen, A. Malan (capitaine) – Du Toit, G. Malan, Kuhn

LÉGENDE

Le duc mène l'enquête

Amédée Domenech (1933-2003) est un des meilleurs piliers du monde à l'arrivée des Springboks sur le territoire. Le « duc », toujours très bien informé, entend parler d'un certain Du Toit. Il ne le connaît pas, mais tout le monde en dit le plus grand bien. Une fois sur le sol français, les Boks affrontent France B à Bordeaux; le duc, curieux, s'y rend incognito. Il assiste à la rencontre sans rien dire. Une fois le match terminé, il traîne du côté des vestiaires. Avec une paire de lunettes et un chapeau, il s'approche de ses prochains adversaires. Les journalistes français tentent de nouer le contact. Ainsi, parmi d'autres, une question fuse, directement adressée à Pieter du Toit. Le reporter lui demande ce qu'il pense de sa future opposition avec Domenech. Le Briviste tend l'oreille. L'armoire à glace répond alors avec un rire sarcastique : « Qui est ce Domenech ? Je ne le connais même pas ! » Domenech repart aussi sec avec une idée derrière la tête. Ou plutôt un coup de tête, qu'il assènera dès la première mêlée à Du Toit lors du test. Le pilier sud-africain sera dominé, et mis K.-O. par son rival inconnu.

Barbarians – Nouvelle-Zélande 1973

Que dire du grandiose Barbarians – Nouvelle-Zélande de 1973 ? Les amateurs, qu'ils soient joueurs ou observateurs, n'hésitent pas à le qualifier de « plus beau match de rugby de tous les temps » !

LÉGENDE

À Cardiff, un long frisson parcourt les tribunes chaque fois qu'Edwards, Gibson, Bennett ou J. Williams touchent le ballon ! Les All Blacks, pourtant maîtres du jeu après leur tournée sur le sol britannique, n'en reviennent pas ! Tout y passe : conquête, vitesse, soutien, traduits par les trois *p* (possession, passe, placement), si chers aux Néo-Zélandais, sont parfaitement mis en pratique par cette équipe de légende des Barbarians. Aujourd'hui encore, cette rencontre passe pour la plus belle que le rugby ait connue. Une affiche à encadrer, des maillots à conserver, des programmes devenus collectors et des tickets du match à observer au Muséum de Londres ! Il ne faut pas oublier l'exploit de ces Barbarians, réunis par tradition seulement trois jours avant la rencontre. Les voir ainsi s'entendre, se prendre au jeu, réussir des merveilles de combinaisons, faire preuve d'un esprit collectif aussi complet… Le génie est passé par là. La France n'est pas absente du rendez-vous, puisque Georges Domec est l'arbitre de la rencontre. Il s'efface devant la beauté des gestes et des mouvements. Le Néo-Zélandais Alex Wyllie lui dit en plaisantant, à la fin de la rencontre : « Vous auriez dû siffler plus souvent. Ça allait trop vite ! »

La fiche du match

Barbarians – Nouvelle-Zélande : 23-11 (17-0)

27 janvier 1973, à Cardiff (Arms Park)

Points : Barbarians 4 E : Edwards, Slattery, Bevan, J. Williams ; 2 T ; 1 B : Bennett – Nouvelle-Zélande 2 E : Batty ; 1 B : Karam

Arbitre : M. Domec

Spectateurs : 45 000

Barbarians : J. Williams (Gal) – Duckham (Ang), Dawes (capitaine) (Gal), Gibson (Irl), Bevan (Gal) – (o) Bennett (Gal), (m) Edwards (Gal) – Slattery (Irl), Quinnel (Gal), T. David (Gal) – Wilkinson (Ang), McBride (Irl) – Carmichael (Éco), Pullin (Ang), McLoughlin (Irl)

Nouvelle-Zélande : Karam – B. Williams, Robertson, Hurst, Batty – (o) Burgess, (m) Going (puis Colling) – Kirkpatrick (capitaine), Wyllie, Scown – P. Whiting, McDonald – Lambert, Norton, G. Whiting

Nouvelle-Zélande – France 1979

LÉGENDE

En 1979, la France, qui effectue une tournée dans l'hémisphère sud, vient de se faire secouer lors du premier test à Christchurch. Large défaite 23-9 ; les complexes grouillent à la veille du second test, à Auckland. Le capitaine Rives demande du courage à ses hommes, qu'ils soient novices, comme Dubroca, Salas ou Mesny, ou confirmés, comme Paparemborde, Aguirre ou Joinel ! Les Blacks sont surpris, la France pratique un rugby complet, juste et précis. Elle mène 24-10 à 20 minutes de la fin ! Rien à voir avec le premier test… Mais la pression des All Blacks s'accentue. L'avantage des Bleus fond comme neige au soleil. Plus que 5 points d'avance, un coup de pied long dans l'en-but… et c'en est fini de la victoire française. Enfin, pas tout à fait : avant que le ballon retombe, l'ailier montferrandais, Frédéric Coste, sprinte de l'aile opposée, récupère le ballon, et le dégage en touche. L'arbitre, M. West, siffle la fin de la rencontre. Première victoire française sur le sol néo-zélandais. Roger Couderc n'en revient pas ! Les Français ont mis le feu, et sans artifice…

La fiche du match

Nouvelle-Zélande – France : 19-24 (7-11)

14 juillet 1979, à Auckland

Points : France 4 E : Gallion, Caussade, Averous, Codorniou ; 1 B : Aguirre ; 1 D ; 1 T : Caussade – Nouvelle-Zélande 2 E : S. Wilson, Mourie ; 3 B : B. Wilson

Arbitre : M. West (Irlande)

Spectateurs : 55 000

France : Aguirre – Costes, Mesny, Codorniou, Averous – Caussade, Gallion – (o) Joinel, (m) Salas, Rives (capitaine) – Maleig, Haget – Dubroca, Dintrans, Paparemborde

Nouvelle-Zélande : B. Wilson – S. Wilson, Robertson, Jaffray, Watts – (o) Taylor, (m) Donaldson – Mourie (capitaine), Seear, Rutledge – Haden, Oliver – Knight, Dalton, Johnstone

TABLEAU NOIR

Juste milieu

Cette rencontre entre la France et la Nouvelle-Zélande coïncide avec de nouvelles règles de désignation de l'arbitre. En effet, le Board, jusqu'ici réticent à changer ses habitudes, confie la tenue des deux tests à M. John West, un arbitre irlandais et par conséquent tout à fait neutre. Il faut savoir qu'auparavant un arbitre du pays hôte était systématiquement désigné. Vous pouvez facilement imaginer le nombre de polémiques pour un essai refusé, une bagarre généralisée ou encore une touche non sifflée. Ce n'était pas simple de s'imposer à l'extérieur avec un arbitrage supposé partial... Durant cette tournée, M. John West, qui officia lors des deux tests, fut parfait. Il avait également dirigé un autre France – Nouvelle-Zélande, celui de 1977, à Toulouse, où la France l'avait emporté 18-13. En 1981, il était aussi au sifflet lorsque les deux nations se retrouvèrent au Parc des Princes. Cette fois-ci, la victoire revint aux hommes à la fougère. Sous les ordres de l'arbitre irlandais, les deux équipes se partagent le nombre de victoires : deux chacune.

Cardiff – Leicester 2009

L'histoire retiendra le nom de Jordan Crane, ce troisième ligne centre anglais qui donna la victoire à son équipe après une série de tirs au but complètement folle et inédite en rugby.

Mais, pour en arriver là, Cardiff et Leicester ont fait saliver le Millenium de Cardiff pendant 100 minutes brûlantes d'intensité, de suspense, de rebondissements. C'est une demi-finale de Coupe d'Europe. Leicester, en vieil habitué de ces rendez-vous printaniers, maîtrise son sujet et semble s'acheminer vers une nouvelle finale de Coupe d'Europe. Les Tigers mènent de 14 points, il reste trois minutes à jouer. Soudain, l'inconcevable se produit, Cardiff inscrit 2 essais en 2 minutes et égalise à 26-26 après une transformation du bord de la touche de Blair. Il est vrai que Leicester a concédé deux cartons jaunes durant ce laps de temps. La prolongation ne changera rien malgré les tentatives de drop de chaque côté, les deux équipes se séparent sur un score de parité. Le public n'en croit pas ses yeux! Personne n'imaginait un tel scénario, l'égalité parfaite étant extrêmement rare en rugby, les deux équipes ont marqué le même nombre d'essais, de buts et de transformations : il faut recourir à la séance de tirs au but. Toujours au coude à coude à l'issue de la première série (4-4), le suspense est insoutenable, désormais, le premier qui manque a perdu. Ce sont cette fois-ci les avants qui doivent buter. Le premier à craquer est le Gallois Martyn Williams, autre héros de ce match de légende, mais il faut que Leicester marque pour l'emporter, Jordan Crane s'avance, et écrit l'histoire de la Coupe d'Europe d'un coup de pied flottant juste au-dessus de la transversale.

La fiche du match

Cardiff – Leicester : 26-26 a. p. (12-13, 26-26, 6-7 tirs au but)

3 mai 2009, à Cardiff (Millenium)

Points : Cardiff 2 E : Roberts, James ; 2 T : Blair ; 4 B : Blair (2), Halfpenny (2) – Leicester 2 E : Murphy, Hamilton ; 2 T et 4 B : Dupuy

Arbitre : M. Roland (IRL)

Spectateurs : 42 412

Cardiff : Blair – Halfpenny, Shanklin, Roberts (Sweeney), James – (o) Robinson, (m) Rees – Williams, Rush, Molitika (Powell) – Tito (capitaine) (D. Jones), Davies – Jenkins, G. Williams, Filise (Yapp)

Leicester : G. Murphy (capitaine) – Hamilton, Hipkiss (A. Mauger) Vesty, J. Murphy (M. Smith) – (o) Flood, (m) Dupuy (Ellis) – Woods (Moody), Crane, Newby – Kay (Wentzel), Croft – Ayerza, Chuster (Kaiser), Castrogionanni (Withe)

Leinster – Munster 2009

La Coupe d'Europe a rendez-vous avec l'histoire : les deux plus redoutables provinces irlandaises s'affrontent pour la première fois de leur histoire en Coupe d'Europe. Le lieu ? Croke Park, haut lieu du sport gaélique où le rugby est toléré durant les travaux de Lansdowne Road. L'enjeu ? Rien moins qu'une finale de Coupe d'Europe où le Munster, double champion d'Europe (2006-2008), est donné largement favori.

Les Bleus contre les Rouges, Dublin contre Limerick, les hommes de la terre face aux universitaires dublinois, les couleurs et le contraste de l'Irlande sont résumés à travers cette rencontre qui s'annonce brûlante ! Le record de spectateurs pour un match de Coupe d'Europe est même battu, on le doit en grande partie à la « Red Army », l'armée de supporters rouges du Munster, qui s'est déplacée en nombre.

Contre toute attente, ce sont les avants du Leinster qui dominent ce début de match. L'Argentin Felipe Contepomi ouvre la marque grâce à un drop après un quart d'heure de jeu. Il se blessera gravement quelques minutes plus tard. Son remplaçant, Sexton, n'a pas le temps de se poser de questions, il marque un but puis envoie Gordon D'Arcy dans l'en-but. À la pause, le Leinster déchaîné mène 11-6. Seul Ronan O'Gara a marqué pour le Munster.

La deuxième mi-temps est totalement dominée par le Leinster. Le surpuissant pack de la province de Limerick explose à chaque impact. La vitesse et l'intensité redoublent dans le camp des hommes de Brian O'Driscoll. En face, le capitaine Paul O'Connell est résigné, le Leinster l'emporte sur un large score de 25-6, avec trois essais à la clé. La sensation est énorme à Dublin. Ce sera la première finale de l'équipe de l'entraîneur Michaël Cheïka. Le Leinster remportera finalement le trophée devant les Anglais de Leicester, à Édimbourg.

La fiche du match

Leinster – Munster : 25-6 (11-6)

2 mai 2009, à Dublin (Croke Park)

Points : Leinster 3 E : D'Arcy, Fitzgerald, O'Driscoll ; 1 D : Contepomi ; 2 T et 1 B : Sexton – Munster 2 B : O'Gara

Arbitre : M. Owens (Galles)

Spectateurs : 82 208

Leinster : Nacewa – Horgan, B. O'Driscoll, D'Arcy, Fitzgerald (Dempsey) – (o) Contepomi (Sexton), (m) Withaker – Jennings (O'Brien), Heaslip, Elsom – Cullen (capitaine) (Toner), O'Kelly – Healy, Jackman (J. Forgaty), Wright (McCormak)

Munster : Warwick (Hurley) – Howlett, Earls (B. Murphy), Mafi, Dowling – (o) O'Gara, (m) Stringer (Prendergast) – Quinlan, Leamy (Ronan), Wallace – O'Connell (capitaine), O'Callaghan (M. O'Driscoll) – Hayes (Buckley), Flanery (D. Forgaty), Horan

LÉGENDE

Dans le prolongement

Cette demi-finale n'est pas une surprise tant les Irlandais ont dominé l'hiver 2009. En effet, le XV du trèfle a décroché le grand chelem lors du dernier Tournoi des VI Nations. Cet exploit était attendu depuis 1948 en Irlande. Il faut dire que la sélection de cette équipe repose sur une alchimie prodigieuse des deux principales provinces : le Munster et le Leinster ! Mais la tradition va plus loin encore, car l'équipe est coupée en deux : le pack des avants est celui du Munster, symbolisé par son gladiateur, Paul O'Connell, et il alimente en ballons la ligne de trois-quarts du Leinster de Brian O'Driscoll. Alors que tout oppose ces grands rivaux, les joueurs sont capables le temps d'un « Ireland's Call » (ce n'est pas l'hymne officiel, mais la chanson qui réunit les deux Irlande) de se transcender sous le même maillot vert. Une fois le Tournoi terminé, la compétition reprend par l'intermédiaire de la Celtic League, où les deux provinces sont engagées. En 2009, le Munster avait battu à deux reprises le Leinster. Mais la province de Dublin remportera le rendez-vous de Croke Park en demi-finale de la Coupe d'Europe.

Oxford – Cambridge, la rencontre d'une vie

C'est le plus vieux derby du monde. Les universités d'Oxford et de Cambridge s'affrontent chaque année depuis 1872. Le rugby doit en partie son évolution à ces étudiants désireux d'enrichir leur sport !

Une tradition so british

Un beau jour, un élève de Cambridge prend sur lui et s'en va rendre visite à ses homologues de l'autre grande université britannique : Oxford. Il souhaite organiser une rencontre entre les deux universités. La date du 10 février 1872 est retenue. Le rugby sort à peine de l'âge de pierre, avec la création de la Rugby Football Union un an plus tôt. Alors que le sport est en pleine évolution, les jeunes étudiants se passionnent pour cette nouvelle activité. Ils ont déjà des tactiques, des idées, et de l'enthousiasme à revendre. Cette première rencontre se déroule un samedi d'hiver sur le terrain d'Oxford. Peu après, les deux équipes adopteront le terrain neutre de Kenningston.

Le match en lui-même ne resta pas dans les annales. Sauf que pour chacune des rencontres, qui se déroulent maintenant traditionnellement en décembre, les journalistes britanniques ressortent des cartons les palmarès, records et autres séries en tout genre. Oxford se félicite encore d'avoir battu Cambridge en 1999, stoppant ainsi net une série de cinq victoires consécutives de son adversaire.

Que retenir de cette rencontre mythique, également appelée « Varsity Match » ? Qu'Oxford a gagné la première rencontre, et Cambridge la dernière ! Les Light Blues (les « bleu clair », c'est-à-dire Cambridge) mènent aujourd'hui par 57 victoires à 53, mais ils ont attendu la centième rencontre, en 1981, pour prendre l'avantage au nombre de victoires. Les scores ont souvent été étroits, comme l'atteste le nombre de matchs nuls (14). La plus grosse défaite d'Oxford date de 1925 (33-3), et sa plus belle victoire de 1909 (35-3). Le plus grand nombre de points dans une rencontre est l'œuvre d'Alastair Hignell (Oxford), qui en a marqué 19, en 1975. L'ouvreur irlandais David Humphreys, d'Oxford lui aussi, l'imitera 20 ans plus tard en marquant tous les points de son équipe. Chaque année, on garde en mémoire les premiers exploits : le poids de la tradition britannique, sans doute.

Un mardi de décembre

Le rendez-vous tient encore aujourd'hui, plus de 130 ans plus tard ! Suspendu seulement durant les deux guerres, le derby se dispute chaque année, en décembre, le premier mardi suivant les huit premières semaines de cours. Les bleu ciel contre les bleu marine, ou les Light Blues contre les Dark Blues !

Représenter son collège un de ces soirs de décembre est un privilège rare pour l'étudiant, surtout s'il est fidèle à son université.

Ce match n'a pas d'autre enjeu que de vaincre l'adversaire de toujours. Et pourtant, il attire de plus en plus de monde, au point de s'installer définitivement sur terrain neutre, à Twickenham, en 1923, pour satisfaire la foule. Certes, on n'assiste pas toujours à un grand match, comme en témoigne l'un des derniers affrontements avec un score d'une autre époque (9-6), mais cette « rencontre d'une vie » dure beaucoup plus que 80 minutes. Le MMC Trophy est le nom de la récompense remise au vainqueur.

De nombreux internationaux et dirigeants anglais ont participé à ces joutes régulières, où un joueur ne peut s'inscrire plus de quatre années d'affilée, dans l'une ou l'autre équipe. Les étudiants étrangers sont, bien entendu, admis.

LÉGENDE

L'Oxbridge Club

En fait, la rencontre commence réellement 15 jours avant la date de l'affrontement physique, avec l'annonce de la sélection des équipes par les capitaines des universités. La scène se déroule au Grocer's. Le choix est important, car il décide de ceux qui entreront dans l'histoire… ceux, notamment, qui auront leur portrait au *club house* ! Ensuite vient la remise du blazer sur mesure, bleu marine pour Oxford, bleu clair pour Cambridge. Il est la marque d'une appartenance à une classe, à ceux qui, un soir de décembre, vont représenter leur école à Twickenham. Puis il y a le tirage au sort pour l'attribution des vestiaires du stade, où il vaut mieux faire fi de la légende et des superstitions de chacun.

Après la rencontre, il faut enfiler le smoking, coupé pour l'occasion, et rejoindre l'Oxbridge Club. Car si les deux universités se font cordialement la guerre sur les terrains de sport, et quelle que soit la discipline (aviron, boxe, rugby, cricket…), elles partagent les mêmes murs sur le Pall Mall au cœur de Londres. Là commencent les discours et la remise au vainqueur du trophée, le MMC Trophy. Là s'arrête le match…

Les anciens élèves du Varsity

Ils sont très nombreux, les élèves des universités à avoir ensuite poursuivi une brillante carrière sous leurs couleurs nationales (quelle que soit leur origine, d'ailleurs, puisque la confrontation est ouverte aux étudiants étrangers). Voici quelques noms illustres repérés dans les compositions d'Oxford et de Cambridge.

Du côté d'Oxford

En premier lieu, saluons Stuart Barnes, l'ancien ouvreur de Bath, titulaire à l'ouverture de l'équipe d'Angleterre (10 sélections), dans les années 1980. Il a dû supporter la lourde concurrence de Rob Andrew. Il s'est depuis reconverti en commentateur sur la chaîne de télévision Sky Sports. L'arrière irlandais Hugo MacNeil (37 capes) devait dans un premier temps rejoindre l'université de Cambridge. Il changea d'avis pour le plus grand bonheur d'Oxford. Avant de rejoindre Bath, le pilier d'origine nigériane, Victor Ubogu (24 capes), remporta lui aussi le Varsity sous les couleurs d'Oxford, en 1987. L'ancien sélectionneur des Springboks Nick Mallet s'y illustra, de même que Phil De Glanville (38 capes), capitaine du XV de la rose à huit reprises, ou Simon Hallyday, un ailier plus qu'honnête (23 capes). Le Canadien Gareth Rees fut un des plus âgés à disputer le Varsity. Très loin dans le temps, un jeune aristocrate russe, le prince Obolensky, fraîchement émigré dans le royaume, s'essaya au rugby à l'université. Du coup, il revêtit le maillot blanc anglais et planta deux essais aux All Blacks en 1936. Il joua à quatre reprises pour l'Angleterre !

LÉGENDE

Tenue correcte exigée

Lorsqu'un étudiant d'Oxford ou de Cambridge participe à un événement dit « majeur », c'est-à-dire à l'un des cinq défis entre les deux universités (par ordre d'importance : rugby, boxe, aviron, cricket, athlétisme), il est récompensé d'un *full blues*, signe distinctif particulièrement apprécié par les élèves… et leur famille. Son université lui offre le blazer du club, symboliquement remis par le capitaine. Un moment fort dans la vie d'un étudiant. Ils sont deux Français à avoir eu cet honneur. Le premier est le rugbyman Jérôme Riondet, qui participa en 1995 au Varsity avec Oxford. Trois-quarts centre, il joua aux côtés de l'Irlandais David Humphreys. Le second est le rameur Bastien Rippol, toujours sous les couleurs d'Oxford (2006). Mais, à la différence de Riondet, lui a remporté son derby ! Pour l'anecdote, sachez qu'il existe également le *half blue*, qui consacre les autres disciplines de moindre importance… dont le football. Le trophée ? Un simple pull…

Du côté de Cambridge

Le duel avec son ami Stuart Barnes commença dès l'université pour Rob Andrew (71 capes), qui fit ses classes à Cambridge avant de devenir un des ouvreurs les plus célèbres au monde. Il est aujourd'hui entraîneur de Newcastle, le club d'un autre ouvreur bien connu, Jonny Wilkinson.

Le plus jeune des frères Underwood, Toni (27 capes), en fut aussi, avec son élégance naturelle. Une belle colonie d'Écossais contribua à marquer l'histoire de l'université. Entre autres, Gavin Hastings (61 capes) et Rob Wainwright (37 capes), qui devinrent ensuite capitaines de l'Écosse. Iain Morisson (15 capes) est le dernier Écossais international à avoir défié Oxford. Plus local, Richard Pool-Jones a joué pour l'université avant de poursuivre sa carrière dans l'Hexagone, à Biarritz, puis à Paris. Il a porté une fois le maillot anglais. Les Gallois ne sont pas en reste, mais le plus célèbre est certainement le numéro 8 Eddie Butler (16 capes), capitaine des « diables rouges » dans les années 1980, et aujourd'hui journaliste reconnu de la BBC. Le centre Mike Hall refusa, lui, une sélection avec le pays de Galles pour disputer le Varsity (42 capes). L'ouvreur Adrian Davies (9 capes) avait à peine terminé ses études qu'il était déjà retenu dans la sélection nationale.

Drôles de zèbres

Le Havre Athletic Club est le premier club français à avoir été créé (voir chapitre 2). Dès 1872, on y jouait au rugby grâce à des marins anglais qui assuraient la liaison régulière avec le port français. Des courtiers d'affaires organisaient régulièrement des rencontres dans les rues de la ville avec une trentaine d'étudiants, issus pour la plupart des deux grandes universités, Oxford et Cambridge. Il était donc temps de fédérer ces joueurs occasionnels sous l'égide d'un club. Le HAC, au moment de choisir ses couleurs, fut fortement influencé par la garnison britannique. La première tendance était au maillot uni, car il était difficile et cher de trouver des tissus teintés. Mais les Français eurent une autre idée : emprunter les couleurs des artisans du rugby dans l'Hexagone. Le HAC arborerait un maillot à rayures bleu clair et bleu marine, les couleurs des deux universités !

Chapitre 15

Dix matchs de Coupe du monde de légende

Dans ce chapitre :

- Les grandes finales du mondial
- Des matchs épiques
- La France, bête noir des Blacks

La Coupe du monde est entrée dans les mœurs du rugby mondial. Dès la première édition, en 1987, la demi-finale entre l'Australie et la France, à Sydney, a promu le suspense, le combat, la virtuosité, la générosité et révélé au monde entier combien cette toute nouvelle compétition avait de l'attrait. L'attrait de la découverte, par exemple, comme lors de la première édition, où des millions d'yeux se sont posés sur les maillots blancs immaculés des Fidjiens, le rouge vermillon du Canada, le haka samoan, les tampons des Tonguiens ou la vitesse des Japonais. Le mélange avec les nations du Board (les équipes britanniques, la France et les trois grandes équipes du Sud : la Nouvelle-Zélande, l'Australie et l'Afrique du Sud) permettait au rugby d'entrer dans une autre dimension, planétaire cette fois-ci.

Depuis cette date, toutes les éditions ont eu leur chef-d'œuvre ! L'Irlande – Australie de 1991, dans le vieux Lansdowne Road, où l'on entendait résonner le train sous la tribune, reste un monument d'émotion, avec le fervent public envahissant la pelouse sur l'essai du troisième ligne Hamilton avant de regagner tranquillement les gradins. Que dire de la victoire des Samoa à l'Arms Park de Cardiff contre Galles, toujours en 1991 ? Une révolution. Nelson Mandela vêtu du maillot des Springboks, jour de la finale 1995, reste aussi un événement politico-sportif gravé dans les mémoires. Comme évoquer ce dimanche noir des All Blacks, le 31 octobre 1999. Donnée perdante par le monde entier, tous sports confondus, la France sort un match époustouflant et plane sur Twickenham. Les Blacks baissent la tête…

Bref, en remontant le film du temps, nous reviendrons dans ce chapitre sur ces matchs enracinés dans la légende de la Coupe du monde.

Nouvelle-Zélande – Italie 1987

La Coupe du monde réunit les meilleurs du monde, mais, en 1987, un gouffre sépare les équipes : il y a les amateurs purs et durs, comme l'Italie, et les All Blacks, à la pointe du professionnalisme de l'époque. Aussi, pour l'ouverture du mondial a-t-on hâte de mesurer l'écart entre deux nations aussi éloignées. D'ailleurs, c'est la première fois de leur histoire que la Nouvelle-Zélande et la Squadra Azzura s'affrontent. Il s'agit du premier match de l'histoire de la Coupe du monde dans le légendaire stade de l'Eden Park, à Auckland.

Les Italiens entrent parfaitement dans la partie, sans vraiment se soucier de l'événement, aussi font-ils bonne figure à la pause en n'étant menés que 17-3. Il faut dire que les Blacks sur les terres ont ressenti la pression. À vouloir trop bien faire, les joueurs n'ont pas vraiment récité leur rugby. La deuxième période démarre avec 30 essais en 10 minutes, inscrits par les trois-quarts. Mais il manque quelque chose, les spectateurs restent sur leur faim.
Le match est plié et la victoire ne fait plus de doute. C'est alors qu'un exploit incroyable se produit. Les Italiens viennent d'encaisser un nouvel essai. Sur le renvoi, le ballon est récupéré par Kirk dans ses 22 mètres. Il décale sur une passe le jeune ailier John Kirwan, au physique atypique (101 kg). Celui-ci remonte le ballon dans la défense italienne, passe en revue trois défenseurs. Il est déjà sur la ligne médiane lorsqu'il crochète de nouveau deux Italiens. Il ne lui reste plus qu'à déposer l'arrière adverse avant d'inscrire un essai après un slalom de 80 m au cœur de la défense transalpine. Le public se lève, l'entrée en matière est réussie grâce à cet authentique exploit de John Kirwan. La Nouvelle-Zélande est en route pour son premier – et unique – titre mondial.

La fiche du match

Nouvelle-Zélande – Italie : 70-6 (17-3)

22 mai 1987, à Auckland (Eden Park)

Points : Nouvelle-Zélande 12 E : Green (2), Jones, Kirk (2), Kirwan (2), Mc Dowall, Stanley, Taylor, Pénalité, Whetton ; 2 B et 8 T : Fox – Italie 1 B et 1 D : Collodo

Arbitre : R. J. Fordham (Australie)

Spectateurs : 21 000

Nouvelle-Zélande : Gallagher – Kirwan, Stanley Taylor, Green – (o) Fox, (m) Kirk (capitaine) – Jones, Shelford, A. Whetton – Pierce, G. Whetton – Loe, Fitzpatrick, Mc Dowall

Italie : Ghizzoni – Mascioletti, Collodo, Gaetaniello, Cuttitta – (o) Ambrosio, (m) Lorigiola – Farini, Artuso, Innocenti (capitaine) – Berni, Gardin – Rossi, Morelli, Lupini

Un parfum de kermesse

Malgré le caractère international de l'événement, de nombreux contretemps viennent égayer l'organisation de la première édition de la Coupe du monde. Cela sent encore l'amateurisme le plus profond. La plupart des joueurs français ont pris un congé sans solde pour participer à l'épreuve. À un quart d'heure du coup d'envoi du match d'ouverture, on ne sait toujours pas qui peut retransmettre les rencontres. Les organisateurs n'ont rien signé avec les télévisions. Un accord sera trouvé *in extremis*. En demi-finale, les Australiens, chez eux, sont priés de s'échauffer en baskets sur le parking du bus. Il règne durant cette première Coupe du monde une belle ambiance de kermesse. En 1995, le rugby deviendra *open* et s'ouvrira définitivement au professionnalisme.

Australie – France 1987

Créée il y a 24 ans (voir chapitre 11), la Coupe du monde nous a déjà réservé quelques extraordinaires rencontres, où le sublime côtoie la noblesse de l'art. La France, donneuse d'émotions, a largement contribué à mythifier cette épreuve.

En 1987, l'Australie joue chez elle cette première demi-finale de Coupe du monde, et fait figure de favorite. La rencontre débute sur un bon rythme, les Bleus sont bousculés par un pack australien agressif et surprenant. Les Wallabies mènent très vite 9-0. Dominée dans l'ensemble, la France ne doit son salut en première mi-temps qu'à un exploit personnel du deuxième ligne Alain Lorieux, auteur d'un essai en force juste avant la pause (9-6) ! À la reprise, la rencontre gagne encore en intensité. Personne ne veut céder, et les Français font mieux que résister. Toujours avec Lorieux, omniprésent, Philippe Sella déchire la défense australienne et marque un nouvel essai. La France mène pour la première fois de la partie (12-9). David Campese retourne la tendance, battant au passage le record d'essais inscrits en match international, avec un total de 25. Les Wallabies reprennent la tête jusqu'au déboulé du sprinteur Patrice Lagisquet sur son aile gauche. L'avantage change encore de camp jusqu'à l'égalisation du numéro 8, Codey, aidé par la transformation de Michael Lynagh.

Il ne reste plus que quelques minutes à jouer et les deux équipes sont à égalité, 24-24. On s'achemine vers la prolongation… Mais les tricolores n'y sont pas disposés. Dernière attaque : Patrice Lagisquet tape un coup de pied de recentrage en plein milieu du terrain ; le premier à surgir est encore ce diable de Lorieux... Éric Champ enchaîne avec Pascal Ondarts, le pilier basque récupère le ballon acrobatiquement et transmet à son compère de la première ligne Jean-Pierre Garuet. En bout de ligne, Denis Charvet accélère le mouvement, repique à l'intérieur et sert Pierre Berbizier. Nouveau relais de Patrice Lagisquet puis de Laurent Rodriguez, qui ramasse *in extremis* le ballon et envoie Serge Blanco d'une course rectiligne dans l'en-but... Le Concord Oval de Sydney est à bout de souffle, les Bleus aussi, au terme de la plus belle rencontre de cette première Coupe du monde. La France est en finale de la première édition !

La fiche du match

Australie – France : 24-30 (9-6)

8 juin 1987, à Sydney (Concord Oval)

Points : Australie 2 E : Campese, Codey ; 3 B ; 1 D et 2 T : Lynagh – France 4 E : Lorieux, Sella, Lagisquet, Blanco ; 2 B ; 4 T : Camberabero

Arbitre : J. B. Anderson (Écosse)

Spectateurs : 20 000

Australie : Campese – Grigg, Slack (capitaine), Papworth (puis Herbert), Burke – (o) Lynagh, (m) Farr-Jones – Poidevin, Coker (puis Codey), Miller – Cutler, Campbell (puis Coker) – McIntyre, Lawton, Lillicrap

France : Blanco – Camberabero, Sella, Charvet, Lagisquet – (o) Mesnel, (m) Berbizier – Erbani, Rodriguez, Champ – Condom, Lorieux – Garuet, Dubroca (capitaine), Ondarts

Galles – Samoa 1991

Cette rencontre doit être une formalité pour des Gallois sûrs de leur fait. Le déséquilibre paraît insurmontable pour les Samoans, qui participent à leur première Coupe du monde.

LÉGENDE

Les Gallois débutent leur Coupe du monde à domicile, dans le vieil Arms Park de Cardiff. Dans une poule relevée avec l'Argentine et l'Australie, il ne faut pas manquer cette première rencontre contre les Samoa. Le public est venu nombreux y assister. D'entrée, les Gallois sont surpris par l'impact physique de ces guerriers maoris. Il faut dire que leurs joueurs évoluent régulièrement dans le championnat néo-zélandais. Certains même, comme le demi de mêlée Stephen Bachop, ont un frère qui joue avec les All Blacks. La pause est sifflée sur le score de 3-3 ! La deuxième période est à l'avantage des hommes du Pacifique. Ils inscrivent deux essais et résistent au retour des « diables rouges », complètement sonnés par le fil du match. Les Samoa battent le pays de Galles 16-13 et créent une des plus grandes surprises de l'histoire du rugby. Jusqu'à présent, aucune nation du Pacifique (Fidji, Tonga, Samoa) n'avait gagné une rencontre dans les terres britanniques ! La honte s'abat sur Cardiff. Malgré leur victoire sur l'Argentine, les Gallois ne s'en relèveront pas et seront éliminés au premier tour. En revanche, le monde entier découvre ces formidables joueurs, aussi doués physiquement que techniquement. Les Samoa triomphent, même si l'aventure se terminera en quart de finale, à Murrayfield, contre l'Écosse.

La fiche du match

Galles – Samoa : 13-16 (3-3)

6 octobre 1991, à Cardiff (Arms Park)

Points : Galles 2 E : Evans, A. Jones ; 1 B et 1 T : Ring – Samoa 2 E : Vaega, Vaifale ; 2 B et 1 T : Vaea

Arbitre : M. Robin (FRA)

Spectateurs : 45 000

Galles : Clement (Rayer) – Evans (capitaine), Gibbs, Hall, A. Jones – (o) Ring, (m) R. Jones – Lewis (Morris), Davies, Collins – Moseley, May – Delaney, Waters (Jenkins), Griffiths

Samoa : Aiolupo – Lima, Vaega, Bunce, tagaloa – (o) Bachop, (m) Vaea – Perenili, Lam, Vaifale – Keenan, Birtwistle – Alalatoa, To'omalatai, Fatialofa (capitaine)

LÉGENDE

On prend les mêmes...

L'histoire se répète dit-on, les Samoa ont pu le vérifier lors de la Coupe du monde 1999. Le tirage au sort offre aux hommes du Pacifique un nouveau déplacement à Cardiff. Le sort se montre décidément facétieux au moment d'envoyer l'Argentine dans cette poule D comme huit ans auparavant. Le Galles – Samoa de 1991 est dans toutes les mémoires lorsque se profile la dernière rencontre de la poule. Cette rencontre n'est plus décisive pour les Gallois, déjà qualifiés. En revanche, pour les Samoa, il faut gagner pour devancer l'Argentine et se qualifier directement en quart de finale. Le match est somptueux avec des envolées spectaculaires. Les Samoa inscrivent 5 essais contre 2 pour les Gallois. Ils s'imposent pour la deuxième fois de leur histoire à Cardiff, 38-31, dans le Millenium Stadium cette fois-ci. Cet exploit ne suffira pas pour aller directement en quart de finale. Les Samoa passent par les barrages. Ils retrouvent l'Écosse et s'inclinent 35-20 à Murrayfield, comme en 1991. Autre fait troublant, l'Australie deviendra championne du monde, comme en 1991 !

Irlande – Australie 1991

ATTENTION !

L'Irlande a pris goût à la Coupe du monde lors de cette deuxième édition. Il faut dire que le formidable public pousse comme jamais son équipe dans l'antre de Lansdowne Road, à Dublin. Les Verts sont donc opposés à l'Australie en quart de finale, sans être favoris tant les hommes de Lynagh, Eales ou Campese paraissent intouchables à ce stade la compétition.

LÉGENDE

On s'attend à une rencontre de haut vol entre les deux équipes. Les Australiens, sans surprise, dominent le début de match. L'Irlande réplique et fait jeu égal avec les Wallabies. La pause survient sur un score de parité 6-6. Ralph Keyes ayant répondu à Michael Lynagh. La deuxième mi-temps va alors s'inscrire dans l'histoire, tant l'intensité et le suspense seront omniprésents tout au long des quarante dernières minutes. Les Wallabies parviennent à repousser les assauts et grâce à Campese et Lynagh, ils mènent encore 15-12 à dix minutes du coup de sifflet final. Soudain, les Wallabies sont asphyxiés par une déferlante verte. Les 54 000 témoins présents dans le vieux Lansdowne Road n'en croient pas leurs yeux : l'Irlande submerge le rival orange en attaquant à tout va ! Il reste quatre minutes à jouer, l'attaque part du camp irlandais, les trois-quarts enchaînent avec du jeu au pied. Deux Australiens sont à la réception, mais se gênent au moment de récupérer la balle. Cela profite au troisième ligne Gordon Hamilton, qui marque en coin au terme d'une folle course de 40 m. Le stade est en transe, le public envahit la pelouse et se jette sur le héros avant de regagner sa place. Avec la transformation, l'Irlande mène 18-15. Sur le renvoi, le ballon est conservé par l'Australie avec une pénalité rapidement jouée à la main. Nous sommes dans la dernière minute. Les Wallabies tentent le tout pour le tout, Lynagh, en bout de ligne, s'arrache et marque en coin un essai complètement impensable. L'Australie s'impose 19-18, l'Irlande pleure… les Wallabies s'ouvrent la route de leur premier titre mondial.

La fiche du match

Irlande – Australie : 18-19 (6-6)

20 octobre 1991, à Dublin (Lansdowne Road)

Points : Irlande 1 E : M. Hamilton ; 3 B ; 1 D ; 1 T : Keyes – Australie 3 E : Campese (2), Lynagh ; 1 B ; 2 T : Lynagh

Arbitre : M. Fleming (Éco)

Spectateurs : 54 000

Irlande : Staples – Geoghegan, Curtis, Mullin, Clarke – (o) Keyes, (m) Saunders – Hamilton, Robinson, Matthews (capitaine) – Francis, Lenihan – Fitzgerald, Smith, Popplewell

Australie : Roebuck – Campese, Little, Horan, Egerton – (o) Lynagh, (m) Farr-Jones (capitaine) (Slaterry) – Poidevin, Ofahengaue, Miller – Eales, McCall – McEnzie, Kearns, Daly

LÉGENDE

La dernière fois

Le héros du jour s'appelle Gordon Hamilton, sa carrière internationale fut brève. Il intégra l'équipe d'Irlande l'année de la Coupe du monde 1991, durant le Tournoi des V nations. Il débute contre la France, à Dublin, et s'incline 21-13 pour sa première sélection. Irlandais du Nord, Hamilton appartenait au club de Ballymena RFC. Pur amateur, il ne jouait qu'une petite dizaine de matchs par an. Il participe aux quatre rencontres de la Coupe du monde, jusqu'à sa folle chevauchée contre l'Australie en quart de finale. Brutalement, sa carrière s'arrête après ce match perdu. Il manque le Tournoi suivant. Il est rappelé à l'automne 1992 pour ce qui sera sa dernière sélection en vert. L'adversaire ? L'Australie. Le lieu ? Lansdowne Road. Un an après, il s'incline de nouveau, mais, cette fois largement, 42-17. Il comptera 10 capes pour un essai, et quel essai !

Nouvelle-Zélande – Angleterre 1995

LÉGENDE

Dans l'histoire du rugby, il y eut un avant et un après le 18 juin 1995 : ce jour-là, Jonah Lomu mit le pied sur une nouvelle planète ! Il piétina aussi les Anglais au passage, il faut bien l'avouer, l'arrière Mike Catt ou l'ailier Underwood ne diront pas le contraire. Le colosse d'Auckland a fait beaucoup pour le rugby dans cette demi-finale du mondial 1995, où la jeune équipe des All Blacks défie une équipe anglaise qui a fière allure. Mais, contre toute attente, le début de la partie est totalement maîtrisé par les Blacks. Tous les ballons passent par les ailes, notamment celle de Big Jonah. Il ne faut pas 20 minutes pour que, rageur, le jeune ailier, originaire des îles Tonga, franchisse le rideau blanc. Il plante coup sur coup trois essais ! Le score à la pause en dit long sur le désarroi anglais (25-3). À la reprise, le match est déjà expédié. Mais les Anglais, fiers et orgueilleux, ne veulent pas partir sur une mauvaise note. Ils se lancent dans des attaques sans fin et prennent tous les risques. Le match est endiablé, même s'il n'y a plus de suspense. L'Angleterre réduit l'écart grâce à 4 essais, dont 2 de son capitaine, Will Carling. Lomu, lui, a encore marqué 1 essai, portant son total à 4. Un peu auparavant, le troisième ligne centre, Zinzan Brooke, avait tenté et réussi un drop de 40 m en coin. Rien à faire, les Blacks étaient les plus forts. De la vraie magie noire.

La fiche du match

Nouvelle-Zélande – Angleterre : 45-29 (25-3)

18 juin 1995, au Cap (Newlands Stadium)

Points : Nouvelle-Zélande 6 E : Lomu (4), Bachop, Kronfeld ; 3 T et 1 B : Mehrtens ; 2 D : Z. Brooke, Mehrtens – Angleterre 4 E : Carling (2), R. Underwood (2) ; 3 T et 1 D : Andrew

Arbitre : M. Hilditch (IRL)

Spectateurs : 58 000

Nouvelle-Zélande : Osborne – Wilson, Bunce, Little, Lomu – (o) Mehrtens, (m) Bachop – Kronfeld, Z. Brooke (puis Larsen), Brewer – Jones, R. Brooke – Brown, Fitzpatrick (capitaine), Dowd

Angleterre : Catt – R. Underwood, Carling (capitaine), Guscott, T. Underwood – (o) Andrew, (m) Morris – Clarke, Richards, Rodber – Bayfiled, Johnson – Ubogu, Moore, Leonard

Afrique du Sud – Nouvelle-Zélande 1995

L'Afrique du Sud est revenue dans le concert international depuis trois ans. Les deux premières Coupes du monde se sont disputées sans elle (1987 et 1991). La levée de la politique de l'apartheid (1992) permet aux Springboks d'organiser le mondial 1995. Même si leur rugby n'est pas parfait, les hommes de François Pienaar sont au rendez-vous de la finale : ils reçoivent à Ellis Park les All Blacks de Jonah Lomu !

Bien malin qui pourrait donner le vainqueur de cette troisième Coupe du monde. L'Angleterre et la France, battues en demi-finale respectivement par la Nouvelle-Zélande et l'Afrique du Sud, ne pourront remettre en cause l'hégémonie du rugby du Sud, qui a déjà remporté les deux premières éditions (Nouvelle-Zélande, en 1987, et Australie, en 1991).

Les Springboks redoutent cette incroyable équipe néo-zélandaise. Le talent se nomme Jonah Lomu, Josh Kronfeld, Zinzan Brooke ou Andrew Mehrtens. L'enjeu prend le dessus sur le jeu et seuls les buteurs meublent le score. Joel Stransky d'un côté contre Andrew Mehrtens de l'autre. Il faudra attendre la prolongation et le drop victorieux de Stransky pour féliciter le vainqueur. L'Afrique du Sud remporte son mondial au terme d'une rencontre cadenassée.

Ce match va rester dans la légende et pas seulement en raison de la victoire étriquée des hommes du capitaine François Pienaar (15-12), mais surtout grâce au sourire du tout nouveau président sud-africain, Nelson Mandela. Celui-ci remet la coupe au capitaine afrikaner avec le maillot des Bocks sur les épaules ! Tout un symbole pour ce pays. Pour la première fois dans l'histoire de cette jeune nation déchirée, les Blancs, les métis et les Noirs se rassemblent derrière les mêmes causes : le rugby et les couleurs du pays. Aujourd'hui encore, cette image est restée dans toutes les mémoires. Matt Damon et Morgan Freeman l'ont immortalisée dans le film de Clint Eastwood *Invictus*.

La fiche du match

Afrique du Sud – Nouvelle-Zélande : 15-12 a. p. (9-6, 12-12)

24 juin 1995, à Johannesburg (Ellis Park)

Points : Afrique du Sud 3 B et 2 D : Stransky – Nouvelle-Zélande 3 B et 1 D : Mehrtens

Arbitre : M. Morrison (Ang)

Spectateurs : 62 000

Afrique du Sud : Joubert – Small, Mulder, Le Roux, Williams – (o) Stransky, (m) van der Westhuizen – Kruger, Andrews, Pienaar (capitaine) – Strydom, Wiese – Swart, Rossouw, du Randt. Entrés en cours de jeu : Pagel, Straeuli, Venter

Nouvelle-Zélande : Osborne – Wilson, Bunce, Little, Lomu – (o) Mehrtens, (m) Bachop – Kronfeld, Z. Brooke (puis Miller), Brewer – R. Brooke, Jones – Brown, Fitzpatrick (capitaine), Dowd. Entrés en cours de jeu : Joseph, Ellis, Strachan, Loe

La polémique

L'« affaire » sortira deux mois plus tard, une fois les Néo-Zélandais rentrés au pays. Les All Blacks se plaignirent d'avoir été malades la veille du match. En effet, plusieurs joueurs furent victimes de malaise, une sorte d'intoxication alimentaire ou peut-être un virus. Personne ne sait exactement ce qu'il s'est passé quelques heures avant la rencontre. Interrogé dans un premier temps, le staff médical ne put donner de causes précises. Aussi la fédération néo-zélandaise embaucha-t-elle discrètement un détective privé pour faire la lumière sur cette affaire. L'homme revint un peu plus tard en ayant la certitude que les « All Blacks » avaient été victimes d'une intoxication alimentaire volontaire. Mais il ne put prouver les faits. L'affaire en resta là !

Angleterre – Afrique du Sud 1999

ATTENTION !

Au Stade de France, l'Angleterre est légèrement favorite face à l'Afrique du Sud. Nous sommes en quart de finale du mondial 1999. L'équipe de Clive Woodward découvre que l'ouvreur springbok qu'il redoutait tant, Henry Honiball, est forfait le jour du match. Il est remplacé par un inconnu de nom de Jannie De Beer.

Les Anglais démontrent une réelle envie de jouer au rugby. C'est une belle opposition de style entre deux grandes nations, un rugby différent : l'un risqué et entreprenant (celui de l'Angleterre), l'autre verrouillé et efficace (celui des Sud-Africains). Les Anglais butent désespérément sur la défense alors que le jeu au pied des Boks est millimétré. Inlassablement, les hommes du sélectionneur Nick Mallet renvoient les Anglais dans leur camp. « Une tactique parfaitement travaillée à l'entraînement », avouera même l'entraîneur à l'issue de la rencontre. Repousser l'adversaire était une chose, encore fallait-il concrétiser à la marque. L'ouvreur Jannie De Beer eut cette réplique après coup : « Impossible de marquer des essais aux Anglais, on le savait. Pas facile de compter sur les fautes, alors il restait que les drops ! » L'ouvreur remplaçant se chargea d'exécuter les consignes à la lettre : en 30 minutes, Jannie De Beer inscrivit cinq drops face à des Anglais médusés et finalement terrassés par ce génial rouquin, auteur ce jour-là de 34 des 44 points de son équipe. L'Angleterre quitte le mondial abasourdie par ce record toujours d'actualité : cinq drops pour le même homme dans une rencontre internationale !

La fiche du match

Angleterre – Afrique du Sud : 21-44 (12-16)

24 octobre 1999, à Paris (Stade de France)

Points : Angleterre 7 B : Grayson (6), Wilkinson – Afrique du Sud 2 E : Van der Westhuizen, Rossouw ; 5 B ; 5 D ; 2 T : De Beer

Arbitre : M. Fleming (Éco)

Spectateurs : 75 000

Angleterre : Perry – Beal, Greenwood, de Glanville, Luger – (o) Grayson, (m) Dawson – Back, Dallaglio, Hill) – Grewcock, Johnson (capitaine) – Vickery, Greening, Leonard. Entrés en cours de jeu : Catt, Healey, Wilkinson, Corry. Entraîneur : Clive Woodward

Afrique du Sud : Montgomery – Kayser, Fleck, Muller, Rossouw – (o) De Beer, (m) Van der Westhuizen (capitaine) – Venter, Skinstad, Erasmus – Andrews, Otto – Visagie, Drotske, du Randt. Entrés en cours de jeu : Terblanche, Vos, Van den Berg, Le Roux. Entraîneur : Nick Mallet

France – Nouvelle-Zélande 1999

LÉGENDE

À Twickenham, la France défie la Nouvelle-Zélande, grandissime favorite de cette quatrième Coupe du monde. Les Bleus pénètrent sur la pelouse avec la peur au ventre. Rarement on aura annoncé dans la presse une défaite aussi douloureuse face à cette terrifiante équipe des All Blacks ! Comme prévu, le match est dominé de la tête et des épaules par Jonah Lomu. L'ailier black mène la danse à lui seul et fait reculer les tricolores. Mais, après avoir encaissé un essai (Lomu), les Français restent dans le match. Mieux, ils se défendent et portent le danger dans le camp adverse. L'ouvreur, Lamaison, marque entre les poteaux l'essai de l'espoir. La deuxième période sera folle, irréelle, magique même ! Les Néo-Zélandais, qui mènent de 14 points après 50 minutes, se font maintenant bousculer par une bande de déchaînés. Ils perdent des ballons, et commencent à douter. La France en profite pour remonter au tableau d'affichage, mue par une âme de guerrier – celle que perdent les All Blacks au fil des minutes. Galthié, revenu de nulle part, et Lamaison, que l'on n'avait pas invité en début de tournoi, sèment la panique dans la défense adverse. Les montagnes noires Umaga et Lomu tremblent sous les coups de boutoir des ailiers français Dominici et Bernat-Salles ! La France inflige 33 points d'affilée à la Nouvelle-Zélande, avant de concéder un dernier essai à Jeff Wilson dans les arrêts de jeu. Elle s'impose au final 43-31. Le stade londonien prend fait et cause pour les tricolores. Le public, à majorité britannique, entonne *La Marseillaise* ! Un jour de gloire pour le rugby français.

La fiche du match

France – Nouvelle-Zélande : 43-31 (10-17)

31 octobre 1999, à Twickenham

Points : France 4 E : Dominici, Lamaison, Dourthe, Bernat-Salles ; 3 B ; 4 T : Lamaison – Nouvelle-Zélande 3 E : Lomu (2), Wilson ; 4 B ; 2 T : Mehrtens

Arbitre : M. Fleming (Écosse)

Spectateurs : 73 000

France : Garbajosa – Dominici, Ntamack, Dourthe, Bernat-Salles – (o) Lamaison, (m) Galthié – Magne, Juillet, Lièvremont – Pelous, Benazzi – Tournaire, Ibanez, Soulette

Nouvelle-Zélande : Wilson – Umaga, Ieremia, Cullen, Lomu – (o) Mehrtens, (m) Kelleher – Thorne, Randell, Kronfeld – Maxwell, Brooke – Hoeft, Oliver, Dowd

Australie – Angleterre 2003

Comme lors du mondial 1991, la finale oppose l'Australie chez elle, à Sydney, et l'Angleterre d'un certain Jonny Wilkinson. L'opposition est plus que jamais indécise entre les deux meilleures nations du monde du moment.

Pour arriver en finale, l'Angleterre a fait preuve d'une immense maîtrise, notamment en battant la France sous la pluie en demi-finale, à Sydney. La voici de nouveau en finale, comme en 1991 et sa finale perdue à Twickenham face à ce même adversaire, l'Australie. Les Wallabies, eux, ont décroché très logiquement la Nouvelle-Zélande dans un match sans suspense.

Le stade est multicolore, des milliers d'Anglais ont rejoint Sydney pour soutenir les hommes de Martin Johnson, le capitaine de cette équipe invaincue depuis un an. Le match est d'un très haut niveau et âpre dès l'entame. L'ouverture du score est l'œuvre de l'ailler australien Lote Tuqiri, dès la 6e minute. L'Angleterre reste au contact grâce à son ouvreur prodige, Wilkinson. Juste avant la pause, Jason Robinson marque et les Anglais mènent nettement, 14-5, en ayant dominé ces 40 premières minutes. Au retour des vestiaires, la rencontre prend une autre dimension dans l'engagement et l'impact physique. Les attaquants rebondissent sur les défenses. Les Anglais empoignent leur adversaire grâce à leur pack et leur rugueux capitaine, l'immense Martin Johnson, mais également en profitant des bijoux de la couronne, les troisièmes lignes Lawrence Dallaglio, Richard Hill et Neil Back.

Au lieu de creuser un écart définitif, les Anglais se laissent surprendre et encaissent 9 points de pénalité. L'arbitre siffle la fin de la rencontre sur le score de 14-14. Comme en 1995, il faut disputer une prolongation. Le suspense est à son comble : chaque ballon glané ou chaque mètre gagné font chavirer le stade. La victoire peut basculer d'un côté ou de l'autre. Les Australiens, tenants du titre, sont à deux doigts de marquer et de graver une troisième fois leur nom sur la coupe William Webb Ellis. À quelques secondes de la fin du match, sur une nouvelle charge de Dawson, relayée par Johnson, Jonny Wilkinson arme du pied droit (lui, le gaucher) un drop qui fait vaciller le monde du rugby. L'Angleterre décroche le titre de champion du monde de rugby en battant l'Australie au terme d'un match de folie. C'est aussi la première victoire d'une nation de l'hémisphère nord !

La fiche du match

Australie – Angleterre : 17-20 a. p. (5-14 ; 14-14)

22 novembre 2003, à Sydney (Telstra Stadium)

Points : Australie 1 E : Tuqiri ; 4 B et 1 T : Flatey – Angleterre 1 E : Robinson ; 4 B ; 1 T et 1 D : Wilkinson

Arbitre : M. Waston (AdS)

Spectateurs : 82 957

Australie : Rogers – Sailor, Mortlock, Flatey, Tuqiri – (o) Larkham (m) Gregan (capitaine), – Waugh Lyons, Smith – Sharpe, Harrison – Baxter, Cannon, Young. Entraîneur : Eddie Jones. Entrés en jeu : Paul Dunning, Cockbain, Giteau, Roff

Angleterre : Lewsey – Robinson, greenwood, Tindall, Cohen – (o) Wilkinson (m) Dawson – Hill, Dallaglio, Back – Kay, Johnson (capitaine) – Vickery, Thompson, Woodman. Entraîneur : Clive Woodward. Entrés en jeu : Leonard Moody, Catt, Balshaw

Nouvelle-Zélande – France 2007

La Coupe du monde a lieu en France, les tricolores veulent devenir champions du monde ! Pour cela, il faudra avant tout battre la mythique équipe des All Blacks. Les Bleus, poussifs jusque-là, ne sont pas favoris au Millenium de Cardiff. Ça tombe bien, la France adore ce genre de situation.

Souvenez-vous, un peu plus haut, dans un autre match de légende : en 1999, la France surclasse la Nouvelle-Zélande, à Twickenham, 43-31 ! Cette fois-ci, le défi est de la même taille : comment battre les « invincibles » ? En abordant cette rencontre, les Bleus de Bernard Laporte n'ont certainement pas encore la réponse, mais ils ont déjà gagné la bataille psychologique à l'heure où résonne le haka. Autour de Chabal, le XV de France s'aligne en ayant revêtu des t-shirts bleu, blanc, rouge ! Le ton est donné. Les Français sont prêts à défier les Blacks.

Le scénario semble se répéter, comme huit ans auparavant. La France subit les impacts et la Nouvelle-Zélande s'installe dans le camp tricolore. McAllister marque sous les poteaux sur une action d'école. La pause survient sur le score de 13-3 pour les Blacks. Il n'y a pas grand monde dans le stade à ce moment-là pour croire à un miracle. Le début de deuxième période est rythmé par une domination des Bleus, qui reviennent dans la partie après le carton jaune de McAllister, le meilleur joueur jusque-là. Dusautoir marque et la France colle au score, 13-13. So'oialo inscrit un essai en force et redonne l'avantage à la Nouvelle-Zélande, juste avant que Michalak contre-attaque de ses 22 mètres pour finalement servir Jauzion à hauteur. La France passe devant grâce à la transformation d'Elissalde (20-18). L'incroyable est en train de se réaliser sous les yeux déconfits des All Blacks, qui ne savent plus par quel bout déborder cette défense française. L'arbitre, M. Barnes, oublie même de siffler des fautes tricolores. Les minutes s'écoulent, les Bleus résistent et signent un autre authentique exploit du rugby mondial, comme il y a huit ans, en battant l'archi-favorite de la compétition, la Nouvelle-Zélande !

Malheureusement, l'équipe de Bernard Laporte s'inclinera en demi-finale, comme en 2003, face à l'Angleterre. L'histoire est un éternel recommencement !

La fiche du match

Nouvelle-Zélande – France : 18-20 (13-3)

6 octobre 2007, à Cardiff (Millenium)

Points : Nouvelle-Zélande 2 E : McAllister, So'oialo ; 2 B et 1 T : Carter – France 2 E : Dusautoir, Jauzion ; 2 B : Beauxis ; 2 T : Beauxis, Elissalde

Arbitre : M. Barnes (Ang)

Spectateurs : 71 699

Nouvelle-Zélande : McDonald – Rokocoko, Muliaina, McAllister, Sivivatu – (o) Carter (m) Kelleher – McCaw (capitaine), So'oialo, T. Collins – Williams, Robinson – Hayman, Oliver, Woodcock. Entraîneur : Graham Henry. Entrés en cours de jeu : Hore, Jack, Masoe, Leonard, Evans, Toeava

France : Traille – Clerc, Marty, Jauzion, Heymans – (o) Beauxis, (m) Elissalde – Dusautoir (capitaine), Bonnaire, Betsen – Thion, Pelous – de Villiers, Ibanez (capitaine), Milloud. Entraîneur : Bernard Laporte. Entrés en cours de jeu : Szarzewski, Poux, Chabal, Harinordoquy, Michalak, Dominici

Un Anglais à la rescousse

Au lendemain de cette défaite aussi inattendue que cruelle pour les All Blacks, la presse néo-zélandaise va se déchaîner sur l'arbitrage de l'Anglais Wayne Barnes. Les journalistes ne comprennent pas pourquoi l'IRB a nommé l'arbitre le plus inexpérimenté du mondial (8 tests à son actif) pour ce match ! Wayne Barnes a seulement 28 ans. On lui reprochera un en-avant sur le deuxième essai français (confirmé par la vidéo) et le fait de n'avoir sifflé aucune faute tricolore, toujours en deuxième période. Il subira même des menaces de mort de la part des supporters néo-zélandais. À l'issue de ce quart de finale calamiteux pour le jeune arbitre, celui-ci ne sera pas retenu pour arbitrer les demi-finales. Une décision qui « n'a rien à voir avec sa prestation », commentait en son temps le patron mondial des arbitres, Paddy O'Brien, lui-même néo-zélandais. À noter qu'aucun commentaire n'est sorti de la bouche du staff des All Blacks pour interpréter ces décisions douteuses. Graham Henry a conservé la confiance de ses dirigeants malgré cette défaite. Il retrouvera la France pour le premier match de la Coupe du monde 2011, chez lui, à Auckland.

Chapitre 16

Dix joueurs français de légende

Dans ce chapitre :

- Le gotha du rugby national

On s'est appliqué à vous raconter depuis le début de ce livre toute l'influence anglaise dans le rugby. Mais on ne saurait oublier ce que les Français ont amené à ce sport, notamment le *french flair* et pourquoi pas les plaintes contre les arbitres. Mais surtout, comme les autres grandes nations, le rugby français a produit des joueurs qui ont marqué l'histoire du jeu. Voici notre série des dix joueurs français qui nous semblent avoir laissé une trace sur les terrains et dans les esprits. Cette liste n'est pas exhaustive et ne saurait rendre compte de toute la richesse du rugby français depuis plus de 100 ans. Mais il fallait bien choisir…

Jean Prat (1923-2005)

Jean Prat, né à Lourdes, a connu 51 sélections (9 essais) a été sacré « Mister rugby » par les journalistes britanniques, ce qui était une gageure dans les années 1950. Mais c'est vrai que Jean Prat, troisième ligne aile, a été l'un des maîtres à jouer du rugby français tout au long de sa carrière. Titulaire au FC Lourdes dès l'âge de 19 ans, il en devient rapidement le capitaine et le dépositaire du jeu avec, au bout, 6 titres de champion de France et 3 autres finales entre 1948 et 1958. Prisonnier en Allemagne pendant la guerre, il rejoint l'équipe de France dès son premier match, en janvier 1945, pour ne plus la quitter jusqu'à sa retraite internationale, en 1955 (capitaine entre 1953 et 1955). Ses 51 sélections seront un temps un record du monde, tout comme ses 145 points en sélection, car ce *flanker* était aussi un buteur. C'est sous son capitanat que la France remporte pour la première fois le Tournoi, en 1954 (avec le pays de Galles et l'Angleterre). Parmi ses faits d'armes, il y a aussi cet essai marqué pour les 3 points de la victoire française face aux All Blacks, à Colombes, en 1954. Il marque tellement son époque avec son sens du jeu et son charisme que les joueurs gallois le portent en triomphe pour son dernier match international.

Après sa retraite de joueur, il devient entraîneur du XV de France, entre 1963 et 1967, et est intronisé au Hall of Fame, en 2001. Il meurt d'une longue maladie en 2005 et depuis le trophée du vainqueur du championnat de France de fédérale 1 porte son nom.

Lucien Mias (né en 1930)

LÉGENDE

Lucien Mias, né à Saint-Germain-de-Calberte, 29 sélections, est un humaniste, au sens noble du terme, ayant réussi aussi bien sa carrière sportive que professionnelle. Deuxième ligne et capitaine du XV de France dans les années 1950, il est aussi une référence en France en gérontologie. Car Lucien Mias a su durant sa carrière changer de voie en cours de route. Instituteur et joueur de rugby, il s'arrête pour faire des études de médecine et revenir ensuite en équipe de France. Joueur à Narbonne puis à Mazamet, il est le rival de Jean Prat et de Lourdes. Il perd d'ailleurs sa seule finale du championnat, en 1958, contre l'équipe de Prat, à qui il lance : « Tu n'es pas monsieur rugby mais monsieur anti-rugby. » Et Prat de répondre : « Et toi, si on t'enlève la gueule, il ne te reste plus rien. »

En revanche, les deux hommes gagneront le premier Tournoi pour l'équipe de France, en 1954 (avec le pays de Galles et l'Angleterre), puis, sans Prat, Lucien Mias est le capitaine du premier Tournoi gagné par l'équipe de France seule, en 1959. Mais c'est en 1958 qu'il réussit son plus bel exploit. Il est le capitaine de l'équipe de France qui remporte la série de tests en Afrique du Sud. Après le match nul du premier test (3-3), les Bleus s'imposent 9-5 à Johannesburg avec une performance extraordinaire de Mias, relatée dans *Le Grand Combat du XV de France*, de Denis Lalanne. Son match est si impressionnant que les journalistes sud-africains disent de lui qu'il est le meilleur avant international ayant joué sur le sol sud-africain.

Après sa carrière, il devient le chef du service de gériatrie de l'hôpital de Mazamet et une référence dans son domaine.

Benoît Dauga (né en 1942)

LÉGENDE

Benoît Dauga, né à Montgaillard, 63 sélections (11 essais), était l'un des « quatre mousquetaires ». Pas d'Alexandre Dumas, mais du Stade Montois. C'est ainsi que l'on a appelé les quatre joueurs emblématiques de la grande équipe de Mont-de-Marsan dans les années 1960 : André et Guy Boniface, Christian Darrouy et Benoît Dauga. Même s'il ne joua que deux ans avec les Boniface, entre 1964 et 1966. Surnommé le « grand Ferré », allusion à un héros du Moyen Âge grand pourfendeur d'Anglais, ce deuxième et troisième ligne a su très vite se rendre indispensable en équipe de France. Il est du premier grand chelem français en 1968 et devient en 1972 le recordman de sélections en équipe de France, avec 63 capes, dépassant d'une unité Michel Crauste. Ce sera également la fin de sa carrière internationale.

Il continue encore sa carrière de joueur pendant trois ans, toujours avec les mêmes qualités de sauteur en touche notamment, mais il se blesse gravement le 12 janvier 1975 lors d'un match contre Dijon, à la suite d'un plaquage. Le traumatisme le laisse d'abord tétraplégique, mais, après une longue rééducation, il retrouve l'intégralité de ses mouvements et redevient le «grand Ferré», même si sa carrière est terminée.

Walter Spanghero (né en 1943)

LÉGENDE

Walter Spanghero, né à Payra-sur-l'Hers, 51 sélections (4 essais), reste dans les mémoires pour son physique et sa gouaille. Troisième ligne de plus de 100 kg, il était une force de la nature que craignaient ses adversaires, et parlait beaucoup avec son accent rocailleux. Les Spanghero, c'est aussi une fratrie de six frères qui firent les belles heures du rugby occitan. Walter est le troisième et notamment l'aîné de Claude, lui aussi international à 22 reprises, dont 7 fois avec son Walter. Formé à Bram, il intègre vite l'équipe première de Narbonne, dont il devient le capitaine et avec laquelle il dispute la finale du championnat, en 1974. Il terminera sa carrière à Toulouse, en troisième ligne, aux côtés entre autres de Jean-Claude Skrela et Jean-Pierre Rives.

Il est international à 20 ans, en 1964, et fait partie de l'équipe du premier grand chelem français, en 1968. Il est d'ailleurs l'un des 4 joueurs français à disputer les 4 matchs. Il est vite l'un des joueurs les plus populaires du rugby français, surnommé par ses adversaires l'«homme de fer». Il publie un livre en 1969, *Le Rugby au cœur*, qui le fâche avec la fédération. Il est évincé de l'équipe de France l'année suivante. Mais il est tellement populaire que c'est Georges Pompidou, président de la République, qui réclame son retour en 1971.

Guerrier infatigable, il eut cette phrase savoureuse après avoir reçu un énorme coup poing lors d'un match : «Si je n'avais pas eu de nez, qu'est-ce que j'aurais pris dans la gueule!»

Jacques Fouroux (1947-2005)

LÉGENDE

Jacques Fouroux, né à Auch, 27 sélections (5 essais), sera pour toujours le «petit caporal» du rugby français. Arrivé au niveau international en tant que remplaçant de Richard Astre, à la mêlée, en 1975, il devient vite le titulaire du poste puis le capitaine du XV de France. Il est vrai que l'homme, malgré son petit gabarit (1,62 m) est un remarquable meneur d'hommes. Sous son capitanat, l'équipe de France remporte le grand chelem en 1977, avec les quinze mêmes hommes. C'est le Tournoi qui lui offre son palmarès de joueur, car ses clubs successifs (Cognac, La Voulte et Auch) ne jouent pas les premiers rôles lors de son passage.

C'est également avec le XV de France qu'il devient un entraîneur légendaire. Nommé fin 1980, il décroche le grand chelem dès 1981. Sous ses ordres, l'équipe de France ne perd jamais plus d'un match par an dans le Tournoi, entre 1983 et 1989, et il l'emmène en finale de la première Coupe du monde, en 1987, après avoir battu les Australiens chez eux en demi-finale.

Intransigeant, sa carrière est aussi marquée par ses nombreuses disputes avec le monde du rugby et il démissionne des instances fédérales en 1992 pour partir entraîner Grenoble, qu'il conduit en finale du championnat en 1993. S'estimant volé en finale, il quitte le rugby à XV pour se lancer dans l'aventure du rugby à XIII professionnel quelques années, avant de revenir au rugby à XV. Il est emporté par une crise cardiaque, en 2005. Grande gueule, meneur d'hommes, il était aussi et surtout une légende du rugby français et l'un des cofondateurs des Barbarians français. Le stade d'Auch, où ses cendres furent dispersées, porte aujourd'hui son nom.

Pierre Berbizier (né en 1958)

Pierre Berbizier, né à Saint-Gaudens, 56 sélections (7 essais), est têtu. Et alors ? Ce sont souvent les hommes à fort caractère qui réussissent les plus grands exploits, et Pierre Berbizier est à rapprocher de Jacques Fouroux dans sa volonté de soulever des montagnes et dans sa capacité à mobiliser les hommes pour y parvenir. Demi de mêlée formé à Lannemezan, il joue à Lourdes puis à Agen, où il devient champion de France, en 1988, aux côtés de Daniel Dubroca et Philippe Sella.

En concurrence avec Jérôme Gallion au début de sa carrière internationale, il est le patron des avants lors des grands chelems 1981 et 1987 et de la finale de la première Coupe du monde cette même année. Son entraîneur chez les Bleus à l'époque : Jacques Fouroux.

Pierre Berbizier transpire le rugby. C'est notamment lui qui initie l'essai de 100 m marqué par la France contre l'Angleterre en 1991, le plus bel essai de l'histoire du Tournoi. Mais 1991 est sa dernière année de joueur et il n'est pas sélectionné pour la Coupe du monde.

C'est lui qui prend les commandes du XV de France dans la foulée du rendez-vous mondial raté. En quatre ans, il va en faire l'une des plus belles équipes de France, avec une 3e place à la Coupe du monde 1995 et des séries de tests gagnées en Afrique du Sud, en 1993, et en Nouvelle-Zélande, en 1994. Après la Coupe du monde, il s'occupera notamment de Narbonne et de la sélection italienne, avant devenir le manager du Racing Metro, alors en deuxième division en 2007. C'est aujourd'hui l'une des équipes les plus redoutées du championnat.

Serge Blanco (né en 1958)

Serge Blanco, né à Caracas (Venezuela), 93 sélections (38 essais), a été surnommé le «Pelé du rugby». Un titre dû autant à sa couleur de peau qu'à sa capacité à faire lever les foules avec son rugby d'attaque. Il devient vite un cadre de l'équipe de Biarritz, mais, à l'époque, ce n'est pas un club pour se faire un palmarès. Il n'y joue qu'une finale du championnat, en 1992, perdue contre Toulon, à l'occasion du dernier match de sa carrière. En revanche, il intègre l'équipe de France, dès 1980, lors de la tournée en Afrique du Sud. Très vite, il devient l'arrière titulaire des Bleus pour ne plus laisser sa place jusqu'en 1991 et sa retraite internationale. Il sera considéré durant une longue partie de ses 11 années de règne comme le meilleur arrière au monde.

Son palmarès international comporte deux grands chelems dans le Tournoi, en 1981 et 1987. Cette même année, il est finaliste de la première Coupe du monde avec la France, battue par la Nouvelle-Zélande. Il a longtemps été le recordman des sélections en équipe de France, avant d'être dépassé par Philippe Sella.

Sa carrière de joueur terminée, il devient, en 1998, le premier président de la Ligue nationale de rugby, nouvellement créée pour gérer le rugby professionnel. Il est resté dix années à la tête de la LNR, laissant l'image d'un dirigeant visionnaire. Il a également réussi sa reconversion professionnelle, sur la côte basque, dans l'hôtellerie et la thalassothérapie, tout en prêtant son nom à une ligne de vêtements. Il est revenu aux sources en devenant le président du club de rugby de Biarritz, son club de toujours.

Philippe Sella (né en 1962)

Philippe Sella, né à Tonneins, 111 sélections (30 essais), a été pendant une décennie considéré comme le meilleur trois-quarts centre au monde. Il a participé à l'écriture des belles heures du rugby français dans les années 1980, lorsque les autres nations nous enviaient notre *french flair.* Il a apporté au centre de l'attaque une dimension physique associée à une grande technique et fut le fer de lance de l'attaque agenaise, vainqueur du championnat de France, en 1982 et 1988. Il fut également l'un des premiers joueurs français à aller tenter sa chance en Angleterre, puisqu'il termina sa carrière aux Saracens, entre 1996 et 1998, avec une coupe d'Angleterre glanée cette année-là. Mais ses plus beaux exploits, Philippe Sella les a réalisés sous le maillot de l'équipe de France. Longtemps recordman mondial des sélections avant d'être dépassé par Jason Leonard, puis Fabien Pelous en France, il faut souligner que lors de ses 111 sélections, il fut 110 fois titulaire.

Avec les Bleus, il fut finaliste de la première Coupe du monde, en 1987, avec un grand chelem dans le Tournoi cette même année, et fut troisième, en 1995, après notamment une demi-finale d'anthologie perdue contre les Sud-Africains, les futurs vainqueurs.

Intronisé au Hall of Fame du rugby, en 1999, il n'a jamais vraiment quitté le rugby puisqu'il est consultant sur Canal + et membre du comité de sélection de l'équipe de France. On parle de lui pour prendre la suite de Jo Maso en tant que manager du XV de France après la Coupe du monde.

Philippe Saint-André (né en 1967)

Philippe Saint-André, né à Romans, 68 sélections (33 essais), a parfaitement réussi le passage de joueur à entraîneur. Mais sa réussite actuelle aux commandes de Toulon, ou de Sale auparavant, ne doit pas faire oublier le fantastique joueur qu'il fut. Formé à Romans, dans la Drôme, il débarque à 21 ans à Clermont-Ferrand, où il joue la majeure partie de sa carrière au poste d'ailier. Il fera parti de l'aventure jusqu'en finale du championnat 1994, perdue face à Toulouse, l'une des plus belles de l'histoire. Son style, tout fou, désordonné mais terriblement efficace en fait l'un des ailiers les plus prolifiques du championnat et du rugby international, mais lui vaut également le surnom affectueux de « goret ».

Ce surnom le suit également en équipe de France, dont il devient le capitaine. Parmi ses exploits, il est à la conclusion d'un essai de 100 m marqué contre l'Angleterre en 1991, considéré comme le plus beau de l'histoire du tournoi. Il est le capitaine du XV de France vainqueur de la tournée en Nouvelle-Zélande en 1994, là ou fut marqué l'« essai du bout du monde » par la France.

Après sa retraite de joueur à Gloucester, en 1998, il en devient l'entraîneur dans la foulée. Il passe ensuite par Bourgoin, où il remporte le challenge européen, en 2005 ; Sale, où il devient champion d'Angleterre, en 2006 ; et Toulon, depuis 2009. Il est considéré comme l'une des références parmi les entraîneurs et pourrait à terme postuler en équipe de France. Après tout, ne dit-il pas lui-même : « Quand on a entraîné à Toulon, on peut entraîner partout » ?

Fabien Pelous (né en 1973)

Fabien Pelous, né à Toulouse, 118 sélections (8 essais), est le recordman de sélections en équipe de France. Passé par Saverdun, Graulhet et Dax, c'est à Toulouse qu'il se construit l'un des plus beaux palmarès du rugby français avec 3 titres de champion de France (et 2 finales) et 2 Coupes d'Europe (et 2 finales).

Troisième ligne à ses débuts, c'est en tant que deuxième ligne qu'il finit sa carrière et, surtout, qu'il prend le capitanat de l'équipe de France à 42 reprises (record en France). S'il a d'abord été un joueur rugueux, Fabien Pelous est devenu peu à peu une référence au poste de deuxième ligne, devenant la poutre du pack toulousain et du XV de France, avec lequel il réussit 4 grands chelems et est finaliste de la Coupe du monde 1999. Il a connu les deux rugbys, amateur et professionnel, et est un modèle dans sa gestion du passage au professionnalisme. Il devait prendre sa retraite après la finale de la Coupe d'Europe perdue en 2008, à 34 ans, mais, à la demande de son club, il joue une année de plus. Pour son dernier match à Toulouse, en 2009, le public du stade lui fait une *standing ovation* en arborant des masques à son effigie.

Chevalier de la Légion d'honneur, il est aujourd'hui impliqué dans les instances fédérales et fait partie du comité de sélection de l'équipe de France. Mais il figure aussi dans la liste des dix joueurs français les plus effrayants, selon le journal anglais *The Times*.

Chapitre 17

Dix duos de légende

Dans ce chapitre :

- Les paires de joueurs indissociables
- Les grandes fratries
- Les duos étrangers mythiques

L'histoire du rugby est marquée par des individualités de légende (voir chapitre 16), mais aussi par des duos de joueurs indissociables. Évoluant côte à côte sur le terrain, comme la charnière, les trois-quarts centre ou les deuxièmes lignes, les « paires » les plus emblématiques forment un tout.

Souvent associés en club ou en sélection nationale et, parfois, liés « à la ville » par les liens du sang, ils ont marqué l'histoire. De sorte qu'à l'image de couples célèbres (Laurel et Hardy, Boileau et Narcejac, Roux et Combaluzier...), on ne parle jamais de l'un sans évoquer immédiatement l'autre, tantôt pour insister sur leurs similitudes, tantôt pour souligner leur dissemblance et leur complémentarité.

Guy et André Boniface

Le « temps des Boni » est devenu aujourd'hui une expression générique pour qui aime évoquer le rugby d'autrefois : ceux qui s'interdisent de taper au pied dans un ballon ou encore qui rêvent de voir un cadrage débordement infini (et peu importe si le joueur déborde en dehors de la limite : il n'y a pas de frontière pour le plaisir des yeux). C'est aussi le titre d'un récit magnifique du journaliste-écrivain Denis Lalanne.

Les frangins Boniface incarnaient à eux seuls cette malice, cette complicité accompagnée d'une élégance sublime. André, l'aîné, était un fervent admirateur de Jean Dauger, le Bayonnais. À 18 ans, il eut un grand frisson lorsque l'attaquant bayonnais vint renforcer la sélection landaise de l'US Dax. Dauger sert Boniface et le gave de bons ballons. Le Montois inscrit trois essais. Sa philosophie est arrêtée lors de cette rencontre. Originaires de Montfort-en-Chalosse, les deux frères font les beaux jours de l'US Dax. Artistes, les frères font du jeu d'attaque leur religion. Ils sont de plus très doués physiquement. André est imbattable au bras de fer et possède une force herculéenne, ce qui lui permet d'exécuter de longues passes avec une extrême rapidité. Son jeu au pied n'est pas mal non plus, lui qui a appris le rugby sans jamais taper dans la balle. Il enchaîne les drops et les pénalités. Cependant, il n'est rien si son frère n'est pas à ses côtés. Guy devine le placement de son aîné, il anticipe, il pense et court comme son frère. Une fois les deux surdoués associés au centre de l'attaque, la légende est en route. Ils sont très vite indissociables sous le maillot tricolore (dès 1960). André fut le premier appelé, bientôt rejoint par son frère. Ils seront pourtant souvent controversés. André jouera 48 fois pour la France et Guy à 35 reprises, mais ils ne se croiseront en bleu qu'à 18 reprises : le temps des Boni en équipe de France durera cinq ans (1961-1966). André est déjà largement connu lorsque son frère éclate aux yeux du grand public. Il est surnommé la « souris » pour son talent à se faufiler dans les trous du même nom sur un terrain ! Hargneux à l'extrême, combattant jusqu'à la dernière seconde, il était le complément idéal pour son frère.

En 1968, le drame survient. Le 1er janvier, sur une route sinueuse des Landes, Guy est victime d'un accident de voiture. André ne sera plus jamais le même joueur. Il restera une belle phrase pour définir cette paire de centres hors du commun : « Le meilleur des Boniface est celui qui n'a pas le ballon. »

LÉGENDE

- **André Boniface (né en 1934, trois-quarts centre, 48 sélections)** est un joueur exceptionnel des lignes arrière. Costaud physiquement, il possédait des qualités de vitesse indéniables, auxquelles il ajoutait une grande dextérité acquise dès sa jeunesse dans des disciplines où le jeu au pied était interdit. Très vite, il rejoint le Stade Montois. Dès sa première année, il s'incline en finale du championnat contre Lourdes. L'équipe de France l'appelle, il débute en 1954 face aux Anglais, dans le Tournoi.
- **Guy Boniface (né en 1937, trois-quarts centre, 35 sélections)** le rejoint dans son club de Mont-de-Marsan, l'année suivante. Les deux frères perdent une nouvelle finale en 1959 contre le Racing : sur le plan du jeu, cette rencontre reste encore dans les mémoires. Quand Guy débute avec le XV de France (1960), André est écarté une année. Puis il revient avant d'être de nouveau écarté. Les deux frères se croiseront souvent sans jamais vraiment s'installer ensemble : ils ne joueront que 16 fois de conserve en équipe de France. Leur dernière sélection en commun remonte à 1966, où une passe de Jean Gachassin à André est interceptée par le Gallois Watkins. Les sélectionneurs excluront définitivement les deux frères Boniface de l'équipe de France.

En club, ils deviendront champions de France, en 1963, au terme d'un derby enfiévré contre Dax, finale ponctuée de mauvais gestes. Très complémentaires, les deux frères étaient pourtant très différents. Les extrêmes s'assemblent, disait-on alors en les regardant jouer côte à côte. L'un était avant-gardiste en ce qui concerne la préparation (André), l'autre croquait la vie à pleines dents (Guy).

André appartient désormais au club britannique très fermé du Hall of Fame, qui rassemble les plus grands noms du rugby mondial. Il a été promu, en 2005, aux côtés de Naas Botha, John Eales, Grant Fox, Martin Johnson, Ian McGeechan, François Pienaar, Keith Wood, Dave Gallaher et Gwyn Nicholls.

Lilian et Guy Camberabero

Bien que la France ne soit pas la Nouvelle-Zélande, elle a aussi connu des fratries qui ont marqué l'histoire du rugby tricolore avec les Boniface, les Spanghero ou les Camberabero. Les « Cambes », comme on les a rapidement surnommés, ont une place à part dans l'histoire du rugby français, car ils ne se sont jamais quittés ou presque. Passés par Tyrosse, ils prennent la direction de La Voulte, en 1955, alors qu'ils n'ont pas 20 ans, avec leur père et le reste de la famille : ils vont faire le bonheur de ce club, alors en deuxième division, qu'ils vont hisser jusqu'au titre de champion de France 15 ans plus tard, en 1970. Ce sera le Graal des deux frères avec Guy, l'aîné, à l'ouverture, et Lilian, le cadet, à la mêlée. Tous les deux avaient un petit gabarit qui leur valut rapidement d'être surnommés les « lutins de La Voulte », mais leur entente était indéniable. Lilian, à la mêlée, possédait une passe très longue qui autorisait son frère Guy à prendre de la distance avec la défense adverse. Leur complémentarité fera d'eux et de l'équipe de France les vainqueurs du Tournoi des V Nations, en 1967, ainsi que du premier grand chelem de l'équipe de France, en 1968. Cerise sur le gâteau, les deux hommes réussirent l'exploit de marquer tous les points lors de la victoire de l'équipe de France contre l'Australie au stade de Colombes, en février 1967 (20-0).

Les deux frères Camberabero ont le même palmarès : vainqueurs du Tournoi des V Nations, en 1967 et 1968, grand chelem 1968, et champions de France avec La Voulte, en 1970.

- **Lilian Camberabero (né en 1937, demi de mêlée, 14 sélections)** n'a que 18 ans lorsqu'il quitte Tyrosse avec le reste de sa famille pour La Voulte, en 1955. Il n'est alors pas titulaire en équipe première, mais ses associations avec son frère en équipe régionale font déjà parler de lui. Il a vécu sa carrière de rugbyman un peu dans l'ombre de son frère, pas plus souvent convoqué en équipe de France mais dépositaire du jeu à l'époque. Cependant, la qualité et la longueur de sa passe et sa vision du jeu faisaient de lui le meilleur demi de mêlée de France à l'époque.

- **Guy Camberabero (né en 1936, demi d'ouverture, 14 sélections)** quitte Tyrosse alors qu'il n'a pas 20 ans mais est déjà titulaire en équipe fanion. Doté d'une botte magique, il profite de son entente avec son frère pour posséder toujours un temps d'avance sur les défenses adverses. Il est élu meilleur joueur français en 1967 et est le meilleur réalisateur de l'équipe de France, avec 15 points lors du grand chelem 1968, le premier de la France. Il est le capitaine de La Voulte lorsque le club devient champion de France, en 1970, le premier et unique titre majeur de la ville à ce jour.

Jo Maso et Jean Trillo

Brillants, racés, l'allure fière, la paire de trois-quarts centre Jo Maso et Jean Trillo a laissé une marque indélébile dans le rugby français. Les deux joueurs, bien que surdoués, étaient régulièrement mis à l'index de l'équipe de France. Pas forcément pour les mêmes raisons, d'ailleurs. Jo Maso, cheveux longs frisés, a longtemps souffert d'un « délit de belle gueule » sur les terrains. Certains dirigeants lui reprochèrent un jour d'avoir les cheveux longs… Exit du XV de France ! En ce qui concerne Jean Trillo, c'est différent : l'éducateur de Bègles était rarement satisfait du jeu produit. En équipe de France, il avait son mot à dire, toujours à la recherche de la perfection. Il aurait aussi souhaité faire évoluer le jeu des Bleus. Les sélectionneurs ne l'ont jamais écouté.

Ces deux joueurs entamèrent leur carrière sensiblement à la même époque (1966 pour Maso, 1967 pour Trillo), mais ne seront que trop rarement associés (11 fois au total), au centre de l'attaque. Et encore, Jo Maso est polyvalent : il joue souvent au poste d'ouvreur, abandonnant son camarade au milieu de la ligne d'attaque. Ils sont associés pour la première fois lors de la tournée en Nouvelle-Zélande en 1968. L'année où le président Ferrasse est élu à la FFR. C'est lui désormais qui veille au bon déroulement des choses au sein du XV de France… et la carrière des deux jeunes joueurs en souffrira.

- **Jo Maso (né en 1944, trois-quarts centre, 25 sélections),** natif de Perpignan, sera pourtant associé au club de Narbonne, dont il porte les couleurs de 1968 à 1977. Mais avant d'être un brillant joueur, Jo Maso a commencé en jouant à XIII, avec le XIII Catalan. Après un passage à Perpignan, il fait l'essentiel de sa carrière avec le club audois de Narbonne et remporte trois fois le Challenge Du-Manoir. Il devient international en 1966 et marque un essai pour sa première cape (contre l'Italie). Il sera sélectionné à 25 reprises. Il décroche le grand chelem 1968, qui le consacre comme un des meilleurs attaquants du monde. Il se laisse alors pousser les cheveux… comme l'exige la mode du moment. En club, il brille de mille feux, même si Narbonne perd la finale du championnat contre Béziers (1974). Reconnu dans le monde entier, il jouera trois fois pour les Barbarians britanniques, ultime récompense pour ce joueur hors pair ! Il termine sa carrière de joueur à Perpignan, sa ville natale, en 1983, avant de devenir entraîneur. En 1995, un autre destin l'attend, il devient manager du XV de France. Avec Pierre Villepreux et Jean-Claude Skrela, il remporte quatre grands chelems (1997, 1998, 2002 et 2004). Il est toujours le manager des Bleus dirigés par Marc Lièvremont.

LÉGENDE

- **Jean Trillo (né en 1944, trois-quarts centre, 28 sélections),** né dans le Gers, à Condom, a très vite rejoint le club de Bègles, à côté de Bordeaux. En 1967, il devient international, lors de la tournée des Bleus en Afrique du Sud. Lors de son premier match, il s'illustre en interceptant un ballon pour inscrire son premier essai sous le maillot tricolore. La France bat l'Afrique du Sud. Ce jeune trois-quarts centre est un surdoué du rugby. Il passe même pour un intellectuel, très autocritique, rarement satisfait de ses performances, et réfléchissant sans cesse à de nouvelles formes de jeu. En 1969, Bègles devient champion de France, en battant Toulouse à Gerland. Jean Trillo est le héros du match : sur une passe de l'ouvreur Bérot, il intercepte le ballon comme il sait si bien le faire et file inscrire l'essai du titre. À l'issue de la rencontre, ses camarades sont fous de joie. Pas notre homme. Le jeu de son équipe ce jour-là l'a laissé perplexe. Il estimait que l'on pouvait gagner tout en produisant autre chose. Il comptera 28 sélections et inscrira au total 4 essais, comme son compère Jo Maso. Il sera même le capitaine des Bleus, à l'âge de 28 ans. Une fois sa carrière terminée, il se consacre à l'entraînement. Il devient, en 1991, coentraîneur de l'équipe de France au côté de Daniel Dubroca, mais échoue en quart de finale de la Coupe du monde et quitte les Bleus. Son âme d'éducateur le mène alors dans différents projets, dont celui du PUC (Paris Universités Club, qui réunit les équipes des plus grandes écoles françaises).

Jean Iraçabal et Jean-Louis Azarete

ATTENTION !

Le Pays basque est un des plus fameux producteurs de piliers que le rugby ait connus. Les Urtizverea, Iraçabal, Azarete, Ugartemendia, Dospital, Ondartz, Gonzales en font incontestablement partie. On a dit d'eux que leur corps était fait de leur terre ! Il est délicat, sinon impossible, de dissocier ces joueurs faits du même sang. De Bayonne à Hendaye, de Biarritz à Saint-Jean-de-Luz, les piliers basques sont des « frères siamois », comme l'écrivait si bien Christian Montaignac. Jean Iraçabal et Jean-Louis Azarete sont intimement liés, sur le terrain comme par la consonance de leur nom. Pas très connus du grand public, ils se sont révélés l'un et l'autre sous le maillot bleu dans le match du Tournoi 1969 face au pays de Galles. Ils seront associés à 17 reprises jusqu'en 1974. Lors des comités de sélection, la réflexion était simple et rapide en première ligne. Si le pilier gauche, Jean Iraçabal, était en état de jouer, il devenait aberrant de le positionner avec un autre que son compère « Zaza ».

- **Jean Iraçabal (né en 1941, pilier, 34 sélections),** né à Larressore, un petit village près de Cambo, est très tôt orienté vers le club phare de la région : l'Aviron Bayonnais. Il devient un pilier redoutable qui se fait très vite remarquer des sélectionneurs. Il est de la tournée en Nouvelle-Zélande en 1968, avant de débuter dans le Tournoi d'une manière rocambolesque, en 1969 : il pénètre sur la pelouse de Colombes avec le numéro 16, alors qu'il est titulaire. La jambe paralysée par une piqûre dans le nerf sciatique, le Toulousain Jean-Pierre Salut ne renonce en effet à jouer que quelques minutes avant le coup d'envoi de France – Écosse. Le pack tricolore est alors remanié en quatrième vitesse avant le coup d'envoi, Spanghero prend la place de Salut, Dauga (deuxième ligne) devient numéro 8, Lasserre descend du poste de pilier à celui de deuxième ligne et Iraçabal effectue des débuts pour le moins insolites dans le Tournoi. Le Bayonnais avait un maillot sans coq, car les remplaçants n'avaient pas droit à l'emblème. Le pilier terminera néanmoins sa carrière avec 34 sélections.
- **Jean-Louis Azarete (né en 1945, pilier, 25 sélections)** est issu d'Urrugue, un petit village basque situé entre Hendaye et Saint-Jean-de-Luz. Plus jeune que son compère Iraçabal, il entame sa carrière internationale en même temps. Les deux hommes vont très vite devenir inséparables. Pilier droit, facilement identifiable avec son bandeau autour de la tête et sa cicatrice sur la joue, il joue aussi à Dax avant de rejoindre Saint-Jean-de-Luz, en 1971, et de terminer sa carrière à Hendaye. Il honore 25 sélections sous le maillot tricolore, et sera, au même titre qu'Iraçabal, du dernier match disputé à Colombes contre les Anglais, avec une victoire historique à la clé. À son palmarès figure une victoire dans le Challenge Du-Manoir 1969, avec Dax.

Gareth Edwards et Barry John

Le rugby a aussi connu sa période romantique et elle fut incarnée par l'équipe du pays de Galles des années 1970. L'époque est aux cheveux longs, aux rouflaquettes et au jeu débridé. Le pays de Galles connaît la période la plus riche de son histoire avec trois grands chelems entre 1971 et 1978. Pour le premier, le duo qui commande le jeu gallois est composé de Gareth Edwards à la mêlée et de Barry John à l'ouverture. Le premier est considéré comme le meilleur joueur du monde à cette époque et le second a le talent naturel pour exploiter tous les ballons que lui offre Edwards. Ils incarnent cette volonté du rugby gallois de l'époque d'attaquer tous les ballons. Edwards réussissait toujours à trouver des solutions pour déstabiliser la défense adverse dès la sortie du ballon ; Barry John se servait de ses crochets uniques et d'un jeu au pied hyperréaliste pour concrétiser les débordements initiés par Edwards.

Barry John et Gareth Edwards ont été associés 23 fois sous le maillot des « diables rouges » entre 1967 et 1972, un chiffre plus que respectable à une époque où les matchs internationaux étaient beaucoup moins nombreux. L'alchimie entre les deux hommes fonctionnait également parce qu'ils n'avaient pas le même jeu. À l'altruisme et à la vision d'ensemble d'Edwards répondait le côté plus individualiste et plus réaliste de Barry John. L'osmose en revanche était parfaite et le rugby gallois fut à cette période le plus fort du monde… loin devant celui des Anglais, ce qui suffisait largement au bonheur des supporters.

- **Gareth Edwards (né en 1947, demi de mêlée, 53 sélections de 1967 à 1978)** a remporté le grand chelem en 1971, 1976 et 1978. Il est l'un des grands noms du rugby. Meilleur joueur du monde à son époque, il est encore aujourd'hui cité par les techniciens qui veulent illustrer le jeu parfait du demi de mêlée. À 20 ans, en 1967, il devient international, et ne quitte la sélection, sur un ultime grand chelem, qu'à 31 ans. Avec lui, le pays de Galles remporte le Tournoi à 7 reprises, avec 3 grands chelems à la clé, et il porte le brassard à 13 reprises. Malgré un vrai physique de demi de mêlée, trapu en diable, il avait une vitesse et des appuis incroyables qui lui permettaient de renverser toutes les défenses. Mais sa grande force était son sens du jeu et sa capacité à trouver les failles adverses et à créer des phases de jeu uniques. Sa longue passe des deux côtés lui faisait aussi changer l'orientation du jeu avec une grande facilité. Leader des « diables rouges » gallois, dix fois sélectionné avec les Lions, c'est pourtant sous le maillot des Barbarians qu'il va marquer ce qui est considéré comme le plus bel essai du XXe siècle, en 1973, face aux All Blacks. Il est le seul joueur à avoir été statufié de son vivant : le « monument » à son effigie vous attend dans le centre de Cardiff.

- **Barry John (né en 1945, demi d'ouverture, 25 sélections de 1966 à 1972)** remporta le Tournoi des V Nations en 1969 et 1971, et le grand chelem en 1971. Les historiens du rugby se posent la question depuis une trentaine d'années. Qui de Barry John ou de Phil Bennett fut le meilleur demi d'ouverture gallois ? Question difficile et probablement sans réponse, car les deux hommes se succédèrent avec les « diables rouges » aux côtés de Gareth Edwards. Mais Barry John a pour lui d'avoir été le premier. Il fut même international en 1966, un an avant Gareth Edwards. Les deux hommes ont commencé ensemble à Cardiff avant de présider ensuite aux destinées des Diables… Au sens du jeu d'Edwards, John répondait par sa *vista* : toucher de balle et vitesse pour percer les défenses et précision dans le jeu au pied et dans les tirs aux buts. On ne lui reprocha finalement qu'une légère indolence parfois en défense et une propension à oublier ses coéquipiers. C'est aussi grâce à cela qu'on lui attribua le surnom de « the king » lors de la tournée des

Lions en Nouvelle-Zélande et en Australie en 1971. Il a porté le maillot de la sélection des Lions à 5 reprises, et surpris le monde entier en prenant sa retraite à 27 ans, en 1972, au sommet de sa gloire. Le pays de Galles continuera à briller par la suite avec Phil Bennett, réussissant au passage deux autres grands chelems, mais c'est avec Barry John que les « diables rouges » se sont réveillés à la fin des années 1960. Et pour cela, il reste à jamais « the king ».

Jean-Claude Skrela et Jean-Pierre Rives

ATTENTION !

L'association Rives-Skrela est née à l'occasion du Tournoi 1975. Les deux joueurs ont aussi et surtout évolué sous le maillot toulousain, disputant la finale du championnat de France 1980. Jean-Claude Skrela a fait ses débuts en 1971 avec l'équipe de France. Jean-Pierre Rives, lui, est apparu pour la première fois sous le maillot bleu en 1975, à l'occasion du Tournoi. Immédiatement, les deux hommes furent associés. Au-delà de leur talent naturel, ils étaient parfaitement complémentaires. Jean-Claude Skrela, combattant et sauteur en touche, opposait son style à celui de « casque d'or », infatigable coureur et plaqueur de haut vol. Les deux hommes furent sélectionnés ensemble à 25 reprises. Pendant quatre ans, cette paire indiscutable glana de grands succès, comme le grand chelem 1977. Jean-Pierre Bastiat formait alors le troisième larron de la troisième ligne.

LÉGENDE

- **Jean-Claude Skrela (né en 1949, troisième ligne aile, 46 sélections),** fils d'un agriculteur du Sud-Ouest, d'origine polonaise, était un athlète et un combattant hors pair. Sprinteur, sauteur et lanceur, il fut aussi maître-nageur puis professeur d'EPS (éducation physique et sportive). Très résistant, il est ce que l'on appellerait aujourd'hui un *flanker* efficace. Il est aussi attiré par l'entraînement, ce qui le conduit à mettre un terme à sa carrière assez rapidement. Il devient coentraîneur de Toulouse avec Pierre Villepreux. Très vite, les résultats arrivent. Le duo sera à la tête de l'équipe de France lors du mondial 1999. Entre-temps, Jean-Claude Skrela décroche deux grands chelems (1997 et 1998). Aujourd'hui, il est directeur technique national et regarde jouer son fils David avec l'équipe de France. Pour l'anecdote, il fut le premier joueur à marquer un essai comptant pour 4 points, lors d'un test-match, en 1971.

LÉGENDE

- **Jean-Pierre Rives (né en 1952, troisième ligne aile, 59 sélections),** dit « casque d'or » en raison de son panache blond, a marqué les esprits. Il débute chez les Bleus en 1975, à Twickenham, par une victoire tricolore (27-20). Il fait partie avec Jean-Claude Skrela du pack de fer dirigé par Jacques Fouroux. Ils réalisent ensemble le grand chelem, en 1977, sans avoir concédé un seul essai. En 1979, pour remplacer Jean-Pierre Bastiat, les sélectionneurs le nomment capitaine – choix quelque peu surprenant, car Jean-Pierre Rives est parfois considéré comme un doux rêveur. En fait, il va se révéler un incomparable meneur d'hommes. Le 14 juillet 1979, à Auckland, il conduit pour la première fois un XV de France à la victoire en Nouvelle-Zélande (24-19). Une semaine auparavant, les tricolores avaient été battus par les All Blacks de Graham Mourie (23-9). En 1981, il mène de nouveau le XV de France au grand chelem. Il sera 34 fois capitaine de l'équipe nationale. Sa carrière sportive terminée, Jean-Pierre Rives est devenu un membre actif des Barbarians français. Il a été aussi l'un des plus influents défenseurs de la candidature française à la Coupe du monde de rugby 2007, en assumant un rôle officiel de coprésident. Aujourd'hui sculpteur réputé, il est aussi le propriétaire d'un restaurant parisien sur la Seine, et vient d'ouvrir une seconde enseigne à Toulouse ; deux autres brasseries toulousaines devraient suivre rapidement, dont une sur l'île du Ramier.

Michel Palmié et Jean-François Imbernon

Dans les années 1970, la France s'est constitué un pack de fer autour de Rives, Paparemborde ou Skrela. Elle possède deux joyaux de la couronne, du nom de Michel Palmié et Jean-François Imbernon. Michel Palmié, surnommé « Ramsès » en raison de ses innombrables bandages, à l'instar d'une momie, est un guerrier hors norme. Avec Jean-François Imbernon, le Catalan auquel il est associé, ils ne font pas du ballon leur priorité absolue. Ils préfèrent la pénombre d'un regroupement au soleil du grand champ ! Mais à la ville comme sur le terrain, ils ont la franchise brutale… Le Biterrois ne laisse pas sa part au chien dans les regroupements, Imbernon non plus ! À eux deux, ils forment une redoutable association, qui devient la garde rapprochée du capitaine Jacques. Ça a payé d'une certaine manière, puisque les tricolores ont mis tout le monde au garde-à-vous lors du fameux grand chelem de 1977. Ils ont joué côte à côte à 16 reprises sous le maillot tricolore et comptent le même nombre de sélections chacun (23). Mais « la Palme », comme on l'appelle, paiera un lourd crédit un an plus tard : à la suite d'une brutalité sur le talonneur du Racing, Armand Clerc, le président Ferrasse l'écartera après sa condamnation pour coups et blessures…

- **Michel Palmié (né en 1951, deuxième ligne, 23 sélections)** fut un des éléments les plus charismatiques du grand Béziers des années 1970. Multiple champion de France aux côtés des Astre, Saïsset, Paco, Estève, Cantoni, Vaquerin… il connut aussi quatre belles années avec l'équipe de France, dont 1977 avec le grand chelem. Il fit également partie des tournées en Afrique du Sud (1975) et aux États-Unis (1976). Son compteur de sélections se bloquera à 23 à l'issue du Tournoi 1978. Son palmarès est bien garni, qui compte six titres de champion de France (1974-1975-1977-1978-1980-1981) et une finale perdue (contre Agen, en 1976). Il est aujourd'hui le directeur sportif de Béziers, qui évolue en

Pro D2, et l'un des deux directeurs français de l'European Rugby Cup (ERC), l'autre étant Jean-Pierre Lux.

- **Jean-François Imbernon (né en 1951, deuxième ligne, 23 sélections)** a effectué tout son parcours à Perpignan. Sa carrière internationale commence en 1976 lors d'un France – Angleterre du Tournoi, où il est associé à Michel Palmié. La France marque 30 points contre les Anglais. Une amitié est née. Ils vont pourtant se retrouver face à face, en 1977, en finale du championnat de France, lors de laquelle l'Usap (Union sportive Arlequins perpignanais) s'incline devant Béziers. Palmié exclu du XV de France, Jean-François Imbernon poussera sa carrière jusqu'en 1983, glanant au passage un nouveau grand chelem, en 1981, avec Daniel Revailler. Toujours installé à Perpignan, le grand deuxième ligne tient aujourd'hui un restaurant dans le centre de la ville.

Les frères Brooke

L'histoire du rugby néo-zélandais est riche de ces fratries ou de ces lignées qui ont porté le maillot All Black. L'île est petite et le ballon ovale en est le sport national : il n'est donc pas rare que toutes les générations d'une même famille s'y retrouvent. Ce fut le cas de la famille Brooke, dont les trois fils ont joué au rugby, et dont deux se retrouvèrent en même temps sous le maillot à la fougère argentée : Robin et Zinzan. L'aîné est Zinzan, né en 1965, et qui commence sa carrière internationale lors de la Coupe du monde 1987, en Nouvelle-Zélande. La maturation de son frère est plus longue puisque, né un an après lui, il n'intègre les All Blacks qu'en 1992. Les deux hommes vont ensuite passer six années ensemble en sélection, le cadet en seconde ligne et l'aîné derrière, en troisième ligne centre. Ils seront deux des fers de lance de l'équipe néo-zélandaise : probablement la meilleure au monde pendant ce laps de temps, mais incapable de concrétiser sa domination lors des grands rendez-vous, notamment en finale de la Coupe du monde 1995. Les deux frères sont titulaires lors de ce match contre l'Afrique du Sud, perdu d'un rien. Il leur manquera donc toujours ce titre mondial que le rugby néo-zélandais cherche depuis le sacre de 1987.

Les Néo-Zélandais prennent une petite revanche, l'année suivante, en devenant la première équipe All Black à gagner une tournée en Afrique du Sud (3 victoires à 1). Leur association se termine en 1997, une année sans défaite pour l'équipe nationale (10 victoires et 1 nul). La puissance en mêlée de Robin, alliée au sens du jeu de Zinzan en troisième ligne centre, a aussi fait le bonheur des Auckland Blues dans le Super 12. Les Brook Brothers sont en effet titulaires dans cette équipe qui a gagné les deux premières éditions du championnat des provinces de l'hémisphère sud, en 1996 et 1997. Le départ pour l'Europe de Zinzan, en 1998, met fin à leur association, l'une des plus solides des grandes fratries du rugby néo-zélandais.

- **Zinzan Brooke (né en 1965, troisième ligne centre, 58 sélections entre 1987 et 1997)** fut vainqueur de la Coupe du monde 1987 et finaliste en 1995, et vainqueur du Super 12 avec les Auckland Blues en 1996 et 1997. Arrivé à 22 ans en équipe nationale pour la Coupe du monde 1987, Zinzan est longtemps barré par Wayne Shelford, le titulaire du numéro 8. Il prend définitivement le poste en 1990, devenant également le meneur du haka en tant que maori. Sa haine de la défaite et ses qualités de meneur d'hommes en font l'un des titulaires de cette équipe et le joueur de l'année en Nouvelle-Zélande en 1994. Une rupture du tendon d'Achille à la fin de cette année ne l'empêche pas d'être sélectionné pour la Coupe du monde 1995, qui reste son chef-d'œuvre. Malgré la défaite en finale face à l'Afrique du Sud, il marque cette compétition, notamment grâce à sa prestation en demi-finale face à l'Angleterre, et à un drop réussi des 40 m en seconde période. Après ses deux victoires en Super 12, il quitte la Nouvelle-Zélande, en 1998, pour rejoindre l'Europe et les Harlequins de Londres. D'abord joueur, il devient ensuite l'entraîneur de ce club, sans y connaître la même réussite que lors de ses années de joueur.
- **Robin Brooke (né en 1966, deuxième ligne, 62 sélections entre 1992 et 1999)** fut finaliste de la Coupe du monde 1995 et demi-finaliste en 1999, vainqueur du Super 12 en 1996 et 1997. Il est le plus jeune des trois frères Brooke qui ont joué au rugby. Il débute sa carrière internationale à 25 ans, en 1992, contre l'Irlande du Nord. Sa puissance en mêlée en fait rapidement l'un des joueurs les plus utilisés pendant les huit saisons suivantes, avec en point d'orgue la finale de la Coupe du monde disputée aux côtés de son frère, en 1995. Il sera aussi de la revanche l'année suivante, pour la première victoire des Néo-Zélandais dans une série de tests en Afrique du Sud. À l'inverse de son frère, qui quitte les All Blacks sur une saison sans défaite, il termine sa carrière internationale après la défaite face à la France en demi-finale de la Coupe du monde 1999, un drame national. Il fait encore par la suite les beaux jours des Blues d'Auckland, où il voit débarquer Christian Califano, l'un de ses bourreaux de 1999 et premier joueur français dans une équipe néo-zélandaise du Super 12.

Jason Little et Tim Horan

À l'été 1989, les Lions britanniques remportent leur série de tests contre l'Australie. Bob Dwyer, le coach australien, se sert de cette défaite pour définir les manques de son équipe et construire le groupe qui lui servira de base pour la Coupe du monde 1991. À l'automne, en tournée en Europe, il fait débuter plusieurs jeunes joueurs, dont Tim Horan et Jason Little. Les deux jeunes centres dynamitent les défenses adverses, notamment la France, à Strasbourg, et personnifient cette nouvelle équipe des Wallabies qui s'appuie sur sa jeunesse et mise tout sur l'attaque.

Horan est de trois mois plus âgé que Little à l'époque, mais surtout les deux hommes n'ont pas 20 ans. Ils n'ont peur de rien et profitent d'un physique hors norme et de la volonté de leur entraîneur Bob Dwyer de prôner l'attaque. Cette philosophie a du succès puisque les Wallabies succèdent à la Nouvelle-Zélande en devenant champions du monde, en 1991. Les stars de l'époque ne sont ni Horan ni Little, mais Lynagh, Farr-Jones ou Campese. Peu importe, car la « génération Dwyer », comme on l'appelle, est partie pour durer.

Huit ans plus tard et dix ans après leurs débuts internationaux, Jason Little et Tim Horan sont à nouveau champions du monde, en 1999. Ils sont avec John Eales et Phil Kearns les seuls joueurs de l'histoire à avoir été champions du monde à deux reprises. Et si, sur la fin de leur carrière internationale, Jason Little marque un peu le pas sur Tim Horan, ils restent à jamais associés à cette équipe qui révolutionna le jeu et régna sur le monde.

- **Tim Horan (né en 1970, trois-quarts centre, 80 sélections)** remporta la Coupe du monde en 1991 et 1999, et le Super 10 en 1994 et 1995, avec les Queensland Reds. Il aime à rappeler combien sa deuxième sélection avec l'équipe d'Australie l'a marqué. Il s'agissait d'un test contre l'équipe de France et Philippe Sella, l'une de ses idoles. C'est l'Australie qui s'impose ce jour-là, et le monde entier découvre Tim Horan. Son style explosif va ensuite ravager des défenses. Il saura faire évoluer son jeu par la suite, ajoutant l'expérience à la fougue. Après une grave blessure au genou, en 1994, il revient pour la Coupe du monde 1995 et éclabousse la Coupe du monde 1999, remportée par l'Australie, de son talent. Il est désigné meilleur joueur de la compétition cette année-là.

  Il fait sa dernière saison en Australie en 2000, avant de partir vers les Saracens de Londres, suivant le chemin effectué par Philippe Sella quelques années plus tôt.

- **Jason Little (né en 1970, trois-quarts centre, 75 sélections)** fut champion du monde en 1991 et 1999, vainqueur du Tri Nations en 2000 et du Super 10 en 1994 et 1995. Le fameux match face à l'équipe de France en 1989 était la première sélection de Jason Little. Il devint rapidement l'associé évident de Tim Horan. Moins gêné par les blessures que son acolyte, il fut aussi un peu moins reconnu par les observateurs : Little est l'exemple type des joueurs qui ont pris toute leur dimension en étant associés avec un autre joueur. Il fut néanmoins capitaine des Wallabies, en 1999, lors du match de Coupe du monde contre les États-Unis. Après la Coupe du monde 1999, il quitta l'Australie pour terminer sa carrière à Gloucester.

George Gregan et Stephen Larkham

Ces deux hommes ont, entre la fin des années 1990 et le début des années 2000, personnifié la richesse du rugby australien. Entre le demi de mêlée, George Gregan, et le demi d'ouverture, Stephen Larkham, s'est nouée une complicité qui a permis aux Wallabies d'être la meilleure équipe du monde. La tâche n'était pourtant pas facile : faire oublier la charnière Nick Farr-Jones/Michael Lynagh, sacrée championne du monde en 1991. Après la retraite de ces deux monstres sacrés, le rugby australien s'était un peu cherché... jusqu'à la découverte de ces faux jumeaux. L'image peut paraître osée, avec Gregan, noir, né à Lusaka, en Zambie, en 1973, et Stephen Larkham, blanc, né à Canberra, capitale de l'Australie, en 1974. Mais ils ont tellement été associés, et leur charnière est devenue si naturelle, qu'ils ont presque réussi à créer un lien fraternel entre eux deux.

C'est avec l'équipe de la province de Canberra qu'ils font leurs premières armes. Gregan est le premier à porter le maillot des Wallabies, en 1994, juste avant la Coupe du monde en Afrique du Sud. Son association avec Larkham devient vite incontournable dans l'équipe de Canberra, les Brumbies, et, en 1996, Larkham porte pour la première fois le maillot de la sélection nationale. Dès lors, les deux hommes ne vont plus se quitter, et vont aider les Wallabies dans leur construction d'un jeu offensif. À charge pour Gregan de mener les gros et d'assurer la transmission rapide vers des trois-quarts aux jambes de feu. Il est aussi le premier défenseur d'une équipe intraitable dans ce compartiment du jeu. Stephen Larkham a pour rôle de mener les attaques avec une totale liberté. Ouvreur génial, il n'a pas son pareil pour déstabiliser les meilleures défenses par sa vision du jeu et ses traits de génie qui renversent le cours des matchs. Ils décrochent le *Graal* en 1999, en battant la France en finale de la Coupe du monde, à Cardiff. L'Australie devient la première nation, et la seule à ce jour, à remporter deux titres mondiaux. Les Australiens seront à deux doigts de conserver leur titre en 2003, battus dans la dernière ligne droite par l'Angleterre. Entre-temps, ils auront enrichi leur palmarès de 2 Tri Nations et 2 Super 12, avec les Brumbies, et porté le record du monde de titularisation pour une charnière à 67 matchs joués ensemble. Malgré les critiques, notamment sur l'âge « avancé » de Gregan, les deux hommes furent encore les maîtres à jouer de l'Australie lors de la coupe du monde 2007, leur dernière.

- **George Gregan (né en 1973, demi de mêlée, 127 sélections dont 54 en tant que capitaine)** fut sacré champion du monde en 1999, vainqueur du Tri Nations en 2000 et 2001, vainqueur du Super 12 en 2001 et 2004. Il est arrivé il y a longtemps en équipe nationale puisque sa première sélection remonte à 1994. Cette année-là, il permet à l'Australie de conserver la Bledisloe Cup face à la Nouvelle-Zélande, grâce à un plaquage monstrueux sur l'ailier All Black Jeff Wilson alors que celui-ci file à l'essai. Mais c'est après la Coupe du monde 1995, où il joue deux matchs, qu'il devient le patron de l'équipe à la mêlée. Parallèlement, il s'impose aussi chez les Brumbies, l'équipe de la province de Canberra. Nommé capitaine des Wallabies en 2001 après la retraite de John Eales, il confirme son statut en remportant le Tri Nations et en étant désigné meilleur joueur mondial de l'année par l'IRB. Aujourd'hui à la retraite, il détient le record du monde du nombre de sélections – 127 à son compteur. Le public, qui vit mal les résultats très moyens de l'Australie depuis la défaite à domicile en finale de la Coupe du monde 2003 face à l'Angleterre, a reproché à l'époque au capitaine son âge et le manque d'ambition dans le jeu de son équipe. Après la Coupe du monde 2007, il est resté en France pour évoluer dans le club de Toulon. Nous avons eu ainsi l'immense privilège de voir les derniers matchs à haut niveau de l'un des meilleurs demis de mêlée de l'histoire de ce jeu.

- **Stephen Larkham (né en 1974, demi d'ouverture, 88 sélections),** fut champion du monde en 1999, vainqueur du Tri Nations en 2000 et 2001, et vainqueur du Super 12 en 2001 et 2004. Il est l'un de ces rares joueurs qualifiés de « génie » par ses pairs et capable, sur une inspiration, de renverser le cours d'un match. Ce fut le cas lorsqu'il élimina l'Afrique du Sud sur un drop de plus de 50 m pendant la prolongation en demi-finale de la Coupe du monde 1999. Dur au mal, Larkham ne s'est jamais « échappé » face à ses adversaires. Et celui qui est souvent visé par les troisièmes lignes adverses a été blessé plus souvent qu'à son tour, à tel point que les différents sélectionneurs australiens, depuis plusieurs saisons, n'hésitent pas à le faire reculer au poste de premier centre sur certaines attaques pour ne pas l'offrir en sacrifice aux défenses adverses. Si l'Australie perdit un peu de son aura lors des dernières saisons de Stephen Larkham, personne n'ose remettre en cause son statut, jusqu'à sa retraite.

Chapitre 18

Dix équipes de légende

Dans ce chapitre :

- Les grandes équipes françaises
- Le mythe des All Blacks
- D'autres équipes glorieuses

Le rugby séduit le monde parce qu'il donne une bonne image de la valeur des hommes. Un tantinet complexe dans son règlement, il est finalement simple dans sa philosophie. C'est un jeu d'artisans où chacun démontre ses qualités et son caractère. Dans l'affrontement, à 15 contre 15, les situations où l'échange se crée sont innombrables, la connivence et la complicité se scellent à jamais (voir chapitre 3). Voilà ce que l'on peut appeler une « équipe » en rugby. Des équipes, il y en eut des dizaines, des centaines et plus encore, dans l'histoire. Pourtant, notre imaginaire n'en retient que quelques-unes, pas toujours les plus brillantes ni les plus harmonieuses, certes, mais celles qui ont marqué ! Une attitude, une gueule, un geste, un essai, un exploit, un maillot, un nom… ! Tant de choses nous rapprochent de ces joueurs éternels que les équipes en deviennent immortelles.

Le rugby façonne les hommes et les souvenirs au travers de grandes aventures humaines. Qui n'a pas plaisir à consulter de vieilles photos jaunies par le temps ? Un match à l'autre bout du monde, un derby ou une finale, et la machine « à émotion » se met en route. Ainsi naît une équipe, ainsi se fabrique la légende. Il ne reste plus qu'à l'inscrire dans le temps avec ses mots à soi. Ces groupes sont inscrits dans la mémoire collective grâce à des surnoms propres à identifier les hommes et l'époque. Ainsi, lorsque l'on raconte des anecdotes, on ne parle que des « diables rouges » (pays de Galles) ou des « invincibles » (Nouvelle-Zélande). Il en va de même pour le Stade (Toulouse) ou le Grand (Béziers) dans l'Hexagone. Ils voyagent encore aujourd'hui dans le temps. Quelle épopée !

Lourdes, ou une certaine idée du jeu

Le championnat de France a connu de fortes périodes de domination. Depuis presque 20 ans, il est vampirisé par trois clubs (Biarritz, Toulouse et le Stade Français). C'est une chance, au regard du passé, de posséder plusieurs prétendants sérieux au bouclier de Brennus (Clermont et Perpignan font aujourd'hui aussi partie des prétendants). Il fut en effet des époques où le champion était le maître absolu, omnipotent et raflant de nombreux titres. Ainsi de l'équipe de Lourdes qui révolutionna le jeu dans les années 1950.

À part la grotte et quelques miracles, Lourdes n'évoque pourtant pas grand-chose aux plus jeunes, élevés à l'heure du professionnalisme. Mais les nostalgiques se souviennent quelle fabuleuse équipe fut le FC Lourdes. Son palmarès laisse pantois : 10 finales, 7 titres de champion de France, plus 1 coupe de France et 3 Challenges Du-Manoir, rien que ça ! Entre 1945 et 1960, une décennie glorieuse (1948-1958) et 6 Brennus, dont 3 consécutifs (1956, 1957, 1958). La petite ville d'à peine 15 000 habitants domine l'ensemble du rugby français. Sa force ? Une simple histoire d'hommes ! Une relation forte entre le président, l'entraîneur et les joueurs. Grâce au capitaine, Jean Prat, cette équipe dégage alors une formidable volonté collective. Sans doute la caractéristique des grandes équipes. Cette recette sera reprise ensuite par d'autres clubs, comme Béziers ou Toulouse.

Les hommes du président

Avant de parler des joueurs, il faut rendre hommage à un grand président : Antoine Béguère. Il fut maire de Lourdes après avoir été un bon troisième ligne. Béguère est à la fois un « patron » et un formidable gestionnaire, mais sait aussi « causer » à ses joueurs quand le besoin s'en fait sentir. Avec lui, Henri Bordes et Henri Laffont façonnent le jeu de ligne lourdais. Ils sont réellement les premiers vrais entraîneurs français, ayant une réflexion importante et permanente sur le jeu. Les joueurs, enfin, sont régulièrement recrutés en Bigorre même. Robert Soro, par exemple, est originaire de Saint-Pastous. Le Béarn n'est pas en reste avec les Buzy, Bourdeu, Estrade ou les frères Lacaze. Le Pays basque, grâce à Manterola ou Martine, a aussi ses représentants, tout comme le Languedoc (Rancoule et les frères Labazuy). Il convient d'ajouter d'authentiques Lourdais, parmi lesquels les Barthe, Domec, Guinle et, évidemment, les frères Prat. Leur père avait vendu l'un de ses prés, en 1927, pour permettre la construction du stade ! Le collectif se fait très vite sentir malgré les cultures parfois différentes. Sans doute parce que cette équipe est dotée de forts caractères. Il faut respecter les consignes. Maurice Prat prend même une claque de la part de son frère lors d'un Lourdes-Agen parce qu'il joue à l'envers !

Le FC Lourdais fait alors les beaux jours de l'équipe de France grâce à sa ligne de trois-quarts. En 1958, pour affronter l'Australie, le XV tricolore compte 7 Lourdais, record en la matière. Les 5 arrières (Labuzuy, Tarricq, Maurice Prat, Martine, et Rancoule), ainsi que 2 troisièmes lignes (Barthe et Domec). Les Bleus s'imposent 19-0, la plus large victoire jamais acquise sur une nation du Board.

Le choc des seigneurs

Difficile de ressortir un fait d'armes pour cette grande équipe de Lourdes. On peut sans doute placer très haut un événement comme la finale de 1957 contre le Racing, match resté mémorable pour la qualité des deux opposants (voir chapitre 12). Ou celle de 1956 contre Dax, fameuse de maîtrise et de métier. On peut s'arrêter un instant sur la finale de 1953. Sans doute une de ces finales que l'on ne gagne pas si l'on ne possède pas des éléments capables de renverser des montagnes, forts d'une expérience et d'une grande lucidité. L'adversaire est alors Mont-de-Marsan, pour un « choc de seigneurs », selon les titres de la presse nationale. Un jeune joueur a déchaîné les foules avant la rencontre : André Boniface, passé entre-temps de Dax à Mont-de-Marsan. L'affrontement promet beaucoup. Lourdes a pris encore du volume dans son jeu. Les joueurs, invaincus depuis deux ans en championnat, sont fortement influencés par leur capitaine, Jean Prat. Mais les Montois sont dangereux. Ils mènent d'ailleurs à la 76e minute de jeu. On s'attend à une sorte de passation de pourvoir… lorsque les Lourdais inscrivent deux essais coup sur coup. Lourdes décroche un nouveau titre de champion après une finale et une fin de match à couper le souffle.

Invaincu à domicile

« Imbattable » n'est pas un vain mot dans la bouche des Lourdais. En effet, de 1946 à 1960, ils n'ont pas connu en championnat la moindre défaite sur leur stade ! Un exploit unique dans l'histoire du championnat. Certes, à l'époque, il y avait moins de matchs qu'aujourd'hui (7 en moyenne contre 13 dans le Top 14), il était donc – mathématiquement – plus facile de ne pas perdre. Mais qu'à cela ne tienne, cela représente tout de même 14 ans d'invincibilité, et 86 rencontres sans défaite. Une simple comparaison : Bourgoin est resté sans perdre à la maison presque 4 ans, de 2002 à 2006, ce qui est déjà immense, mais ne correspond qu'à 46 matchs. La belle série lourdaise s'interrompra en 1960. Une jeune équipe ambitieuse et culottée fera tomber le FC Lourdes : il s'agit de Béziers…

Le grand Béziers

Les cheveux longs, les pattes sur les joues... Béziers reste le symbole des *seventies*. Ce n'est pas pour autant que les joueurs biterrois ont adopté la marguerite comme symbole ou *Peace and love* comme slogan.

Lourdes à peine rangé au placard, s'installe un autre monument du rugby français : l'AS biterroise. Le club du Languedoc avait bien tenté sa chance dans les années 1960 en disputant 4 finales en 5 ans (championnat et Challenge Du-Manoir confondus), mais seul un titre de champion lui revint, en 1961. Béziers met donc du temps à se manifester au plus haut niveau. Cinquante ans de patience pour les Héraultais, dont l'histoire n'a pas été de tout repos. Ils ont connu une sérieuse crise au moment de la Libération, finissant même par jouer au rugby à XIII... L'échec du mouvement treiziste a permis à Jules Cadenat de récupérer le nom et le stade de Sauclières. À partir de ce moment-là, plus rien n'arrête les Biterrois. Les années 1970 seront les leurs ! À l'image des Stéphanois en football, le grand Béziers va tout rafler dans l'Hexagone.

Un pack de fer

Contrairement aux Lourdais, Béziers ne brillait pas par la beauté de son jeu. Cette équipe s'impose un peu partout en France, mais surtout grâce à son pack de fer. Les Palmié, Paco, Vaquerin, Estève, Buonomo, Martin, Saïsset, entre autres, jouent les rouleaux compresseurs. Ainsi, les autres équipes sont habituées... à perdre. Le seul fait pour Béziers de se présenter au complet suffit à déprimer les adversaires. Le club devient ainsi champion à 11 reprises entre 1961 à 1984, sans toujours dominer son adversaire, comme en 1975, face à Brive, ou en 1984, face à Agen. On ne prête qu'aux riches, dit-on. Ce dicton s'applique même au bouclier de Brennus !

En finale, Béziers utilise à merveille une tactique bien rodée : les joueurs laissent l'initiative à l'adversaire, observant le jeu et appliquant l'expérience acquise les années précédentes. Ensuite, le demi de mêlée, Richard Astre, flanqué des Cabrol, Cantoni, Pesteil ou Séguier, saute sur la moindre occasion pour prendre le large. Un peu comme un vieux cycliste qui s'économise pour passer en force juste avant la ligne. Les conseils de l'entraîneur Raoul Barrière sont appliqués à la lettre. Cet ancien pilier (champion de France en 1961) avait connu les honneurs de l'équipe de France lors de la tournée en Afrique du Sud en 1958. Il avait été fortement impressionné par les avants des Springboks, et surtout par le jeu pratiqué. Devenu rapidement entraîneur, il se fait une réputation avec les juniors de Béziers en appliquant ses nouvelles méthodes à ceux-là mêmes qui vont bâtir avec lui, dans la décennie à venir, un immense palmarès.

Une raclée mémorable

Le 16 décembre 1979, le grand Béziers fait un cadeau mémorable à l'équipe de Montchanin. Jusqu'ici, les Biterrois tournent à leur rythme en infligeant régulièrement 50 points aux visiteurs. Montchanin va faire mieux, ou plutôt deux fois pire : le club encaisse un retentissant 100-0 ! Record battu : en l'occurrence, celui de Brive, réalisé en 1972 avec un 94-0 contre Besançon. Durant cette partie, Béziers inscrit la bagatelle de 21 essais (celui-ci ne valait que 4 points à l'époque) ! L'ailier Michel Fort détient, lui, le plus grand nombre d'essais marqués dans une seule rencontre, avec 11 réalisations.

L'équipe de tous les records

En dominant de la sorte le rugby hexagonal, le grand Béziers fit tomber les records les uns après les autres. Le plus grand nombre de titres de champion appartenait à Lourdes jusqu'en 1981, lorsque Béziers conquit sa neuvième étoile aux dépens de Bagnères. Autre moment fort et autre légende dans la vie du club : le pilier Armand Vaquerin a conquis 10 des 11 titres de son club. Il a également perdu une finale, en 1976. Il devance donc les autres monstres sacrés que sont Jean-Louis Martin (9 titres), Alain Estève (8), Jack Cantoni (7), Henri Cabrol, Richard Astre, Olivier Saïsset, Alain Paco, Michel Palmié (6), Pierre Lacans et Yvan Buonomo (5 titres).

Toulouse, au firmament du rugby français

À l'intérieur du stade Ernest-Wallon, une grande pierre accueille le public. Impossible de la manquer lorsqu'on la croise ! Cette masse répertorie le palmarès du grand club qu'est le Stade Toulousain.

Et il y en a, du boulot, tant le Stade Toulousain est grand ! Tous les titres de champions sont gravés à jamais sur la pierre… et dans les cœurs des « rouge et noir ». De l'école de rugby aux seniors, le temps s'écoule au rythme des Brennus. Au point d'en être désormais le recordman, avec 16 boucliers rangés les uns sur les autres : une sacrée épaisseur de bonheur ! Le Stade Toulousain a même effacé des tablettes le formidable Lourdes de Jean Prat en récoltant quatre titres consécutifs, de 1994 à 1997. Mais ce n'est pas à cette période que Toulouse doit sa place dans la légende du rugby français. Certes, l'équipe des années 1990 est merveilleuse, mais on peut avancer qu'elle a bénéficié de l'esprit d'initiative de son aînée des années 1980. C'est cette aînée immédiate qui a révolutionné le jeu dans l'Hexagone. Alors que Béziers était en déclin et que seuls les Agenais pouvaient prétendre assurer la relève de la locomotive, Toulouse s'en est chargé en bousculant la hiérarchie, et surtout les idées préconçues. Son équipe a durablement marqué les esprits !

Une génération dorée

Le Stade n'a pas toujours été à la fête. Il brille surtout au début et à la fin du siècle ! Entre-temps, pas grand-chose, si ce n'est le titre de 1947. La « Vierge rouge », qui resta invaincue durant toute l'année 1912, ne fait peur à personne. Au début des années 1980, le club se réveille et se souvient qu'il a toujours été plus ou moins avant-gardiste. Un vent nouveau souffle sur la ville rose grâce au président, Jean Fabre, qui a confié les clés du camion à deux profs de gym, Pierre Villepreux et Robert Bru, aux idées bien arrêtées. La méthode est simple : il faut jouer debout le plus longtemps possible, enchaîner encore et toujours, avec un soutien permanent autour du porteur de balle. Le poste n'a pas beaucoup d'importance, seul le rôle subsiste. Le début de cette équipe de légende est encore un joli pied de nez de l'histoire. Béziers avait terrassé Lourdes sur son terrain, mettant fin à une longue série d'invincibilité ; Toulouse dominera Béziers en quart de finale du championnat 1985, en un cinglant 21-0 ! Une passation de pouvoir. La suite ? Neuf titres de 1985 à 2001, la finale 1985 contre Toulon marquant un point d'orgue en étant peut-être la plus belle de toutes (voir chapitre 12). Une génération dorée a donné ses lettres de noblesse à ce club. Toujours autour de Villepreux, les Bonneval, Charvet, Novès, Rancoule, Rougé-Thomas, Laïrle, Portolan, Cadieu, Cigagna, Janik ou Maset réaliseront un doublé (1985-1986), avant de gagner un troisième titre, en 1989, laissant au passage le témoin à la nouvelle génération (celle des Cazalbou, Berty, Miorin, Ntamack...).

Maîtres du monde

Toujours avec un esprit novateur, le Stade Toulousain entre définitivement dans la légende en remportant... son propre tournoi, organisé sous l'impulsion de son président Jean Fabre. Celui-ci est heureux de voir son équipe proposer un aussi joli rugby dans l'Hexagone. Alors pourquoi ne pas l'opposer à d'autres cultures, à d'autres clubs étrangers ? Ainsi fut créée, en décembre 1986, une compétition internationale baptisée « Masters ». La première du genre en Europe, une sorte de championnat du monde des clubs. Le Stade Toulousain, fort de sa triplette magique Cordoniou-Charvet-Bonneval, domine ses invités. Toulouse se défait en demi-finale des Australiens de West of Gribane, et en finale du club roumain de Constantza. Les Argentins du Banco Nacion, emmenés par Hugo Porta, étaient également de la fête.

Au bon plaisir de Mitterrand

Lors de la finale 1989, un événement fait date dans l'histoire de Toulouse, et indirectement des Bleus. Le sélectionneur national, Jacques Fouroux, ne fait plus confiance au talentueux Denis Charvet, qu'il juge peu performant en défense. Or, le lendemain de la finale entre Toulouse et Toulon, le XV de France s'envole pour la Nouvelle-Zélande. Les premiers ballons de la finale sont négociés par Toulouse. Une pénalité rapidement jouée à la main offre le ballon à Charvet sur sa propre ligne des 22 mètres. Le centre prend l'intervalle, repart vers l'extérieur et se retrouve seul dans la défense adverse. La brèche est béante. Le ballon sous le bras, buste bien droit, col relevé, Charvet poursuit son effort. Il trouve l'ultime ressource pour accélérer et poser délicatement le ballon dans l'en-but toulonnais. L'exploit est magnifique, avec une course en diagonale longue de plus de 80 m. Le président François Mitterrand, très au fait du rugby, se penche alors vers le président de la fédération, Albert Ferrasse, et lui demande : « Pourquoi ce joueur ne part-il pas en tournée ? » Et Albert de répondre, avec beaucoup d'aplomb : « C'est une erreur, il part dès demain matin ! » Denis Charvet apprendra sa sélection à l'issue de la rencontre, coincé entre les journalistes et le Brennus.

Les All Blacks de 1905, ou la naissance d'un mythe

Mais d'où provient ce mythe des All Blacks ? Il faut remonter loin dans le temps pour comprendre le bouleversement provoqué par ces hommes en noir, que l'on n'a pas toujours surnommés les « All Blacks ». Vivant sur un petit bout de terre colonisée dans le Pacifique, pour eux, l'Angleterre est la mère patrie dont on attend tout, celle d'où tout provient, celle qui a inventé ce drôle de jeu et qui l'a inculqué aux colons fermiers de l'autre monde. Mais ces lointains cousins se prennent de passion pour ce sport ; ils s'entraînent farouchement, innovent, inventent, réfléchissent avant d'embarquer pour leurs premières tournées à destination de l'Ancien Continent. Ils se feront connaître et, mieux encore, reconnaître !

Nous sommes en 1905. De jeunes fermiers, bergers et autres éleveurs habitant une île à l'autre bout du monde embarquent à destination de la mère patrie. Leur passion en dehors de leur travail ? Ce nouveau jeu, importé par des universitaires anglais il y a 20 ans, que l'on appelle « rugby ».

Une tournée triomphale

Les Néo-Zélandais sont bien décidés à se mesurer aux équipes anglaises, tant celles des clubs que celles des comtés. Mais ils n'ont pas encore précisé qu'ils voulaient aussi défier les autres nations britanniques : Écosse, Galles, Angleterre… sans oublier l'Irlande. Ils n'ont pas fait six semaines de bateau simplement pour jouer quelques rencontres et s'en retourner. La tournée débute par une rencontre contre Devon, le meilleur club de l'époque, auquel la Nouvelle-Zélande inflige un retentissant 55-4, inscrivant pas moins de 12 essais ! Les journalistes sont stupéfaits. Ceux qui n'ont pas vu le match ne veulent pas y croire. Certains rectifient même le score à paraître le lendemain dans les journaux (5-4).

À partir de cette rencontre, les hommes au maillot noir vont dérouler un rugby de rêve aux quatre coins du royaume. Les résultats parlent d'eux-mêmes : 32 matchs au programme pour… 31 victoires ! Seule manque au palmarès la victoire contre le pays de Galles. Un faux pas, lors de la dernière rencontre, à Cardiff, prive la Nouvelle-Zélande de ce que l'on aurait pu nommer bien avant l'heure un « grand chelem » ! Après avoir vaincu l'Écosse 12-7, l'Angleterre 15-0 et l'Irlande 15-0, les Néo-Zélandais se firent « voler » ce quatrième succès (3-0). Mais, au final, ils auront conquis le monde en inscrivant plus de 830 points, en encaissant seulement 39. Des personnalités sont sorties du lot à cette occasion, dont le magnifique sprinteur Billy Wallace, auteur à lui seul de 246 points.

Men in black

Cette tournée sera à tout jamais associée à la personnalité du capitaine Dave Gallaher. Avant de partir, il est désigné capitaine par les dirigeants. Il refuse net et préfère se référer à l'avis de ses camarades. Il est alors désigné par 17 voix sur 29 comme le « patron » de la tournée. C'est pour cela qu'il accepte la mission. Son influence est déterminante, notamment sur le bateau. Dave Gallaher sait que le voyage sera long ; il a peur que l'équipage s'ennuie. Du coup, il improvise des exercices de rugby sur le pont même du navire. Mais comme celui-ci est étroit, il fait tourner son groupe. Les uns jouent au rugby pendant que les autres s'occupent des machines. Bon pour les bras, juge-t-il en voyant ses camarades s'éreinter. Né au nord de l'Irlande, avant d'émigrer ensuite en Nouvelle-Zélande avec sa famille à la fin des années 1870, Gallaher est soldat de profession. Il a servi la couronne durant la guerre des Boers (1899-1902). Ayant choisi de défendre les couleurs de la Nouvelle-Zélande, il est déjà de la première tournée internationale en Australie, en 1903, ce qui lui permet d'aiguiser son sens tactique du jeu. Il partage ses remarques avec son vice-capitaine, Billy Stead, notamment sur des schémas de défense, qui fonctionnent très bien (sur 32 rencontres, 23 se soldent par un zéro au compteur pour l'adversaire). Outre Wallace, il peut aussi compter sur un redoutable finisseur : l'autre ailier, Jimmy Hunter, auteur à lui seul de 43 essais. Charles Seeling décroche la palme du plus redoutable plaqueur de la tournée alors que Mona Thompson est le plus petit (1,70 m), mais pas le moins talentueux du groupe. Abbot, Smith, McGregor, Mynott ou Roberts émerveillent le monde à leur tour. Dave Gallaher a pu compter sur eux, en tant que joueurs, mais également en tant qu'hommes, ce qui n'était pas moins important à ses yeux.

LÉGENDE

Le champ d'honneur

De retour dans son pays, **Dave Gallaher (1878-1917)** tient un rôle important dans le sport, avec Auckland d'abord puis avec la sélection nationale. Quand éclate la Première Guerre mondiale, il est nommé sergent dans le deuxième bataillon d'Auckland, et son régiment part en Europe. Juste avant son 44e anniversaire, il meurt des blessures subies durant le combat autour d'Ypres, le 4 octobre 1917. Il est enterré, au milieu d'un millier de soldats, dans le cimetière de Neuf-d'Ormes, à Poperinge, en Belgique. Lieu de pèlerinage obligé lorsque les Blacks viennent en tournée en Europe. Un trophée départageant la France et la Nouvelle-Zélande porte d'ailleurs son nom, en hommage (voir chapitre 18).

Une rancune tenace

LÉGENDE

Le point culminant de cette tournée est assurément le dernier test, disputé entre le pays de Galles et la Nouvelle-Zélande. Ces derniers, appelés parfois les « hommes à la fougère » (car il existe plus de 180 variétés de fougères en Nouvelle-Zélande, un pays humide), perdent la rencontre 3-0. Une défaite amère, encore aujourd'hui, à cause d'un essai injustement refusé au Néo-Zélandais Bob Deans. D'après les récits, l'ailier avait plongé dans l'en-but, puis avait été traîné en dehors par ses adversaires… Le temps que l'arbitre arrive, fagoté dans sa tenue de ville, celui-ci refusait un essai tout à fait valable ! Cette affaire d'essai refusé a empoisonné les relations entre les deux équipes, et même les deux pays, pendant des années. La polémique n'est, aujourd'hui encore, pas entièrement éteinte. Deux ans plus tard, sur son lit de mort, Bob Deans aura encore le souffle d'affirmer qu'il avait bel et bien marqué. Le stade de l'Arms Park est pour cela devenu le lieu d'un triste pèlerinage pour les All Blacks. Tous les petits Néo-Zélandais connaissent par cœur cette incroyable injustice.

En 1983, Robbie Deans, petit-fils de Bob, en tournée au pays de Galles avec les All Blacks, s'arrête incognito à l'Arms Park. Une visite aussi inattendue qu'émouvante. Avec d'autres joueurs, ils reconstituèrent la scène de l'essai. Quand une voix s'élève : « Le ballon était de l'autre côté de la ligne ! » Le gardien du stade connaissait lui aussi l'histoire par cœur. La preuve que cet incident de jeu a aussi marqué les esprits gallois.

LÉGENDE

« They are all backs ! »

Gallaher pouvait être fier de ses troupes. Après avoir disputé 32 rencontres, les Blacks débarquaient en toute tranquillité à Paris pour affronter la France au Parc des Princes. Ce devait être le dernier match de la tournée, pour ceux qui étaient désormais surnommés les « All Blacks » ! Pas seulement parce qu'ils jouaient tout en noir, mais à cause de la maladresse d'une sténo et de la mauvaise fois d'un reporter qui, ne croyant pas au premier résultat des Néo-Zélandais face au comté du Devon (55-4), inversa celui-ci. Sauf que les Blacks confirmèrent quelques jours plus tard leur talent (41-0 contre la Cornouaille). Impressionné et enchanté cette fois, John Buttery, envoyé spécial pour le *Daily Mail*, titra : *They are all backs !* (« Ce sont tous des arrières »), en hommage à ce jeu de mouvement perpétuel, ce génie de la passe, cet enivrant esprit d'initiative. La sténo fit le reste. Sans vraiment comprendre le titre, et à la vue de la plaque photo montrant tous ces hommes en noir alignés, elle crut bien faire en glissant un « l », croyant à une faute de frappe. Ainsi, on put lire le lendemain à la une (et pour toujours, tant ce surnom est resté gravé dans la mémoire collective) : *They are all blacks.*

Les Invincibles de 1925

Lors de leur deuxième tournée européenne, en 1925, les All Blacks feront encore mieux, avec 30 victoires en autant de rencontres. Il y avait cette année-là quatre tests au programme : contre l'Irlande, le pays de Galles, l'Angleterre et la France.

LÉGENDE

L'équipe de la Nouvelle-Zélande revient pour la première fois depuis 1905 en Europe. Elle participe à une longue tournée qui a débuté en Australie par ce qui ressemble plus à un divertissement qu'à de réelles parties de rugby. Les choses sérieuses ont commencé en septembre 1924. L'Irlande est la première équipe à s'incliner. Contre toute attente, les Blacks imposent la manière forte. La mêlée est surpuissante et les poussées causent beaucoup de dégâts. Les Néo-Zélandais se sont longuement penchés sur les liaisons entre joueurs. À la vue des premières rencontres, leur efficacité ne fait pas de doute. Le peuple était resté sur des images flamboyantes du jeu au large. Il faut se rendre à la raison : les Blacks veulent faire mieux qu'en 1905, où ils n'avaient pourtant subi qu'une défaite, contre le pays de Galles. Lors de la revanche contre les Gallois, justement, on s'attend à une guerre de tranchées, tant les antécédents sont profonds. Personne n'a encore évacué l'essai refusé à Bobby Deans vingt ans plus tôt! On attendait les Blacks devant; les voici virevoltant derrière, capables de tous les exploits, d'enchaîner des courses folles et des passes divines : ils pulvérisent leur adversaire 19-0 grâce au génie d'un jeune attaquant maori de 19 ans, George Nepia. L'affront est lavé, Bob Deans peut reposer en paix! L'Angleterre et La France perdent à leur tour face à des All Blacks toujours plus irrésistibles, en avance dans les domaines tactique et physique.

Capitaine Cliff

Cette équipe magnifique est emmenée par un grand capitaine, Cliff Porter. Blessé, il ne pourra accompagner ses camarades sur le terrain durant de longues semaines. Son rôle est très important, car il joue *winger*, c'est-à-dire « coureur ». L'équivalent d'un troisième ligne aile côté ouvert. Un libéro naviguant sans cesse entre avants et trois-quarts, le plus souvent d'ailleurs avec ces derniers, ce qui n'est pas sans poser des problèmes aux défenseurs adverses : les « invincibles », comme on a surnommé les Blacks version 1925, ne sont ainsi que sept en mêlée fermée! Il y a également un jeune génie du nom de George Nepia, 19 ans et plus de 80 kg. Déjà une petite révolution en soi au poste d'arrière. Il est qualifié, à l'issue de cette tournée triomphale, de « meilleur arrière du monde ». Il manquera plusieurs tournées par la suite, victime de la couleur de sa peau dans l'Afrique du Sud de l'apartheid. Il acceptera alors de jouer au rugby à XIII afin d'assurer son avenir financier.

Durant cette tournée, la Nouvelle-Zélande s'appuie aussi sur de redoutables finisseurs. Avant son dernier match contre la France, à Toulouse, le public connaît par cœur la composition de l'équipe. Chacun sait que Hart a marqué 20 essais, Cooke 19, et Steel et Svenson 18 chacun. Enfin, plus personne n'ignore la subtilité du placement de cinq-huitièmes de Nicholls, auteur par ailleurs de plus de 100 points!

Victoire au finish

Le troisième match, contre l'Angleterre, constitue un peu un sommet du rugby de l'époque. Un match magnifique, engagé, parfois même assez rude. Ainsi, l'arbitre gallois, M. Freethy, expulse le deuxième ligne néo-zélandais Cyril Brownlie après à peine dix minutes de jeu, l'ayant déjà averti à plusieurs reprises. Les Blacks jouent donc à 14 durant presque toute la partie. Comme dopée par cet incident (la fierté de l'équipe en a pris un sérieux coup), la Nouvelle-Zélande démontre toute l'étendue de ses qualités, en menant au score dès le début de la partie. Mais l'Angleterre n'a pas dit son dernier mot. Le match est âpre, et le suspense entier. Dans un dernier élan, les Anglais reviennent au tableau d'affichage. Ils campent solidement dans le camp de l'adversaire. La victoire leur tend les bras. Mais, dans un dernier sursaut, les

All Blacks, grandioses de bravoure et de lucidité, reprennent leurs distances, avant de s'imposer finalement par 17 à 11. Quant à Cyril Brownlie, il entre dans l'histoire comme étant le premier joueur expulsé lors d'une rencontre internationale.

LÉGENDE

L'Écosse mauvaise joueuse

La Nouvelle-Zélande a joué durant cette tournée 30 matchs, dont 4 tests Mais pas de trace de l'Écosse ! Où sont donc passés les combattants des Highlands ? Les Écossais se sont surtout distingués en coulisse. Ils sont même parvenus à gâcher un peu la fête en refusant de jouer contre la Nouvelle-Zélande. Le prétexte ? Pour la Scottish Union, la fédération anglaise, la RFU, s'est occupée seule de l'organisation de la visite des Blacks. Les Écossais sont vexés. Les trois nations de l'hémisphère sud (Nouvelle-Zélande, Australie et Afrique du Sud) n'étant pas considérées comme membres du Board, il revenait à l'ensemble des nations britanniques d'organiser, en commun, les rencontres et autres tournées. Se considérant comme écartés par les Anglais, et espérant peser sur les autres nations, les Écossais refusent toute participation. Un regret pour les All Blacks, qui auraient peut-être aimé enfoncer encore un peu plus le clou de leur supériorité.

Les Diables rouges

Dans leur longue histoire, toutes les nations ont connu au moins une sélection glorieuse qui mériterait de figurer ici. La Roumanie des années 1980 n'était pas facile à manœuvrer. Dans le même registre, l'Italie battait toutes les nations britanniques sur leur sol à la fin des années 1990… C'est d'ailleurs ce qui lui permit d'entrer dans le Tournoi. Comment ne pas évoquer également l'équipe du capitaine écossais David Sole, qui rendit la fierté à son peuple en même temps qu'il proposa un rugby sublime ! La France de 1958 n'a rien à envier à personne avec son grand combat en Afrique du Sud. Celle de 1987 figurerait également en bonne place dans les tablettes. Et l'Irlande de 1948… Et l'Afrique du Sud de 1961…

Malheureusement, le choix n'est pas exhaustif. Il existe pourtant des valeurs sûres, dans la « bourse à l'émotion », que personne ne peut contester. Fions-nous aux repères du jeu, aux fondements de ce qu'est une grande équipe au-delà même du jeu pratiqué. Une équipe glorieuse fait encore parler d'elle des décennies plus tard. C'est le cas des Wallabies de Nick Farr-Jones, révolutionnaires, des Bleus de Jacques Fouroux, qui ont laissé une forte empreinte sur le rugby hexagonal, ou des Boks de 1995, réunifiant tout un pays. Mais aussi, pour revenir au Royaume-Uni, de l'Angleterre présentant ses meilleurs vœux au monde, en 2003, ou des « diables rouges » gallois, fantasques et inspirés.

Cette génération de Gallois des années 1970 est née en même temps que les Beatles. Elle a marqué tout un peuple, et même au-delà ! Ils surgissaient de partout et de nulle part. Intenables sur l'aire de jeu, on les surnommait les « diables rouges ». Leur look n'était pas leur seul lien avec le public : malgré leurs cheveux au vent et leurs rouflaquettes, le ballon jonglait entre les mains de ces véritables génies du jeu qu'étaient les Red Devils.

Pour un rugby total

Ils nous ont fait tant rêver ! Indiscutablement, ils ont balisé leur époque, au même titre que les All Blacks de 1925. Cette équipe aux mille facettes a prolongé le plaisir durant dix ans, de 1968 à 1978. Personne n'avait vu arriver le pays de Galles sur la scène internationale ! Il est vrai que ces joueurs juraient par rapport au reste des effectifs britanniques, issus en majorité de la bourgeoisie. Eux provenaient essentiellement des milieux populaires. La première ligne était originaire d'un petit village nommé Pontypool : rien d'autre à faire, là-bas, que jouer au rugby ou gratter du charbon dans les mines. Même chose pour Trevor Cobner, fameux troisième ligne et non moins fameux métallo du côté de Cardiff.

Ray Williams, une sorte de directeur technique avant l'heure, avait une petite idée derrière la tête. Il voulait réunir les meilleurs joueurs de l'État afin de vérifier une théorie relevée dans un bouquin (*Back Row, Forward Play*) qui préconisait de diriger le jeu des avants un peu comme celui des trois-quarts. Un rugby complet, que chaque joueur devait pouvoir pratiquer. Williams constitue ainsi un véritable comité de sélection. Les meilleurs joueurs ne doivent pas y échapper. Le comité planche et dégote des jeunes aux noms de Gareth Edwards, Barry John, JPR Williams, Phil Bennett, John Dawes La mayonnaise prend au-delà de toute espérance. En dix ans, les Gallois vont rafler 8 Tournois, dont 6 seuls à la 1re place, et 3 grands chelems (1971, 1976, 1978). Durant trois ans, aucune équipe britannique ne viendra à bout de ces diables de Gallois.

Diables d'hommes

L'équipe de Galles n'est pas simplement l'union de plusieurs talents. Il y avait au fond une véritable âme qui se dégageait chaque fois que l'hymne « Land of My Father » (« La terre de mes ancêtres ») résonnait dans le vieil Arms Park. Les acteurs restent gravés pour l'éternité dans nos mémoires : Gareth Edwards, petit et râblé, tonique avec un visage d'ange ; JPR Williams, des rouflaquettes sorties tout droit d'un roman à la Conan Doyle ; Barry John, qui aurait pu facilement se faire passer pour Paul McCartney tant la ressemblance était frappante; Phil Bennett, le regard fixe et déterminé dans un visage taillé à la serpe Tous, aujourd'hui, appartiennent à la légende et aux XV du siècle qui fleurissent ici et là. Sans doute faut-il pourtant faire un sort particulier au demi de mêlée, Gareth Edwards, élément transcendant dans cette addition d'habileté. À lui seul, il était capable de changer le cours d'un match, d'une passe renversée, d'une accélération foudroyante, d'un crochet fulgurant ou d'un cadrage débordement. Seul Jonah Lomu appartient à la même planète. Enfin, il serait injuste de ne pas mentionner les autres héros de la décennie : Mervyn Davies, J. J. Williams, John Bevan, Gerald Davies, Derek Quinnell (le père de Scott et Craig), John Taylor, et plus tard Steve Fenwick, Trevor Cobner, Graham Price, Windsor et Faulkner, qui contribuèrent tous largement à la réussite de l'« orchestre rouge ».

Salut les artistes !

En 1977, à Paris, les Gallois se cassent les dents devant l'équipe de France de Jacques Fouroux, qui remporte cette année-là le grand chelem. L'année d'après, la revanche a lieu à l'Arms Park, l'antre des Gallois. Le grand chelem est encore en jeu : c'est une première dans le Tournoi. La paire de demis, Gareth Edwards et Phil Bennett, est sublime. Durant la partie, Phil Bennett inscrit deux essais, réveillant ainsi l'Arms Park, muet après le premier essai de Jean-Claude Skrela. Le pack français rivalise dans le combat, mais Edwards passe un drop et donne de l'air à son équipe. Cette charnière verrouille vraiment la rencontre et met la pression sur le jeune demi de mêlée tricolore, Jérôme Gallion. La victoire et le grand chelem reviennent aux hommes de la principauté. Ce sera le dernier de cette génération dorée. Il faudra attendre 2005 pour vivre la même chose, mais dans un nouveau stade, le Millenium Stadium.

Haut les chœurs

Lorsque les Gallois jouaient dans leur stade mythique de l'Arms Park, il se passait toujours quelque chose. Il faut rappeler que le stade avait autant d'importance qu'un joueur : de là est née l'expression le « seizième homme » ! Le public, debout dans la « cathédrale », chantait sans jamais s'arrêter (la plupart du temps en gaélique), un chant qui emportait les frissons jusqu'au bout de la nuit. Le légendaire « Land of My Father » était parfois repris par près de 60 000 fans. Planté en plein milieu de Cardiff, l'Arms Park ressemblait à un monstre venu d'ailleurs, condamné à chanter pour exister. Il faisait peur à l'adversaire. Albert Ferrasse, président de la fédération française, avait déclaré : « Pour gagner à Cardiff, il faut empêcher les Gallois de chanter. » Jean-Pierre Rives, lui aussi, avait une belle définition de ce stade, du public et des joueurs au poireau. « Quand on a joué à l'Arms Park, on n'est plus tout à fait le même. On vend parfois son âme au diable. Qui est forcément rouge… »

Les Wallabies de 1984

Souvent annihilés par leur omniprésent voisin néo-zélandais, les Wallabies ne font peur à personne sur la planète ovale. Ils vont se révéler au monde entier dans les années 1980, grâce à une superbe épopée dans les îles Britanniques.

C'est une tournée à l'ancienne : longue, très longue, interminable… surtout pour les adversaires ! L'Australie version 1984 entre dans le panthéon des grandes équipes à la faveur d'un voyage dans la patrie mère cité aujourd'hui en référence. En l'espace de deux mois, cette équipe au maillot orange aura disputé 17 matchs, dont 4 tests contre l'Angleterre, l'Irlande, le pays de Galles et l'Écosse. Personne n'aurait misé sur les chances de cette équipe, épouvantail du rugby mondial un peu à la traîne… Il est vrai que le sport roi, au pays des kangourous, est le rugby à XIII. Même le cricket a la préférence des habitants de l'île !

Comme souvent dans ces cas-là (voir le précédent des All Blacks ou des Gallois), ces nouveaux venus dans le concert international vont innover en matière de jeu. Leur théorie est celle du mouvement perpétuel, entrevue déjà avec les Gallois des années 1970. Mais les Australiens vont plus loin dans la quête de la performance. Ils seront pionniers dans la continuité du jeu, capables d'enchaîner deux, voire trois temps de jeu à la suite ! Ils utilisent des schémas préétablis pour fixer l'adversaire, charge ensuite à l'inspiration des joueurs de trouver les meilleures solutions pour le déborder. La méthode de l'entraîneur, Alan Jones, plutôt controversée jusque-là, sera un succès total. Les regroupements ne sont plus de vulgaires empilements de joueurs, les courses sont droites, les ailiers des côtés fermés sont invités à participer au jeu. Bref, à la suite de cette tournée, le rugby australien ne sera plus jamais considéré comme avant. Les Wallabies, qui n'avaient jamais battu les Lions britanniques, ont fait la démonstration que leur rugby était le meilleur. Avec une grande partie de ces mêmes joueurs, ils deviendront champions du monde en 1991.

Alan Jones, le flamboyant

Avant tout, cette tournée est celle d'un homme : Alan Jones. Le verbe facile, bon client pour les médias, il a arboré plusieurs casquettes avant de prendre la destinée des Wallabies en main, en février 1984. S'il a peu goûté aux joies du rugby, il affiche une belle carrière politique, mais a également fait de la radio et écrit des livres. Il prend la suite d'un Bob Dwyer limogé brusquement. D'aucuns voient derrière ce licenciement une manœuvre d'Alan Jones en personne. Très provocateur, il n'hésite pas à retirer le capitanat à l'ouvreur Mark Ella pour l'offrir à Andrew Slack, un joueur du Queensland. La presse le fusille : il adore ça ! Cela lui permet de recadrer son groupe et d'imposer immédiatement sa petite idée de la chose. Une sorte de rugby total et novateur établi à l'avance. Il convainc les réticents, séduit les sceptiques, charme les joueurs… À la vue des premiers résultats, il est même traité d'imposteur dans son pays. La rage monte en lui, il décide de lancer des jeunes pour bien montrer que c'est la méthode qui est la plus forte. Ainsi entrent en scène des espoirs comme le demi de mêlée Nick Farr-Jones, l'ouvreur Michael Lynagh, le pilier Top Rodriguez ou Tom Lawton. David Campese, ailier fantasque, trouve une place de choix dans ce système aux côtés des Gould, Poitevin, Moon, Grigg, Cutler, Codey, Roche ou Tuyman. Mais, finalement, la star de cette tournée sera le capitaine déchu, Mark Ella. Il fera lui aussi une sorte de grand chelem en inscrivant un essai face à chacune des quatre nations adverses.

L'Écosse au tapis

LÉGENDE

Pour réussir leur pari insensé, les Wallabies doivent battre l'équipe britannique la plus redoutable du moment : l'Écosse. Celle-ci vient de gagner le Tournoi en réalisant le grand chelem. Cette rencontre est comme un feu d'artifice, une apothéose, une célébration de cette nouvelle méthode. Quatre essais viennent récompenser les joueurs au maillot orange. Le dernier résume sans doute l'état d'esprit des joueurs : il est le fruit d'une longue contre-attaque amorcée par une interception de Grigg, un relais parfait de Tuyman, suivi d'un long sprint de Campese, qui assomment l'Écosse dans un retentissant 37-12. Dans le même temps, le jeune centre Michael Lynagh marque 21 points et égale le record de points marqués durant un match par un Australien. Le lendemain, dans la presse, les Britanniques sous le charme remercient vivement l'Australie de cette démonstration. Une marque de fair-play inédite.

LÉGENDE

À bout de force

Le point faible de cette équipe est, depuis bien longtemps, la conquête. Alan Jones le sait et en fait son adversaire. Il promet que cela va changer avec cette tournée. Dès l'arrivée des Wallabies en Grande-Bretagne, il prend possession d'un joug (appareil permettant de travailler la mêlée), conçu spécialement pour l'occasion. Un outil bricolé dans la hâte, mais qui suivra partout les Australiens. Sur un terrain d'Exeter, son pack en bave comme jamais. Ceux-ci n'en peuvent plus, ils ne comprennent pas où veut en venir le coach. À ses hommes exaspérés, il cède : *« C'est dur, mais vous verrez combien c'est bon de gagner. »* À Cardiff, lors du troisième test, le troisième ligne centre Tuyman marquera sur une mêlée enfoncée. Le pack gallois est réputé le plus difficile à manœuvrer du Royaume-Uni. Première victoire pour Alan Jones sur son groupe.

Les « grands chelemards » de 1977

La France a réalisé huit grands chelems. Celui dont tout le monde se souvient date de 1977. Plus de 30 ans après, on parle encore de la « bande à Fouroux ». Quinze noms gravés dans le marbre au nom d'une force affective sans égale parmi les plus belles équipes.

« Unis comme les 15 doigts des mains »

Allez, osons ! Aucune équipe au monde n'a connu une telle force collective dotée d'une rare fraternité. Le tout basé sur des sentiments infinis et uniques. L'apogée de ce groupe fut le Tournoi 1977. Le rugby se pratique à quinze, c'est entendu depuis fort longtemps. Jacques Fouroux et sa bande le démontrent tout au long de la compétition en jouant – et gagnant – les quatre rencontres au programme ! Un exploit unique dans les annales du jeu. Au-delà de cet exploit, la France tout entière fut étonnée de constater ce qu'étaient capables de faire des hommes. Nez cassé pour Fouroux contre l'Écosse, ou K.-O. d'anthologie pour Palmié contre les Gallois, ces hommes unirent leurs efforts et leur destinée jusqu'au bout. Cholley, auteur d'un coup de poing sur un Écossais, fut menacé de ne pas jouer le dernier match par le président Ferrasse en personne. La famille toussa, l'affaire se régla… Solidarité n'est pas un vain mot pour ces types.

Pour certains, l'origine de l'aventure remonte à 1975, avec une tournée difficile en Afrique du Sud ; pour d'autres, elle se façonne en 1976, à Cardiff. Toujours est-il que cette équipe se protège elle-même. Difficile d'y pénétrer, impossible d'en sortir ! À l'image de cette ronde instaurée par le demi de mêlée Jacques Fouroux au moment des hymnes, une première ! Tous autour du « petit caporal », comme pour mieux repousser les critiques ou les jugements extérieurs. C'est vrai qu'ils ne manquaient pas, les détracteurs. On reprochait aux Bleus un jeu stéréotypé et peu spectaculaire. Du combat et du défi en permanence. De la violence aussi. JPR Williams déclara un jour : « J'ai beaucoup de plaisir à entendre *La Marseillaise* aujourd'hui, car je sais que je ne prendrai plus Palmié et Imbernon sur le dos ! » Certes, cette équipe n'a pas repoussé les limites du jeu, elle a simplement démontré que l'on pouvait faire de grandes choses avec une valeur commune : l'amitié. Gérard Cholley, jamais à court d'idées, déclara 20 ans plus tard : « On était unis comme les 15 doigts des mains. »

Les troupes du petit caporal

Pour beaucoup d'entre nous, le jeu consiste aujourd'hui à réciter par cœur la liste des 15 joueurs. En premier lieu, il faut bien sûr retenir le « petit caporal », Jacques Fouroux. Il est le personnage central de ce grand chelem : le chef, le capitaine, l'animateur, l'âme, le ferrailleur. Une influence proprement incroyable sur cette équipe et certains de ses éléments. La personnalité de Fouroux a souvent fait débat. Sa rivalité avec Astre était exacerbée. Il avait un certain goût pour les querelles en tout genre et un certain talent pour les entretenir. Son charisme de leader l'estampillera à jamais « grand chelem 1977 ». Il avait aussi ses soldats, comme Jean-François Imbernon, Michel Palmié ou Gérard Cholley, qu'il faisait grimper aux murs lors des préparations de match. Il utilisait l'intelligence de Jean-Claude Skrela et de Jean-Pierre Rives. Jean-Pierre Bastiat se lâchait en sa présence sous l'œil d'Alain Paco et Robert Paparemborde. Jean-Pierre Romeu aurait bien voulu un jeu plus aéré : il avait souvent gain de cause le lundi, avant de voir ses velléités offensives revues à la baisse dès le mercredi. Le samedi, jour de match, on fermait les vannes. Pas de ballon ou si peu pour les ailiers Dominique Harize et Jean-Luc Averous. Les centres Roland Bertranne et François Sangali géraient la chose avec une grande diplomatie. Tout comme l'arrière Jean-Michel Aguirre. Vous pouvez recompter, il y en a bien 15 et pas un de plus !

Le rideau de fer

Pour se référer au jeu et rien qu'au jeu, cette équipe a réalisé un fait sans précédent dans le Tournoi : celui de n'avoir encaissé aucun essai en quatre matchs. Taxé de « brutal », voire de « violent », le jeu des Bleus était tout de même organisé, surtout en défense. La tâche en revenait à la paire de troisièmes lignes Skrela-Rives, deux chasseurs d'attaquants redoutables. L'un défendait en pointe, et l'autre juste derrière. Les joueurs avoueront avoir le plus souffert à Twickenham (4-3). Ils auraient pu encaisser deux essais. Mais, là encore, la solidarité joua son rôle. Il ne faut pas oublier non plus les qualités du talonneur Paco. Très en avance sur son temps, il plaquait comme un trois-quarts. Efficace pour endiguer la marée dans les regroupements. Au centre, la paire Bertranne-Sangali défendait les yeux fermés. L'entente et surtout la confiance étaient omniprésentes. Finalement, les seuls à s'être approchés de la perfection (c'est-à-dire zéro essai encaissé !) étaient les Anglais « grands chelemards » de 1957. C'est un Français qui leur planta l'unique essai ! Merci, Christian Darrouy.

LÉGENDE

Les Barbarians français

Il existe de par le monde un club sans foi ni loi, mais pas sans esprit : les Barbarians. Inventée par les Anglais, cette amicale se produit rarement et toujours contre des équipes de l'hémisphère sud. Il doit toujours y avoir dans le groupe un non-international. La référence du jeu et de l'esprit reste le fameux Barbarians – Nouvelle-Zélande de 1973. Le concept s'exporta dans d'autres pays. Les « sudistes » avaient eux aussi leurs Barbarians, tout comme les Fidji ou plus récemment l'Argentine. En France, Jacques Fouroux met un terme à sa carrière internationale à la fin de l'année 1977. Il quitte ses amis sur le terrain, mais les invite en coulisse à rejoindre les Barbarians français. Nous sommes le 9 août 1979, la scène se déroule à Sarlat. Ainsi est née cette association où figurent les 15 vainqueurs du grand chelem, adoubés par les dirigeants Albert Ferrasse, Guy Basquet, Fernand Cazenave et Marcel Martin. La première rencontre aura lieu en mai 1980 à Agen, contre les Écossais. Son rôle est double : elle permet de recevoir les équipes étrangères tout en intégrant de jeunes joueurs dans l'antichambre du XV de France... Une sorte de test avant l'heure. On a prêté beaucoup d'influence dans le rugby français aux « Baa-baas ». Jean-Pierre Rives rétorqua simplement : « Les Barbarians sont la Suisse du rugby. »

Les Springboks, champions du monde

Privée des deux premières Coupes du monde pour cause d'apartheid, l'Afrique du Sud organise l'événement en 1995, chez elle. La pression est très forte sur les Springboks, condamnés à l'emporter.

Plus qu'une équipe, une nation

La Coupe du monde 1995 sera celle de l'émotion. L'Afrique du Sud réintègre le giron du sport mondial et orchestre cette édition. Cela fait à peine trois ans que cette équipe est constituée, et elle a bien du mal à progresser. En étant retranchée à la maison, elle a perdu beaucoup de temps. Il a fallu construire un groupe et un collectif suffisants pour se hisser au niveau mondial. Les autres nations ont beaucoup d'ambition et un rugby parfaitement au point, comme celui des Néo-Zélandais de Jonah Lomu ou bien des Français. Les héros australiens, champions du monde en titre, sont vieillissants mais toujours présents. L'Écosse et l'Angleterre peuvent jouer les trouble-fête.

Pour le match d'ouverture, tout le pays pousse avec son équipe. Les Boks battent les Wallabies. Peut-être le succès le plus difficilement acquis de la longue histoire sud-africaine. Plus qu'une victoire, c'est une libération pour les joueurs, qui supportaient de moins en moins bien la pression de l'événement. Le premier tour est réussi, les 44 millions de Sud-Africains se reconnaissent dans cette équipe. Ce sport pourtant réservé à l'élite blanche est partagé par tous. Noirs et Blancs se mêlent pour un temps dans un élan de joie unanime. La ferveur est impressionnante. Après avoir battu les Samoa en quart de finale puis la France en demi, l'Afrique du Sud se défait des All Blacks dans une finale d'une incroyable intensité. Les Springboks ont remporté leur mondial et réconcilié le peuple d'Afrique du Sud !

La victoire de la tolérance

Avant tout, ce mondial appartient à deux hommes : le capitaine François Pienaar et l'homme d'État Nelson Mandela ! Les deux personnages offrent aux yeux du monde entier des images d'une incroyable intensité, d'émotion et de larmes, lorsque Mandela, revêtu du maillot vert springbok, remet en personne la coupe William Webb Ellis à l'Afrikaner François Pienaar. Tout un symbole ! Le mythique capitaine s'est toujours déclaré contre cette politique de ségrégation. Il ne pensait certainement pas un jour « réunifier » le temps d'une rencontre la population de son pays. Ce geste inoubliable a fait, à lui seul, du mondial de rugby un événement universel.

Parmi les joueurs, il faut souligner les qualités d'André Joubert, l'arrière, et de l'ouvreur, Joel Stransky, auteur du drop de la gagne en finale. Le demi de mêlée Joost Van der Westhuizen s'est révélé au monde. Mark Andrew fait admirer sa polyvalence alors que Kobus Wiese est parmi les avants les plus lourds de ce mondial. Les piliers Os du Randt et Naka Drotské jouent encore aujourd'hui. James Small l'ailier a laissé une trace, comme Japie Mulder, Brendan Venter, Hennie Le Roux, Rudolf Straeuli, James Dalton et Garry Pagel. Il faut également mentionner les performances de Chester Williams à l'autre aile… Le seul joueur noir de la sélection !

Si près du bonheur

En demi-finale, l'Afrique du Sud retient son souffle : elle est opposée à l'équipe de France sur le terrain du King's Park, à Durban. Le matin du match, il fait beau sur la région du Natal. La rencontre s'annonce âpre, même si les Boks partent légèrement favoris. Une heure avant le coup d'envoi, un violent orage éclate, comme cela arrive parfois dans cette région. La pluie est battante et l'aire de jeu est bientôt détrempée. Il faut repousser l'heure du match afin d'évacuer l'eau. Les hommes s'équipent de pelles et de balais, les manœuvres commencent. Il faudra presque 50 minutes avant que l'arbitre autorise enfin les joueurs à pénétrer sur la pelouse. Mais la pluie redouble : une sorte d'apocalypse. Impossible de se saisir de la balle sans commettre une faute ; échanger deux passes est un exploit en soi, tout comme pousser en mêlée sans glisser Bref, une parodie de rugby ! L'Afrique du Sud inscrit pourtant un essai et mène lorsque les dernières secondes approchent. Les Bleus sont de plus en plus menaçants. Ils sont à moins de 5 m de l'en-but. Un essai et ils sont en finale. Abdel Benazzi s'empare du ballon dans un amas de joueurs. Il pénètre dans la défense, va marquer lorsqu'il est bousculé par un de ses coéquipiers. Dans la glissade, il s'affale à 10 cm de la ligne, sans distinguer s'il a marqué ou non. L'arbitre gallois, Derek Bevan, siffle la fin. Les Français sont désemparés, l'Afrique du Sud est en finale !

Le cercle des « dropeurs » disparus

Si un jour vous avez la chance de fouler la pelouse de l'Ellis Park de Johannesburg, ne soyez pas étonné de trouver sur la droite du terrain, à environ 30 m des poteaux, un cercle tracé à même le sol. Certes, il faut être averti, car il n'est pas très grand, mais il suffit pour se remémorer un des plus grands frissons du sport sud-africain : la victoire en finale de la Coupe du monde ! Pour comprendre, il faut faire un petit retour en arrière. Nous sommes le 24 juin 1995. L'Afrique du Sud est tenue en échec par la Nouvelle-Zélande 9-9. Il faut disputer la prolongation. Mehrtens et Stransky marquent un but chacun. À la 94e minute, sur une action anodine, l'ouvreur, Joel Stransky, légèrement déséquilibré, tente et réussit le drop Les Boks ne lâchent plus rien et décrochent le titre. Désormais, sur ce stade, l'endroit du drop est défini par un cercle. Il est tracé en même temps que les lignes. Pour l'éternité.

Les vieux grognards anglais (2003)

Lorsque l'Angleterre débarque en Australie lors du mondial 2003, elle est grandissime favorite. Depuis trois ans, elle bat régulièrement tous ses adversaires. Il s'agit de l'une des équipes les plus âgées de l'histoire. Et la plus expérimentée.

Engranger la confiance

Depuis l'an 2000, l'Angleterre terrorise ses adversaires. Dans le Tournoi, elle s'impose en 2000 et 2001 avant de réaliser un grand chelem en 2003 ! Cette équipe est impressionnante de puissance et de maturité. Rarement dans l'histoire du rugby anglais, une sélection aura été aussi homogène.

Sa force principale est sans doute la confiance qu'elle dégage. Elle ne s'affole jamais, prend son temps. Si elle est menée, elle est capable de changer sa façon de jouer en usant l'adversaire et en le poussant à la faute. Il faut dire qu'elle possède le meilleur ouvreur de la planète, en la personne de Jonny Wilkinson.

En 2003, l'Angleterre part en tournée affronter la Nouvelle-Zélande et l'Australie. À trois mois de la Coupe du monde, c'est plutôt risqué. Faut-il y aller armé avec ses meilleurs éléments, au risque de les blesser ou de les fatiguer ? Ou, au contraire, faut-il envoyer une équipe mixte, sans pression du résultat ? L'entraîneur Clive Woodward a choisi : il débarque avec son équipe type ! Pas question de laisser filer une si belle occasion de marquer les esprits, pense-t-il. Le premier test a lieu à Wellington, contre la Nouvelle-Zélande. Les Anglais sont forts, très forts ! Ils s'imposent en force 15-13, sans marquer d'essais et en jouant en infériorité numérique. Une démonstration et un sérieux avertissement pour la suite. À Melbourne, les Australiens sont, comme les All Blacks, impuissants. Ils s'inclinent logiquement en concédant trois essais. L'Angleterre a fait encore une forte impression avec un jeu cette fois-ci plus large. Succès total pour Woodward et son équipe, qui rentrent au pays en ayant fait le plein de confiance.

Le système Woodward

Les Anglais arrivent en Australie pour remporter la Coupe du monde. C'est leur objectif affiché depuis la défaite en quart de finale du mondial 1999. Au début de la compétition, l'Angleterre est malmenée par les Samoa et les Gallois, mais elle ne tremble pas, attendant son heure comme d'habitude. Elle terrasse facilement une Afrique du Sud revancharde qui avait encaissé 50 points un an plus tôt à Twickenham. En demi-finale, la France, sous la pluie, comme en 1995, rencontre le terrible XV de la rose. Après une bonne entame de match, les Français multiplient les fautes de main et doivent subir la pression, symbolisée en seconde période par la puissance de feu du jeu au pied anglais. Cette parodie de rugby sourit sans contestation possible à des Anglais au jeu nettement plus complet. La finale sera dans le même registre avec une maîtrise des événements assez invraisemblable. L'Angleterre, grâce à un drop de son prodige, Jonny Wilkinson, décroche son étoile. C'était de loin la meilleure équipe de la compétition.

Au cœur du système, un homme : Clive Woodward. Ancien international des années 1980, il termine sa carrière de joueur à Leicester et part en Australie, en 1985, étudier le rugby australien. Il revient avec la certitude que les nations du Sud ne sont pas imbattables. Pour cela, il faut une excellente préparation et un physique à toute épreuve. Sa conviction est faite. En 1997, il devient l'entraîneur de la sélection anglaise. Il est déjà entré dans le monde pro en étant le premier à étoffer son staff. Il a ainsi intégré l'utilisation de la vidéo intensive, des entraîneurs spécialistes de chaque ligne, et a tissé des liens de collaboration étroits entre la sélection et les clubs. Très critiqué en 1999, après sa déroute en Coupe du monde, il est maintenu dans son rôle. À son tour de rendre la confiance. Il ne rebâtit pas d'équipe, il garde l'ossature et ses vieux grognards. En premier lieu, il responsabilise Martin Johnson en lui confiant le capitanat. Ensuite, les Lawrence Dallaglio, Neill Back, Kyran Bracken, Matt Dawson, Paul Grayson et Mike Catt constituent sa colonne vertébrale. Sur les 30 joueurs de la Coupe du monde, plus de la moitié ont passé la trentaine. Le recordman du nombre de sélections, Jason Leonard, a même 35 ans révolus, et Dorian West atteint 36 printemps. Le groupe est plus que jamais expérimenté, ce qui sera sa marque de fabrique jusqu'au bout.

LÉGENDE

Sir Clive

Drôle de personnage que ce **Clive Woodward (né en 1956)**. Une fois rentré de la Coupe du monde 2003, il est anobli par la reine et devient sir Clive ! Devant la retraite internationale de certains cadres de l'équipe, comme Lawrence Dallaglio et Martin Johnson, et la détérioration des relations entre l'équipe nationale et les clubs anglais, et bien que son contrat coure jusqu'à la Coupe du monde 2007, il décide de démissionner de son poste. Sans pour autant renoncer à l'entraînement. Au contraire, il veut très vite retourner sur le terrain… mais sur celui du football, son autre passion. Selon sa théorie, il faut ne pas connaître parfaitement le football pour manager une équipe ou un club. C'est plus une affaire de feeling et de bon sens. Mais, entre-temps, Wood est rappelé pour manager les Lions britanniques en tournée en Nouvelle-Zélande, en 2005. Il accepte de diriger la « tournée du siècle », comme le soulignent alors les tabloïds anglais. Il utilise la même recette que lors de la Coupe du monde, sort de la retraite Lawrence Dallaglio, et sélectionne un Wilkinson fragile du fait de ses nombreuses blessures. Ce sera un fiasco terrible, avec 3 défaites retentissantes, et 107 points encaissés, dont 12 essais marqués par les Néo-Zélandais. Son avenir s'inscrit désormais à Southampton, le club de football retombé en deuxième division, où il est nommé directeur technique. Il ambitionnait le poste de « directeur du football » : là-bas, en Angleterre, la différence est de taille…

Chapitre 19

Dix personnalités de légende

Dans ce chapitre :

- Les précurseurs
- Les grands dirigeants
- Les autres personnages

On dit généralement que le jeu appartient aux joueurs ; mais le rugby, lui, est la propriété de tout le monde. Ainsi, tout au long de l'histoire, des hommes ont façonné ce sport à leur manière. Ils ont marqué leur époque, sans toujours le savoir, comme Charles Brennus, Roger Couderc ou Danie Craven. Parfois loin du terrain, ils ont fait encore plus pour leur sport favori, comme Pierre de Coubertin ou Jacques Chaban-Delmas. Découvrons ces personnages mythiques aussi surprenants que déconcertants.

Charles Brennus (1859-1943)

Quel rugbyman n'a pas rêvé un jour de monter dans la tribune officielle chercher la récompense suprême ? Toucher le fameux bouclier de Brennus est une chose exceptionnelle et qui se savoure. Ce trophée si convoité est un véritable bijou, fabriqué il y a bien longtemps par un orfèvre en la matière : Charles Brennus.

Une récompense pour le champion de France

Arbitre de la première finale du championnat de France, le baron Pierre de Coubertin souhaite immortaliser l'événement par la remise d'une récompense. Nous sommes à une époque où il n'existe pas encore de breloques pour récompenser les meilleurs. Pour marquer le coup, le baron a une idée et fait appel à son ami Charles Brennus, orfèvre dans le Marais, à Paris. Modeste artisan graveur-ciseleur, le personnage, assez débonnaire, est indiscutablement talentueux. À la hâte, dans son atelier, il dessine un bouclier. Il le grave finement et l'orne de plusieurs dessins avant de le fixer sur un socle en bois. Le bouclier de Brennus est né ! Brennus lui attribue une devise, elle-même gravée : *Ludus pro patria*, ce qui signifie : « Des jeux pour la patrie ». Sa vocation, depuis cette date : récompenser le club champion de France de rugby. Le premier titulaire en fut le Racing Club de France.

ATTENTION !

Né en 1859, Charles Brennus s'appelle en réalité Brennus Ambriorix Crosnier, nommé ainsi par son père… en hommage au chef gaulois Brennus (Charles viendra ensuite, sans que l'on sache trop comment). Il est un homme dynamique et d'action, mais pas particulièrement sur le terrain… car il vient relativement tard, et par l'art, à la pratique du sport. Il s'exerce au cyclisme et au cross-country avant de se découvrir, à la trentaine, une passion pour le rugby, d'abord comme joueur, puis comme animateur et dirigeant. Il crée, le 5 décembre 1895, le SCUF (Sporting Club Universitaire de France), où il touche pour la première fois au ballon ovale. Puis, en compagnie du baron de Coubertin, grâce auquel il a aimé ce sport, il n'a plus de cesse que de servir le mouvement sportif français. De petite taille, la silhouette bedonnante, le « petit père Brennus » jouit alors d'une jolie cote auprès des voisins britanniques, qui voient en lui le défenseur pur et dur de l'amateurisme. En 1900, il devient président de la commission rugby de l'USFSA (Union des sociétés françaises des sports athlétiques). Trésorier, secrétaire, il arbitre souvent les rencontres de rugby, et se rapproche progressivement de la mouvance olympique.

LÉGENDE

Les trois maudits

Aussi séduisant soit-il, le trophée de Brennus se refuse à trois grands clubs depuis des lustres : Clermont, Brive et Dax sont pour ainsi dire « maudits »… La palme revient incontestablement à Montferrand (aujourd'hui Clermont). Finalistes à dix reprises, les Auvergnats ont toujours échoué dans leur conquête. Parfois de manière surprenante, comme en 1970, en s'inclinant devant le petit club de La Voulte. Cependant, la 11e fut la bonne. Clermont grave enfin son nom sur le bouclier de Brennus en battant Perpignan en 2010.

Dax, avec cinq finales perdues, n'est pas mal non plus dans son genre. Les années 1960 étaient celles des belles envolées et du beau jeu, et les Landais étaient une référence dans ce domaine. La finale de 1963, contre Mont-de-Marsan, fut un véritable derby (les Boniface contre Albaladejo)… mais aussi une bataille de tranchée, avec des marrons bien chauds et une victoire des Montois (6-3).

Enfin, Brive connut lui aussi des malheurs répétés, avec quatre finales perdues. Dans les années 1970, l'équipe briviste régnait en maître avec le grand Béziers. Les trois-quarts corréziens virevoltaient en exploitant les nombreux ballons gagnés par un pack monstrueux. Bref, le titre ne pouvait leur échapper. Ils furent pourtant battus par Béziers à deux reprises (1972 et 1975). En 1996, ils faillirent arracher le « bout de bois », mais Toulouse renversa la tendance en fin de rencontre. Ainsi demeure la malédiction.

La légende du bouclier

Le « bout de bois », comme le surnomment les joueurs, est le sujet d'anecdotes aussi belles que son âge est grand. Tout d'abord, cet objet d'art est encore aujourd'hui la propriété du SCUF, le club de son fondateur, Charles Brennus. Et, comme le veut la tradition, ce sont les jeunes du SCUF qui l'amènent dans le stade avant la finale. Le bouclier est prêté pendant un an au champion de France. Il est bon de noter que le club fondateur fut finaliste à deux reprises (1911 et 1913) sans toucher la récompense… Restauré récemment, le bouclier ne quitte plus le siège de la Fédération française de rugby. C'est une copie qui désormais récompense les vainqueurs. Sauf qu'en 2004 on s'aperçut qu'il manquait le nom de Perpignan sur le socle de la reproduction du bouclier. Un oubli malvenu pour la finale entre le Stade Français et… Perpignan. Résultat : on ressortit de la vitrine l'originale pour une dernière remise.

Le bouclier en chiffres

- 10 : le record de titres pour le Biterrois Armand Vaquerin, champion 10 fois entre 1971 et 1984 ;
- 16 : le record de titres pour le Stade Toulousain, en 23 finales. Le Stade Toulousain remporta son premier titre en 1912, également date de la première retransmission radio. Viennent ensuite Béziers (avec 11 titres) et le Stade Français (10) ;
- 99 titres ont été disputés depuis l'origine, dont 3 attribués par classement de poule ; 40 clubs ont disputé les 98 finales, mais seulement 26 ont connu au moins un sacre ;
- 4 clubs ont connu le titre avec une seule finale : Carmaux, Montauban, Vienne et La Voulte ;
- Champion de France en 1929, Quillan est le seul club de l'histoire du rugby à avoir gagné le titre en 2e division (1964) et en 3e division (1955) ;
- 4 : le record d'essais marqués au cours d'une finale, par Eugène Lissalde, deuxième ligne de l'Aviron Bayonnais, face au SCUF, en 1913 ;
- En 1959, l'arbitre de la finale n'est autre qu'Albert Ferrasse. Commentaire d'un de ses proches : « Il connaissait mieux le jeu que les règles » ;
- En 1966, l'ambiance de la finale Agen-Dax fut si détestable que la FFR suspendit à vie l'Agenais Lagiewski et le Dacquois Berho. Leur sanction ne dura en fait qu'une saison ;
- Champion de France en 1908, le Stade Français dut attendre 90 ans pour retoucher le bouclier de Brennus ;
- Le Biterrois Lavagne, entré à la 79e minute de Béziers-Brive, en 1975, fut le premier remplaçant d'une finale ;
- À trois reprises, il n'y eut aucun essai en finale (1930-1961-1988).

Pierre de Coubertin (1863-1937)

C'est un personnage historique du sport français, d'une valeur exceptionnelle. Pour lui, l'essentiel est de participer. Amateur de sport, il le montre ; passionné de rugby, il le prouve !

Pierre de Coubertin naît, en 1863, au sein d'une famille aristocratique. Il grandit en Normandie et pratique dans son enfance diverses activités physiques. Adulte, il se détourne de la politique dans une période colonialiste fanatique, même s'il accorde une grande place à l'honneur patriotique et au nationalisme. Bercé des souvenirs de l'après-défaite de 1870, il s'engage pour un renouveau de la nation française. Inspiré par sa propre éducation et ses visites dans des universités britanniques et américaines, il découvre que le sport occupe une place fondamentale dans le développement de l'individu. Coubertin s'attache donc à en augmenter la place dans l'éducation de la jeunesse. Pratiquant la boxe et l'équitation ainsi que l'aviron et l'escrime, il prône la pratique sportive et physique comme moyen de redressement de l'esprit.

Il adore également l'athlétisme. Un projet a germé dans sa tête : il souhaite créer une grande compétition internationale qui verrait s'opposer les meilleurs athlètes du monde civilisé. Il faut dire que le monde occidental de l'époque vit au rythme des découvertes archéologiques diverses. En premier lieu, c'est le site d'Olympie qui inspire le baron. Son idée : faire revivre les Jeux olympiques. Il annonce son projet le 25 novembre 1993 dans l'amphithéâtre de la Sorbonne et crée le Comité international olympique (CIO), le 23 juin 1894, à Paris. En 1896, les premiers Jeux olympiques rénovés sont organisés, symboliquement, à Athènes.

Arbitre de la première finale

Mais le baron a une autre passion. De sa tendre enfance passée en Normandie, il a gardé en souvenir la pratique d'une nouvelle discipline, méconnue en France. Au contact des étudiants des universités d'Oxford et de Cambridge débarqués au Havre, le jeune garçon a pratiqué le rugby. De plaquages en longues courses, il s'est piqué d'intérêt pour ce nouveau jeu. Il n'a pas oublié ces bons moments. Son esprit d'engagement et d'organisation le pousse à lancer un défi à deux équipes parisiennes, le Racing Club de France et le Stade Français. Le baron se charge lui-même d'arbitrer ce qui sera la première finale du championnat de France jamais organisée ! Le 20 mars 1892, le Racing Club de France devient le premier champion de France de rugby. Ce sport doit une fière chandelle à ce personnage qui impulse la création d'associations sportives sur le modèle des collèges britanniques de Rugby, d'Eton et de Harrow. À cette époque-là, le sport en France se résume à la pratique des militaires dans le cadre de leurs activités. Aussi le baron décide-t-il de créer avec d'anciens élèves des lycées Condorcet, Janson, Carnot ou Monge, et avec l'aide du Racing et du Stade Français, l'USFA (Union des sports français amateurs), en novembre 1887. Accepté dans cette nouvelle fédération, le rugby, considéré comme un beau jeu, cherche à fédérer parmi les clubs parisiens afin de disputer un championnat dit « de France ».

Verbatim

« Le parfait footballeur [*comprendre : le rugbyman*] doit, à tout instant de la partie, être prêt à ramasser ou à recevoir le ballon, à le passer, à courir, à charger, à prendre une décision à se taire et à obéir. Comptez je vous prie, sans parler des difficultés physiques, combien de qualités morales sont ainsi mises à contribution : l'initiative, la persévérance, la possession de soi-même, le jugement, le courage, et avouez que le jeune homme placé devant un tel programme, a de quoi devenir perfectionniste dans la vie. Il faut réfléchir à ces choses pour comprendre les paroles que m'adressait une fois un professeur du collège de Harrow : "J'aimerais mieux faire manquer deux classes à mes élèves qu'une seule de ces parties" » (Pierre de Coubertin).

Le rugby et l'olympisme

ATTENTION !

Le baron Pierre de Coubertin s'est toujours battu pour que le rugby soit une discipline olympique. Ce ne sera pas le cas lors de la première édition : il faudra attendre 1900 et l'édition de Paris pour voir le ballon ovale aux Jeux. Et encore, le baron n'a pas gagné son pari : le rugby n'est la première fois qu'un sport de démonstration. Dans la hâte, Coubertin est chargé de trouver des équipes internationales. Il faut dire que, cette année-là, l'Exposition universelle organisée dans la capitale a un succès monstre. Pas facile de trouver des rugbymen. Le baron fait appel aux Anglais et aux Allemands. Ainsi participent à l'épreuve le Moseley Football Club et le Fuss Ball de Francfort. La sélection française est composée de joueurs parisiens du Racing et du Stade Français. Seul André Rischmann appartient à un autre club, le Cosmopolitan Club. Le second match, face aux Britanniques, se déroule devant près de 6 000 spectateurs (la plus forte affluence de la compétition), dont 4 389 entrées payantes, un exploit à l'époque (les Jeux de 1924 se dérouleront, au stade de Colombes, devant 50 000 spectateurs). Bien que la discipline ne soit pas reconnue officiellement comme sport olympique, l'épreuve donna quand même lieu à une attribution de médailles. Problème : Coubertin dut récupérer 17 médailles en toute hâte pour récompenser la sélection française ! Le rugby sera encore représenté aux Jeux olympiques, en 1908, et fera ses deux ultimes apparitions, en 1920 et 1924.

Henri Amand (1873-1967)

Membre de l'équipe des pionniers, qui disputa le premier match international de l'équipe de France (c'était contre la Nouvelle-Zélande), il y a 101 ans, Henri Amand était un excellent joueur de rugby. C'était également un artiste.

Le premier pour l'éternité

Henri Amand ne se destine pas vraiment à la pratique du rugby. Né le 17 novembre 1873, au moment du départ de la France des troupes de Bismarck, son destin est ailleurs. Adolescent, il est pourtant entraîné sur des terrains de sport par un camarade de classe. Mais, à cette époque, on joue plus volontiers au football, le rugby étant connu mais pas codifié universellement. Son domaine de prédilection est le pré situé juste derrière le bois de Boulogne. Le ballon est rond ou ovale, au gré des parties. Qu'importe, notre garçon fait admirer sa pointe de vitesse. Il n'hésite d'ailleurs pas à se servir de la présence du marronnier au milieu de l'aire de jeu afin d'éviter les adversaires.

Son camarade l'incitant à pratiquer le rugby dans un club, il choisit naturellement le plus proche : le Stade Français. Parmi ses coéquipiers, il trouve rapidement ses marques et, outre ses qualités physiques, fait preuve d'un bel esprit stratégique. Henri Amand se prend ainsi rapidement au jeu et cherche à progresser. Ses nombreux voyages en Grande-Bretagne lui permettent d'observer les jeunes étudiants des universités. Il remarque que ceux-ci sont bizarrement chaussés. Exit les guêtres et autres bottines : les Britanniques ont adopté des chaussures avec des petits crampons encastrés dans la semelle. L'idée lui plaît et il se met en tête de trouver et de ramener les mêmes godillots dans son club.

Les Français débarquent en Angleterre

Henri Amand, devenu le capitaine du Stade Français, dispute la première finale du championnat de France, en 1892. La rencontre, arbitrée par le baron Pierre de Coubertin, oppose les deux clubs parisiens – le Racing et le Stade Français – sous l'égide de l'USFSA (Union des sociétés françaises de sports athlétiques). L'année suivante, celle-ci décide de monter une sélection à l'occasion de son premier déplacement officiel en Angleterre. Neuf joueurs du Racing et du Stade Français participent à cette première aventure internationale. Henri Amand en est un des leaders, même si la nouvelle équipe porte les couleurs… du Racing.

LÉGENDE

Le 13 février 1893, le premier de deux tests oppose l'équipe de l'USFSA à celle des services civils anglais. N'étant pas une sélection « officielle », elle échappe à l'appellation d'« équipe de France ». Mais 10 000 personnes assistent à cette rencontre dans laquelle les Français tiennent tête à leurs hôtes en montrant toutes leurs qualités : les Britanniques sont étonnés de la qualité des joueurs français. Lors de la seconde rencontre, les titis parisiens affrontent l'équipe de Park House. Cette rencontre restera dans l'histoire à sa manière. En effet, au terme de la partie, il fut décidé qu'Henri Amand – tout comme Louis Dedet et Frantz Reichel – serait considéré comme international, compte tenu de son talent et de son ancienneté. L'ordre alphabétique étant privilégié, Henri Amand se verra attribuer la carte d'international numéro 1.

Sa carrière ne s'arrête pas là. Le jeune prodige, capable de jouer à tous les postes des lignes arrière, connaîtra la joie de porter enfin le maillot bleu de la « vraie » équipe de France. Il sera capitaine le 1er janvier 1906 lors de la venue des All Blacks au Parc des Princes, pour la première rencontre officielle du XV de France. Ce sera le seul rescapé de la Tournée de 1893.

Le dernier match sur le champ

Henri Amand, 4 fois champion de France de 1893 à 1903 et 5 fois finaliste, dispute son dernier « match », le plus funeste, en 1915, sur le front de Champagne, aux côtés de Géo André. Comme un signe du destin, il ne peut terminer la rencontre. Non pas en raison d'une quelconque blessure ou d'intempéries, non, mais à cause des fusées éclairantes envoyées par les Allemands qui zèbrent le ciel. Nous sommes en temps de guerre, les hommes ont remisé les ballons et sorti les baïonnettes. Les terrains de rugby et de football sont jalonnés de tranchées. Henri Amand est appelé sur le front de Champagne. Ce touche-à-tout survivra à la guerre, et mourra, en 1967, à Villeneuve-sur-Yonne. Aujourd'hui, chaque nouvel international se voit remettre une carte comme celle d'Henri Amand, avec son propre numéro.

LÉGENDE

Ici, on rase gratis

Comme beaucoup de ses confrères, Henri Amand avait d'autres passions que celle du rugby : il aimait notamment chanter, et possédait une voix de baryton. C'est pour cela que notre homme se laissait pousser la barbe dès le froid venu. Il avait en effet une grande frousse de s'enrhumer. Il adoptait une grande longueur afin que ses poils puissent recouvrir sa gorge et protéger ainsi son organe vocal. Mais, le printemps revenu, il se rasait de près. Voilà pourquoi Pierre Garcet de Vauresmont, son équipier de la troisième ligne, à l'occasion d'un déplacement à Richmond en 1893, l'avait surnommé le « capitaine à barbe ». De petite taille, rapide et leste, Henri Amand était identifiable à souhait parmi tous les joueurs de rugby par son allure totalement atypique pour l'époque.

Yves du Manoir (1904-1928)

Il devait planer sur le match France – Écosse à Colombes ; il est parti voler au-dessus de l'Indre. Il devait faire vivre le cuir sur la pelouse, il s'est tué au-dessus des peupliers ! Ce 2 janvier 1928, les Bleus, sans Yves du Manoir, s'inclinent face à l'Écosse… C'est tout le rugby continental qui pleure la disparition de l'aviateur du Racing.

Du Manoir… du Manoir… ça nous dit quelque chose ! Ah oui, c'est aussi le nom du challenge que l'on disputait entre deux tours de championnat ou à l'ombre du Tournoi jusqu'en 2000 ! Mais pourquoi porte-t-il donc le nom de cet international disparu ?

Le jeu à cœur

Yves Frantz Loys Marie Le Pelley du Manoir fait l'unanimité pour sa gentillesse, son élégance, sa bonne humeur. Un gentleman comme les *British* en raffolent. Il ne sort pourtant pas de la *High School* londonienne. Il est né à Vaucresson, le 11 août 1904. Fils de vicomte, il vit la majeure partie de sa jeunesse rue de Rennes, du côté de Montparnasse. Les fées se sont penchées sur son berceau. Il est déjà, à l'adolescence, un excellent sportif. Élégant, racé, au visage d'ange, le junior touche à tout, comme le voulait le baron Pierre de Coubertin pour les enfants de la patrie. Doué au tennis, au football ou en athlétisme, il brille de mille feux au rugby. Naturellement, il endosse le maillot du Racing Club de France, et fait en même temps son entrée à Saint-Louis pour préparer Polytechnique. L'avenir lui appartient.

Un beau matin de novembre 1923, il manque un ouvreur au Racing. On fait alors appel au jeune prodige. En deux passes trois mouvements, il s'impose et s'installe aux commandes de l'équipe fanion. Tout s'enchaîne pour lui, il dispute 106 matchs avec le Racing et débute en équipe de France contre l'Irlande le 1er janvier 1925. Il devient une icône du rugby français.

Le dernier banquet

Le rugby n'est qu'une partie de sa vie. Yves du Manoir s'intéresse également aux constructions navales. Il entreprend des études dans ce sens et intègre Polytechnique. Ayant le choix, il opte pour la marine. Puis se désiste au profit d'un ami moins heureux et choisit l'aviation ! Preuve, si besoin est, de l'immense esprit du jeune homme tout au long de son existence. Il poursuit, pendant ce temps-là, sa carrière internationale. Il est reconnu comme un joueur puissant, intelligent, et doté d'un joli coup de pied. Lors de sa première sélection (France – Irlande 1925), il accomplit un match exceptionnel. La foule se laisse porter par son instinct et l'encourage tout au long de la partie. L'année suivante, Du Manoir, retenu par sa formation de pilote à Bourges, ne dispute qu'un seul match. En 1927, Yves, alors âgé de 22 ans, est sélectionné dès le premier match face à l'Irlande. Il devient même capitaine de l'équipe de France lors du match suivant face à l'Écosse. Mais, le 2 janvier 1928, au lieu de disputer ce fameux France – Écosse, l'apprenti aviateur part effectuer un vol triangulaire entre Avord, Romorantin et Châteauroux. Une roue accroche un peuplier et 100 m plus loin, c'est le drame… Le jeune homme perd la vie dans l'accident.

Le temps que la nouvelle remonte à Paris, le banquet d'après-match a déjà commencé ! Les Écossais sont heureux de leur victoire (15-6) à Paris. Le capitaine Adolphe Jaureguy n'aimant pas beaucoup les discours, il laisse son comparse Géo Gérald, centre de l'équipe de France et du Racing, mais surtout grand ami d'Yves du Manoir, le prononcer à sa place. Ce dernier apprend la mort de son ami au moment de porter le toast. Il s'effondre alors en sanglots, devant des Écossais médusés ! Tandis qu'ils s'interrogent du regard les uns les autres, leurs bières restent figées, le kilt plié, la cornemuse muette… Après un long silence, ils réalisent enfin l'ampleur de la tragédie. Jamais la victoire n'aura eu un goût aussi amer pour les Écossais et la défaite aussi peu d'importance pour les amis d'Yves du Manoir.

Quatre mois après sa mort, en avril 1928, le stade de Colombes a déjà été rebaptisé « stade Yves-du-Manoir » pour accueillir le match France – Irlande du Tournoi 1928. Une statue à son effigie, sculptée par Puiforcat, veille aujourd'hui sur l'entrée du stade mythique du Racing Club de France.

ATTENTION !

Tous en piste

Alors que les Français viennent de gagner une journée de repos hebdomadaire, le journal *Le Matin* lance l'idée de construire un stade sur l'ancien hippodrome de Colombes, afin que les gens viennent applaudir les athlètes. Officiellement inauguré le 24 mars 1907, le nouveau stade accueille les Jeux olympiques de 1924, avec plus de 45 000 spectateurs. L'athlétisme est à l'honneur, mais également le football, la gymnastique, le cyclisme et le rugby…

Partie intégrante du patrimoine français, le stade est rebaptisé « Yves-du-Manoir » en mémoire du jeune trois-quarts centre de l'équipe de France. Plus de 40 finales de Coupe de France s'y disputent de 1925 à 1971. Le football y est joué aussi jusqu'au début des années 1970. Il y a même une finale de Coupe du monde (victoire de l'Italie face à la Hongrie, en 1938 ; à cette occasion, le stade accueille 60 000 spectateurs). On y voit aussi un match de boxe mémorable entre Monzon et Bouttier ! Non moins mémorable sera le grandiose France – Afrique du Sud terminé sur le score de 0-0 devant la foule des grands jours. Roger Couderc fait à cette occasion ses débuts derrière le micro en interviewant les joueurs… depuis l'autre côté du grillage.

Danie Craven (1910-1993)

Joueur puis entraîneur des Springboks, Danie Craven est devenu un grand dirigeant du rugby sud-africain. Il a contribué à maintenir son pays à flots durant la terrible période de l'apartheid. Prenant position contre la ségrégation, il permit à une multitude de jeunes joueurs noirs de découvrir le rugby.

Doc Craven

Né dans l'État libre d'Orange, en 1910, Danie Craven est le fils d'un pasteur protestant de l'Église réformée. Jeune adulte, il intègre l'université de Stellenbosch, haut lieu du nationalisme afrikaner de l'époque. Avant même de se plonger dans les études, il découvre le rugby. L'étudiant, qui a des qualités de vitesse, se fixe au poste de demi de mêlée. Se prenant de passion pour ce jeu, il cherche à en comprendre les différentes stratégies et est très vite surnommé « Doc Craven ». Rapidement remarqué, il joue son premier match avec la sélection des Springboks à l'âge de 20 ans. La tournée se déroule au pays de Galles. Il renforce aussitôt après la Western Province, l'équipe du Cap. Danie Craven a soif de découvertes ; il sillonne le pays tout en jouant pour l'Eastern Province puis, en 1938, au Northen Transvaal, province nouvellement créée. Durant cette période, c'est un des meilleurs joueurs de la planète. Partout où il passe, il provoque l'admiration. Craven fait sa dernière apparition sous le maillot springbok, au Cap, en tant que capitaine, lors d'une tournée des Lions, en 1938. Sa carrière est interrompue par le début de la Seconde Guerre mondiale.

Mais Danie Craven ne pense pas qu'au rugby : c'est aussi un intellectuel. Titulaire de trois doctorats (anthropologie, psychologie et éducation physique), il enseigne dans un collège de Grahamstown. Il base sa réflexion sur ce qu'il a observé en Europe, et notamment en Allemagne. Il traduit ses pensées et les adapte à sa passion du rugby. Il devient novateur en mettant au point une approche révolutionnaire pour l'époque. Dans son labo de Stellenbosch, il met en pratique sa théorie, développée grâce à des exercices simples, et adaptée à la technique individuelle de chaque joueur. Il donne également un sens au jeu collectif. L'université de Stellenbosch devient ainsi une usine à Springboks. Aujourd'hui, le stade de l'université porte son nom.

Triomphe pour les Boks

Une fois la guerre terminée, le technicien devient membre du comité de sélection des Springboks. Très vite, en 1949, il passe le cap et devient leur entraîneur. Ses débuts resteront à jamais gravés dans l'histoire du rugby : il réalise un authentique exploit en infligeant quatre défaites au grand rival néo-zélandais. Aucune autre équipe n'avait jamais réussi cette prouesse.

Dans la foulée, il voyage en Europe et donne la leçon à chaque sortie. Son équipe, imbattable, est la meilleure du monde.

En 1955, les autres nations ont comblé une partie de leur retard. Contesté, Danie Craven est démis de ses fonctions. Il quitte le terrain, mais pas le rugby, puisqu'il devient président de la fédération sud-africaine (Sarb). Il deviendra dès lors un dirigeant éminent, dont la voix portera également au sein de l'IRB.

Craven et l'apartheid

Pour l'ancien joueur, les choses sérieuses commencent avec la politique de l'apartheid menée par son pays. Très vite, le docteur se détermine : il tente de s'opposer à la ségrégation. Il avait été très choqué d'entendre un de ses ministres s'opposer à la venue d'une sélection de Maoris en raison de la couleur de leur peau. Nous sommes en 1965, l'Afrique du Sud applique une politique qui interdit les contacts entre « races » dans tous les domaines de la vie, y compris le sport. Danie Craven décide de combattre cette doctrine, conscient que cette politique est injuste et peut éliminer le sport dans son pays. Il se bat à sa manière et crée la Craven Week.

L'Afrique du Sud est mise à l'index par le monde entier pour cette politique. La communauté internationale boycotte clairement le pays. Très ami avec le président de la fédération française, Albert Ferrasse, Danie Craven tente de résister à l'isolement. La France envoie deux sélections, en 1971 et 1975. Roger Bourgarel, joueur de couleur, est admis sur le terrain sous la pression de Danie Craven. Serge Blanco sera aussi reconnu en 1980 dans les mêmes conditions. De plus, plusieurs rencontres entre équipes multiraciales sont organisées grâce à l'homme de Stellenbosch. Sa tâche est extrêmement difficile en raison des connivences du milieu du rugby sud-africain avec les Afrikaners conservateurs, à l'origine de l'apartheid. Il a des ennemis un peu partout chez lui, mais tient à tout prix à préserver les rencontres internationales afin que le rugby puisse vivre dans son pays. Il organise ainsi plusieurs tournées qualifiées de « pirates », comme celles des Jaguars sud-américains (1980-1984) ou celle des « cavaliers », équipe néo-zélandaise comprenant quelques All Blacks, en marge de la fédération néo-zélandaise, en 1986. Accusé par le Board d'avoir contribué à cette organisation non officielle et peu orthodoxe, il quitte l'institution pour se consacrer à l'enseignement du rugby à Soweto.

Mais son engagement va plus loin encore. En 1988, son crédit est si important qu'il rencontre les leaders de l'ANC, en exil au Zimbabwe. Il est en danger, car les relations avec le parti de Mandela sont complètement interdites. À force de négociations, il obtient l'organisation de la Coupe du monde de 1995. Mais Danie Craven ne verra jamais l'événement, mourant en 1993 en laissant une dernière trace : la première fédération sud-africaine non raciale (Sarfu). Grâce à cette nouvelle institution, l'Afrique du Sud peut enfin réintégrer la communauté internationale du rugby.

La Craven Week

Alors que la politique de l'apartheid s'applique sur tout le territoire, Danie Craven repousse cette idée de ségrégation et crée, en 1964, une compétition qui porte son nom : la Craven Week. L'idée est de mélanger des joueurs de couleur sans esprit de compétition, simplement pour participer et échanger. Il n'y a d'ailleurs pas de classement. La fédération autorise la réunion de 15 sélections provinciales, représentant les académies scolaires. Elle devient rapidement un rendez-vous incontournable et populaire du rugby sud-africain... Problème : bafouant le principe même sur lequel elle a été créée, les autorités décident de ne l'ouvrir qu'aux Blancs ! Pour Craven, le combat continue ; il n'a pas renoncé à imposer un plateau ouvert à toutes les races. Il y parvient enfin, en 1980, ce qui fait grand bruit à l'époque. En 1996, des quotas sont introduits afin de favoriser le développement du rugby au sein des communautés noires et métisses. Ainsi, pour 13 joueurs blancs, chaque sélection devait avoir au moins 9 Noirs ou métis. La Western Province donne l'exemple avec la parité entre Blancs et Noirs. Aujourd'hui, l'esprit a bien changé : avec le professionnalisme, c'est devenu un stage de détection géant. Une majorité écrasante des grands joueurs sud-africains passent par la Craven Week et toutes les provinces envoient leurs recruteurs observer les futurs talents.

Jacques Chaban-Delmas (1915-2000)

Né à Paris, Jacques Chaban-Delmas, étudie au lycée Lakanal à Sceaux (aujourd'hui réputé pour sa section de sport-études de rugby), et poursuit de hautes études tout en pratiquant de nombreuses activités physiques. Il est licencié au Club athlétique de la Société générale (CASG). Outre le tennis, il pratique le rugby, où il devient un bon ailier gauche grâce à sa rapidité. En 1933, il entre en tant que journaliste à *L'Information*. Puis la guerre éclate : il occupe un poste d'attaché au ministère de la Production industrielle et devient ensuite adjoint à l'inspection générale des Finances.

Mais très vite, il entre en contact avec la Résistance, en décembre 1940. Le rugby et le sport en général ne sont plus la priorité des Français. Un autre combat s'engage. Il adopte le pseudonyme de « Chaban ». Son rôle est de fournir des renseignements économiques à la France libre. En 1944, sa carrière prend un nouveau tournant : il est nommé délégué militaire national et général de brigade par le général de Gaulle. C'est à l'époque le plus jeune général nommé depuis le Premier Empire. Il participe à la libération de Paris, en août 1944.

LÉGENDE

Paris libéré, il est désormais urgent de reprendre les relations franco-britanniques. N'oublions pas que la France est exclue du Tournoi depuis 1932. Les Anglais ne sont pas hostiles à des négociations. Un premier match a lieu, à Paris, entre l'équipe de France et une sélection de l'armée britannique, le 1er janvier 1945. Quinze mille spectateurs assistent à cette rencontre, dont Jacques Chaban-Delmas. Cette équipe est composée des Jean Prat, Alban Moga, Jean Dauger et autre Robert Soro. Ce match est un succès, même si la France s'incline devant une opposition qui compte tout de même sept internationaux anglais authentiques. Au printemps de cette même année, la France se déplace outre-Manche pour la première fois depuis la rupture de 1932. Le match ne peut se dérouler à Twickenham, car le stade est réquisitionné par la population britannique. Ce sera donc à Richmond. La même équipe se déplace avec un changement : Jacques Chaban-Delmas est titulaire à l'aile. En effet, les Britanniques ont posé une condition au déroulement de ce match, celle de voir un authentique résistant participer. Le jeune général a donc été choisi pour ses qualités. Il honore ainsi sa première et unique sélection avec le XV de France. Les Britanniques sont les plus forts et infligent une lourde défaite à des tricolores manquant de repères.

Dans la foulée de cette aventure, le jeune gradé est élu maire de Bordeaux. Il le restera de 1947 à 1995. Il sera à plusieurs reprises ministre et président de l'Assemblée nationale. Jacques Chaban-Delmas fut un très grand sportif de haut niveau : pas en rugby, mais en tennis, le sport de sa jeunesse. Il s'imposa en simple messieurs lors des championnats de France de 1961, puis gagna le double des vétérans aux Internationaux de France, en 1970.

Un stade *in memoriam*

Les Girondins de Bordeaux évoluent sur la pelouse du stade Chaban-Delmas. Un an après la mort du maire de Bordeaux, la ville a rebaptisé le parc Lescure « stade Chaban-Delmas ». Ce stade fut bâti en 1935 pour accueillir la Coupe du monde de football de 1938. Ce fut le premier stade au monde à posséder des tribunes entièrement couvertes sans aucun pilier gênant la visibilité du public. Il contenait également un vélodrome. Ce stade a une particularité : il possède le tunnel le plus long d'Europe (120 m), reliant l'aire de jeu aux vestiaires. Sa capacité d'accueil est aujourd'hui de 34 088 personnes. Cependant, il apparaît insuffisant pour les normes actuelles. Un autre stade est donc en projet. Ce stade, réservé d'ordinaire au football, accueille aussi de nombreuses rencontres de rugby et notamment des ½ finales du Top 14.

Le XV de France a également joué à plusieurs reprises dans cette enceinte. L'Afrique du Sud, en 1996, et l'Australie, en 1993, furent les hôtes de Chaban-Delmas. En 1998, Brive et Bath se disputèrent le titre de champion d'Europe. À la mi-temps, les Anglais, surpris par la longueur du couloir, restèrent sur la pelouse : la pause ne durant que dix minutes, l'encadrement technique avait la veille du match chronométré le temps de retour des 15 joueurs à leur place. En comptant l'aller et le retour, celui-ci dépassait allègrement les six minutes… Trop peu de repos en somme. Bath s'imposa d'un petit point à la dernière seconde, 19-18. Lors de cette même année, la Coupe du monde de football s'arrêta à Bordeaux : le stade accueillit cinq matchs de poules et un huitième de finale.

Albert Ferrasse (né en 1917)

Avec son grand pardessus, ses tempes grises et l'accent encore plus rocailleux de la vallée de la Garonne dont il est originaire, Albert Ferrasse ne manque pas d'impressionner ! Président de la Fédération française de rugby de 1968 à 1991, « Tonton » Ferrasse s'est toujours comporté en maître absolu, incontesté… et incontestable !

Le tonton fonceur

Né dans une famille rurale modeste près de Tonneins, en 1917, Albert Ferrasse grandit sur les terrains de rugby. Deuxième ligne d'Agen, il est un excellent athlète, notamment en touche, son domaine de prédilection. Il connaît une belle réussite sociale, sportive et administrative. Propriétaire d'une société de construction et d'équipement en bâtiment, il joue parallèlement chaque dimanche au rugby. Il décroche le titre de champion de France avec Agen, en 1945 ; il sera aussi finaliste, en 1947. Délaissant bientôt le pré, il se consacre à une carrière de dirigeant, et fait – naturellement – ses premières armes dans son club, dont il devient président, en 1965.

Après avoir conquis le comité régional, « Tonton », comme on le surnommait déjà, s'attaque à la présidence de la Fédération française de rugby. Nous sommes en 1968. La France s'apprête à disputer son premier grand chelem au pays de Galles. Albert Ferrasse, avec l'aide de son ami de toujours Guy Basquet (ancien joueur et vice-président d'Agen) et de quelques fidèles, provoque la rupture. Il déclare alors, en fronçant ses épais sourcils, au président encore en place, Marcel Batigne : « Marcel, nous ne sommes plus d'accord avec ta façon de présider la fédération. C'est moi qui vais te remplacer. » Ferrasse ne s'embarrasse pas de politesse. Dans le giron de la fédération depuis seulement deux ans, il en prend la tête lors de l'assemblée générale qui a lieu deux mois plus tard ! Quand on veut, on peut…

Mais Tonton ne s'arrête pas là. Il tousse régulièrement lors de ses visites à Dublin, dans les bureaux de l'International Board ! C'est curieux, il ne parle pas anglais, mais tout le monde l'écoute et surtout le comprend. L'œil sombre, le cigare humide et la voix en écho suffisent à rééquilibrer les relations franco-britanniques, vitales en rugby, ne serait-ce que pour s'inviter à la table des négociations. Il sera d'ailleurs l'invité principal de l'institution, en en devenant même le premier président français (en 1979, et ce pour huit années).

Sous son règne, le rugby français impose le respect. Les licenciés le craignent. Il gère la fédération d'une main de fer. C'est le patron absolu, il n'aime pas être contesté. De la même manière, il voit d'un mauvais œil les mouvements de joueurs dans les clubs, comme si l'argent pouvait encore pervertir son sport amateur… Pour lutter contre les tentations, Ferrasse met en place une licence rouge, unique dans les annales. Elle s'applique aux internationaux désireux de changer d'air. Ils le peuvent, mais ne joueront pas pendant un an… Dissuasif! Sauf que le président a oublié que lui aussi a connu diverses mutations tout au long de sa carrière : l'histoire retient qu'il a évolué sous les couleurs d'Agen, certes, mais il a également traversé Marmande, Gujan-Mestras et Cognac…

À l'origine de la Coupe du monde

Au-delà de sa gestion inflexible, Albert Ferrasse a un autre projet pour le rugby. Il est ambitieux et avance l'idée d'une Coupe du monde de rugby dans les années 1980. Il faut dire qu'en dehors du Tournoi des V Nations il n'existe aucune compétition. Et encore, rappelons que le Tournoi n'est même pas une compétition officielle. On y est invité… Albert Ferrasse se bat donc pour cette idée de compétition universelle. Mais le Français se heurte au refus des Britanniques, craignant pour l'amateurisme, alors que les Australiens convainquent les Néo-Zélandais de s'associer au projet. Les Anglais se montrent finalement favorables. Reste à convaincre les Celtes. Irlandais et Écossais sont farouchement contre… ce qui retardera la date d'inauguration. La première Coupe du monde aurait pu voir le jour en 1983. Il faudra attendre quatre ans pour assister au premier match de l'histoire de cette nouvelle épreuve. Entre-temps, Albert Ferrasse a abusé de tout son pouvoir pour faire plier les derniers réfractaires. La décision fut prise le 22 mars 1985, à Paris. L'International Board, réuni à la Maison des chemins de fer, au pied de la tour Eiffel, a adopté le projet à l'unanimité. Belle revanche pour Tonton. Le tournoi se dispute sur invitation; les huit nations majeures (France, Irlande, Écosse, Angleterre, Galles, Australie, Nouvelle-Zélande, Australie) sont toutes représentées. L'organisation de la première épreuve échoit conjointement à la Nouvelle-Zélande et à l'Australie. Albert Ferrasse remet lui-même le premier trophée au capitaine All Black David Kirk.

Président atypique, Albert Ferrasse a toujours rêvé d'universaliser le rugby. Avant la création de la Coupe du monde, Tonton Ferrasse n'hésitait pas à amener son équipe de France dans de lointaines contrées. Il a notamment délocalisé certaines rencontres du XV de France, comme à Montevideo (Uruguay), lors d'une tournée en Argentine. Autant pour promouvoir le rugby que pour satisfaire ses deux autres passions : la chasse et la pêche… En tournée avec le XV de France, il prenait l'habitude de pêcher les matins de test-matchs, n'hésitant pas, en rentrant à l'hôtel, à se précipiter dans la cuisine et à donner quelques bonnes recettes au cuistot pour qu'il puisse servir à 11 heures le plat de poisson à ses joueurs! Au fil des tournées, au Japon ou ailleurs, cela était devenu une tradition.

À 94 ans, Albert Ferrasse possède aujourd'hui encore un café, le Fair-Play, à Agen, et est membre de l'Académie des sports. Mais il ne va plus au stade Armandié d'Agen, où une tribune porte son nom.

Un retraité bienveillant

À peine le président avait-il pris sa retraite de dirigeant qu'il consacra son temps à la nouvelle fondation qui porte son nom. Créée en juillet 1990, la Fondation Albert-Ferrasse a pour objet de venir en aide sous diverses formes, notamment financière, aux joueurs de rugby blessés au cours d'un match ou sur le trajet entre leur domicile et le stade. Dès qu'un accident grave se produit sur un terrain de rugby, la fondation intervient auprès du club, de la famille et du médecin officiellement mandaté pour s'assurer de la gravité de la blessure auprès des milieux hospitaliers. Depuis sa création, plus de 1 million d'euros d'aides a été accordé au financement du matériel spécifique utilisé pour les grands blessés, voire d'aménagement de maisons, d'appartements ou d'automobiles en rapport avec leur handicap. La Fondation Albert-Ferrasse aide actuellement plus d'une centaine de blessés, para- ou tétraplégiques, et 66 orphelins. Dès la délivrance du capital, la prestation gratuite d'un diagnostic financier est effectuée ainsi que celle d'un architecte-conseil. La fondation peut aussi se targuer du record de France en matière de modicité de frais de fonctionnement : 4,76 % des ressources, alors que la limite autorisée est de 15 %.

Roger Couderc (1918-1984)

Roger Couderc, un nom qui fait toujours référence parmi les journalistes d'aujourd'hui. Un enfant du terrain, un amoureux de l'amitié, un véritable supporter du XV de France devenu, pour les téléspectateurs français, la voix du rugby. Il a su transmettre sa passion au public, du plus averti au moins expérimenté, au son du désormais célèbre : « Allez, les petits ! »

LÉGENDE

Roger Couderc est dans les cœurs de tous les joueurs de rugby de la fin des années 1960. Journaliste à la gouaille inimitable, il fait vivre le Tournoi à des millions de Français au travers de répliques célèbres comme : « Allez, les petits ! », ou encore : « Non, monsieur l'arbitre, vous n'avez pas le droit… » Mais avant de se faire connaître et de servir la cause ovale, Roger Couderc a essuyé les plâtres de Mai 68. À la suite des événements, il fait partie de la charrette des journalistes sportifs licenciés par l'ORTF pour leurs prises de position, au même titre que Roger Marcillac, Robert Chapatte ou Thierry Roland. Il réintègre la structure, de la même manière que les deux derniers cités, sur Antenne 2, pour faire partie de l'équipe du magazine hebdomadaire sportif « Stade 2 ». Dès son retour, il fréquente assidûment les terrains de rugby.

ATTENTION !

Jeune journaliste, il commente et fait vivre les rencontres seul. Il lui manque une présence : il fait alors appel à un jeune retraité, Pierre Albaladejo, ancien demi d'ouverture de Dax et de l'équipe de France. C'est une toute première dans le paysage audiovisuel… Pierre Albaladejo accepte la mission. Les deux se font d'abord la voix sur les ondes d'Europe 1 avant de poursuivre l'aventure, en 1975, sur Antenne 2. Les deux hommes s'entendent comme larrons en foire. Ils démocratisent ce sport, qui commence à connaître un grand succès télévisuel. Roger Couderc se laisse emporter par une espèce de chauvinisme jamais vulgaire : c'est en fait le premier supporter de l'équipe de France. Il aime les joueurs et cela se sent à l'antenne. Son fait d'armes ? Le 14 juillet 1979, il chante en direct *La Marseillaise* pendant l'essai français à Auckland. La France s'impose, Couderc s'emporte... Parallèlement, il commente le catch, sur la même antenne. Son sens de la repartie enflamme aussi bien le téléspectateur que la salle. Incontestablement, Roger Couderc a contribué à sa façon à faire découvrir ce sport dans les foyers français. Il est aujourd'hui la référence de bien des journalistes, même de ceux qui ne l'ont jamais connu... Il prend sa retraite en 1983, laissant la place à Pierre Salviac. Pour son dernier match aux commentaires, le capitaine des Bleus, Jean-Pierre Rives, lui remit son maillot blanc ensanglanté. Roger Couderc, fortement ému, ne put retenir ses larmes.

Disparu quelques mois après sa retraite, en 1984, Roger Couderc a laissé une trace intense dans les mémoires. De très nombreux stades et complexes sportifs portent son nom.

Denis Lalanne (né en 1926)

Homme de littérature, Denis Lalanne fut l'égal d'un Roger Couderc dans le domaine de l'écriture. Il a largement contribué à la légende du XV de France à une époque où il existait peu de moyens de communication. Ainsi, les tournées des tricolores en Afrique du Sud ou ailleurs eurent une autre résonance à la lecture des chefs-d'œuvre que sont *Le Grand Combat du XV de France* ou encore *Quinze coqs en colère*.

Né à Pau, en 1926, le jeune Denis est très vite épris de rugby. Mais son destin ne le conduit pas au Hameau, le stade de la Section Paloise. Il choisit une autre voie : celle du journalisme. Dès la fin de la guerre, il devient journaliste. Il entre au *Figaro*, en 1953, et en devient le chef des services rugby, tennis et golf. En 1970, il intègre le journal *L'Équipe* et va pouvoir donner la mesure de son immense talent d'écrivain.

L'épopée sportive

La plume de Denis Lalanne ressuscite les mots dans un genre littéraire original à l'époque : l'épopée sportive. Lalanne est alors le Tintin malicieux du journal *L'Équipe*, se baladant sur la surface du globe pour y glaner de quoi étancher les fringales de son lyrisme. Il aime passionnément le journalisme, le sport, la littérature, l'amitié... Richard Escot, journaliste-écrivain, va jusqu'à comparer Denis Lalanne à un « Homère du rugby » : « Celui qui a inventé et raconté la mythologie de ce sport. » Il raconte ou romance, relate ou conte, qu'importe… Il voit la vie, en somme, comme une aimable plaisanterie parfois teintée d'amertume. Il témoigne des nombreuses aventures du XV de France à travers les continents. Pour lui, les joueurs ne sont pas de simples soldats, mais des personnages à part entière. Il se joue de la description, s'amuse des défauts, souligne les qualités, caricature les physiques… bref, il fait vivre les hommes. Aujourd'hui encore, on mesure l'ambiance d'une tournée au travers des écrits, comme lors de l'épopée de 1958, où les Bleus de Lucien Mias étaient partis défier la terrible équipe des Springboks. Mais comme Homère, qui porta Ulysse ou Achille, Denis Lalanne avait aussi ses héros, des demi-dieux légendaires élevés aux sources mystérieuses de la passe. Il s'agit bien évidemment des frères Boniface. Guy et André. Dans *Le Temps des Boni*, Lalanne conte, au rythme des cavalcades folles du couple landais, une sorte de fureur de vivre empreinte de désinvolture. À une époque où les Gabin, Montant, Anquetil et Fontaine se croisent, on se dit qu'au regard des pages de ces livres magiques, l'illusion était plausible.

Ainsi s'écrit la légende

Denis Lalanne a largement contribué à sortir le XV de France de son anonymat. En 1958, la France est déjà en bleu, mais son regard est tourné vers la Suède où les Kopa, Fontaine, Piantoni et autre Jonquet brillent de mille feux. Le capitaine est Lucien Mias, et personne ne s'intéresse à cette équipe qui compte de nombreux forfaits. Denis Lalanne, alors journaliste au *Figaro*, suit les Bleus et raconte à son retour l'épopée dans un livre intitulé : *Le Grand Combat du XV de France*. Le succès est immédiat en librairie, et il obtient le grand prix de la littérature sportive 1959. On découvre alors les Mias, Moncla, Barthe, Danos et autre Roques. En 1961, la France voyage en Nouvelle-Zélande et en Australie. Denis Lalanne est présent, qui en tire *La Mêlée fantastique*. Il se souvient de cette phrase d'un des plus grands capitaines de l'histoire néo-zélandaise, Wilson Whineray : « Les grandes équipes ne meurent jamais. » Le journaliste reprend dans ses écrits ce qui deviendra une vérité pour tous. En 1964 paraît *La Peau des Springboks*, rédigé sur le même ton, suivi de *Quinze coqs en colère* (cosigné avec Henri Garcia), en 1967. Ces deux récits relatent les nouvelles aventures des Bleus en Afrique du Sud. En 1968, Denis Lalanne raconte la Nouvelle-Zélande au travers de *Ce bleu des maillots et des guerres*.

LÉGENDE

Grands hommes et petits noms

Au travers de ces récits, Denis Lalanne a sympathisé avec de nombreux joueurs du XV de France. Il aime caricaturer les hommes et dégoter des surnoms. Le plus célèbre est, peut-être, « Pépé du Quercy » pour Alfred Roques, pilier de Cahors, sélectionné pour la première fois à l'âge de 33 ans. Mais il trouve aussi un surnom à Benoît Dauga : le « grand Ferré », reprenant le nom d'un colossal paysan landais de Chalosse qui fit une hécatombe sur les envahisseurs anglais.

Plus globalement les journalistes, littéraires ou non, aiment bien affubler de surnoms les héros des stades. En vrac, on se souvient du « Lion de Swansea », le surnom donné à Robert Soro lors de son match héroïque au pays de Galles. De la même manière, Jean Prat, dit « Monsieur Rugby », avait impressionné les journalistes anglais lors d'une rencontre à Twickenham. Beaucoup de joueurs furent interpellés sur leur gabarit, comme Claude Dourthe, dit le « chameau », ou Arnaud Marquezuzaa, dit le « bison », en raison de leur dos voûté. Robert Paparemborde avait hérité du surnom de « Patou » parce qu'il ressemblait au chien des Pyrénées, le patou. Le « Gaulois » pour Jean-Pierre Romeu ou « casque d'or » pour Jean-Pierre Rives font référence à la pilosité des joueurs. On doit le surnom du troisième ligne à Roger Couderc, tout comme celui prêté à Patrick Estève, l'ailier des années 1980 qui courait aussi vite que le « TGV ». Il existe aussi un tas de diminutifs distribués par les hommes de presse, comme pour alléger les discours : il en est ainsi de « la Garuche » (Garuet), « Lagisque » (Lagisquet), « la Roume » (Roumat) ou « la Gruche » (Gruarin).

L'inspiration venait parfois des vestiaires mêmes. Jean Prat, encore lui, avait appelé Amédée Domenech le « duc », pour ses qualités. Le pilier briviste avait forgé sa propre étymologie du mot, qui laissait entendre qu'il avait comme maîtresse une duchesse... Lucien Mias était devenu le « docteur », une fois ses études terminées. Jean-Baptiste Lafond se définissait lui-même comme un « escroc ». Lorsqu'il était remplaçant, il rentrait à chaque fois en cours de match à la suite d'une blessure. Pierre Danos était devenu « Pierre la Science » sous la plume d'Henri Garcia, en raison de sa façon de parler, toujours très calme. « Papillon » rappelait les origines de Lacaze, formé au club des « papillons » de Pontacq. Alban Moga avait conservé le diminutif donné par les membres de sa famille : « Bambi ». Enfin, certains joueurs ont eu plusieurs surnoms, comme Michel Crauste dit le « Mongol » à cause de sa moustache, ou encore « Attila ». Jean Gachassin fut « Peter Pan » en équipe de France et « Abdou » à Lourdes, en référence à un sprinteur de l'époque, Abdou Seye. Pierre Albaladejo fut simultanément « Monsieur Drop » aux yeux des Anglais et « Bala », à Dax. Enfin, Jacques Fouroux, surnommé le « petit caporal » par ses joueurs, était le « petit Napoléon » pour les Anglais et « Astérix » pour Henri Garcia.

Morne du Plessis (né en 1949)

Morne du Plessis fut l'un des plus grands joueurs de rugby d'Afrique du Sud. Capitaine des Springboks, il a suivi à ce poste les traces de son père : c'est la seule filiation de capitaines dans l'histoire du rugby sud-africain. Comme son père, il a réussi l'exploit d'infliger une déroute à l'ennemi de toujours, la Nouvelle-Zélande. Le jeune Morne a commencé à jouer en équipe nationale en 1971, contre l'Australie. Mais, à cette période, le rugby sud-africain n'est pas au mieux. Précurseur, Du Plessis s'impose très vite grâce à une redoutable intelligence de jeu. Il préfigure le jeu moderne, se déplaçant vite tout en étant un excellent défenseur. En 1974, il participe aux deux premiers test-matchs perdus contre la grande équipe des Lions de Gareth Edwards. Puis, comme son père, il conduit deux ans plus tard les Boks dans une série victorieuse contre les Blacks. Il termine sa carrière internationale, en 1980, en signant un grand exploit. Avec les Boks, il bat les Lions britanniques ; il compte alors 22 sélections, dont 15 comme capitaine. Son destin est désormais devant lui : une carrière d'entraîneur. À l'image d'un Danie Craven, il est en perpétuelle recherche, en s'informant sur ce qui se fait de mieux dans le monde. Il n'hésite pas à se déplacer afin d'observer les autres méthodes d'entraînement. Il n'a qu'un seul but : faire gagner les Boks, dont il a la charge. Bien qu'issu de l'université de Stellenbosch, berceau du rugby afrikaner, c'est un libéral anglophone opposé à la politique de l'apartheid. Aussi s'engage-t-il aux côtés de Danie Craven afin que chaque enfant d'Afrique du Sud, quelle que soit sa couleur, puisse jouer au rugby.

Il contribue à obtenir l'organisation de la Coupe du monde 1995. Il est alors le manager de la sélection, dont Kitch Christie est l'entraîneur. Au final, il aura joué un rôle important dans ce qui reste le plus grand triomphe de l'Afrique du Sud en sport. Lui seul a réussi à unifier les provinces afin de renforcer la sélection springbok. Exit les rivalités : son objectif était de prendre les meilleurs à chaque poste, quelle que soit leur couleur ou leur origine. Il a ainsi contribué à changer les mentalités. De par son action, saluée par tout un peuple, il est admis aujourd'hui dans le fameux International Rugby Hall of Fame. Élu comme membre de l'Académie des sports du monde, il séjourne aux côtés de Nadia Comaneci, Bobby Charlton, Mark Spitz, Vivian Richards, Hugo Porta, Sergueï Bubka, Kip Keino, Martina Navratilova, Dan Marino, Sebastian Coe, Jack Nicklaus, Katarina Witt, et quelques autres. Morne du Plessis est encore aujourd'hui l'une des personnalités les plus appréciées du sport sud-africain.

Chapitre 20

Dix stades de légende

Dans ce chapitre :

- Les stades français
- Les stades d'outre-Manche
- Les stades du bout du monde

Les chants résonnent encore dans ces cathédrales immenses que sont les stades de rugby. Depuis le début du siècle dernier, les hommes n'ont cessé d'en bâtir. Débutant avec un simple rectangle vert, ils ont aménagé des bancs afin que les proches puissent suivre les rencontres. Puis des gradins se sont élevés pour permettre au public d'être plus nombreux. À défaut de pouvoir jouer, celui-ci voulait partager les émotions. La plupart des grands stades sont empreints de légendes, imprégnés de parfums, marqués par les exploits des joueurs, suspendus au rebond capricieux du ballon, bref, vivants et bien présents dans nos mémoires.

Auparavant, dans les campagnes, le stade était pour certains le rendez-vous hebdomadaire, un peu un équivalent de l'église. C'était aussi une « maison de la culture », où l'on échangeait toutes sortes d'idées et où les conversations allaient bon train, pas seulement autour de la prestation de son équipe favorite. Aujourd'hui encore, le stade va bien au-delà de la simple scène sportive.

Le Parc des Princes (Paris)

La France est loin d'être mal lotie par rapport au reste du monde : elle possède de grands stades où le rugby est chez lui… même s'il doit partager le terrain avec les footballeurs. Colombes, le Parc des Princes et le Stade de France résonnent sous la clameur des foules. En province, le stade Mayol de Toulon, citadelle longtemps imprenable perchée au cœur de la cité varoise, est aussi un de ces endroits magiques.

Le Parc des Princes, stade bruyant, bétonné, à cheval sur le périphérique parisien, est un haut lieu du sport en France. Les plus grands, comme Anquetil, Poulidor, Coppi, Kopa, Platini, ont foulé sa pelouse et fait vibrer les foules. Le XV de France y a évolué de 1973 à 1997, avant de déménager au Stade de France.

Cent ans de rugby

Le Parc des Princes est une enceinte plus que centenaire ! Il faut remonter au XIXe siècle pour entendre parler pour la première fois du projet. À l'époque où l'on évoquait le sport comme une pure et simple activité physique ou, mieux, une éducation, il n'y avait pas encore d'épreuves ni même de compétitions. Difficile alors d'imaginer un lieu dévoué à la cause sportive. En ce temps-là, il n'existait que d'aimables divertissements dans le fil de la pratique de la gymnastique.

Louis-Philippe décide un jour de reprendre la tradition des rois urbanistes. En 1841, il commande la construction d'une nouvelle enceinte, dite « de Thiers », pour la ville de Paris. Elle dépasse allègrement les frontières de la capitale de l'époque, passant à travers des communes telles que Boulogne et Auteuil. À cette époque, l'aristocratie parisienne souhaite se distraire dans un parc bien à elle : ce sera le Parc des Princes, dont l'actuel bois de Boulogne fait partie. Un parc immense, situé juste derrière les fortifications, à l'ouest de Paris. En 1860, Napoléon III, sur les conseils d'Haussmann, annexe les villes enfermées dans l'enceinte de Thiers. Désormais, Paris est divisé en 20 arrondissements. Le Parc des Princes est rattaché au 16e.

Le site devient d'abord un haut lieu… scientifique, avant d'être un siège sportif. En 1882, le Conseil de Paris crée la station physiologique, en vue de recherches sur les animaux et les hommes. Après une quinzaine d'années d'expérience, le Parc des Princes se dote d'un vélodrome. L'inauguration se déroule le 18 juillet 1897, à l'occasion d'un grand prix de cyclisme. Les sports collectifs n'ont pas encore pignon sur rue. Le football n'apparaît au Parc qu'en 1905, et le rugby un an plus tard, le 1er janvier 1906.

Rater sa sortie

Par un curieux hasard du destin, l'équipe de France de rugby connaîtra à la fois une entrée et une sortie retentissantes (dans le mauvais sens du terme) dans l'antre du Parc des Princes. Son premier match coïncide avec le premier jour de l'année 1906. L'inédite sélection tricolore accueille les Néo-Zélandais, de retour d'une tournée en Grande-Bretagne. Initialement, le voyage n'était pas prévu par la lointaine délégation. Mais, nous sommes à la Belle Époque, et un détour dans ce Paris réputé ne peut être snobé. Les deux équipes s'affrontent au Parc. Pour respecter les dimensions réglementaires, il faut tracer des lignes sur la piste du vélodrome. La France pèse peu et s'incline lourdement (38-8), tout en marquant deux essais, ce qu'aucune formation britannique n'avait réussi à faire. Quatre-vingt-onze ans plus tard, le décor a changé, mais le lieu est le même pour les tricolores, qui accueillent l'Afrique du Sud. C'est officiellement le dernier match du XV de France dans ce stade. La sélection souhaite faire bonne figure devant une équipe sacrée championne du monde deux ans plus tôt. Raté, la France encaisse ce jour-là la plus grosse défaite à domicile de son histoire (52-10). Les hommes de Jean-Claude Skrela et Pierre Villepreux quittent le Parc la tête basse.

Aujourd'hui, il n'y a plus de rugby international au Parc des Princes. Pourtant, un homme a ravivé la flamme ovale dans l'antre du Parc. Le patron du Stade Français, Max Guazzini, a organisé en 2005 trois rencontres de son équipe au Parc. Installé au stade Jean-Bouin, voisin, le président d'un des plus vieux clubs français souhaitait attirer le plus de monde possible dans son stade… Or, à cause de la Coupe d'Europe, et notamment d'un match contre Newcastle, Jean-Bouin se révèle trop petit pour accueillir la foule. Guazzini saute sur l'occasion et demande l'ouverture des portes du Parc. Résultat : un formidable engouement de la part d'un public demandeur de ce type d'événements. Dans la foulée, il reçoit Biarritz (en Coupe d'Europe), et surtout Toulouse, pour une rencontre somptueuse. Le Parc des Princes est bondé et l'ambiance extraordinaire. Le président, tenace et ambitieux, fera encore mieux la saison d'après en « conquérant » dans les mêmes conditions le Stade de France… Avec un immense succès et plusieurs records d'affluence battus. Aujourd'hui, presque tous les clubs du Top 14 délocalisent leurs grosses affiches dans de grands stades. C'est notamment le cas du Racing Club de France, qui a accueilli Toulouse, en 2011, au Stade de France.

Tableau 17-1 : Les dates clés du Parc des Princes

Date	*Événement*
18 juillet 1897	Construction d'un premier équipement sportif, en l'occurrence un vélodrome.
23 mars 1902	Première finale du championnat de France de rugby entre le Racing et le Stade Bordelais, au Parc des Princes.
1er janvier 1906	Le XV de France dispute son premier match international face aux terribles All Blacks. La France perd 38-8.
23 avril 1932	L'enceinte est adaptée afin de mieux accueillir les événements sportifs. Désormais, le stade garantit 50 000 places et une piste de cyclisme, également utilisable pour l'athlétisme.

Tableau 17-1 : Les dates clés du Parc des Princes (*suite*)

Date	*Événement*
26 mars 1933	Première victoire française au Parc des Princes, contre l'Allemagne, attendue depuis 27 ans.
1954	Le Parc accueille la finale de la Coupe du monde de rugby à XIII. La France s'incline devant la Grande-Bretagne (16-12).
1er novembre 1969	Dernier match officiel joué au Parc des Princes avant le début des travaux du périphérique.
4 juin 1972	Inauguration du nouveau Parc des Princes.
12 mai 1974	La finale du championnat revient au Parc des Princes pour la première fois depuis 1946.
15 novembre 1997	Dernier match du XV de France au Parc. La France encaisse la plus grosse défaite de son histoire sur son sol, face à l'Afrique du Sud (10-52).

Le Stade de France (Saint-Denis)

Depuis longtemps, Paris voulait un grand stade. L'attribution des Jeux olympiques de 1992 à Barcelone a reporté le projet à 1998, année de l'organisation de la Coupe du monde de football. En même temps que son frère ennemi, le XV de France déménage dans le nouveau stade, le Stade de France.

Une longue gestation

Un grand stade à Paris, l'idée n'est pas nouvelle : elle date de la fin de la Première Guerre mondiale. La pression vient principalement du milieu du football, car ce sport est en plein essor. Pour les Jeux de Paris 1924, le projet est lancé… sans le moindre crédit à la clé ! Le Racing sauve la patrie en mettant son stade de Colombes à disposition du comité olympique. En 1938, la France accueille la Coupe du monde de football. Le Front populaire ne voit pas d'un bon œil ce chantier coûteux et tape-à-l'œil. Pourtant, les Italiens (à l'occasion de la Coupe du monde 1934) et les Allemands (pour les Jeux de 1936) n'ont pas hésité à bâtir de vastes enceintes. Alors, on envisage un temps de porter la capacité de Colombes à 90 000 places. De Le Corbusier, le célèbre architecte, à Léo Lagrange, le fringant ministre des Sports et de l'Organisation des loisirs, chacun y va de son ébauche. Contrairement au Royaume-Uni, où des enceintes 100 % rugby sont bâties, en France, on estime que le rugby peut partager les lieux avec le ballon rond.

Dans les années 1960, d'autres ébauches voient le jour. Elles étaient même déjà baptisées : stade Marcel-Cerdan, ou Jean-Moulin, par exemple… Finalement, le Parc des Princes s'offre une cure de jouvence, en 1973, avant que Jacques Chirac, alors Premier ministre, ne relance le projet, en 1984. La France, qui postule pour l'organisation des Jeux olympiques de 1992, se doit de présenter un stade olympique digne de ce nom, doté d'une ample capacité d'accueil (100 000 spectateurs). À côté, le Parc des Princes et ses 45 000 places font plutôt pâle figure. Mais les Jeux iront à Barcelone. Le Premier ministre insiste, et dépose une candidature pour organiser la Coupe du monde de football 1998. La France est choisie par la Fédération internationale de football (FIFA), en 1992. C'est désormais officiel, le pays aura son grand stade. Reste à bâtir l'enceinte.

Problème : Paris n'a pas d'endroit où ériger son stade. Il faut donc déterminer un lieu extérieur. Huit sites entrent en compétition, bientôt réduits à six après le retrait de Montesson et de Marne-la-Vallée. Nanterre fait figure de favori, soutenu par Charles Pasqua, président du conseil général des Hauts-de-Seine. Massy, Le Tremblay ainsi que Cergy-Pontoise, Saint-Quentin-en-Yvelines et Melun-Sénart sont sur la même ligne. Vincennes, un temps pressenti, est écarté par le Comité olympique (CNOSF). Deux mois après l'annonce officielle, il ne reste plus que quatre candidats (Massy, Le Tremblay, Melun-Sénart et Nanterre). Contre toute attente, Michel Rocard, Premier ministre de l'époque, tranche en faveur de Melun-Sénart. Un an plus tard, changement de majorité et de gouvernement : Balladur succède à Rocard, le dossier est revu et corrigé. Saint-Denis, sorti de nulle part, sera finalement retenu. Les 27 hectares appartiennent à la Ville de Paris, et le site est immédiatement constructible. Il reste quatre ans pour mener à bien les travaux.

Essai transformé

ATTENTION !

La France foule pour la première fois la pelouse du Stade de France le 7 février 1998. Les footballeurs ont inauguré une semaine plus tôt l'enceinte en battant l'Espagne, en match amical, grâce à un but de Zidane. Les hommes de Skrela et Villepreux se doivent de faire aussi bien, en tout cas bien mieux que leur dernier match au Parc des Princes. Problème : ce sont les Anglais qui se présentent sur la route des Bleus pour l'ouverture du Tournoi 1998. Le match est âpre, engagé et viril. La France rivalise dans les regroupements et mène 15-3 à la pause. Résultat final : 24-17. C'est l'ailier de Pau, Philippe Bernat-Salles, qui a inscrit le premier essai de l'histoire du XV de France dans son nouveau stade.

Tableau 17-2 : Les dates clés du Stade de France

Date	*Événement*
Janvier 1991	Lancement des consultations sur l'implantation du grand stade.
Juillet 1992	La FIFA choisit la France pour accueillir la Coupe du monde, ce qui met en route le projet du grand stade.
Septembre 1993	Édouard Balladur, Premier ministre, choisit la ville de Saint-Denis pour accueillir le futur équipement.
Novembre 1997	Achèvement des travaux.
28 janvier 1998	Inauguration du stade : l'équipe de France de football bat l'Espagne 1-0.
7 février 1998	Premier match de rugby : le XV de France bat l'Angleterre 24-17.
Juin 1998	Le bouclier de Brennus se dispute pour la première fois au Stade de France entre le Stade Français et Perpignan.
Octobre 1999	Le Sud-Africain Jannie De Beer plante cinq drops à l'équipe d'Angleterre en quart de finale de la Coupe du monde.
Avril 2002	Victoire des Bleus contre l'Irlande dans le Tournoi, et premier grand chelem depuis le passage à six nations.

Le stade Félix-Mayol (Toulon)

Le rugby français a aussi ses lieux mythiques en province. Perpignan, Béziers ou Bourgoin, pour ne citer que quelques équipes, possèdent un stade avec une âme propre. Mais il faut aller au moins une fois à Toulon pour respirer l'odeur du stade Félix-Mayol. Chaque rugbyman a un jour rêvé de défier le Rugby Club Toulonnais dans son antre fantastique.

Au cœur de la ville

Situé en pleine ville, dans le quartier du port de Toulon, « Mayol », comme on l'appelle familièrement, est l'un des stades mythiques du rugby français. On imagine mal que le stade emprunte son nom à un chanteur de la rade. Simplement, le jadis célébrissime Félix Mayol offrit le terrain et les droits de ses chansons au club afin de payer ses installations. L'histoire est bien connue, car le chansonnier l'a expliquée dans ses Mémoires : « Chez moi, à Toulon, la jeunesse est active et vigoureuse, nous n'avions pas le moindre terrain utilisable... Seul demeurait un vélodrome désaffecté, où nul n'allait jamais, qui ne servait plus à rien et qui me paraissait s'ennuyer autant que nos aspirants sportsmen... Alors, mon Dieu, c'était tout simple, j'ai acheté le vieux vélodrome ! J'y donnai moi-même le premier coup de pioche... »

Ce pur Toulonnais, pâtissier de métier, souhaitait se rendre célèbre en rejoignant Paris pour devenir chanteur fantaisiste. Son succès s'écrit au travers de chansons connues (« La Paimpolaise », « Des mains de femmes », « Viens, poupoule » ou « À la cabane Bambou »). Hommage notable de Charlie Chaplin, quand on lui proposa de choisir un spectacle lors de sa première visite en France, il répondit : « J'aimerais entendre chanter Mayol. » C'est dire sa célébrité à l'époque !

Un stade mythique

Mayol adorait le muguet, qu'il considérait comme un porte-bonheur. La fleur devint donc l'emblème du Rugby Club Toulonnais, le soir de sa victoire en championnat de France (1931). Curieusement, le stade fut inauguré par un match de football entre le RCT et Saint-Raphaël... Le match de rugby qui suivit opposa le même RCT au TOEC de Toulouse, et se solda par un score modeste, comme souvent en ces temps lointains, de 3 à 3. Depuis, le stade Mayol a subi les affres de la guerre (53 trous de bombe)... Remis à neuf en 1947, 1965, 1983, et enfin, plus récemment, après le titre de 1992, il a aujourd'hui une capacité de 15 000 spectateurs. Il a vu la grandeur et la gloire du RCT, mais aussi ses récents déboires, avec la relégation en Pro D2 en 2006. Le retour de Toulon dans l'élite a néanmoins permis au stade Félix Mayol de découvrir la H Cup lors de la saison 2010-11. Mayol est connu de par le monde, toutes les grandes équipes sont venues au moins une fois dans ce stade de Toulon. Les All Blacks, par exemple, y ont joué trois fois (1986, 1990 et 1995).

Tableau 17-3 : Les dates clés du stade Félix-Mayol

Date	*Événement*
1919	Félix Mayol, passionné de rugby, finance la construction d'un stade pour ses nouveaux protégés, en offrant 60 000 francs or.
28 mars 1920	Inauguration du stade Félix-Mayol par une rencontre de football entre le RCT et le Stade Raphaëlois, suivi d'une rencontre de rugby entre le RCT et le TOEC.

Tableau 17-3 : Les dates clés du stade Félix-Mayol (*suite*)

Date	*Événement*
26 mai 1922	Le Stade Toulousain, tout juste sacré champion de France, vient disputer un match amical à Toulon ; 20 000 spectateurs prennent place autour de la pelouse de Mayol, c'est un record historique pour le stade.
24 novembre 1943	Le premier bombardement allié détruit une partie du Mourillon, une partie du port, et touche Besagne : la majeure partie du stade Mayol est touchée ; 53 trous de bombe sont relevés sur le terrain.
1965	Le RCT est obligé de céder son stade à la ville de Toulon. Mayol est alors rénové et inauguré, le 26 septembre 1965, lors d'un match face aux Gallois de Newbridge.
25 juin 1980	Bob Marley est en concert au stade Mayol devant 15 000 personnes. Le seul concert jamais donné dans le stade !
7 novembre 1983	Le stade, qui a subi un nouveau lifting, est flambant neuf. C'est que, désormais, le RCT doit partager son enceinte avec le club de foot, le Sporting Club de Toulon, alors en première division.

Twickenham (Londres)

Le berceau du football et du rugby est naturellement la patrie des stades les plus anciens et les plus mythiques. Aujourd'hui, en Angleterre, en Écosse, au pays de Galles ou en Irlande, cet endroit bénéficie d'un culte quasi religieux. Le poids de la tradition, la force des coutumes pèsent même sur l'éducation de tout un peuple. Les Britanniques chérissent véritablement leurs stades.

Twickenham est le temple du rugby. Lorsque vous arrivez à proximité de l'enceinte, vous pouvez lire : *Home of England rugby* (« la maison du rugby anglais »). Ce stade, d'architecture carrée, est totalement dédié au rugby à XV.

Comme on peut l'imaginer, la création du stade est calquée sur l'histoire de ce jeu. La fondation du club de Twickenham date de 1873. À cette date, le rugby et le football se confondent encore sous le même nom. Après plusieurs années de débat, une question fait rage : quelles règles doit-on adopter pour jouer, celles du *rugby football* ou celles du *football association* ?

Le rugby remporte les suffrages. Le Twickenham Rugby Football Club est définitivement lancé. Peu après, le club choisit ses couleurs, le rouge et le noir, et dispute ses matchs sur Twickenham Green. La Rugby Football Union (RFU) décide de construire son propre stade. Elle se rapproche du club de Twickenham et achète ses terrains. En 1909, la nouvelle enceinte est inaugurée avec une rencontre opposant les Harlequins et Richmond, deux clubs très proches géographiquement du lieu. Rapidement, les Londoniens se bousculent pour voir l'Angleterre dominer les autres nations dans le Tournoi. La Première Guerre mondiale interrompt les échanges. Les bovins en profitent pour pâturer dans ce rectangle parfaitement entretenu.

Après le conflit, le stade est sans cesse amélioré avec entre autres l'ajout d'un deuxième niveau (1927), juste prêt pour accueillir le premier Varsity Match entre Oxford et Cambridge. En 1932, le virage sud connaît les mêmes modifications. La capacité atteint alors 20 000 personnes. Une fois de plus, la guerre oblige les rugbymen à quitter Twickenham. L'enceinte servira de dépôt pour l'armée civile. Le stade n'évolue plus jusqu'en 1978, où de nouveaux travaux s'imposent. Malgré cela, l'endroit devient obsolète, il faut rebâtir. En 1991, Lady Diana en personne viendra inaugurer les tribunes flambant neuves créées pour la Coupe du monde. Aujourd'hui, le stade est à la fois un temple, un musée et un centre commercial. La RFU tire le plus grand bénéfice de ces ressources, grâce à ce stade où 82 000 spectateurs s'entassent lors de chaque rencontre du XV de la rose.

Tableau 17-4 : Les dates clés de Twickenham

Date	*Événement*
1909	Inauguration du nouveau stade londonien basé dans le quartier de Twickenham. Richmond et les Harlequins disputent la première rencontre de rugby.
1921	Twickenham célèbre la grande guerre par un mémorial dévoilé en 1921 par le roi George V.
1926	Le stade, qui peut accueillir 35 000 personnes, est un des plus grands d'Europe.
1927	Premier Varsity Match disputé à Twickenham entre Cambridge et Oxford
1945	Pendant la Seconde Guerre mondiale, Twickenham Stadium sert de dépôt pour la défense civile, ses parcs de stationnement servent à entreposer du charbon, et certaines parties sont même supprimées afin de bâtir des logements.
24 février 1951	Pour la première fois de son histoire, la France s'impose à Twickenham (11-3).

Tableau 17-4 : Les dates clés de Twickenham (*suite*)

Date	*Événement*
1991	Inauguration par Lady Diana du nouveau Twickenham en vue de la Coupe du monde 1991.
1999	Demi-finale de Coupe du monde historique entre la France et la Nouvelle-Zélande : la plus belle victoire des Bleus à Twickenham.
2000	Twickenham organise sa première finale de la Coupe d'Europe. Le club anglais de Northampton est couronné.
13 février 2005	Dernière victoire en date du XV de France à Twickenham (18-17).

LÉGENDE

La France à Twickenham

L'équipe de France de rugby a joué 39 fois à Twickenham contre l'Angleterre. Elle s'y est inclinée à 24 reprises, pour 10 victoires et 5 matchs nuls. La première rencontre entre les deux équipes remonte à 1911 et se solda par une large défaite des Bleus, 37-0. La France remporta son premier match 40 ans plus tard lors du Tournoi 1951 (11-3). Mais sur les 16 derniers matchs disputés contre l'Angleterre à Twickenham, la France n'en a perdu que 8 pour 7 victoires et 1 nul. À noter : les Bleus ont disputé une autre rencontre, hors tournoi, contre l'Angleterre, à Twickenham. C'était en septembre 2003, pour la préparation à la Coupe du monde 2003. La France s'inclinait lourdement (45-14). Enfin, il y eut un seul match organisé dans l'enceinte de la RFU qui ne concerna pas l'Angleterre, il s'agit de la fameuse demi-finale de la Coupe du monde 1999 entre la France et la Nouvelle-Zélande.

Lansdowne Road (Dublin)

Le stade de Lansdowne Road, à Dublin, est le plus vieux stade de rugby au monde. À un quart d'heure à pied du centre de Dublin, il est le cœur du rugby irlandais et, pour tous les joueurs qui y évoluent, il reste l'un des derniers vestiges du rugby d'autrefois.

Lansdowne Road est unique. Situé dans le quartier de Ballsbridge, à Dublin, ce stade abrite principalement les rencontres du XV du trèfle, pour le rugby, et de l'équipe d'Irlande de football. D'une capacité de 50 500 spectateurs, il accueille en moyenne 48 000 inconditionnels lors des matchs de rugby de l'Irlande et seulement 36 000 pour les matchs de football… pour respecter les règles de la FIFA, qui obligent à avoir uniquement des places assises. Aussi incroyable que cela puisse paraître, cette enceinte fut construite avant même que les compétitions ne fussent créées. En 1878, on achève les travaux de Lansdowne Road alors que le Tournoi n'existe pas encore (le premier date de 1883). L'endroit met des années à devenir le stade national, l'équipe d'Irlande jouant souvent ses rencontres à Belfast ou à Cork. C'est en 1951 que Lansdowne Road devient l'antre privilégié du XV. Le football y fait son trou à la même date.

Bâti très simplement, ce stade ne présente que deux tribunes couvertes avec des sièges en bois, toujours en place. Il possède également la particularité d'avoir une gare sous la tribune ouest. Il n'est pas rare d'entendre gronder la tribune lors du passage du train durant un match de rugby. Il a été détruit en 2008 pour donner naissance à l'Aviva Stadium en 2010. Durant cette période, les rencontres des deux sélections de football et de rugby se sont déroulées dans le temple du football gaélique de Croke Park, d'une capacité de 82 500 spectateurs.

Tableau 17-5 : Les dates clés de Lansdowne Road

Date	*Événement*
Décembre 1876	Lansdowne n'est pas encore achevé que la première rencontre de rugby oppose le Leinster à l'Ulster.
1909	La France se rend pour la première fois de son histoire à Lansdowne Road. Elle s'incline 19-8.
1920	Première victoire des Bleus à Lansdowne Road 15-7.
13 mars 1948	L'Irlande fête son seul grand chelem de l'histoire du Tournoi en battant Galles 6-3.
1991	Lansdowne Road accueille la Coupe du monde. Le premier match oppose l'Irlande au Zimbabwe avec une large victoire du pays hôte 55-11.
1994	Les Barbarians britanniques jouent pour la première fois à Lansdowne Road. Ils reçoivent l'Afrique du Sud.
Avril 2006	Le record d'affluence est battu à l'occasion de la demi-finale de Coupe d'Europe entre le Munster et le Leinster.
2007	Destruction de Lansdowne Road.
2010	Inauguration de l'Aviva Stadium sur le même site que l'ancien Lansdowne Road.

L'Aviva Stadium

C'est ainsi que se nomme aujourd'hui le mythique Lansdowne Road. Un stade flambant neuf où tout a été refait en lieu et place de l'ancien temple du rugby irlandais. Le XV du trèfle a joué – et perdu – son premier match en novembre 2010 contre le champion du monde en titre, l'Afrique du Sud. Le train passe toujours sous la tribune même si celle-ci ne tremble plus. Doté de 60000 places, ce stade de 410 millions d'euros est ultramoderne et offre des prestations dignes des plus grands stades de football anglais. L'équipe d'Irlande de football jouera aussi ses rencontres sur le terrain. La finale de Ligue Europa a même eu lieu en mai 2011. Désormais, Croke Park, l'autre grand stade de Dublin redevient un lieu dédié aux sports gaéliques.

La société Aviva a loué le nom du stade pour une durée de dix ans. Contrairement à l'ancien Lansdowne Road, qui appartenait exclusivement à l'Irish Rugby Football Union (IRFU), l'Aviva Stadium est aussi propriété de la Football Association of Ireland (FAI) pour moitié.

Le Millenium Stadium (Cardiff)

Le Millenium de Cardiff fut bâti pour recevoir la finale de la Coupe du monde 1999 sur l'emplacement même de l'ancien stade de rugby gallois : l'Arms Park.

Un concentré de technologie

Le Millenium Stadium (*Stadiwm y Mileniwm*, en gallois) est un magnifique stade de 74 500 places situé à Cardiff, au pays de Galles, au cœur de la ville. Le stade national du pays de Galles héberge notamment les rencontres des équipes galloises de rugby à XV et de football. Propriété de la Welsh Rugby Union, il a été construit à l'occasion de la Coupe du monde de rugby 1999, à l'emplacement du vieillissant Arms Park. Il fut le plus grand stade du Royaume-Uni jusqu'à l'inauguration du nouveau Wembley Stadium de Londres (90000 places). C'est aussi le premier stade à posséder un toit amovible.

La construction s'achève en 1999. Le coût en est estimé à près de 126 millions de livres, dont 46 millions ont été financés par la National Lottery.
La première rencontre disputée sur sa pelouse oppose, le 26 juin 1999, les équipes nationales du pays de Galles et de l'Afrique du Sud. Les Gallois s'imposent 29-19.

Le Millenium a marqué un tournant dans le monde du sport, puisque aujourd'hui les architectes et les ingénieurs du monde entier s'en inspirent pour construire de nouveaux stades. Les principales nouveautés concernent la forme du stade, en bol, et son toit coulissant, déployé en cas d'intempéries. L'ambiance est unique lorsque l'enceinte est refermée : le bruit est assourdissant, l'atmosphère étouffante. Forts de la connaissance de ces deux caractéristiques, des chercheurs ont récemment prouvé que cela pouvait influencer les décisions arbitrales et donc, qui sait, le cours d'un match. En effet, l'équipe encouragée (en général le pays de Galles) recevrait un soutien environ 15 % plus important que son adversaire. Il faut rappeler que le Millenium Stadium est situé en plein centre-ville de Cardiff ! Un exploit dans une grande ville alors que l'on cherche de plus en plus à délocaliser les édifices sportifs à l'extérieur des cités. Cela donne encore plus de chaleur au stade, et les architectes tentent de suivre cet exemple.

Point culminant

Les mâts du Millenium sont les points les plus élevés dans l'horizon de Cardiff. Ils mesurent 93 m. Le poids du toit est porté par plus de 4 700 fils de 15 mm de diamètre, qui ont une longueur totale de 240 km. Le toit escamotable pèse environ 800 tonnes. Le mécanisme coulissant qui assure son ouverture et sa fermeture fait 220 m de long et 15 de haut. L'ouverture prend 20 minutes ; 40 000 tonnes de béton, 12 000 tonnes d'acier de construction, 38 000 m^2 de revêtement de toit, 24 000 m^2 de revêtement de mur et 34 000 m^2 de parpaings ont été employés pour la construction du stade. Les 17 buvettes équipées sont capables de servir 12 pintes en 20 secondes.

Un peu de nostalgie

Le Millenium est construit sur le site d'un autre monument du rugby gallois, l'ancien stade de rugby, nommé « Arms Park ». Au XIXe siècle, Lord Bute offre un grand parc tout proche du château de Cardiff. Il est utilisé dans un premier temps par les joueurs de cricket. En 1876, le Cardiff Rugby Club est créé, et fera usage du terrain, finalement appelé l'« Arms Park de Cardiff ». Les Gallois veulent participer au nouveau tournoi britannique : il leur faut donc un autre stade, plus grand, plus moderne. Il y a de la place à cet endroit, aussi bâtissent-ils une enceinte distincte, toujours à l'intérieur du parc. Le nom officiel du nouveau stade est le « National Stadium », l'Arms Park restant le stade du club de Cardiff. Mais, dans le langage populaire, l'Arms Park désigne bel et bien le grand stade… Dans les années 1970, l'Arms Park subit quelques petites réfections. Ce qui permet à une nouvelle génération de s'y installer. Les John Dawes, Gareth Edwards, Barry John, Mervyn Davies,

Gerald Davies, JPR Williams ou Phil Bennett vont devenir des superstars du rugby, élevées au rythme des cœurs gallois. L'Arms Park vivra jusqu'en 1997. Il accompagnera les deux premiers succès français en Coupe d'Europe, ceux de Toulouse (1996) et de Brive (1997). Le dernier match officiel, en septembre 1997, sera la finale de la coupe galloise, remportée, comme un symbole, par Cardiff devant Swansea.

Tableau 17-6 : Les dates clés du Millenium

Date	*Événement*
1996	C'est officiel, l'Arms Park est détruit en vue de la Coupe du monde 1999. Il faut rebâtir un nouveau projet sur le même site.
Juin 1999	Galles bat l'Afrique du Sud pour son premier match dans sa nouvelle enceinte du Millenium. Le Gallois Mark Taylor inscrit le premier essai.
6 novembre 1999	Finale de la Coupe du monde : la France perd contre l'Australie.
2000	D'autres sports s'installent au Millenium, comme le cricket ou le rugby à XIII.
5 février 2000	La France, après deux défaites, s'impose pour la première fois au Millenium.
2001	Wembley en travaux, le Millenium accueille les finales de la FA Cup, de la League Cup, ainsi que le Community Shield.
Avril 2005	Le pays de Galles fête son premier grand chelem depuis 1978 dans l'antre du Millenium. L'ambiance est indescriptible.
Mai 2006	Biarritz s'incline en finale de la Coupe d'Europe face aux Irlandais du Munster.

Murrayfield (Édimbourg)

Le stade de Murrayfield compte environ 67 000 places. C'est l'enceinte dédiée au rugby à XV en Écosse. Avant de bâtir ce projet, les rugbymen écossais se contentaient de pratiquer sur des terrains de cricket.

Une première triomphale

Comme souvent en Écosse, c'est une histoire de gros sous qui va modifier le cours des choses. L'Écosse et l'Angleterre ont inauguré les rencontres internationales de rugby en 1871. Ces matchs se déroulent jusqu'en 1895 à Raeburn Place, un champ de cricket que les gérants louent au prix fort. C'est pourquoi la SFU (Scottish Football Union) se met en quête d'un nouvel endroit. Dans un premier temps, elle acquiert les terres d'Inverleith, à Édimbourg. Mais la guerre prive les joueurs de ce terrain, qui sert aux militaires de passage. Une fois la paix revenue, le site d'Inverleith, peu entretenu durant quatre ans, se révèle rapidement vétuste, et il faut songer à quitter les lieux. Ainsi, les dirigeants de la SFU négocient avec le club de polo de Murrayfield, situé lui aussi à Édimbourg, pour acheter 19 acres de terres. Nous sommes en 1921. Un stade est enfin érigé à Murrayfield. Il sera officiellement inauguré un jour ensoleillé de mars 1925. L'Angleterre est l'adversaire désigné. Comme au premier jour ! En jeu ? La victoire dans le Tournoi, et surtout le grand chelem pour l'Écosse… qui s'impose finalement 14-11.

Le premier chauffage au sol

En hiver, les conditions en Écosse sont difficiles pour la pratique du rugby. Aussi les dirigeants réfléchissent-ils rapidement à un système de chauffage de sol, afin de se débarrasser du gel et de pouvoir entretenir la pelouse. Beaucoup de solutions avaient été envisagées, comme poser une verrière ou stocker du foin à proximité du stade. Pour la SFU, le principal argument est d'abord financier. La première solution est très chère en matériaux ; la seconde nécessite une main-d'œuvre trop importante. La réponse vient finalement de l'étude des chauffages électriques, une énergie peu coûteuse à l'époque. En 1959, Murrayfield se dote de plaques chauffantes sous la pelouse. Ce système reviendra en tout et pour tout à moins de 10 000 livres à la fédération écossaise. Trente ans après, en 1991, les Écossais changent d'énergie et sont les premiers au monde à adopter un système au gaz.

Fleurs d'Écosse

Vous avez tous vibré un jour au son de la cornemuse entonnant le fameux « Flowers of Scotland ». Le kilt, les chaussettes en laine et les souliers rappellent que cet air n'est pas un hymne. Il s'agit en fait d'une chanson populaire des années 1970. Jusqu'en 1989, l'Écosse se contentait d'écouter sagement le « God Save the Queen », très anglais. En 1989, à l'occasion de la venue des Fidjiens à Murrayfield, la fanfare joue pour la première fois

« Flowers of Scotland », simplement pour distraire le public. La foule se lève et reprend cette chanson en chœur. Le pilier David Sole, fraîchement nommé capitaine de la sélection écossaise, constate alors que le public, qui hue régulièrement le « God Save the Queen », aime beaucoup cet air. L'année d'après, ultime rendez-vous du Tournoi, l'Écosse dispute comme en 1925 et en 1984 le grand chelem à domicile face à l'Angleterre. Le pilier, sans rien dire à la presse, prépare une surprise aux Anglais. Il entre seul, en marchant, sur la pelouse de Murrayfield. Ses partenaires le suivent doucement. Les Anglais ne comprennent pas, ils sont cueillis par la foule reprenant en chœur le « Flowers of Scotland ». Après la belle victoire des siens, David Sole impose à sa fédération la chanson comme hymne de l'équipe de rugby d'Écosse. Aussi joli soit-il, cet air relate la fameuse bataille de Bannockburn, quand, en juin 1314, Robert Bruce, futur roi d'Écosse, et les siens renvoyèrent l'armée d'Édouard II vers l'Angleterre.

Tableau 17-7 : Les dates clés de Murrayfield

Date	*Événement*
1921	Achat des terres du club de polo d'Édimbourg sur le site de Murrayfield.
Mars 1925	Premier match de l'Écosse à Murrayfield. Elle bat l'Angleterre et arrache son premier grand chelem.
1947	Le club de football Heart of Middlothian tente de louer Murrayfield. La SFU refuse dans un premier temps. Elle finira par céder. Le club occupe encore aujourd'hui le stade lors des grands rendez-vous.
1959	Installation du chauffage électrique sous la pelouse, une première mondiale.
Mars 1975	Murrayfield enregistre 104 000 spectateurs pour un match du Tournoi contre Galles. Pour des problèmes de sécurité, la SFU limitera le nombre d'entrées à 70 000.
1984	La France s'incline à Murrayfield, perdant aussi le grand chelem au profit de l'Écosse.
1990	Troisième grand chelem écossais, toujours au terme du match contre l'Angleterre. On entend pour la première fois le fameux « Flowers of Scotland ». Le public adopte la chanson.
1994	Restauration de Murrayfield, inauguré par la princesse Anne.
2005	Finale de la Coupe d'Europe à Murrayfield. Elle oppose pour la première fois deux clubs français, Paris et Toulouse.

L'Eden Park (Auckland)

Citadelles imprenables, comme l'Eden Park d'Auckland, ou jardins pour le rugby français, comme l'Ellis Park de Johannesburg, les stades du bout du monde sont un ingrédient indispensable du mythe du rugby. Aller batailler aussi loin renforce la notion de légende.

Everest du rugby, l'Eden Park d'Auckland fascine la planète entière au moment où les célèbres All Blacks entonnent le fameux haka. C'est, à l'autre bout du globe, le repaire des invincibles…

Entre cricket et rugby

Comme en Écosse, le cricket et le rugby sont étroitement liés en Nouvelle-Zélande depuis le début du siècle dernier. À l'époque, la Ville d'Auckland cède un terrain près du mont Eden, un volcan. Il sera rapidement aménagé par les joueurs, et, en 1910, c'est officiellement un stade de cricket. Mais les rugbymen d'Auckland et de la région n'hésitent pas à envahir le pré afin d'organiser des parties interminables. À l'issue de ces joutes, le sol est souvent inutilisable. Les joueurs de cricket reprennent les choses en main après un test-match contre l'Australie, en 1914 : si les rugbymen veulent jouer, il leur faudra louer l'installation. L'équipe de cricket pense ainsi décourager définitivement son encombrant voisin. Mais rien n'y fait. La New-Zealand Rugby Union (NZRU) accepte le « deal ». Ainsi, en 1921, l'Eden Park se partage officiellement entre le rugby et le cricket.

« Y'haka » danser

Les Italiens sont des privilégiés, mais peut-être ne le savent-ils pas ! En effet, lors de la première Coupe du monde de rugby, en 1987, la Nouvelle-Zélande affronte l'Italie pour le match d'ouverture. Événement au milieu du terrain de l'Eden Park : pour la première fois de leur histoire, les All Blacks entonnent le fameux haka sur leurs terres…

Pour rappel, le *haka*, littéralement la « danse », est un rite de la culture maorie qui exprime la joie, la colère et le désir de vengeance. Le « Te rauparaha haka », le plus connu, n'est dansé par les All Blacks que lors de leurs tournées à l'étranger, et cela dès la fin du XIXe siècle.

Personne ne s'attend à cette petite cérémonie. Les Italiens se taisent, baissent la tête… Ils encaisseront 70 points. Depuis cette date, le haka, appelé « Ka mate », est systématiquement repris lors de chaque rencontre. En 2005, à la surprise générale (une fois n'est pas coutume), les Blacks ont changé leur haka traditionnel par un autre chant plus guerrier encore, le « Kapa o pango ».

Premier test

En 1921, l'Eden Park organise un test international contre les Sud-Africains. Ceux-ci débarquent en Nouvelle-Zélande avec une certaine anxiété. Deux ans auparavant, les Blacks avaient fait forte impression au pays des Springboks. La tournée est laborieuse, les Boks perdent le premier test, à Dunedin. L'Eden Park sonne l'heure de la revanche pour les Boks. Le stade d'Auckland n'avait jamais eu l'occasion de voir jouer les Bocks, mais l'adversaire ne pouvait rivaliser : il s'agissait d'une faible sélection de Maoris et d'étudiants originaires de la région. Quarante mille personnes s'entassent dans les tribunes, presque au-delà du raisonnable. Pourtant dominés, les Sud-Africains s'imposent, à la surprise générale, 9-5. L'annonce fait l'effet d'une bombe dans le milieu du rugby international. En effet, les Blacks, en raison des distances, se sont plus souvent déplacés qu'ils n'ont reçu. Ils demeurent difficiles à battre un peu partout dans le monde. Pour la première à l'Eden Park, les All Blacks s'inclinent.

Pour la petite histoire, en 1928, les Springboks inaugurent à leur tour leur stade fétiche, l'Ellis Park de Johannesburg, en recevant... la Nouvelle-Zélande. Échange de bons procédés : les Blacks, orgueilleux, repartiront cette fois-ci vainqueurs !

Accord sur le fil

En 1987, lors de la première Coupe du monde, la société de marketing désignée pour « vendre » l'événement oublie purement et simplement de négocier les droits de retransmission avec les télévisions du monde. Une bourde terrible, car les télévisions ont décidé de reprendre le signal international, en vertu du droit à l'information. Nous sommes à une heure du coup d'envoi de la compétition. Les dirigeants de la « World Cup », fraîchement nommés, se réveillent, et débattent le prix dans le plus grand secret à l'intérieur d'un des vestiaires de l'Eden Park. Pendant que la Nouvelle-Zélande et l'Italie se préparent, un accord de dernière minute est conclu. Il restait une demi-heure avant le coup de sifflet de l'arbitre.

Des sacs de farine sur la tête

En 1981, l'Eden Park assoit définitivement sa légende. À l'occasion de la tournée sud-africaine, de nombreux Néo-Zélandais manifestent et refusent d'accueillir les Springboks, qui pratiquent la politique de l'apartheid. En effet, même en dehors de leurs frontières, ceux-ci ont du mal à admettre, par exemple, la présence de joueurs maoris. C'est pourquoi les All Blacks, privés de certains de leurs meilleurs éléments, vont régulièrement perdre sur les terrains de Pretoria ou de Durban. Les premiers matchs ne se déroulent pas très bien. Le deuxième test, à Lancaster Park, se déroule dans une ambiance tendue. Pourtant, la population n'a encore rien vu ! Lors du dernier test, à l'Eden Park, l'avant-match est marqué par des affrontements entre les Néo-Zélandais et 2 000 policiers. Le début de la rencontre vient à peine d'être sifflé qu'un avion fou piloté par un certain Marx Jones vient survoler l'Eden Park. Alors que le match continue, il passe une soixantaine de fois au-dessus du public et des joueurs médusés. Il vole à très basse altitude, venant parfois frôler les poteaux. Le pilote largue des prospectus anti-apartheid, puis des fumigènes, et même des sacs de farine sur la pelouse. Cette situation invraisemblable faillit tourner à la tragédie lorsque l'ailier des Blacks, Gary Knight, reçut un sac de farine... sur le crâne. Solide, il se relève et termine le match, qui comptera 11 minutes de temps additionnel. Les All Blacks s'imposent 25-22. L'aviateur fou écopera de six mois de prison, la Nouvelle-Zélande se souviendra longuement ces incidents.

Tableau 17-8 : Les dates clés de l'Eden Park

Date	*Événement*
1910	Les rugbymen néo-zélandais envahissent régulièrement le champ de cricket de l'Eden Park.
1921	L'Eden Park devient un stade de rugby et organise son premier test international. La Nouvelle-Zélande s'incline contre l'Afrique du Sud.
1950	Organisation des Jeux de l'empire britannique, l'ancêtre des Jeux du Commonwealth. Une piste d'athlétisme est aménagée.
1956	L'équipe de cricket (les Blacks Caps) met fin à 26 ans sans victoire en tests officiels.
1956	Record d'affluence avec 61 240 spectateurs venus voir les Blacks triompher des Springboks, alors invaincus.
1981	Un avion proteste contre la politique d'apartheid en larguant des bombes de farine sur la pelouse.
Juin 1987	Les All Blacks exécutent pour la première fois le fameux haka sur leur propre sol. Jusqu'à présent, il était effectué uniquement sur les terrains étrangers.
Juin 1987	La Nouvelle-Zélande remporte sa première, et pour l'instant sa seule Coupe du monde, en battant l'équipe de France à l'Eden Park.

L'Ellis Park (Johannesburg)

L'Ellis Park est un stade tout entier dévoué au rugby, en Afrique du Sud. Il fut construit en un temps record afin de recevoir les séduisants All Blacks.

Une course de vitesse

La South Africa Rugby Football Union (SARFU) existe depuis 1889. À l'instar des Britanniques ou des Néo-Zélandais, l'Afrique du Sud considère très tôt le rugby comme un sport majeur. Mais il manque un lieu pour y jouer. Les provinces se déplacent et s'amusent sur des champs à peine tracés. Pire, les officiels sont supplantés par les joueurs de cricket, comme en Nouvelle-Zélande ou en Écosse. Il faut vite trouver une solution, car les Britanniques, et surtout les Néo-Zélandais, souhaitent défier les Springboks sur leur sol. Une vieille carrière servant de dépôt d'ordures est désignée en 1927. Mais il faut encore batailler avec le conseil municipal de Johannesburg. Un des conseillers va accélérer la demande administrative, un certain M. Ellis. Il permet la signature d'un accord en octobre 1927. Le temps presse, les Blacks annoncent leur arrivée l'été suivant, et la suprématie mondiale est en jeu. Il faut à peine huit mois pour bâtir la nouvelle enceinte. Le deuxième test inaugure ce que l'on appelle désormais l'« Ellis Park ». Les Springboks, après avoir surclassé les Blacks (17-0 au premier test, au Cap), s'inclinent 7-6 dans leur jardin. Un camouflet ! Le troisième test sera d'une rare violence ; il aura lieu au Cap et les Boks s'imposeront dans la douleur.

Sous les yeux du monde

L'Afrique du Sud est sous le régime de l'apartheid. Les nations, en vertu des accords de Gleneagles (1977), d'Edmonton (1978) et de Brisbane (1982) ne veulent plus jouer en Afrique du Sud. Les relations sont rompues. Il n'y a plus de rencontre internationale à l'Ellis Park. L'isolement ne s'achèvera qu'avec la fin de la politique de ségrégation raciale proclamée par le président De Klerk, en 1992. Durant cette période sombre, l'Ellis Park partage sa pelouse avec les footballeurs. La frustration accumulée ne sera plus qu'un mauvais souvenir lorsqu'en 1994 les premières élections multiraciales désignent le leader de l'African National Congress (ANC), Nelson Mandela, comme premier président noir d'Afrique du Sud. Le Board n'hésite pas une seconde : l'Afrique du Sud accueillera la Coupe du monde 1995 ! La finale a lieu dans un Ellis Park chauffé à blanc. L'Afrique du Sud s'impose 15-12 après prolongation devant une magnifique équipe néo-zélandaise. Comme un symbole, Nelson Mandela remet la coupe du monde à François Pienaar avec le maillot des Boks sur le dos : un signe définitif de réunification.

L'Afrique du Sud prend son envol, à l'image du Boeing qui survole le stade avant le coup d'envoi : un cliché resté célèbre dans le monde entier. Sans doute ce succès a-t-il inspiré la FIFA, qui a choisi l'Afrique du Sud pour accueillir la Coupe du monde de foot en 2010. Ce fut le premier pays du continent africain. L'Ellis Park aura vécu une deuxième finale de Coupe du monde en 15 ans !

Tableau 17-9 : Les dates clés de l'Ellis Park

Date	*Événement*
1927	Construction du stade sur un terrain vague de Johannesburg. Le conseiller municipal Ellis débloque le dossier.
1928	Inauguration du stade, qui porte le nom d'Ellis. Les All Blacks s'imposent devant les Springboks, 7-6.
1938	Les Lions britanniques foulent pour la première fois la pelouse de l'Ellis Park. Ils sont étrillés 26-12.
1955	Foule record (121 000 personnes) pour voir les Lions britanniques.
1958	La France, devant 90 000 spectateurs, affronte les Springboks à l'Ellis Park pour la première fois. Le nul du premier test, au Cap (3-3), promet une sévère revanche ; les Bleus s'imposent contre toute attente 9-5.
1967	Deuxième match des tricolores à l'Ellis Park et deuxième victoire, 19-14.
1986	En avril, une partie des internationaux All Blacks se rend en Afrique du Sud, une tournée organisée sans l'aval des instances dirigeantes. Le pays, toujours sous apartheid, est boycotté par le reste du monde dans le domaine du sport. Le gouvernement néo-zélandais refuse de prendre ses responsabilités. Seuls le capitaine, David Kirk, et John Kirwan refusent de partir. En 1987, une grande partie de cette même équipe sera championne du monde après un dernier match à l'Ellis Park.
1992	Fin du boycott : les Boks retrouvent l'Ellis Park face aux Blacks, victoire 27-24.
1993	Nouvelle victoire des Bleus à l'Ellis Park, 18-17.

Tableau 17-9 : Les dates clés de l'Ellis Park (*suite*)

Date	*Événement*
1995	Finale de la troisième Coupe du monde, l'Afrique du Sud est championne du monde : Mandela remet le trophée à Pienaar.
2001	Pour la quatrième fois, la France s'impose à l'Ellis Park, 32-23, avec une équipe complètement rajeunie.
2004	L'Afrique du Sud obtient l'organisation de la Coupe du monde 2010 de football. La finale a lieu à l'Ellis Park.

Le Loftus-Versfeld (Pretoria)

Les amateurs connaissent bien son nom. Au cœur de Pretoria, le Loftus-Versfeld est un stade légendaire, et l'un des plus impressionnants d'Afrique du Sud.

Dans l'ombre de Johannesburg

Pretoria a toujours été sous la tutelle « rugbystique » de sa grande sœur, Johannesburg. Mais le rugby, qui existe depuis le début du XXe siècle, est le jeu le plus pratiqué par les jeunes Blancs sud-africains. Afin de leur donner satisfaction, plusieurs de ces terrains sont d'ailleurs semés de gazon dans les années 1920. C'est le cas de l'Eastern Sports Ground, l'un des principaux domaines de la ville, une surface réservée aux activités physiques et au sport, aménagée dès 1906 dans les quartiers aisés de la périphérie. Il est exclusivement affecté à la pratique du rugby. En 1923, le conseil municipal de Pretoria fait construire une tribune de béton sur un côté de ce terrain. Quelque 2 000 spectateurs accourent pour voir évoluer les équipes du rugby amateur local, en particulier les équipes scolaires et universitaires de la ville. L'édifice, inauguré en 1924, porte le nom officiel d'Eastern Sports Ground. Après le passage des fameux All Blacks, l'année suivante, la recette du match permet d'envisager des améliorations, et il est modernisé. En 1932, Robert Owen Loftus Versfeld, l'ancien joueur et fondateur de la Sub-Union (organisation qui gère le rugby à Pretoria) à l'origine du sport de compétition à Pretoria assiste à une rencontre dans les tribunes. Peu après la pause, il décède d'une crise cardiaque en plein match, dans les gradins. Le stade est rebaptisé pour lui rendre hommage, et devient le Loftus-Versfeld.

Une arène impressionnante

Le stade est profondément rénové à la suite de la période faste que vit l'équipe du Northen Transvaal dans les années 1970. En 1972, le deuxième étage est positionné au-dessus de la tribune à Eastern Pavilion. Deux ans plus tard, le virage sud-est sera agrandi. Puis la tribune principale à l'ouest, la Main Pavilion, est entièrement réédifiée en 1978. Enfin, le stade se ferme définitivement avec le virage nord, en 1984. En 1988, le Northern Transvaal remporte sa 12e Currie Cup et enchaîne sur une autre, partagée avec Western Province, en 1989. Un an plus tard, une défaite vient mettre fin à cette belle série. Le Natal gagne au Loftus (12-18). Cette période correspond aux exploits du légendaire ouvreur Naas Botha. La Coupe du monde de 1995 arrive à point nommé pour rafraîchir l'édifice. Ainsi, avec une capacité qui frôle les 50 000 places, Loftus-Versfeld est l'une des arènes les plus impressionnantes du pays.

Plusieurs rencontres de la Coupe du monde 1995 se déroulent au Loftus. En premier lieu, la France y bat les Tonga (38-10), le 26 mai. Les Bleus joueront aussi l'Écosse dans un match épique (22-19), le 3 juin. Pour terminer, le Loftus-Versfeld accueillera la « petite finale » pour la 3e place. La France affronte donc l'Angleterre, à Pretoria, le 17 juin, et monte sur la 3e marche du podium grâce à sa victoire 19-9.

Tableau 17-10 : Les dates clés du Loftus-Versfeld

Date	***Événement***
1906	Des joueurs blancs pratiquent le rugby sur un terrain aménagé dans les quartiers chics.
1923	Première tribune en béton de 2 000 places.
1924	Le stade est officiellement inauguré sous le nom d'« Eastern Sports Ground ».
1925	Grâce à la recette générée lors du match contre les All Blacks, le stade est nettement amélioré, avec la construction de vestiaires et de sanitaires.
1932	Le fondateur de la Sub-Union meurt d'une crise cardiaque en assistant à un match de rugby. Robert Owen Loftus Versfeld laisse son nom au stade.
1938	L'équipe du Northern Transvaal s'installe durablement au Loftus.
16 juillet 1958	La France joue pour la première fois à Pretoria contre une sélection du Northern et Western Transvaal : défaite 19-18.

Tableau 17-10 : Les dates clés du Loftus-Versfeld (*suite*)

Date	*Événement*
5 août 1967	Nouvelle défaite pour les Bleus contre le Northern Transvaal, 19-5.
1975	Premier test officiel et première défaite pour le XV de France au Loftus, 33-15.
1995	La France décroche la 3e place du mondial en battant l'Angleterre 19-9.

Chapitre 21

Dix trophées de légende

Dans ce chapitre :

- Les trophées légendaires
- Les trophées plus récents

En rugby, il ne faut pas confondre le trophée avec la compétition, cela n'a rien à voir ! Une compétition se partage, il y a plusieurs concurrents, plusieurs vainqueurs possibles, des éliminations… Un trophée se dispute uniquement entre deux nations. C'est la marque tangible d'une victoire, destinée à attester et surtout à commémorer le succès. Une sorte de trace dans l'histoire, au cas où les souvenirs feraient défaut. Depuis la fin du XIXe siècle, les hommes se sont lancé des défis, à travers leurs équipes préférées, sur des terrains de rugby. Des rencontres à l'autre bout du monde entre l'Angleterre et l'Australie, entre l'Écosse et la Nouvelle-Zélande ou l'Afrique du Sud ont généré ces fameux trophées. Ils portent le nom d'un ancien glorieux, d'un lord, d'une ville, d'un stade, d'un animal ou même d'un chef d'État. Il y en a pour tous les goûts et, surtout, il y en a un presque à chaque test-match !

Parmi les plus célèbres, la Bledisloe Cup, disputée à l'occasion de chaque Nouvelle-Zélande – Australie, ou la Calcutta Cup, entre l'Écosse et l'Angleterre. Mais il y en a bien d'autres, pour certains même abandonnés, puis réapparus… Certains ont été créés de toutes pièces, comme la Mandela Plate, en hommage au chef d'État sud-africain, ou la Gallaher Cup, soulignant la bravoure du capitaine des Blacks de la tournée 1905. Mais ces trophées ont tous un point commun : ils sont remis en jeu perpétuellement. Comme pour prolonger le temps.

La Calcutta Cup

Certaines récompenses sont récentes, d'autres datent du XIXe siècle. Le premier trophée mis en jeu connu est la fameuse Calcutta Cup. Écossais et Anglais se l'arrachent lors de chaque rencontre du Tournoi, et ce depuis plus de 100 ans. En 2006, l'Écosse a battu l'Angleterre, ramenant le trophée pour la première fois depuis 2000.

Calcutta est une grande métropole indienne, comme chacun sait ! Et la Calcutta Cup trouve bien son origine au Moyen-Orient. En 1872, un match de rugby oppose dans cette ville une équipe de joueurs anglais à des jeunes originaires du pays de Galles, d'Écosse et d'Irlande. Ces nouveaux pratiquants du ballon ovale souhaitent fonder un club de rugby dans la région et ce match sert de catalyseur à leur initiative : le Calcutta Football Club est créé, en janvier 1873. Le club prospère la première année. Cependant, quand l'adhésion est rendue payante, le nombre de membres diminue comme peau de chagrin. Ainsi, les adhérents décident de se séparer. Mais, désirant perpétuer le nom de leur club, ils retirent les fonds de la banque et les font fondre pour former une coupe qu'ils remettent à la RFU, en 1878. Une seule consigne : la remettre en jeu de façon annuelle.

La RFU accepte le trophée, mais refuse de le mettre en jeu sur une compétition annuelle. Cela pourrait détériorer selon elle l'esprit et l'idéal de l'amateurisme. Les dirigeants décident donc qu'elle sera remise au vainqueur d'un match annuel entre l'Angleterre et l'Écosse, comme pour rendre hommage à ces pratiquants de la première heure à Calcutta. Le lauréat conservera le trophée durant un an. La première Calcutta Cup est organisée à Raeburn Place, à Édimbourg, le 10 mars 1879, et se solde par un nul. L'année suivante, l'Angleterre inscrit son nom pour la première fois sur le socle en bois de la Calcutta Cup, en s'imposant à Manchester face à l'Écosse. Depuis, chaque année, à l'occasion du Tournoi, la Calcutta est mise en jeu. En 2011, 118 rencontres ont déjà été jouées. On ne connaît pas avec exactitude le palmarès, car sur la coupe, où figurent le nom du vainqueur et celui des deux capitaines, une anomalie reste. Bien qu'elle fût disputée pour la première fois en 1879, la liste des vainqueurs remonte au premier face-à-face international de 1871 !

Un temps, il fut question d'ajouter un second match entre les deux nations. Celui-ci aurait eu lieu sur le terrain de l'équipe s'étant déplacée durant le tournoi. Ainsi, pour gagner la Calcutta, il aurait fallu remporter les deux matchs. L'idée fut abandonnée après de fortes contestations.

LÉGENDE

Boire ou shooter, avec la Calcutta Cup, il faut choisir

Le trophée fut au cœur d'un scandale qui choqua les institutions, en 1988. L'Angleterre s'impose à Murrayfield dans le Tournoi et rafle du même coup la Calcutta Cup. Le banquet est sobre et chacun félicite son adversaire dans un climat très gentleman. La troisième mi-temps peut commencer. Au milieu de la nuit, alors que la Cup est généralement à l'abri des regards, l'Écossais John Jeffrey et l'Anglais Dean Richards entament une partie de foot avec la Calcutta dans Princes Street, à Édimbourg. Ivres, ils endommagent le couvercle, surmonté d'un éléphant, ainsi que les anses, qui représentent des cobras royaux. Originaire de l'artisanat indien, haute de 45 cm environ, la coupe a une grande valeur marchande. Les dirigeants sont furieux contre les fautifs. Ils écopent tous les deux de sanctions : Jeffrey est suspendu pour six mois par la SRU alors que Richards, lui, prend un match de suspension avec l'équipe d'Angleterre.

La Bledisloe Cup

La Bledisloe Cup est mise en jeu tous les ans entre les Wallabies et les All Blacks. Ce trophée, qui existe depuis 1931, porte le nom d'un gouverneur de Nouvelle-Zélande, Lord Bledisloe.

ATTENTION !

Arrivé en 1930 en Nouvelle-Zélande, ce citoyen britannique voulait donner une certaine indépendance à la colonie de la mère patrie. Il manifestait un grand esprit d'ouverture et les Néo-Zélandais l'appréciaient beaucoup. Son plaisir était d'assister à des rencontres de rugby. Le pays avait une bonne équipe et il trouva normal de la récompenser lorsque celle-ci venait à s'imposer. Aussi décida-t-il d'offrir un trophée aux vainqueurs de la partie entre l'Australie et la Nouvelle-Zélande. Il ne le savait pas, mais très vite son nom fut adopté : la Bledisloe Cup fut ainsi créée.

LÉGENDE

La première victoire donne lieu à une polémique entretenue encore aujourd'hui. Les All Blacks estiment que leur premier succès date de 1931, lors du test qu'ils remportèrent à Auckland 20 à 13, alors que l'Australie, elle, préfère se souvenir de la tournée néo-zélandaise sur son sol en 1932. Polémique vaine, car dans les deux cas, les Néo-Zélandais enlevèrent le match… Il est vrai qu'au palmarès cela fait une ligne de moins.

Dans un premier temps, il s'agissait d'un seul test, ensuite d'une série de trois tests, puis de deux seulement. Une règle incongrue mais toujours appliquée : sur deux affrontements, si les équipes remportent chacune une victoire, la Bledisloe est attribuée au tenant du titre ! Ainsi, sur leurs cinq victoires remportées entre 1998 et 2002, les Australiens en doivent trois (1999, 2000, et 2002) à une série de deux matchs nuls, et donc au fait de l'avoir gagnée l'année précédente… et donc, un peu, à la chance ! Aujourd'hui, la Bledisloe Cup est disputée lors des rencontres du Tri Nations.

Jusqu'en 1981, elle a été disputée d'une manière très irrégulière. Au cours des excursions entre les deux pays, la Nouvelle-Zélande l'a remportée 19 fois et l'Australie 4 fois seulement durant la période. À partir de 1982, léger rééquilibrage : les Australiens remportent 4 victoires pendant que les Néo-Zélandais en alignent 12. Puis, changement de décor en 1998. Le trophée, auparavant disputé sur 3 tests, est désormais inclus dans le Tri Nations. Les Australiens se refont une santé, privant les Blacks de la coupe pendant 5 ans ! Les Blacks veulent revenir à l'ancienne formule avec une revanche et une belle… C'est en partie pour cela que le Tri Nations compte désormais 3 tests entre chaque équipe. Les All Blacks détiennent le trophée depuis 3 ans.

La Bledisloe Cup a disparu

Après la guerre, la Bledisloe Cup perd un peu de son intérêt entre les deux nations. La Nouvelle-Zélande y est pour beaucoup, qui s'amuse de l'Australie, la ridiculisant régulièrement lors des tournées. En effet, les hommes à la fougère remportent la coupe tous les ans de 1951 à 1978. En conséquence, ils ne prennent même plus la peine de présenter la coupe au stade lors des rencontres. Un jour, les Australiens s'en offusquent : ils veulent jouer avec le trophée visible. Émoi dans le camp black : mais où est donc passée la Bledisloe Cup ? Mystère ! Elle n'est pas à Auckland comme les années précédentes, et les dirigeants ne sont pas capables de se souvenir quand elle a été aperçue pour la dernière fois… En fait, elle est enfermée dans un placard, à Wellington, depuis un test disputé en 1952. Elle sera retrouvée par hasard lors d'un déménagement. Les Australiens la reconquièrent seulement en 1979, en gagnant le seul test organisé cette année-là.

La Cook Cup

Comme si la Bledisloe et la Calcutta avaient provoqué la jalousie des autres nations, les trophées en tout genre se sont multipliés ces dernières années. Autant pour se souvenir du passé que pour instaurer de nouveaux défis et de nouveaux enjeux entre les équipes. Désormais, on a droit à une petite cérémonie à la fin des rencontres ou des séries. Le capitaine est salué comme il se doit par les dirigeants et les adversaires. Revue de détail de ces trophées qui n'ont pas encore atteint la notoriété de leurs aînés.

Les Wallabies n'ont pas souvent affronté les Anglais. C'est une des anomalies du calendrier international. En un siècle de rugby, les deux équipes ne se sont rencontrées que dix fois ! Si la fréquence des rencontres est un peu plus élevée dans les années 1980 (6 matchs en 10 ans), les dirigeants se sont quand même mis d'accord pour multiplier les rendez-vous. En 1997, l'entente est scellée : les deux nations s'affronteront au moins une fois tous les deux ans. Une coupe sera remise aux vainqueurs : la Cook Cup, du nom du légendaire navigateur anglais qui posa les pieds en *terra australis incognita*, une terre inconnue du Sud qui prendra plus tard le nom d'Australie.

Les trois premières éditions reviennent à l'Australie. Les règles ne sont pas spécialement bien définies, mais on choisit de remettre la Cup à l'issue de deux rencontres. Toujours est-il que, depuis 1997, chaque année ont lieu deux tests entre les protagonistes, ceux-ci venant se greffer sur la Coupe du monde mais sans interférer : les résultats des deux compétitions sont indépendants. En raison du calendrier surchargé, néanmoins, les Anglais proposent un autre format après la Coupe du monde 1999 et en prévision du voyage des Lions britanniques en 2001 : ils proposent de disputer la Cook Cup sur un seul match, organisé à Twickenham qui plus est ! Ainsi, le XV de la rose remporte le trophée quatre fois de suite entre 2000 et 2003. Heureusement que le fair-play a été inventé par les Anglais eux-mêmes ! Il est vrai qu'en 2003 l'Angleterre surclassait la planète ovale… L'Australie fut battue par l'Angleterre une deuxième fois cette année-là : en novembre, lors de la finale du mondial. Depuis 2004, les deux équipes se partagent la Cup à tour de rôle. L'Angleterre a emporté les deux dernières éditions.

Le jour de la déroute

Si l'on doit retenir une rencontre entre les deux nations, ce ne sera pas la finale de la Coupe du monde de 2003, magnifique, aboutie, et consacrant Jonny Wilkinson comme le meilleur joueur actuel. Il vaut mieux chercher cinq ans en arrière, lorsque l'Australie infligea un retentissant 76-0 à l'Angleterre, qui n'avait jamais connu semblable humiliation. Le sélectionneur, Clive Woodward, avait choisi de partir avec un effectif jeune, sans expérience, afin de laisser quelques guerriers au repos. Il ne s'attendait sans doute pas à vivre un tel calvaire au Lang Park de Brisbane. Le capitaine wallaby, John Eales, mena son équipe de main de maître, pour inscrire finalement 11 essais. Woodward, loin d'être abattu, déclara : « Cette défaite me desservira peut-être, mais elle servira les joueurs. » Dans cette équipe, il y avait de jeunes débutants, comme le pilier Phil Vickery, le deuxième ligne Danny Greecock ou encore l'ouvreur, un certain… Jonny Wilkinson. Ils deviendront champions du monde cinq ans plus tard, sous la houlette du même Woodward.

La Mandela Plate

La Mandela Plate est mise en jeu tous les deux ans, depuis 2000, entre l'Afrique du Sud et l'Australie. Le plateau est généralement attribué lors du match retour du Tri Nations.

Il s'agit d'un des trophées les plus récents de l'histoire du rugby. Il est baptisé du nom du président de l'Afrique du Sud, Nelson Mandela. Ne pouvant être présent lors de la première, en 2000, à Melbourne, le chef d'État africain s'adresse à la foule en direct par l'intermédiaire d'un écran géant. Le toit est fermé et le discours écouté religieusement. Et cependant, l'Australie s'impose largement. En 2002, l'Afrique du Sud prend sa revanche. La troisième édition est reportée de 2004 à 2005. Deux tests supplémentaires sont alors inscrits au programme. L'Afrique du Sud s'incline à Perth, mais gagne à Johannesburg… La Plate reste ainsi dans les vitrines de la fédération sud-africaine. Mais désormais, ces deux nations se rencontreront à trois reprises, comme pour la Bledisloe Cup, le meilleur des trois manches se voyant attribuer l'assiette. La récompense ? Un joli plat argenté décoré d'un wallaby et d'un springbok, les emblèmes des deux pays, forgés en or 24 carats. L'Australie détient le plateau à l'issue d'une victoire époustouflante (39-41) en 2010 à Bloemfontein.

Happy birthday, Nelson

Lors de l'été 2005, l'Afrique du Sud reçoit l'Australie à l'Ellis Park de Johannesburg dans le cadre de la Mandela Plate. Les Boks ont perdu la première manche 15 jours plus tôt. Ils se doivent de remporter le plateau, car c'est un jour particulier : c'est l'anniversaire de Nelson Mandela. Il a prévu d'assister à la rencontre malgré une santé plus que fragile. Les équipes entrent sur la pelouse au moment où Mandela apparaît dans le stade. Jusqu'au dernier moment, on croyait que l'ancien chef d'État avait annulé sa venue. Alors que le capitaine, Victor Matfield, s'apprête à présenter ses camarades, le public se lève et entonne un formidable « Happy Birthday » qui dure une éternité. Le capitaine de l'équipe d'Australie, George Gregan, applaudit et vient saluer l'ancien prisonnier politique. François Pienaar, le capitaine champion du monde, est également sur la pelouse. Finalement, les 70 000 spectateurs demandent un tour d'honneur à Nelson Mandela, et le match débute avec 25 minutes de retard ! L'Afrique du Sud, qui dans ces conditions ne pouvait se permettre de perdre, s'impose 33-20. On sent que les joueurs et le public communient lors de la remise de la Plate par Mandela.

Le Puma Trophy

Une nouvelle fois, l'Australie met en jeu un trophée, qu'elle partage cette fois-ci avec l'Argentine. C'est d'ailleurs la seule coupe que dispute le pays d'Amérique du Sud face aux autres nations majeures. Ce challenge a été inauguré en 1979 avec une courte victoire des Wallabies lors du deuxième match d'une série. Dommage pour les Pumas, car ils avaient remporté le premier test, mais la récompense ne valait que sur le second ! Le Puma Trophy ne sera effectivement en jeu que sur la deuxième rencontre jusqu'en 1997. Les Argentins remportent cette année-là les deux tests et leur deuxième Puma en bronze, après un premier succès en 1987. Les deux derniers ont été attribués aux Wallabies, en 2000 et 2002. Depuis cette date les deux nations ne se sont pas rencontrées. Ce sera le cas en 2011.

La Gallaher Cup

La Gallaher Cup est mise en jeu entre la France et la Nouvelle-Zélande. Il s'agit d'une coupe à la mémoire du légendaire capitaine des All Blacks de la tournée de 1905 en Grande-Bretagne et en France (voir chapitre 13). Il est attribué à la fin du premier test lorsque les deux équipes s'affrontent pendant une tournée. Il rappelle par la même occasion le soutien fourni par les soldats néo-zélandais lors de la Grande Guerre. Dave Gallaher est mort au combat, et sa tombe se trouve à la frontière belge. Les All Blacks viennent régulièrement s'y recueillir lorsqu'ils débarquent dans l'hémisphère nord. Jusqu'à présent, la Gallaher Cup a été mise en jeu à cinq reprises… et la France ne l'a jamais remportée. Elle arracha bien un nul en 2002, mais la Nouvelle-Zélande étant tenante du titre, elle le conserva.

L'Antim Cup

Ce trophée, disputé entre la Roumanie et la Géorgie, échappe aux équipes majeures du rugby. Il rend hommage à Antim Iverianul, un ecclésiastique orthodoxe né en Géorgie, qui se rapprocha de la Roumanie après de longs voyages philosophiques. Il connaissait de nombreuses langues et contribua à évangéliser l'Église orthodoxe au XVIIe siècle. En 1992, Antim a été canonisé par l'Église orthodoxe roumaine. Ainsi naquit l'idée de faire exister un trophée entre ces deux nations de l'Est. L'Antim Cup est remise en jeu lors de chaque test entre les deux pays, sauf lors de la Coupe du monde ou des matchs éliminatoires de celle-ci. La première édition, en 2002, fut remportée par la Roumanie. La Géorgie arracha l'année suivante la coupe, moulée sur les bases de la Calcutta Cup, avec deux anses en forme de félins sculptées en bronze. La Georgie est tenante du titre.

Tom-Richard Trophy

Le trophée Tom-Richard a été spécialement créé pour la visite des Lions britanniques et irlandais en Australie en 2001. Les Lions sont une équipe composée des meilleurs joueurs d'Angleterre, d'Écosse, du pays de Galles et d'Irlande, qui effectue tous les quatre ans une tournée chez une des grandes nations de l'hémisphère sud. Comme les Lions sont spécifiquement conçus pour ces tournées dans le Sud, les quelques matchs qu'ils sont amenés à jouer contre d'autres sélections ne comptent pas pour des capes entières : l'équipe prend alors le nom de « British Isles XV » (contre la France, par exemple, voire contre les Barbarians). La première rencontre, en 2001, s'est soldée par un succès des Australiens sur les Lions. Le trophée est désormais en jeu chaque fois que la sélection des îles Britanniques se rend aux antipodes.

Tom Richards est le seul Wallaby à avoir également joué un jour pour les Lions. Cette coupe en cristal reproduit le visage de ce joueur parti conquérir la patrie mère, en 1908, avec les Wallabies. Après un test au pays de Galles, l'Australie affronte l'Angleterre en janvier 1909. Tom Richard, passant son temps entre les deux pays, est sélectionné avec les Lions pour la tournée de 1910 en Afrique du Sud. De retour chez lui, il repart avec l'équipe d'Australie vivre une nouvelle tournée au Canada et aux États-Unis. Mais il n'en a pas terminé avec les voyages, puisqu'en 1915 il participe à la campagne de Gallipoli, beaucoup moins ludique… Pour son dévouement à la France, il reçoit la croix militaire.

La Hopetoun Cup

La Hopetoun Cup, créée en 1998, est un trophée important qui se dispute lors des tests entre l'Australie et l'Écosse. Elle représente un véritable lien entre deux nations où il n'est pas question de rivalité. Elle est baptisée du nom d'Earl Hopetoun, un Écossais, qui, en tant que gouverneur général de l'Australie (comme Lord Bledisloe pour la Nouvelle-Zélande), a contribué au développement du rugby en Australie. Il participa même à la création de la fédération australienne, en 1901… Et pourtant, l'Écosse n'a encore jamais remporté la Hopetoun Cup. Comme bon nombre de trophées, cette coupe en cristal a été confectionnée par la Royal Doulton, à Londres.

Le trophée des bicentenaires

Les années 1988 et 1989 sont importantes dans l'histoire de la France et de l'Australie puisqu'elles correspondent à des dates anniversaires : les deux pays fêtent, chacun son tour, un bicentenaire. Pour l'Australie, il s'agit de la création de la nation (1788) et, pour nous, bien évidement, de la Révolution française (1789). Les deux États décident donc de s'associer pour ne pas oublier. Ainsi a été imaginé le trophée des bicentenaires.

La première récompense revient à l'Australie à l'occasion de sa venue en France à l'automne 1989. Les Wallabies remportent la coupe grâce au nombre de points inscrits : ils gagnent le premier test 32-15, avant de perdre le suivant 25-19. Telle est désormais la règle : en cas d'égalité au niveau des victoires, les points feront la différence. Il faut attendre 2001 pour que la France s'empare du trophée. Cette année, exceptionnellement, la France et l'Australie ont disputé un seul test, ce qui arrangeait un peu les affaires des Bleus. La France a ramené par la suite deux autres coupes, en 2004 et en 2005.

Depuis, le trophée est australien, notamment après la cuisante défaite infligée au stade de France en novembre 2010.

Septième partie

Annexes

Dans cette partie...

Vous vous familiariserez avec le « parler rugby », le jargon du milieu, ce qui vous aidera à comprendre les subtilités d'expression des commentateurs. Vous trouverez également toutes les coordonnées des principaux clubs, associations, fédérations et syndicats auxquels vous pouvez avoir envie d'écrire, sinon d'adhérer. Vous aurez enfin l'occasion de parfaire votre science du rugby grâce à des bouquins passionnants sur les stars du terrain et le monde ovale. Le rugby n'aura alors définitivement plus de secret pour vous !

Annexe A

Glossaire

En ovalie, comme dans toutes les terres riches en traditions, on parle une langue un peu à part. Pittoresque et imagé, ce dialecte est l'apanage des joueurs, des supporters et des journalistes, qui l'utilisent abondamment. Ne prenant en compte que les termes du « jargon » propres au langage rugbystique ou des termes courants ayant, dans ce cadre particulier, un sens bien spécifique, cette liste vous permettra toutefois de lier langue avec les indigènes de ce pays attachant.

5 mètres : couloir de 5 mètres de large le long des lignes de touche.

5 mètres : lignes pointillées à 5 mètres des lignes de but, limite en deçà desquelles ne peuvent être pratiquées touches et mêlées.

10 mètres : zone de 10 mètres de part et d'autre de la ligne médiane, signalée par une ligne blanche.

10 mètres : lors d'une pénalité, distance de recul que doivent respecter les joueurs de l'équipe pénalisée (dans le cas où la pénalité n'est pas tentée ni bottée en touche, mais jouée « à la main »). Les arbitres emploient parfois l'expression « à 10 mètres ! » pour indiquer à l'équipe sanctionnée qu'elle doit reculer et ne pas empêcher les joueurs adverses de jouer dans la zone de 10 mètres au-delà du point de pénalité.

15 mètres (ligne des) : ligne signalée par des pointillés située à 15 mètres de la ligne de touche, limite arrière de l'alignement lors des remises en jeu de touche. C'est aussi sur cette ligne que s'effectuent pénalités, coups francs et mêlées sanctionnant les fautes de remise en jeu de touche.

22 mètres : zone de 22 mètres de profondeur dans le champ de jeu située entre la ligne de but, les lignes de touche et la ligne des 22 mètres.

89 : combinaison où le troisième ligne centre (numéro 8) sort le ballon de la mêlée pour le transmettre à son demi de mêlée (numéro 9).

Ailier : joueur situé à l'extrémité de la ligne de trois-quarts, soit à gauche (ailier gauche, numéro 11), soit à droite (ailier droit, numéro 14).

Alignement : désigne l'ensemble des joueurs des deux équipes lors d'une touche.

All Blacks : surnom de l'équipe de Nouvelle-Zélande de rugby à XV.

Alternance : tactique visant à varier le jeu en « alternant » le jeu au pied et le jeu à la main.

Annonce : phrase ou mot-clé, si possible incompréhensible pour l'adversaire, prononcé(e) par un joueur de l'équipe attaquante pour lancer un enchaînement répété à l'entraînement. Les annonces se font en général avant la reprise du jeu : avant une touche (on « annonce » l'endroit où le ballon va être lancé) ou avant une mêlée (on indique, par exemple, un départ à gauche, à droite, un coup de pied à suivre ou une 89 [voir aussi « combinaison », « lancement de jeu »]).

Arbitrage vidéo : au plus haut niveau, un arbitre peut faire appel à un arbitrage vidéo lorsqu'il a un doute sur une action de jeu qui a conduit à un essai potentiel. Un quatrième arbitre (en plus de l'arbitre de champ et des deux arbitres de touche) observe l'action au ralenti sur écran vidéo et communique sa conclusion à l'arbitre principal (de champ). L'arbitrage vidéo est pratiqué pendant les matchs internationaux et pendant certains matchs de championnat qui sont retransmis à la télévision.

Arbitre d'en-but : arbitre placé dans l'en-but chargé exclusivement de vérifier la validité des essais dans le championnat de France professionnel (Top 14), depuis l'automne 2004. Synonyme : « juge d'en-but ».

Arrêt buffet : plaquage puissant qui stoppe net l'adversaire.

Arrêt de volée (ou marque) : action qui consiste à réceptionner le ballon lorsqu'il a été tapé au pied par l'adversaire. Cette action est possible uniquement dans ses propres 22 mètres (ou dans son en-but, ce qui est rare, mais possible) et donne lieu ensuite à un coup franc. Étant dans ses 22 mètres, le réceptionneur peut taper directement en touche, mais la possession de la balle reviendra alors à l'équipe adverse.

Arrière : dernier rempart avant la ligne d'en-but, ce joueur reste souvent en retrait pour réceptionner les ballons frappés au pied par l'équipe adverse, mais il peut apporter sa contribution à l'offensive de son équipe en amenant le surnombre : on dit alors qu'il « s'intercale ». Il porte traditionnellement le numéro 15.

Arrières : désigne les sept joueurs chargés de l'attaque (numéros 9 à 15), par opposition aux avants.

Ascenseur : action qui consiste à soulever son partenaire et à le maintenir en l'air pendant la touche pour lui faciliter la prise du ballon. Il s'effectue avec un ou deux « liftiers ».

Attaque classique : action offensive par les trois-quarts, qui se transmettent le ballon de main en main de manière à déplacer le jeu rapidement vers une des ailes et tenter ainsi de déborder l'adversaire.

Avantage : cette règle est appliquée par l'arbitre, qui a le droit de laisser une action se dérouler, même si une faute de l'adversaire a été commise, si l'action est favorable à l'équipe qui n'a pas fait de faute. Elle a pour but de donner une plus grande continuité au jeu en diminuant le nombre d'arrêts pour infraction. Si la continuation du jeu ne donne pas un avantage suffisant à l'équipe attaquante, alors l'arbitre peut décider de revenir au point de départ de l'action et siffle la faute de l'adversaire. Contrairement à ce qui se passe au football, l'avantage peut durer assez longtemps au rugby.

Avants : désigne les huit joueurs chargés de la conquête du ballon, par opposition aux arrières.

Axe profond (progresser dans l') : progresser en priorité suivant un axe parallèle aux lignes de touche. L'intention est d'aller le plus rapidement possible vers l'en-but adverse.

Baa-baas : surnom donné aux joueurs Barbarians.

Bajadita : technique de poussée en mêlée inventée en Argentine.

Ballon mort : le ballon est dit « mort » quand il quitte l'aire de jeu ou quand l'arbitre interrompt le jeu courant.

Ballon vivant : le ballon est dit « vivant » quand il est en jeu sur l'aire de jeu et tant que l'arbitre n'interrompt pas le jeu courant.

Banc : par métonymie, désigne les remplaçants assis au bord du terrain.

Banda : petit orchestre chargé de mettre de l'ambiance dans les stades.

Barbarians : sélection internationale de joueurs prestigieux appelés sur invitation, dans laquelle le beau jeu et l'état d'esprit priment sur le résultat.

Bechigue : terme occitan désignant le ballon (par déformation de « vessie », matériau des premiers ballons).

Bille en tête : aller au contact avec la tête en avant pour impressionner l'adversaire.

Biscouette : petite passe peu académique ou originale.

Black Ferns : surnom de l'équipe de Nouvelle-Zélande de rugby à XV féminin.

Blacks : nom courant des All Blacks, le XV néo-zélandais.

Bleus (les) : surnom donné aux joueurs de l'équipe de France de rugby à XV.

Board : nom souvent utilisé pour désigner l'International Rugby Board (IRB), instance dirigeante du rugby mondial, créée en 1886 et siégeant à Dublin.

Boîte à gifles (la) : ouverte pour régler quelques comptes, sans avoir recours à des coups violents qui conduiraient à une expulsion par l'arbitre ; sert surtout d'avertissement et indique à l'adversaire qu'il y a des limites à ne pas dépasser.

Boks : abréviation de « Springboks », et surnom donné aux joueurs sud-africains lors de leur première tournée en Angleterre, au début du XXe siècle, en référence à une antilope du bush.

Botter : taper dans le ballon au pied.

Botteur : tout joueur qui tape dans le ballon avec le pied.

Bouchon : gros plaquage sur un adversaire.

Bouclier de Brennus : trophée remis au vainqueur du championnat de France, constitué d'un bouclier doré encastré sur un panneau de bois. Il a été créé par le sculpteur Charles Brennus.

Bouclier d'entraînement/de percussion : objet en mousse muni de lanières, permettant de travailler les percussions à l'entraînement tout en se protégeant.

Bras cassé : autre appellation du coup franc, qui fait référence au geste de l'arbitre pour l'indiquer.

But : toute action dans laquelle le ballon passe entre les poteaux à la suite d'un coup de pied (pénalité, transformation, drop-goal).

Buteur : joueur spécialisé, chargé de l'exécution des coups de pied au but (pénalités et transformations).

Cad' déb' : abréviation de « cadrage débordement ». Action qui consiste à « déborder » un adversaire au moyen d'un crochet après l'avoir préalablement « fixé » ou « cadré ».

Cannes (les) : les jambes. Un joueur qui a des cannes est un joueur rapide.

Canucks : surnom de l'équipe du Canada.

Cape : sélection en équipe nationale ; être « capé ».

Cavaliers : nom donné aux joueurs néo-zélandais partis en tournée en Afrique du Sud en 1986, malgré le boycott du pays en raison de l'apartheid.

Caramel : plaquage violent ou spectaculaire. Voir « bouchon ».

Cartons : un carton jaune est montré par l'arbitre à un joueur pour l'exclure du match pendant dix minutes. Un carton rouge indique que le joueur est expulsé définitivement du match, pour faute grave.

Casse-pipe (envoyer au) : faire une passe à un partenaire alors qu'il ne pourra pas éviter le plaquage (parfois appuyé) de l'adversaire (en anglais : *hospital pass*, c'est-à-dire « passe pour envoyer un partenaire à l'hôpital »).

Casser le jeu : on dit qu'une équipe « casse le jeu » lorsqu'elle tente par différents moyens d'interrompre le cours du jeu ; un arbitre aussi peut casser le jeu en sifflant des pénalités au lieu de laisser une action se dérouler pour voir si l'équipe non fautive peut en tirer avantage.

Cathédrale : désignation familière d'un plaquage spectaculaire dans lequel le plaqué est retourné, en l'air, à la verticale. Ce type de plaquage est interdit depuis 2006 (risque de traumatisme cervical) et passible de sanction envers le plaqueur.

Centre : voir « trois-quarts centre ».

Champagne (pratiquer un rugby) : qui favorise l'attaque par les trois-quarts, plutôt que le jeu par les avants.

Chandelle (ou *up and under*) : coup de pied consistant à envoyer le ballon très haut à la verticale (*up*) de façon à pouvoir se trouver en dessous (*under*) au moment de la réception.

Charge : action consistant à aller directement au contact de l'adversaire, sans chercher à l'éviter, ballon en main.

Charnière : désigne la paire de demis évoluant entre les avants et les arrières pour coordonner leur action.

Chef de gare : arbitre sifflant sans arrêt et n'appliquant pas la règle de l'avantage.

Chistera : passe effectuée dans le dos, en jetant le bras vers l'arrière, généralement par un demi de mêlée. Le terme est utilisé par analogie avec une variante du jeu de pelote basque dont la balle est lancée avec un geste similaire.

Cinq-huitièmes : terme utilisé surtout par les Anglo-Saxons pour désigner un joueur qui tient un rôle hybride entre demi d'ouverture et trois-quarts centre, en référence au poste de cinq-huitièmes du rugby à XIII. Dans l'hémisphère sud, et surtout en Australie, où le XIII est roi, le XV s'inspire beaucoup du XIII et de ses méthodes, notamment dans les lancements de jeu après un *ruck*, d'où la référence.

Coaching : pratique qui consiste à utiliser les remplaçants de manière stratégique.

Cocotte : synonyme de « maul ».

Coller un timbre : plaquer un adversaire sévèrement. Synonyme d'« arrêt buffet », de « tampon » ou de « caramel ».

Combat : terme désignant les efforts consentis pour s'emparer du ballon ou pour le conserver. Synonymes : « affrontement », « conquête ».

Combinaison : enchaînement d'actions précises répété à l'entraînement et annoncé pendant le match en fonction des circonstances. Certaines combinaisons portent des noms qui les rendent faciles à retenir pour les joueurs (la Berbize, la Marshall, etc.) (voir « annonce » et « lancement de jeu »).

Conquête : voir « combat ».

Côté ouvert (ou **grand côté**) **:** après un point de fixation (mêlée, regroupement etc.), désigne le côté le plus large par rapport aux lignes de touche.

Côté fermé (ou **petit côté**) **:** après un point de fixation (mêlée, regroupement etc.), désigne le côté le plus étroit par rapport aux lignes de touche.

Couloir : intervalle qui sépare les deux lignes de joueurs lors d'une remise en jeu à la touche.

Coup d'envoi (donner le) : action qui marque le début d'un match ou le redémarrage de celui-ci après la mi-temps.

Coup de pied à suivre : coup de pied en direction de la ligne de but adverse effectué de manière à ce qu'un partenaire (ou le joueur lui-même) puisse récupérer le ballon.

Coup de pied franc ou **coup franc :** sanction ordonnée par l'arbitre après certaines actions de gravité « moyenne » (ex. : trop de joueurs en touche…). Contrairement à la pénalité, il ne permet pas de tenter un tir au but direct. Il peut être joué avec n'importe quel type de coup de pied, ou être remplacé par une mêlée, sur demande de l'équipe bénéficiaire. Le coup de pied doit être joué sur ou derrière la marque, sur une ligne passant par cette marque. Le botteur n'a pas le droit de feindre un coup de pied franc. Dès qu'il amorce son mouvement pour botter, l'adversaire peut charger. Les joueurs de l'équipe adverse doivent se replier en direction de leur propre ligne de but et se placer au moins à 10 m de la marque du coup de pied franc ou atteindre leur propre ligne de but, si celle-ci est plus proche de la marque. Également appelé « bras cassé ». Le coup de pied de renvoi sur arrêt de volée ressemble au coup franc, avec la nuance que c'est l'auteur du marque qui doit exécuter le renvoi.

Coup de pied placé : tentative de pénalité ou de transformation où le buteur « place » le ballon au sol. Synonyme : « tir au but ».

Coup de pied de recentrage : coup de pied donné dans le ballon par un joueur proche de la ligne de touche (c'est souvent l'ailier) afin de le ramener vers le milieu du champ de jeu pour prolonger l'action.

Coup de pied de renvoi : remise en jeu du ballon effectuée au centre du terrain après des points marqués par l'adversaire, ou dans ses propres 22 mètres après un touché en but.

Coup de pied tombé : voir « drop ».

Cravate : action consistant à attraper un joueur par la gorge passible d'une sanction allant de la pénalité à l'exclusion.

Crochet : brusque changement d'appuis effectué dans la course, destiné à « effacer » son opposant direct.

Croisée : voir « passe croisée ».

Crunch (le) : dans le cadre du Tournoi des VI Nations, c'est le match Angleterre – France qui est pour ces deux nations le match le plus important.

Cuillère (faire une) : faire perdre l'équilibre à un adversaire en pleine course en tapant légèrement l'une des chevilles pour que celle-ci vienne se placer derrière l'autre provoquant ainsi un croc-en-jambe. Cela n'est autorisé qu'à haut niveau (seniors pros) et peut être sanctionné en match international.

Cuillère de bois : trophée symbolique remis virtuellement au pays qui a perdu tous ses matchs dans le Tournoi des V, puis des VI Nations.

Cuir (ou gonfle) : le ballon. On dit couramment « faire vivre », ou « faire chanter le cuir ».

Décalage : situation que créent les joueurs quand leur ligne se trouve en nombre supérieur par rapport à celle de la défense.

Déblayage : action consistant à écarter en le poussant un adversaire qui gêne la sortie du ballon dans un regroupement. Synonyme : « nettoyage ».

Dégagement/dégager/se dégager : action consistant en général à taper le ballon au pied depuis son camp vers l'avant ou vers la touche sous la pression de l'adversaire.

Demis : désigne le demi de mêlée (numéro 9) et le demi d'ouverture (numéro 10), chargés d'orienter le jeu.

Demi de mêlée : joueur portant traditionnellement le numéro 9, chargé de mettre le ballon en jeu dans une mêlée.

Demi d'ouverture : joueur portant traditionnellement le numéro 10, chargé notamment de l'orientation du jeu de son équipe et de faire la liaison avec les trois-quarts. Il est en général doté d'un bon coup de pied. Synonyme : « ouvreur ».

Déployé (jeu) : phase de jeu où les joueurs sont disposés sur la largeur du terrain et jouent dans l'axe latéral pour contourner l'adversaire.

Deuxième ligne : joueurs portant traditionnellement les numéros 4 et 5. Ils sont en deuxième ligne dans une mêlée ordonnée et sont chargés :

- avec les premières lignes, de pousser en mêlée et d'obtenir un avantage sur toutes les phases de regroupement;
- avec les troisièmes lignes, de capter les ballons en touche.

Dribbling : anglicisme désignant une action par laquelle un joueur pousse le ballon avec le pied.

Drop, ou **drop-goal :** de l'anglais *dropped goal*, « but tombé ». Action dans laquelle le ballon est lâché des mains et frappé du pied juste après son rebond au sol. Ce type de coup de pied sert pour certaines remises en jeu (renvoi aux 22 mètres, par exemple), mais aussi à marquer des points si le ballon passe entre les poteaux (sur pénalité, transformation, mais aussi en cours de jeu : on dit alors que l'on « passe un drop »). Cette action vaut 3 points si elle est réussie.

Eagles : surnom de l'équipe des États-Unis de rugby à XV.

Écran : obstruction effectuée par un joueur qui passe devant un de ses coéquipiers porteur du ballon et empêche ainsi l'adversaire de le plaquer.

Écroulé : se dit de toute phase debout qui se termine au sol. Voir « mêlée écroulée ».

Effondré : synonyme d'« écroulé ».

En-avant (faire un) : se produit lorsque le joueur attaquant laisse tomber ou passe le ballon en direction de la ligne de but adverse, et non en arrière, comme la règle le stipule.

En-but : zone située derrière les poteaux de chaque équipe, délimitée par quatre lignes continues formant un rectangle, où l'on marque l'essai.

Éponge magique : éponge utilisée par le soigneur d'une équipe et qui doit être magique pour remettre sur pied certains joueurs. Ce terme est spécifique au rugby.

Essai : action consistant pour un attaquant à aplatir le ballon dans l'en-but adverse. À l'origine (et jusqu'en 1887), le fait de porter le ballon au-delà de la ligne de but adverse ne valait aucun point, mais permettait d'« essayer » de faire passer le ballon au pied entre les poteaux pour marquer un but, et ainsi de transformer l'essai. L'essai vaut aujourd'hui 5 points.

Essai de pénalité : essai accordé par l'arbitre à l'équipe attaquante s'il estime que l'équipe qui défend dans ses 22 mètres a commis une faute grave, le plus souvent en faisant de l'antijeu empêchant l'équipe attaquante de marquer un essai, ou après une série de fautes volontaires.

Étayage/étayer : action consistant à venir se caler debout contre un ou plusieurs adversaires lors d'un *ruck* ou d'une mêlée ouverte pour l'empêcher de récupérer le ballon au sol par sa poussée, et permettre au demi de mêlée de sortir le ballon du regroupement dans de bonnes conditions. Le joueur « étaie » le regroupement en se comportant comme un madrier dans une construction.

Fighting spirit : vertu morale, basée sur le courage et l'abnégation, attribuée aux joueurs irlandais.

Fixer (un adversaire) : action par un joueur portant la balle qui incite le plaquage par un adversaire afin de libérer un espace pour un partenaire à qui le joueur va transmettre le ballon.

Flanker : mot anglais employé pour désigner les joueurs évoluant au poste de troisième ligne aile, sur les « flancs » de la mêlée.

« Flexion. Touchez. Stop. Entrez ! » : ordres donnés par l'arbitre pour faire effectuer une mêlée.

Fondamentaux : terme (toujours au pluriel) qui désigne les phases statiques (mêlée fermée et touche). Il faut respecter les fondamentaux pour espérer gagner un match.

Fourchette : mauvais geste consistant dans les regroupements à neutraliser son adversaire en lui enfonçant deux doigts tendus dans les yeux.

Franchir/franchissement ([de] la ligne) : action offensive consistant à passer à travers la ligne de défense, qui se concrétise par un gain de terrain.

French flair : sens du jeu, basé sur l'improvisation et l'intelligence collective, baptisé ainsi en référence aux lignes arrières du XV de France ; variante : le jeu « à la française ».

Full house : littéralement « maison pleine », cette expression anglaise désigne la performance consistant pour un joueur à inscrire au cours d'une même rencontre au moins un essai, un drop-goal, une pénalité et une transformation, soit les quatre manières de marquer des points.

Grand chelem : désigne l'exploit, pour une nation, de gagner tous ses matchs lors du Tournoi. Par extension, désigne aussi les séries de matchs gagnés dans leur intégralité lors des test-matchs et des tournées, comme le grand chelem de l'Australie dans les îles Britanniques en 1984.

Gratter (un ballon) : action consistant à récupérer le ballon de manière licite dans un regroupement ou un *ruck*.

Gratteur (de ballon) : joueur spécialisé dans la récupération des ballons dans les regroupements et les *rucks* (exemple : Serge Betsen).

Gros (les) : terme familier qui désigne les avants.

Groupé pénétrant : maul efficace qui avance de manière substantielle.

Haka : danse rituelle du peuple maori interprétée par les All Blacks avant le début de chacune de leurs rencontres.

Herbage (mettre un joueur à l') : laisser un joueur au repos pour quelques matchs.

Home Unions : désigne les quatre nations britanniques (Angleterre, Irlande, Écosse, pays de Galles) à l'origine de l'International Rugby Board.

Hors-jeu : un joueur est hors-jeu s'il se trouve soit devant un coéquipier qui porte le ballon, soit devant un coéquipier qui a joué en dernier le ballon. L'arbitre est fondé à sanctionner le joueur se trouvant dans cette position si elle gêne l'adversaire.

Impact player : se dit d'un joueur que l'on fait entrer en cours de jeu, et dont la tonicité et la fraîcheur physique l'avantagent par rapport aux adversaires. Ce terme emprunté à l'anglais apparaît avec la pratique du coaching.

Intercaler (s') : fait pour un joueur de venir se placer dans la ligne d'attaque à un emplacement que son poste naturel ne prévoit pas mais que l'action nécessite. On le dit le plus souvent de l'ailier côté fermé qui se place auprès des centres, ou de l'arrière qui se place dans l'attaque entre le deuxième centre et l'ailier grand côté.

Intervalle : espace situé entre deux joueurs. Toutes les équipes cherchent à « jouer dans les intervalles » pour gagner du terrain.

Introduction/introduire : action effectuée par le demi de mêlée, consistant à envoyer le ballon à l'intérieur d'une mêlée ordonnée entre les deux premières lignes.

Jaunards : surnom donné aux joueurs de l'ASM Clermont Auvergne, en référence à la couleur jaune de leurs maillots.

Jeu courant : se dit lorsque le ballon est en jeu entre les phases de regroupement. S'oppose au regroupement et aux phases statiques.

Jeu de ligne : ensemble des actions offensives menées par les joueurs alignés qui se passent le ballon. S'oppose au jeu d'avants.

JIFF (joueurs issus des filières de formation) : règlement entrant en vigueur lors de la saison 2010-2011 du Top 14, qui a pour but de donner plus de place aux joueurs formés en France. Chaque club doit ainsi compter dans son effectif 40 % de joueurs JIFF. Pour être considéré comme un joueur JIFF, il faut avoir passé soit cinq saisons comme licencié à la Fédération française de rugby avant l'âge de 21 ans, soit trois saisons au sein d'un centre de formation entre 16 et 21 ans.

Joug : appareil permettant de travailler la mêlée.

Juge de touche : officiel de match qui suit le déroulement du jeu depuis l'extérieur du terrain et d'où il signale l'endroit où le ballon sort en touche. Il peut aussi se placer derrière les poteaux pour vérifier si le ballon passe entre les poteaux lors des tentatives de pénalité et les transformations d'essai. À haut niveau, il a aussi une responsabilité d'assistance à l'arbitre principal, d'abord en matière de jeu dur, puis pour lui signaler d'éventuelles fautes de jeu que celui-ci n'aurait pas pu détecter en raison de sa position sur le terrain.

Lancement (de jeu) : possibilité d'attaque, en général répétée à l'entraînement, offerte à une équipe qui récupère le ballon à la suite d'une phase statique (voir aussi « annonce » et « combinaison »).

Lancer : remise en jeu du ballon lors d'une touche. Longtemps effectués par les ailiers ou par les demis de mêlées, les lancers sont désormais l'apanage des talonneurs.

Large (jouer au/jeu au) : fait d'envoyer le ballon loin des regroupements vers les joueurs placés en position de trois-quarts. Indique en général une prise de risque. Contraire de jouer/jeu « au près », « au ras » et de « petit périmètre ».

Lelos : surnom de l'équipe de Géorgie.

Libération de la balle : mise à disposition du ballon pour ses coéquipiers, par exemple après un maul ou un *ruck*.

Lier (se)/liaison : fait de s'accrocher par les bras et les mains à un coéquipier où à un adversaire dans certaines phases (mêlée ouverte, mêlée fermée et maul).

Lions : sélection des meilleurs joueurs britanniques.

Loups : surnom de l'équipe de rugby à XV du Portugal.

Manu Samoa : surnom de l'équipe nationale des Samoa.

Marque (le) : peut être accordé par l'arbitre lorsqu'un défenseur réceptionne parfaitement dans ses 22 mètres ou dans l'en-but un ballon aérien (excepté sur remise en jeu au centre, mais possible sur pénalité) avant rebond et avant que le ballon ne touche un autre joueur et crie « Marque ! ». L'arbitre accorde alors à ce joueur une remise en jeu au pied. Si ce joueur ne peut le taper, il accorde à la place une mêlée à son équipe.

Marqueur : se dit d'un joueur qui marque des points. Les joueurs les plus susceptibles d'être marqueurs sont les buteurs, ainsi que les trois-quarts. Une tendance consiste à « honorer » les marqueurs par des palmarès du type « meilleur marqueur ». C'est oublier qu'un marqueur ne peut l'être que si son équipe lui en donne l'occasion.

Maul (en français, « malmener ») **:** regroupement où le ballon est porté.

Mêlée : employé seul, ce terme désigne la mêlée fermée.

Mêlée à 5 (mètres) : une mêlée est ordonnée sur la ligne pointillée des 5 mètres, avec introduction du ballon par l'adversaire, lorsqu'un joueur « aplatit » (fait un touché en but) dans son propre en-but, alors que sa propre équipe (souvent ce joueur lui-même) est responsable de l'entrée du ballon dans l'en-but.

Mêlée écroulée/effondrée : se dit d'une mêlée qui s'effondre après que les piliers et le talonneur ont été forcés de tomber sur place. C'est aussi une faute qui peut être sanctionnée si elle est volontaire et destinée à freiner la progression adverse.

Mêlée fermée : synonyme de « mêlée ordonnée ».

Mêlée ordonnée : action de jeu pendant laquelle les huit avants d'une même équipe se lient et affrontent les huit avants de l'équipe adverse à la poussée dans le but de conquérir le ballon qui est remis en jeu par le demi de mêlée dans le couloir les séparant. Synonyme : « mêlée fermée ».

Mêlée ouverte : voir *ruck*.

Mêlée relevée : lorsque les premières lignes se sont engagées dans la mêlée fermée, il arrive que l'une d'entre elles ou les deux ne puisse rester en position allongée et se remette debout sous la pression. La mêlée est alors dite « relevée », ce qui est théoriquement interdit. L'arbitre peut choisir de la faire refaire ou de sanctionner l'une des deux équipes s'il considère qu'elle s'est volontairement relevée pour éviter de subir la pression adverse.

Mêlée simulée : si une équipe n'est plus en mesure d'aligner trois joueurs de métier en première ligne, plusieurs titulaires ou remplaçants étant blessés, les mêlées sont effectuées mais non disputées, ce qui signifie qu'il n'y a plus de poussée en mêlée. Généralement, l'équipe qui introduit le ballon le récupère facilement.

Mêlée spontanée : voir *ruck*.

Mêlée tournée : terme utilisé lorsqu'une mêlée « tourne » de plus de 90 degrés par rapport à son axe de départ.

Montrer le Canigou : expression catalane désignant un plaquage cathédrale (voir « cathédrale »).

Nettoyage : action qui consiste à dégager de force les adversaires afin de libérer le ballon d'un regroupement. Moyen utilisé pour enlever des adversaires en position irrégulière et qui gênent le déroulement d'une action. Pour que la continuation d'une action soit bien engagée, il est important de transmettre le ballon dans de bonnes conditions, un ballon propre, d'où le nettoyage nécessaire au préalable. Synonyme : « déblayage ».

Ordres : mots prononcés par l'arbitre à l'occasion des mêlées fermées (voir « Flexion. Touchez. Stop. Entrez ! »).

Ouvreur : synonyme de « demi d'ouverture ».

Ouvrir : on dit d'un joueur qu'il « ouvre » quand il passe le ballon vers l'extérieur d'un regroupement au lieu de rester auprès de celui-ci. En général, on ouvre vers les trois-quarts.

Ovalie : le monde du rugby à XV.

Pack : désigne le « paquet » des avants.

Pagelles : terme familier désignant les poteaux.

Passage à vide : obstruction effectuée par un joueur qui passe sans le ballon (donc « à vide ») devant un de ses partenaires, porteur du ballon, et qui gêne ainsi l'intervention des défenseurs. Sanctionnable d'une pénalité. Voir « écran ».

Passe croisée : action de jeu où un joueur transmet le ballon à un partenaire qui arrive en sens opposé pour prendre la défense à revers. Faite généralement par les trois-quarts.

Passe redoublée : action consistant pour un joueur à passer le ballon à un coéquipier qui le lui rend presque immédiatement.

Passe sautée : passe qui n'est pas faite au coéquipier le plus proche, mais à celui qui se trouve plus loin. Si l'on évite deux coéquipiers, on parle de (passe) « double sautée ».

Passe vissée : passe vive et puissante par laquelle on imprime une rotation au ballon pour le faire accélérer.

Passer les bras/passage de bras : action consistant à passer le ballon à un coéquipier malgré le plaquage d'un adversaire en « passant les bras » derrière le corps de celui-ci (en général au-dessus des bras du plaqueur), et qui permet de faire se poursuivre l'action.

Passer par la porte : sur une phase plaqueur-plaqué, ou *ruck*, le joueur qui défend, et qui tente de récupérer le ballon, doit passer par la porte, à savoir dans l'axe du regroupement, et non sur le côté, sous peine d'être sanctionné d'une pénalité.

Peel-off : action effectuée par un joueur quittant l'alignement en touche pour récupérer le ballon tapé à la main par un de ses coéquipiers au cours de la touche.

Pénalité : en cas de faute d'un joueur, l'arbitre siffle une pénalité au bénéfice de l'équipe adverse, qui récupère le ballon. L'équipe qui bénéficie de la faute a alors le choix entre taper en touche (voir « pénaltouche »), demander une mêlée, ou jouer la faute « à la main » (comme pour un bras cassé ou en faisant simplement une passe). Ce terme désigne aussi le coup de pied placé ou tombé du joueur qui tente d'expédier le ballon entre les poteaux adverses. Réussi, il vaut 3 points.

Pénaltouche : pénalité tapée en touche aux abords de la ligne adverse. L'avantage de la possession reste à l'équipe qui a botté en touche. C'est un choix tactique destiné à permettre à l'équipe d'inscrire un essai et donc de marquer 5 points (voire sept avec la transformation à suivre), au lieu des 3 que rapporterait une tentative de but réussie.

Perches : terme familier désignant les poteaux.

Petit périmètre : zone située aux abords des regroupements. Contraire de « large ».

Petit par-dessus : coup de pied tactique de faible longueur et de faible hauteur destiné à faire passer le ballon au-dessus d'un défenseur. Ce dernier ne peut pas effectuer un plaquage et se retrouve piégé.

Phase de conquête : toute phase de jeu dans laquelle les joueurs des deux équipes sont au contact pour tenter de s'emparer du ballon ou de le conserver. Les principales sont la mêlée, la touche et les regroupements.

Phase statique : toute action faisant suite à un arrêt de jeu signifié par l'arbitre ou résultant de la sortie du ballon hors du champ de jeu. Les principales phases statiques sont la mêlée ordonnée et la touche.

Pick and go (en français : « ramasser et avancer ») **:** anglicisme décrivant l'action qui consiste à ramasser le ballon dans un regroupement et à repartir droit devant soi.

Pile : abréviation de « pilier » ; « jouer à la pile ».

Pilier : joueur de première ligne, il porte le numéro 1 ou 3 et est principalement chargé de pousser en mêlée et de soutenir ses coéquipiers en touche.

Planchot : terme occitan pour désigner le tableau d'affichage.

Planchot (prendre le) : passer devant au score.

Plaquage : action qui consiste à amener un adversaire au sol en l'attrapant avec les bras. Le joueur plaqué est ainsi tenu.

Plaquage en cathédrale : plaquage dangereux consistant à faire décoller l'adversaire et à le projeter au sol en appuyant de toutes ses forces. Voir « cathédrale ».

Plaquage soleil : plaquage dangereux où le plaqueur fait passer les pieds du plaqué par-dessus tête, augmentant les risques lors de la chute au sol. Répréhensible et sanctionné d'une pénalité, voire d'un carton jaune ou rouge selon la sévérité de l'action.

Plaquage haut : le plaquage haut est un plaquage exécuté en saisissant l'adversaire au-dessus des épaules. C'est un geste qui peut être considéré par l'arbitre comme du jeu dangereux, et sanctionné par une pénalité, voire en outre par un carton jaune ou rouge.

Plaquage à retardement : plaquage exécuté sur un joueur alors qu'il n'est plus en possession du ballon et qui peut être considéré comme du jeu dangereux et être sanctionné d'une pénalité. Toutefois, le plaquage est considéré comme régulier si l'arbitre estime qu'il a été réalisé « dans le mouvement » sans intention de nuire.

Plongeon/plonger : action d'un joueur qui ne reste pas sur ses appuis et se jette sur d'autres joueurs au sol.

Points : le décompte des points est compliqué par les différentes possibilités de marquer. Depuis 1992, l'essai vaut 5 points, la transformation de l'essai 2 points, la pénalité 3 points et le drop 3 points.

Poteaux (de but) : ensemble de trois barres, deux verticales, une horizontale, formant un « H », disposé au centre des lignes de but. En faisant passer le ballon dans la partie supérieure du H, on peut marquer 2 points (transformation) ou 3 points (pénalité, drop-goal).

Poussée/pousser : action qui consiste à tenter d'avancer en étant au contact de l'adversaire dans les phases de mêlée fermée et de maul.

Poussée/pousser en travers : action répréhensible consistant pour un pilier à pousser vers l'intérieur de la mêlée fermée au lieu de respecter un axe de poussée parallèle à l'axe de la mêlée.

Pré (ou champ) : le terrain, tout simplement.

Première ligne : désigne les joueurs qui portent les numéros 1 à 3, ils constituent la première ligne d'une équipe lors d'une mêlée ordonnée. On distingue les piliers droit et gauche qui encadrent le talonneur.

Près (jouer au/jeu au) : fait de maintenir le jeu autour des regroupements. On parle aussi de jeu dans le « petit périmètre ».

Pumas : le XV argentin.

Quille (monter une) : synonyme de « chandelle ».

Raffut : action qui consiste à repousser un adversaire avec la main, l'autre main tenant le ballon.

Ras : voir « près ».

Regroupement : le regroupement est formé par trois joueurs ou plus au sol ou debout, qui cherchent à avancer en se liant pour garder ou récupérer le ballon. Les joueurs qui se trouvent au sol n'ont plus le droit de le disputer et doivent sortir de la « zone de conquête » où le ballon est disputé. C'est d'après le regroupement que se détermine la ligne de hors-jeu, ligne fictive perpendiculaire à la ligne de touche qui passe par le dernier pied du joueur engagé, dans un camp comme dans l'autre.

Renvoi aux 22 mètres : coup de pied tombé donné par l'équipe défendant dans son camp derrière la ligne des 22 mètres (25 yards anglais) pour remettre le ballon en jeu, une fois que celui-ci est sorti en ballon mort ou après un touché en but.

Rideau : désigne les lignes de défense; on distingue un « premier », un « deuxième » et un « troisième » rideaux défensifs.

Roulotte : action dangereuse qui consiste à passer sous un adversaire en train de sauter pour le déséquilibrer.

Ruck (ou mêlée ouverte) : regroupement où le ballon est au sol.

Rucking : action consistant à talonner avec les pieds de l'avant vers l'arrière le ballon ou un joueur adverse gênant la sortie du ballon. Elle est autorisée si elle a bien pour objectif de faire vivre le ballon. Voir *stamping*.

Sac de plaquage : matériel en mousse de forme cylindrique servant à répéter les plaquages à l'entraînement.

Saignement : lorsqu'un joueur a une blessure ouverte et saigne, il doit sortir de l'aire de jeu et être remplacé. Il a la possibilité de rentrer en jeu après avoir été soigné, le remplacement est dit « temporaire ».

Saucisson : passe de mauvaise qualité (passe de maçon).

Sauteur : joueur auquel on lance le ballon lors d'une touche. C'est le rôle des deuxième et troisième lignes.

Seven : rugby à VII.

Soule (ou **choulle) :** sport pratiqué au Moyen Âge, considéré comme l'ancêtre du rugby.

Springboks : surnom de l'équipe d'Afrique du Sud de rugby à XV.

Stamping (de l'anglais *stamp* : « taper du pied ») **:** action répréhensible consistant à frapper du pied de haut en bas un joueur adverse au sol. À ne pas confondre avec le *rucking*.

Talon : abréviation de talonneur ; jouer « au talon ».

Talonnage/talonner : action effectuée par le talonneur lors d'une mêlée ordonnée, par laquelle il ramène le ballon vers son camp avec le talon.

Talonnage à la main : action répréhensible par laquelle un joueur au sol dans un regroupement ramène le ballon avec la main vers son camp.

Talonneur : joueur de première ligne portant le numéro 2, placé entre les deux piliers en mêlée fermée, et chargé de talonner le ballon lors de cette phase de jeu.

Tampon : gros plaquage. Voir « bouchon », « caramel ».

Tee : objet permettant de poser le ballon pour tenter les coups de pied placés (pénalité, transformation, coup d'envoi). Il a presque définitivement remplacé le petit monticule de sable ou le trou creusé dans le sol.

Temps de jeu : durée s'écoulant entre deux regroupements dans le jeu courant. Le fait d'« enchaîner les temps de jeu » indique une certaine maîtrise de la part d'une équipe.

Tenu : se dit d'un joueur plaqué et mis au sol, et qui doit immédiatement lâcher le ballon sous peine d'être sanctionné d'une pénalité, tant qu'il ne s'est pas remis debout.

Test-match (ou test) : affrontement entre deux sélections nationales en dehors de toute compétition (Coupe du monde, VI Nations, Tri Nations). De fait, la plupart des test-matchs sont les points culminants d'une équipe en tournée.

Tir au but : voir « coup de pied placé ».

Torpédo : technique consistant, pour un buteur, à positionner le ballon presque à l'horizontale sur le tee avant de le frapper.

Tortue : synonyme de « maul ». Ce fut à l'origine un surnom donné au début des années 1990 aux avants du CA Bègles (la « tortue béglaise »), qui étaient passés maîtres dans l'art d'avancer debout en formation serrée (maul déroulant).

Touche : remise en jeu par un lanceur positionné sur la ligne de touche. Il envoie le ballon en hauteur au milieu de deux lignes parallèles composées chacune d'un minimum de deux joueurs de chaque équipe.

Touché en but : action consistant pour un joueur à exercer une pression sur le ballon de haut en bas dans son propre en-but avec toute partie du corps située entre le cou et la ceinture. Il est suivi d'un renvoi aux 22 mètres, d'une mêlée à cinq ou d'une mêlée à l'endroit du coup de pied, selon l'équipe responsable de l'entrée du ballon dans l'en-but et selon que le coup de pied amenant le ballon dans l'en-but a été donné dans une phase statique (coup de pied de renvoi) ou dans le jeu courant.

Toss : tirage au sort entre l'arbitre et les capitaines effectué avant la rencontre pour déterminer le choix du terrain ou du coup d'envoi.

Touché : variante du rugby proscrivant le plaquage, souvent pratiqué lors des séances d'entraînement.

Tournoi : appellation familière du Tournoi des VI Nations.

Transformation : consiste à faire passer le ballon entre les poteaux et au-dessus de la barre transversale au moyen d'un coup de pied, après avoir marqué un essai ; « transformer » un essai.

Transformation du jeu/transformer le jeu : action consistant à envoyer rapidement le ballon à l'opposé de l'endroit où il se trouve, au pied ou à la main, afin de déstabiliser la défense adverse.

Triple couronne : durant le Tournoi des VI Nations, série de trois victoires d'une équipe britannique sur les trois autres équipes britanniques.

Troisième ligne : joueurs portant traditionnellement les numéros 6 à 8, ils sont en troisième ligne dans une mêlée ordonnée. On distingue le troisième ligne centre (numéro 8) qui est encadré par les troisièmes lignes aile ou *flankers* (numéros 6 et 7). Les *flankers* ont une fonction principale de coureur ou de plaqueur, il faut tout de même posséder ces deux qualités pour occuper ce poste.

Troisième mi-temps : terme spécifique au rugby qui désigne les réjouissances d'après-match.

Trois-quarts : désigne l'ensemble des joueurs des lignes arrière (traditionnellement numéros 11 à 14), à l'exception de l'arrière lui-même (traditionnellement numéro 15).

Trois-quarts centre : nom donné aux deux joueurs placés au milieu de la ligne des trois-quarts et portant traditionnellement les numéros 12 et 13. Abrégé en « centre ».

Turnover : anglicisme désignant soit un ballon rendu involontairement à l'équipe adverse dans le jeu (de l'anglais *to turn the ball over to the other team* : « rendre le ballon à l'adversaire ») ; soit la gestion de l'effectif par l'entraîneur, qui remplace régulièrement certains joueurs d'un match sur l'autre afin de les préserver (de l'anglais *turnover* : « renouvellement », « rotation »).

Up and under (en français : « en haut et dessous ») **:** voir « chandelle ».

Verrouilleur : joueur placé le plus loin du bord du terrain dans l'alignement lors d'une touche. Il appartient à l'équipe qui effectue le lancer.

Wallabies : le XV australien.

Annexe B

Carnet d'adresses

Les organisations nationales

Fédération française de rugby (FFR)

La Fédération française de rugby, fondée en 1919 et reconnue d'utilité publique, a pour objet d'encourager et de développer la pratique du jeu de rugby, de diriger et de réglementer le rugby et d'en défendre les intérêts. Elle possède 266 690 licenciés, répartis dans 1 701 clubs. Elle réunit tous les ans une assemblée générale et est animée par un comité directeur. Celui-ci approuve les objectifs, les plans d'action, les politiques, les budgets, les structures de chaque secteur de la FFR, et ce, au début de chaque saison sportive. Il contrôle la mise en œuvre de ces prévisions, en faisant rectifier leur application si nécessaire. Il dresse ensuite un bilan de réalisation des actions et du budget. Il veille également à la stricte application des règles du jeu et des règlements fédéraux.

FFR
9, rue de Liège
75431 Paris Cedex 09
Tél. : 01 53 21 15 15
Fax : 01 45 26 19 19
Site internet : www.ffr.fr

Président : Pierre Camou
Secrétaire général : Alain Doucet
Trésorier : René Hourquet
Vice-président, en charge du rugby amateur : Jean-Claude Baque
Vice-président, en charge du CNR et de la commission juridique : Patrick Battut
Vice-président, en charge du suivi de la réforme fédérale – relations entre les structures du rugby français et les partenaires publics dans le cadre de la RGPP : Jean-Louis Boujon
Vice-président, en charge du haut niveau : Jean Dunyach

Vice-président, en charge de la formation et du développement : Daniel Falque
Vice-président, en charge de la communication, du partenariat et de l'événementiel : Bernard Godet
Vice-président, en charge des relations internationales : Jacques Laurans
Secrétaire général adjoint : Jacques Troger
Trésorier général adjoint : Guy Molveau

Fondation Albert-Ferrasse

Dès qu'un accident grave se produit sur un terrain de rugby, la Fondation Albert-Ferrasse intervient auprès du club, de la famille et du médecin officiellement mandaté pour s'assurer de la gravité de la blessure auprès des milieux hospitaliers. Depuis sa création, fin 1990, 1 188 054 euros d'aide ont été accordés au financement pour partie ou en totalité de matériel spécifique utilisé par les grands blessés, d'aménagement de maisons, d'appartements ou d'automobiles en rapport avec leur handicap. La Fondation Albert-Ferrasse s'occupe actuellement de 123 blessés, para- ou tétraplégiques, et de 66 orphelins. Dès la délivrance du capital, la prestation gratuite d'un diagnostic financier est effectuée ainsi que celle d'un architecte-conseil, soit un accompagnement vigilant dans tous les domaines. Par ailleurs, la fondation peut se targuer du record de France en matière de modicité de frais de fonctionnement : 4,76 % des ressources, alors que la limite autorisée est de 15 %.

Fondation Albert-Ferrasse/FFR
9, rue de Liège
75009 Paris
Tél. : 01 53 21 15 15

Ligue nationale de rugby (LNR)

La Ligue nationale de rugby est une association membre de la Fédération française de rugby. Elle assure la gestion des activités du rugby professionnel en application et en conformité avec les statuts et règlements de la fédération et avec les dispositions de la convention conclue entre la FFR et la LNR, en application des règles du décret n° 90-347, du 13 avril 1990. La ligue a compétence pour prendre toute décision concernant l'organisation et le développement du rugby professionnel. Dans ce cadre, elle organise, gère et réglemente les compétitions nationales professionnelles auxquelles participent les clubs membres de la LNR, tant sur le plan sportif que sur le plan financier. Elle participe, à part égale avec la FFR, à l'organisation et aux règlements des compétitions internationales dans lesquelles sont engagés les clubs membres de la LNR, en respectant les accords conclus par la FFR avec les institutions officielles gérant le rugby international. Elle définit les moyens que les clubs doivent mettre en œuvre pour assurer la formation des joueurs dans le cadre des centres de formation agréés et celle des éducateurs diplômés des clubs qui la composent. Elle assure la promotion et le développement du secteur professionnel des clubs du rugby français et se porte garante des intérêts matériels et moraux du rugby professionnel.

Ligue nationale de rugby (LNR)
3, rue de Liège
75009 Paris
Tél. : 01 55 07 87 90
Fax : 01 55 07 87 95
Site internet : www.lnr.fr

Président : Pierre-Yves Revol
Vice-président : Thierry Perez
Vice-président : Patrick Wolff
Représentants de la FFR : Michel Palmié, Jean-Paul Dumond, Bernard Godet
Représentants des joueurs : Mathieu Blin et Gaël Arandiga (Provale)
Représentant des entraîneurs : Jean-Louis Luneau
Représentant des arbitres : René Hourquet

Syndicat national des entraîneurs de rugby (TechXV)

Le Syndicat national des entraîneurs de rugby, créé le 17 novembre 2000, à Marseille, la veille du match France – Nouvelle-Zélande, se veut un lieu d'expression et d'action pour la défense et la promotion du métier d'entraîneur. Il est une force de proposition, permettant de faire entendre la voix des entraîneurs des clubs professionnels et des centres de formation qui s'y rattachent. Au-delà de sa mission de conseil, d'information et de défense des entraîneurs, le Sner, également appelé TechXV, prépare en collaboration avec les autres instances du rugby français l'avenir du rugby professionnel.

TechXV
3, rue de Liège
75009 Paris
Tél. : 01 55 07 87 43
Fax : 01 55 07 87 40
Site internet : www.techxv.org
E-mail : infos@techxv.org

Président : Jean-Louis Luneau
Vice-président : Didier Nourault
Secrétaire général : Christophe Urios
Trésorier : Michel Bérard

Syndicat national des joueurs de rugby (Provale)

Le rugby devenu officiellement professionnel se heurte désormais aux difficultés inhérentes à tout corps de métier. Ainsi, désireux de faire entendre la voix des joueurs, le Montferrandais Jean-Marc Lhermet et le Toulousain Émile Ntamack ont créé, le 12 février 1998, le Syndicat national des joueurs de rugby. Un mouvement similaire fondé fin 1994 par Saint-André, Bénézech, Cabannes et, déjà, Ntamack n'avait pu être pérennisé faute de moyens matériels et financiers. Les deux joueurs, entourés de Rémi Trémoulet, Jean-Michel Delgado et Pascale Valleau, ont ensuite passé la main à une nouvelle équipe, en octobre 2000. Serge Simon, le nouveau président, a réuni en comité directeur 10, puis 15 joueurs, pour doter le syndicat d'un organe de réflexion et de décision. Pour la saison 2000-2001, le syndicat comptait plus de 450 adhérents. Aujourd'hui, le syndicat (qui a changé officiellement son nom en Provale, le 8 octobre 2001) est représenté à l'assemblée générale et au comité directeur de la Ligue nationale de rugby, et au sein de diverses commissions de la ligue : sportive, médicale, juridique, des centres de formation. Il compte des représentants au sein de chaque club, pour informer les joueurs, recenser les difficultés rencontrées, et servir de relais au syndicat sur le terrain. Son champ d'action : l'étude et la défense des droits ainsi que des intérêts matériels, moraux, et économiques, tant collectifs qu'individuels, des joueurs de rugby salariés sous contrat exerçant leur profession sur les plans national et international. Son rôle consiste à améliorer, par tous moyens légaux, les conditions collectives de travail des joueurs adhérents. Son président est aujourd'hui Mathieu Blin.

Provale
78, chemin des Sept-Deniers
Bâtiment 2
31200 Toulouse
Tél. : 05 34 40 07 90
Site internet : www.provale.net

Président : Mathieu Blin
Vice-présidents : Julien Bonnaire, Serge Simon
Secrétaire général : Laurent Travini
Trésorier : Cyril Vancheri

Comités régionaux

Comité de Franche-Comté
14, rue de la Grette
25000 Besançon
Tél. : 03 81 81 07 65
Fax : 03 81 82 84 92

Comités
départementaux associés :
- Doubs
- Jura
- Haute-Saône
- Territoire de Belfort

Comité d'Île-de-France
56, avenue de Saint-Mandé
75012 Paris
Tél. : 01 43 42 51 51
Fax : 01 43 44 60 94

Comités
départementaux associés :
- Aube
- Marne
- Haute-Marne
- Oise
- Paris
- Seine-et-Marne
- Yvelines
- Essonne
- Hauts-de-Seine
- Seine-Saint-Denis
- Val-de-Marne
- Val-d'Oise

Comité du Languedoc
Avenue Hubert-Mouly
BP 50314
11100 Narbonne
Tél. : 04 68 32 56 86
Fax : 04 68 32 04 90

Comités
départementaux associés :
- Aude
- Hérault
- Lozère

Comité du Limousin
45, avenue Léo-Lagrange
19100 Brive
Tél. : 05 55 23 59 88
Fax : 05 55 84 31 11

Comités
départementaux associés :
- Aveyron
- Cantal
- Corrèze
- Creuse
- Lot
- Haute-Vienne

Comité du Lyonnais
ZAC de Chapotin-sud
380, rue Frères-Voisin
69970 Chaponnay
Tél. : 04 78 79 67 90
Fax : 04 78 79 67 99

Comités
départementaux associés :
- Ain
- Loire
- Rhône
- Isère nord

Comité Midi-Pyrénées
Maison du rugby
32, rue Debuzy
BP 5851
31506 Toulouse Cedex 5
Tél. : 05 61 61 81 15
Fax : 05 61 61 81 40

Comités
départementaux associés :
- Ariège
- Aveyron
- Haute-Garonne
- Tarn
- Tarn-et-Garonne

Comité de Normandie
Stade Gachassin
Chemin Saint-Pierre-des-Bargues
27370 Le Thuit-Signol
Tél. : 02 32 64 37 31
Fax : 02 32 64 16 94

Comités départementaux associés :
- Calvados
- Eure
- Manche
- Orne
- Seine-Maritime

Comité des Pays de la Loire
Résidence Les Iris
7, boulevard du Val-de-la-Chezine
44800 Saint-Herblain
Tél. : 02 51 83 77 77
Fax : 02 51 83 14 50

Comités départementaux associés :
- Loire-Atlantique
- Maine-et-Loire
- Sarthe
- Vendée
- Mayenne

Comité Périgord agenais
2, rue Pierre-de-Coubertin
BP 90102
47004 Agen Cedex
Tél. : 05 53 96 42 48
Fax : 05 53 98 21 80

Comités départementaux associés :
- Dordogne
- Lot-et-Garonne

Comité Poitou-Charentes
15, route de La Rochelle
BP 8625
79026 Niort Cedex 9
Tél. : 05 49 79 30 38
Fax : 05 49 79 97 49

Comités départementaux associés :
- Charente
- Charente-Maritime
- Deux-Sèvres
- Vienne

Comité de Provence
3, impasse Champfleury
BP 71068
84097 Avignon Cedex 9
Tél. : 04 90 80 75 15
Fax : 04 86 06 02 82

Comités départementaux associés :
- Alpes-de-Haute-Provence
- Hautes-Alpes
- Bouches-du-Rhône
- Gard
- Vaucluse

Comité du Roussillon
Chemin du Sacré-Cœur
BP 121
66000 Perpignan
Tél. : 04 68 52 66 15
Fax : 04 68 52 02 04

Comité départemental associé :
- Pyrénées-Orientales

Comité de Bretagne
Immeuble Saint-Christophe
33, rue de la Frébardière
35135 Chantepie
Tél. : 02 99 86 08 15
Fax : 02 99 86 08 16

Comités
départementaux associés :
- Côtes-d'Armor
- Finistère
- Ille-et-Vilaine
- Morbihan

Comité des Flandres
Place Cadet-Rousselle
BP 70017
59650 Villeneuve-d'Ascq
Tél. : 03 20 19 02 60
Fax : 03 20 19 02 69

Comités
départementaux associés :
- Aisne
- Ardennes
- Nord
- Pas-de-Calais
- Somme

Comité Alsace-Lorraine
Cité des sports Nancy-Themal
6, avenue Hippolyte-Maringer
54000 Nancy-Themal
Tél. : 03 83 27 42 66
Fax : 03 83 40 26 55

Comités
départementaux associés :
- Meuse
- Moselle
- Bas-Rhin
- Haut-Rhin
- Vosges
- Luxembourg
- Meurthe-et-Moselle

Comité du Centre
91, rue de la Juine
45160 Olivet
Tél. : 02 38 49 38 80
Fax : 02 38 49 38 88

Comités
départementaux associés :
- Cher
- Eure-et-Loir
- Indre
- Indre-et-Loire
- Loir-et-Cher
- Loiret

Comité de Bourgogne
8, chemin des Mariages
21200 Beaune
Tél. : 03 80 22 01 51
Fax : 03 80 22 00 59

Comités
départementaux associés :
- Côte-d'Or
- Nièvre
- Saône-et-Loire
- Yonne

Comité de Côte d'Argent
Domaine de Mandavit
4, rue Branlac
33170 Gradignan
Tél. : 05 56 75 21 81
Fax : 05 56 75 79 89

Comités
départementaux associés :
- Gironde
- Landes

Comité de Côte Basque-Landes
5, avenue Raoul-Follereau
64100 Bayonne
Tél. : 05 59 63 36 57
Fax : 05 59 63 26 26

Comités
départementaux associés :
- Landes
- Pyrénées-Atlantiques

Comité d'Auvergne
131, rue Verlaine
63100 Clermont-Ferrand
Tél. : 04 73 26 23 13
Fax : 04 73 28 05 98

Comités
départementaux associés :
- Allier
- Cantal
- Corrèze
- Haute-Loire
- Puy-de-Dôme

Comité du Béarn
27, avenue de l'Europe
BP 9048
64050 Pau Cedex 9
Tél. : 05 59 02 78 03
Fax : 05 59 02 67 30

Comités
départementaux associés :
- Landes
- Pyrénées-Atlantiques

Comité d'Armagnac-Bigorre
18, rue Abbé-Torne
BP 435
65004 Tarbes Cedex
Tél. : 05 62 44 20 20
Fax : 05 62 44 20 29

Comités
départementaux associés :
- Gers
- Hautes-Pyrénées

Comité de la Côte d'Azur
Stade Mayol
Avenue de la République
83000 Toulon
Tél. : 04 94 41 17 40
Fax : 04 94 41 92 61

Comités
départementaux associés :
- Alpes-Maritimes
- Var

Comité de la Corse
Résidence Revinco
Bâtiment E 4
20290 Borgo
Tél. : 04 95 35 69 24
Fax : 04 95 35 62 54

Comités
départementaux associés :
- Haute-Corse
- Corse-du-Sud

Comité de Drôme-Ardèche
340, rue Pasteur
BP 233
07502 Guilherand-Granges
Tél. : 04 75 44 53 64
Fax : 04 75 44 34 88

Comités
départementaux associés :
- Ardèche
- Drôme

Comité des Alpes
Parc des sports Lesdiguières
Avenue Albert-Reynier
38100 Grenoble
Tél. : 04 76 48 60 42
Fax : 04 76 96 28 50

Comités
départementaux associés :
- Ain
- Isère
- Savoie
- Haute-Savoie

Comité de la Martinique
Maison des sports
Rue du Petit-Pavois
97200 Fort-de-France Cedex
Tél. : 05 96 61 18 36
Fax : 05 96 61 18 36

Comité de la Guadeloupe
BP 2394
97188 Jarry Cedex
Tél. : 05 90 26 77 35
Fax : 05 90 26 87 59

Comité de Nouvelle-Calédonie
Maison des sports
24, rue Duquesne
Quartier latin
BP 1190
98845 Nouméa Cedex
Tél. : 00 687 27 61 00
Fax : 00 687 27 61 00

Comité de La Réunion
4, rue Magallon
97400 Saint-Denis
Tél. : 02 62 90 90 01
Fax : 02 62 90 90 02

Comité de la Guyane
57, avenue Général-de-Gaulle
PPT7
97310 Kourou
Tél. : 05 94 26 04 47
Fax : 05 94 22 02 63

Comité de Mayotte
Maison des associations
BP 774
Kaweni
97600 Mamoudzou
Tél. : 02 69 62 22 22
Fax : 02 69 62 23 23

Comité de Wallis-et-Futuna
BP 549
Mata Utu
98600 Wallis-et-Futuna

Tél. : 006 817 227 90
Fax : 006 817 227 90

Clubs et stades de 1re et 2e divisions

Agen

Sporting Union Agen-Lot-et-Garonne
Siège : 1, rue Pierre-de-Coubertin
47000 Agen
Tél. : 05 53 98 12 64
Fax : 05 53 98 13 49
Site internet :
www.sua-rugby.com

Stade : Armandie
Rue Pierre-de-Coubertin
47000 Agen
Tél. : 05 53 98 12 64
Fax : 05 53 98 13 49
Capacité : 12 000 places dont 7 000 assises

Aix-en-Provence

Pays d'Aix Rugby Club
Siège : 41, rue Roux-Alpheran
13100 Aix-en-Provence
Tél. : 04 42 38 15 56
Fax : 04 42 38 15 70
Site internet :
www.pays-aix-rugby.com

Stade : Maurice-David
20, avenue Marcel-Pagnol
13090 Aix-en-Provence
Capacité : 4 000 places dont 3 000 assises

Albi

Sporting Club Albigeois
Siège : La Maison des sports
283, avenue Colonel-Teyssier
81000 Albi
Tél. : 05 63 54 11 77
Fax : 05 63 54 69 30
Site internet :
www.sca-albi.com
E-mail : sca-albi@wanadoo.fr

Stades :

Stadium municipal
283, avenue Colonel-Teyssier
81000 Albi
Tél. : 08 92 35 03 42
Capacité : 12000 places dont
2000 assises

Stade de Mazicou
Avenue de Mazicou
81000 Albi
Tél. : 05 63 60 73 99

Auch

Football Club Auch-Gers
Siège : 36, rue de Canaris
32000 Auch
Tél. : 05 62 05 06 96
Fax : 05 62 05 68 23
E-mail : www.fcag-rugby.com

Stade : Jacques-Fouroux
Zone de Moulias
32000 Auch
Tél. : 05 62 05 67 91
Fax : 05 62 05 68 23
Capacité : 7000 places dont
3500 assises

Aurillac

**Stade Aurillacois-
Cantal Auvergne**
Siège : boulevard Louis-
Dauzier
15000 Aurillac
Tél. : 04 71 43 37 95
Fax : 04 71 43 40 33
Site internet :
www.stade-aurillacois.fr

Stades :

Stade Jean-Alric
Boulevard Louis-Dauzier
15000 Aurillac
Tél. : 04 71 43 12 23
Capacité : 10000 places dont
7000 assises

Stade La Ponétie
Avenue Général-Leclerc
15000 Aurillac

Bayonne

Aviron Bayonnais Rugby Pro
Siège : Garage de la Nive
Rue Owen-Roë
64100 Bayonne
Tél. : 05 59 42 72 10
Fax : 05 59 42 72 11
Site internet : www.abrugby.fr

Stades :

Stade Jean-Dauger
1, avenue André-Grimard
64100 Bayonne
Tél. : 05 59 63 60 06
Capacité : 13500 places dont
4500 assises

Stade Robert-Caillou
La Floride
Rue Raoul-Follereau
64100 Bayonne
Tél. : 05 59 31 94 04
Capacité : 2000 places dont
1350 assises

Béziers

AS Béziers Hérault
Siège : Rond point
Pierre Lacans
BP 23
34501 Béziers cedex
Tél. : 04 67 11 80 90
Fax : 04 67 76 22 44
E-mail : asbh@asbh.net

Stade de la Méditerranée
Avenue des Olympiades
34500 Béziers
Tél. : 04 67 35 04 94

Biarritz

Biarritz Olympique-Pays basque
Siège : Parc des
sports d'Aguiléra
Rue Cino-del-Duca
64200 Biarritz
Tél. : 05 59 01 64 60
Fax : 05 59 01 64 63
Site internet : www.bo-pb.com

Stade : Parc des
sports d'Aguiléra
Rue Cino-del-Duca
64200 Biarritz
Tél. : 05 59 01 61 46/
05 59 24 90 22
Fax : 05 59 01 64 63
Capacité : 10000 places dont
5000 assises

Bordeaux-Bègles

Union Bordeaux-Bègles
Siège : 25, rue Delphin-Loche
33190 Bègles
Tél. : 05 57 96 86 85
Fax : 05 56 84 14 36
Site internet :
www.rugby33.com

Stade : André-Moga
Impasse Delphin-Loche
33130 Bègles
Tél. : 05 57 35 99 99
Fax : 05 56 84 21 33
Capacité : 9000 places

Bourgoin

Club Sportif Bourgoin-Jallieu
Siège : 28, rue de la Liberté
38300 Bourgoin-Jallieu
Tél. : 04 74 19 08 10
Fax : 04 74 19 03 01
Site internet :
www.csbj-rugby.fr

Stade : Pierre-Rajon
Avenue Professeur-Tixier
38300 Bourgoin-Jallieu
Tél. : 04 74 28 44 88
Capacité : 10022 places dont
8000 assises

Brive

Club Athlétique Brive-Corrèze
Siège : 116, avenue du
11-Novembre
19100 Brive
Tél. : 05 55 74 20 14
Fax : 05 55 74 14 06
Site internet :
www.cabrive-rugby.com

Stade : Amédée-Domenech
116, avenue du 11-Novembre
19100 Brive
Capacité : 16000 places dont
11000 assises

Carcassonne

US Carcassonne
Siège : place Henri-Brisson
11000 Carcassonne
Tél. : 04 68 47 18 52
Fax : 04 68 71 81 67
Site internet :
www.uscarcassonne.com

Stade : Albert-Domech
Avenue Général-Sarrail
11000 Carcassonne
Tél. 05 59 01 64 60
Capacité : 15 000 places

Castres

Castres Olympique
Siège : 205, avenue Charles-de-Gaulle
81100 Castres
Tél. : 05 63 51 45 00
Fax : 05 63 35 49 37
Site internet :
www.castres-olympique.fr

Stade : Pierre-Antoine
205, avenue Charles-de-Gaulle
81100 Castres
Tél. : 05 63 71 03 96
Capacité : 9 423 places dont
4 017 assises

Clermont-Ferrand

ASM Clermont Auvergne
Siège : Parc des sports Marcel-Michelin
35, rue du Clos-Four
63100 Clermont-Ferrand
Tél. : 04 73 14 63 66
Fax : 04 73 14 63 67
Site internet :
www.asm-rugby.com

Stade : Parc des sports Marcel-Michelin
35, rue du Clos-Four
63100 Clermont-Ferrand
Tél. : 04 73 30 48 66
Fax : 04 73 25 08 79
Capacité : 16 610 places dont
13 500 assises

Dax

Union Sportive Dax Rugby-Landes
Siège : 3, boulevard Paul-Lasaosa
BP 91
40102 Dax Cedex
Tél. : 05 58 90 45 45
Fax : 05 58 90 45 46
E-mail : contact@usdax.fr
Site internet : www.usdax.fr

Stade : Maurice-Boyau
Boulevard des Sports
40100 Dax
Tél. : 05 58 74 12 29
Capacité : 15 000 places dont
4 500 assises

Grenoble

Football Club Grenoble Rugby
Siège : rue Albert-Reynier
38100 Grenoble
Tél. : 04 76 44 09 63
Fax : 04 76 44 20 28
Site officiel : www.fcrugby.com

Stade : Lesdiguières
Rue Albert-Reynier
38100 Grenoble
Tél. : 04 76 44 47 46
Capacité : 15 000 places dont
8 500 assises

La Rochelle

Atlantique Stade Rochelais
Siège : 27, avenue Maréchal-Juin
BP 70006
17000 La Rochelle
Tél. : 05 46 43 14 05
Fax : 05 46 00 11 22
E-mail : contact@staderochelais.com
Site internet : www.staderochelais.com

Stade : Marcel-Deflandre
Avenue Maréchal-Juin
17000 La Rochelle
Tél. : 05 46 43 01 09
Capacité : 12352 places

Lyon

Lyon Olympique Universitaire
Siège : 94, avenue Viviani
BP 53
69632 Vénissieux Cedex
Tél. : 04 37 65 02 95
Fax : 04 37 65 03 59
Site internet : www.lourugby.fr

Stade : Vuillermet
196, avenue Paul-Santy
69008 Lyon
Capacité : 3400 places

Mont-de-Marsan

Stade Montois Rugby
Siège : 270, avenue du Stade
40006 Mont-de-Marsan

Tél. : 05 58 75 22 07
Fax : 05 58 75 30 47
Site internet : www.stademontoisrugby.fr

Stades :

Stade Guy-Boniface
Avenue du Stade
40000 Mont-de-Marsan
Tél. : 06 82 42 43 24
Capacité : 26100 places dont 3600 assises

Stade Jean-Loustau
Boulevard de Saint-Médard
40000 Mont-de-Marsan
Tél. : 06 82 42 43 24
Capacité : 6000 places dont 300 assises

Montpellier

Montpellier-Hérault Rugby
Siège : Stade Yves-du-Manoir
500, avenue de Vanières
34070 Montpellier
Tél. : 04 67 47 27 69
Fax : 04 67 42 08 69
Site internet : www.montpellier-rugby.com/

Stades :

Stade Yves-du-Manoir
Quartier Ovalie
Avenue de Vanières
34070 Montpellier
Tél. : 04 67 47 27 69
Fax : 04 67 42 08 69
Capacité : 14216 places

Stade Grammont
Domaine de Grammont
34000 Montpellier
Tél. : 04 67 15 09 47

Narbonne

Racing Club Narbonne Méditerranée
Siège : 4, avenue Pierre-de-Coubertin
BP 614
11106 Narbonne Cedex
Tél. : 08 92 70 15 11
Fax : 04 68 90 29 39
E-mail : sasp@rcnm.com
Site internet : www.rcnm.com

Stade : Parc des sports et
de l'amitié
4, avenue Pierre-de-Coubertin
11106 Narbonne
Tél. : 04 68 90 41 04
Fax : 04 68 90 29 39
Capacité : 10 000 places

Oyonnax

Union Sportive
Oyonnax Rugby
Siège : 220, route d'Arfontaine
01100 Oyonnax
Tél. : 04 74 81 67 77
Fax : 04 74 73 41 82
Site internet :
www.usorugby.com

Stade : Charles-Mathon
125, cours de Verdun
01100 Oyonnax
Tél. : 04 74 81 67 77
Capacité : 1 500 places assises

Pau

Section Paloise
Siège : boulevard de l'aviation
64000 Pau
Tél. : 05 59 11 64 64
Fax : 05 59 11 64 65
Site internet :
www.section-paloise.com

Stade : stade du Hameau
Boulevard de l'Aviation
64000 Pau
Tél. : 05 59 02 47 74
Fax : 05 59 84 30 31
Capacité : 15 000 places dont
7 000 assises

Périgueux

CA Périgueux Dordogne
Siège : Rue Alphée-Maziéras
24000 Périgueux
Tél. : 05 53 53 15 92
E-mail :
asso.cap24@wanadoo.fr
Site internet :
www.capdrugby.fr

Stade municipal
Francis Rongiéras
Rue Alphée-Maziéras
24000 Périgueux
Tél. : 05 53 53 31 15

Perpignan

Union Sportive Arlequins
Perpignanais
Siège : Stade Aimé-Giral
11, allée Aimé-Giral
66000 Perpignan
Tél. : 08 92 68 66 15
Fax : 04 68 52 81 01
Site internet : www.usap.fr

Stade : Aimé-Giral
Allée Aimé-Giral
66000 Perpignan
Tél. : 08 92 68 66 15
Fax : 04 68 52 81 01
Capacité : 13 000 places dont
9 340 assises

Racing Metro

Racing Metro 92
Siège : 1, rue Docteur-Tenine
92160 Antony
Tél. : 01 41 87 51 10
Fax : 01 41 87 51 39
Site internet :
www.racing-metro.com

Stade : Yves-du-Manoir
12, rue François-Faber
92700 Colombes
Tél. : 01 47 86 89 43
Fax : 01 47 82 91 33
Capacité : 14 000 places

Stade Français

Stade Français-Paris
Siège : 2, rue Commandant-Guilbaud
75016 Paris
Tél. : 08 92 46 75 75
Fax : 01 46 51 24 24
Site internet : www.stade.fr

Stade : Jean-Bouin
26, avenue Général-Sarrail
75016 Paris
Tél. : 01 46 51 00 75
Fax : 01 46 51 24 24
Capacité : 12 000 places dont 10 500 assises

Tarbes

Tarbes Pyrénées Rugby
Siège : avenue Pierre-de-Coubertin
65009 Tarbes
Tél. : 05 62 56 33 85
Fax : 05 62 56 33 89
Site internet : www.tpr65.com

Stades :

Stade Maurice-Trélut
Avenue Pierre-de-Coubertin
65000 Tarbes
Tél. : 05 62 34 71 83
Capacité : 15 000 places dont 5 000 assises

Stade François-Sarrat
65300 Lannemezan

Toulon

Rugby Club Toulon
Siège : 31, rue d'Alger
83000 Toulon
Tél. : 04 94 41 44 55
Fax : 04 94 41 92 16
Site internet : www.rctoulon.com

Stades :

Stade Félix-Mayol
Quai Lafontan
83000 Toulon
Tél. : 04 94 36 19 74
Capacité : 14 700 places

Stade Siccardi-Berg
Marché Sainte-Musse
83100 Toulon
Tél. : 04 94 27 19 78
Capacité : 500 places

Toulouse

Stade Toulousain
Siège : 114, rue des Troènes
BP 42354
31200 Toulouse
Tél. : 08 92 69 31 15/
05 34 42 24 22
Fax : 05 34 42 24 23
Site internet : www.stade-toulousain.fr

Stades :

Stade Ernest-Wallon
114, rue des Troènes
31200 Toulouse
Tél. : 05 34 42 24 18
Fax : 05 34 42 24 19
Capacité : 12 000 places dont 5 300 assises

Stadium
Allées Gabriel-Biènes
31400 Toulouse
Tél. : 05 61 22 29 22
Capacité : 37 000 places

Les organisations internationales

Comité des VI Nations

Dès 1871, des rencontres se tinrent entre les nations britanniques. Au fil des ans, l'Angleterre, le pays de Galles, l'Écosse et l'Irlande y participèrent régulièrement, créant un tournoi des Home Nations britannique. En 1910, elles invitèrent la France dans leur *championship*, donnant ainsi naissance au Tournoi des V Nations, et donc au Comité des V Nations. Quatre-vingt-dix ans après, c'est au tour de l'Italie d'intégrer cette compétition, qui sera nommée désormais « Tournoi des VI Nations ».

Le Comité des VI Nations, composé de représentants des trois nations britanniques, de l'Irlande, de la France et de l'Italie, est en charge de l'organisation de ce tournoi.

Comité des VI Nations
2nd Floor, Huguenot House
35-38, St Stephens Green
Dublin 2
Irlande
Tél. : 00 353 1 676 92 86
Fax : 00 353 1 676 92 87

Directeur général : John Feehan
Directeur des opérations : Jon Davis
Directeur commercial : Dave Kavanagh
Directeur financier et contrôle interne : Tina Robertson
Responsable des opérations : Belinda Armstrong
Réceptionniste : Elena Cherchi

European Rugby Cup (ERC)

L'ERC est créée en octobre 1995, à la veille du premier match de Coupe d'Europe entre Toulouse et les Roumains de Constantza. Depuis, l'organisation régit la Heineken Cup, principale compétition européenne, et le Parken Pen Shield, deuxième Coupe d'Europe.

ERC
3rd Floor, Huguenot House
35-38, St Stephens Green
Dublin 2
Irlande
Tél. : 00 353 1 676 92 86
Fax : 00 353 1 676 92 87

Directeur des épreuves : Derek McGrath
Président : Jean-Pierre Lux
Directeurs :
Martyn Thomas et Peter Wheeler (Angleterre)
Allan Munro et Jim Fleming (Écosse)
Peter Boyle et Philip Browne (Irlande)
Stuart Gallacher et Roger Lewis (Galles)
M. Palmié et René Bouscatel (France)
Orazio Arancio et Fabrizio Gaetianello (Italie)

Fédération internationale de rugby amateur (Fira)

Créée en 1934, la Fira a pour objet de promouvoir, de développer, d'organiser et de gérer le jeu de rugby dans le cadre du mandat qui lui est reconnu par l'International Board en tant que confédération, ainsi que dans le cadre des pays dont les fédérations nouvellement créées ou en cours de création ne sont pas encore affiliées à l'IRB. Née Fédération internationale de rugby amateur, la Fira est, depuis décembre 1999, Fira-Association européenne de rugby (Fira-AER).

Fira-AER
9, rue de Liège
75009 Paris
Tél. : 01 53 21 15 15
Fax : 01 45 26 19 19
Site internet : www.fira-aer-rugby.com

Président : Jean-Claude Baqué (France)
Vice-présidents :
Claus-Peter Bach (Allemagne)
Pierre Camou (France)
Alfonsas Grumbinas (Lituanie)
Stephen Hilditch (Irlande)
René Hourquet (France)
Russell Howell (pays de Galles)
Viatcheslav Kopiev (Russie)
Alfonso Mandado (Espagne)
Octavian Morariu (Roumanie)
Zeno Zanandrea (Italie)
Secrétaire général : Jean-Louis Barthes (France)
Secrétaire général adjoint : Daniel Roelands (Belgique)
Trésorier général : José Maria Epalza (Espagne)
Trésorier général adjoint : Ole Nielsen (Danemark)

International Rugby Board (IRB)

L'International Rugby Board a été créé en 1886 par l'Écosse, le pays de Galles et l'Irlande. Aujourd'hui, l'IRB représente 76 nations ou associations membres. Cette instance a notamment pour objet la promotion, l'encouragement, le développement, l'extension et la gestion du jeu de rugby dans le monde. Elle est chargée de rédiger et d'interpréter les statuts, les règlements et les règles du jeu. Le Board compte aujourd'hui comme membres : la Rugby Football Union (fédération anglaise), la Scottish Rugby Union (fédération écossaise), l'Irish Rugby Football Union (fédération irlandaise), la Welsh Rugby Union (fédération galloise), l'Australian Rugby Football Union (fédération australienne), la New Zealand Rugby Football Union (fédération néo-zélandaise), la South African Rugby Football Union (fédération sud-africaine), et la Fédération française de rugby.

Le conseil du Board est composé de 21 personnes : 2 représentants de chacune des fédérations fondatrices et 1 représentant des fédérations argentine, canadienne, italienne, japonaise, plus 1 de la Fira.

IRB
First Floor, Huguenot House
35-38, St Stephens Green
Dublin 2
Irlande
Tél. : 00 353 1 240 92 00
Fax : 00 353 1 240 92 01
E-mail : irb@irb.com
Site internet : www.irb.com

Président : Bernard Lapasset (France)

Rugby World Cup (RWC)

La RWC est l'organisme chargé d'organiser la Coupe du monde. Il a été créé en 1987 lors de la première World Cup.

RWC
First Floor, Huguenot House
35-38, St Stephens Green
Dublin 2
Irlande
Tél. : 00 353 1 662 54 44 ou 00 353 1 240 92 00
Fax : 00 353 1 676 93 34 ou 00 353 1 240 92 01
Site internet : www.rugbyworldcup.com

Fédérations internationales

Afrique du Sud

South Africa Rugby Football Union (SARFU)
5th floor SA Sport Science
Institut Building
Bandary Road PO box 99
Newlands 7725 South Africa
Té. : 00 27 21 1659 67 00
Fax. : 00 27 21 68 53 90 7
Site internet : www.sarugby.net
E-mail : sarfu@mweb.co.za

Angleterre

Rugby Football Union (RFU)
Rugby House
Twickenham Stadium
200 Whitton Road
Twickenham
TW2 7BA England
Tél. : 44 20 883 165 27
Fax. : 44 87 040 520 09
Site internet : www.rfu.com
E-mail : rfu@rfu.com

Argentine

Union Argentina de Rugby (UAR)
Recoquista 150
Buenos Aires
1002 Argentina
Tél. : 541 1 45 15 35 00
Fax : 541 1 45 45 35 02
Site internet : www.uar.com.ar
E-mail : uarugby@uar.com.ar

Australie

Australian Rugby Union (ARU)
Ground Floor, 29-57
Christie Street
St Leonards
Sydney
NSW 2065 Australia
Tél. : 00 61 2 80 05 55 55
Fax. : 00 61 2 80 05 56 99
Site internet :
www.rugby.com.au
E-mail : aru@rugby.com.au

Canada

Rugby Canada (RC)
2328 Government
Street (Suite 2c)
Victoria
V8T 5G5 Canada
Tél. : 1 905 780 8998
Fax : 1 905 780 6290
Site internet :
www.rugbycanada.ca

Écosse

Scottish Rugby Union (SRU)
Murrayfield
Edinburgh
EH12 5PJ Scotland
Tél. : 44 01 31 346 5000
Fax. : 44 01 31 346 5001
Site internet :
www.scottishrugby.org
E-mail : feedback@sru.org.uk

Fidji (îles)

Fidji Rugby Football Union (FRFU)
35 Gordon Street
Suva Fiji Islands 679
P. O. Box 1234 Fiji
Tél. : 679 302787
Fax : 679 300936
Site internet :
www.fidjirugby.com
E-mail : keni@fijirugby.net

France

Fédération Française de Rugby (FFR)
3-5, rue Jean-de-Montaigu
91460 Marcoussis
Tél. : 01 69 63 64 65
Fax : 01 69 63 67 57
Site internet : www.ffr.fr
E-mail : contact@ffr.fr

Galles (pays de)

Welsh Rugby Union (WRU)
Millenium Stadium
Westgate Street
Cardiff
CF10 1NS Wales
Tél. : 00 44 29 2082 2202
Fax. : 00 44 29 2082 2474
Site internet : www.wru.co.uk
E-mail : bhall@wru.co.uk

Irlande

Irish Rugby Football Union (IRFU)
10-12 Lansdowne Road
Ballsbridge
Dublin 4
Irlande
Tél. : 353 1 647 3800
Fax : 353 1 647 3801
Site internet : www.irishrugby.ie
E-mail : info@irishrugby.ie

Italie

Fédération italienne de rugby (FIR)
Stadio Olimpico
Curva Nord Foro Italico
00194 Roma
80055 Italia
Tél. : 3906 4521 3101
Fax : 3906 4521 3173
Site internet : www.federugby.it
E-mail : presidenza@federugby.it

Japon

Japan Rugby Football Union (JRFU)
2 Chome
8-35 Kita Aoyama Minato-Ku
Tokyo
1070061 Japan
Tél. : 813 577 11332
Fax : 813 340 16610
Site internet : www.jrfu.or
E-mail : jrfu@rugby-japan.or.jp

Nouvelle-Zélande

New Zealand Rugby Football Union (NZRFU)
Huddart Parker Building
PO Box 2172
Wellington New Zealand
Té. : 00 64 44 99 49 95
Fax : 00 64 44 94 07 71
Site internet : www.allblacks.com
E-mail : info@allblacks.com

Roumanie

Fédération de rugby roumaine (FRR)
Str. Marasti nr. 18-20
Sector 1
Bucuresti
70000 Romania
Tél. : 402 122 45 482
Fax : 402 131 92 449
Site internet : www.frr.ro

Samoa

Samoa Rugby Football Union (SRFU)
PO Box 618 Apia Samoa

Tél. : 685 24 986
Fax : 685 25 009
Site internet :
samoarugbyunion.ws
E-mail : suapschu@srfu.ws

Tonga

Tonga Rugby Football Union (TRFU)
Salote Road
Fasi
Nuku'alofa
Tonga
Tél. : 676 27 886
Fax : 676 26 044
E-mail :
rtuckey@optusnet.com.au

Annexe C

Bibliographie

Rugby et littérature font bon ménage. Fruit d'une histoire ancienne, ayant forgé des hommes au fort tempérament, l'ovalie a généré une littérature abondante, inspirant à de nombreux chroniqueurs des pages souvent empreintes de lyrisme. Afin d'aller plus loin dans la découverte de ce sport, nous vous proposons ici une sélection de récits et d'essais consacrés au rugby et à son histoire, ainsi que des Mémoires écrits par d'anciens joueurs ou entraîneurs de premier plan.

- Fernand Albaret, *Les Spanghero*, Calmann-Lévy, 1975
- Abdelatif Benazzi, *La Foi du rugby*, Solar, 2000
- Serge Blanco et Jean Cormier, *Mon tour du rugby en 93 matchs*, Solar, 1992
- Arnaud Briand, *Les Stars françaises du rugby* (tomes 1 et 2), Horizon illimité, 2004
- Arnaud Briand et Bernard Laporte, *Histoire des grands chelems de l'équipe de France de rugby*, Horizon illimité, 2004
- Benoît Campistrous, *Histoires de rugby : contes et légendes*, Anne Carrière, 1999
- François Duboisset, *Les Riches Heures du rugby*, Mango Sport, 2002
- Richard Escot, *Un siècle de rugby*, Calmann-Lévy, 2005
- Henri Garcia, *La Fabuleuse Histoire du rugby*, Minerva, 2004
- Daniel Herrero, *Dictionnaire amoureux du rugby*, Plon, 2003
- Daniel Herrero, *L'Esprit du jeu : l'âme des peuples*, Table ronde, 1999
- Daniel Herrero, *Rugby : des bonheurs à vivre*, Rocher, 1995
- Daniel Herrero, *Passion ovale*, Rocher, 1990
- Jean Lacouture, *Le rugby, c'est un monde*, Seuil, 1979
- Jean Lacouture, *Voyous et gentlemen : une histoire du rugby*, Gallimard, coll. « Découvertes », 1993

- Jean-Louis Laffitte, *80 ans de la Fédération française de rugby : 1920-2000*, Alain Barthélemy, 2002
- Denis Lalanne, *La Mêlée fantastique*, La Table ronde, 1961
- Denis Lalanne, *Le Temps des Boni*, La Table ronde, 2000
- Pierre Sansot, *Le Rugby est une fête et le tennis non plus*, Payot, 2002
- Jean-Claude Skrela, *Le Tournant du jeu. Rugby, ma vie*, Grasset, 2000
- Thierry Tahon, *Petite philosophie du rugby*, Milan, 2005
- Denis Tillinac, *Rugby blues*, La Table ronde, 1993

Index

A

F

G

H

I

M

Q

R

U

V

W

X

Y

Z

Disponibles dans la collection « Pour les Nuls »

Culture générale

Histoire

Titre	*Auteur*	*Prix*	*ISBN*
Versailles	Mathieu da Vinha, Raphaël Masson	22,90 €	978-2-7540-1552-3
La Seconde Guerre mondiale	Robert Belot, Klaus-Peter Sick	22,90 €	978-2-7540-0818-1
L'Histoire du monde	Philippe Moreau Defarges	22,90 €	978-2-7540-1265-2
L'Histoire de la Belgique	Fred Stevens, Axel Tixhon	22,90 €	978-2-7540-1482-3
La Préhistoire	Gilles Gaucher	22,90 €	978-2-7540-2185-2
La Rome antique	Guy de la Bédoyère, Catherine Salles	22,90 €	978-2-7540-1822-7
La Grèce antique	Stephen Batchelor, Marie-Dominique et Marc Porée	22,90 €	978-2-7540-1602-5
Le Gaullisme	Chantal Morelle	22,90 €	978-2-7540-0821-1
La Chine	Angélina Boulesteix	22,90 €	978-2-7540-1145-7
La Culture générale, 2e édition	Florence Braunstein, Jean-François Pépin	22,90 €	978-2-7540-1628-5
La Culture générale illustrée, 2e édition	Florence Braunstein, Jean-François Pépin	29,90 €	978-2-7540-1275-1
La Révolution française	Alain-Jacques Czouz-Tornare	22,90 €	978-2-7540-0811-2
Les Années 60	Stéphane Benhamou	22,90 €	978-2-7540-0610-1
La Mythologie illustrée	Collectif	29,90 €	978-2-7540-0989-8
Les Grandes Civilisations	Florence Braunstein, Jean-François Pépin	22,90 €	978-2-7540-0605-7
La Première Guerre mondiale	Jean-Yves Le Naour	22,90 €	978-2-7540-0616-3
La Ve République	Nicolas Charbonneau, Laurent Guimier	24,90 €	978-2-7540-0620-0
Le Moyen Âge	Pierre Langevin	22,90 €	978-2-7540-0563-0
Paris	Danielle Chadych, Dominique Leborgne	22,90 €	978-2-7540-0168-7
L'Égypte ancienne	Florence Maruéjol	22,90 €	978-2-7540-0256-1
La Mythologie	Christopher W. Blackwell, Amy Hackney Blackwell	22,90 €	978-2-7540-0257-8
L'Histoire de France illustrée	Jean-Joseph Julaud	29,90 €	978-2-7540-0110-6
L'Histoire de France	Jean-Joseph Julaud	22,90 €	978-2-8769-1941-9

Religions et spiritualité

Titre	*Auteur*	*Prix*	*ISBN*
Le Coran	Malek Chebel, Sohaib Sultan	22,90 €	978-2-7540-0982-9
La Torah	Arthur Kurzweil, Victor Malka	22,90 €	978-2-7540-0978-2
Le Christianisme	Richard Wagner, Père Denis Metzinger	22,90 €	978-2-7540-0991-1
L'Islam	Malcolm Clark, Malek Chebel	22,90 €	978-2-7540-0531-9
Le Judaïsme	Josy Eisenberg	22,90 €	978-2-7540-0596-8
La Bible illustrée	Éric Denimal	29,90 €	978-2-7540-0274-5
Le Catholicisme	John Trigilio, Père Pierre Lartigue	22,90 €	978-2-7540-0182-3
Le Bouddhisme	Jonathan Landaw, Stephan Bodian	22,90 €	978-2-7540-0062-8
La Bible	Éric Denimal	21,90 €	978-2-8769-1800-9
Zen ! La Méditation, 2e édition	Stephan Bodian	22,90 €	978-2-7540-0322-3
Sagesse et Spiritualité	Sharon Janis	21,90 €	978-2-8769-1769-9

Ésotérisme

Titre	*Auteur*	*Prix*	*ISBN*
Le Tarot divinatoire	Didier Colin	24,90 €	978-2-7540-1826-5
La Franc-Maçonnerie	Christopher Hodapp, Philippe Benhamou	22,90 €	978-2-7540-0150-2

Société

Titre	*Auteur*	*Prix*	*ISBN*
L'ONU	Yves Berthelot, Jean-Michel Jakobowicz	22,90 €	978-2-7540-1411-3
La Mondialisation	Francis Fontaine, Sylvie Goulard, Brune de Bodman	22,90 €	978-2-7540-0778-8
L'Instruction civique	Guillaume Bernard, Frédéric Monera	22,90 €	978-2-7540-0979-9
L'Europe, 2e édition	Sylvie Goulard	22,90 €	978-2-7540-1213-3
L'Écologie	Franck Courchamp	22,90 €	978-2-7540-0554-8
La Géopolitique	Philippe Moreau Defarges	22,90 €	978-2-7540-0623-1
La Justice	Emmanuel Pierrat	22,90 €	978-2-7540-0553-1
La Philosophie, 2e édition	Christian Godin	22,90 €	978-2-7540-0460-2
L'Économie	Michel Musolino	22,90 €	978-2-7540-0351-3
La Politique	Philippe Reinhard	22,90 €	978-2-7540-0335-3
La Géographie française	Jean-Joseph Julaud	22,90 €	978-2-7540-0245-5

Sciences et techniques

Titre	*Auteur*	*Prix*	*ISBN*
L'Histoire de l'aviation	Philippe Benhamou	22,90 €	978-2-7540-1146-4
L'Histoire des sciences	Vincent Jullien	22,90 €	978-2-7540-0977-5
La Physique	Dominique Meier (sous la dir. de)	22,90 €	978-2-7540-0915-7
La Conquête spatiale	Michel Polacco	22,90 €	978-2-7540-1143-3
Les Maths	Jean-Louis Boursin	22,90 €	978-2-7540-0093-2
L'Astronomie	Stephen Maran, Pascal Bordé	21,90 €	978-2-8769-1634-0

Beaux-arts

Titre	*Auteur*	*Prix*	*ISBN*
L'Humour	Gordon Zola	22,90 €	978-2-7540-1956-9
Le Louvre	Daniel Soulié	22,90 €	€978-2-7540-1404-5
La Télévision	Marie Lherault, François Tron	22,90 €	€978-2-7540-0976-8
Les Séries télé	Marjolaine Boutet	22,90 €	978-2-7540-0912-6
Le Rock	Nicolas Dupuy	22,90 €	978-2-7540-0819-8
L'Histoire de la peinture	Jean-Jacques Breton, Dominique Williatte	22,90 €	978-2-7540-0812-9
La Danse classique	Evelyne Cisneros, Scott Speck, Florence Balique	22,90 €	978-2-7540-1045-0
L'Histoire du cinéma	Vincent Mirabel	22,90 €	978-2-7540-0609-5
Le Jazz	Dirk Sutro, Stéphane Koechlin	22,90 €	978-2-7540-0779-5
L'Histoire de l'art illustrée	Jean-Jacques Breton, Philippe Cachau, Dominique Williatte	29,90 €	978-2-7540-0493-0
L'Histoire de l'art	Jean-Jacques Breton, Philippe Cachau, Dominique Williatte	22,90 €	978-2-7540-0229-5
L'Opéra	David Pogue, Claire Delamarche	22,90 €	978-2-7540-0244-8
La Musique classique	David Pogue, Claire Delamarche	22,90 €	978-2-7540-0151-9

Langue française

Titre	*Auteur*	*Prix*	*ISBN*
La Dictée	Jean-Joseph Julaud	14,90 €	978-2-7540-2415-0
La Poésie française	Jean-Joseph Julaud	22,90 €	978-2-7540-1700-8
La Littérature française	Jean-Joseph Julaud	22,90 €	978-2-7540-0061-1
Le Français correct	Jean-Joseph Julaud	21,90 €	978-2-8769-1640-1

Régions

Titre	*Auteur*	*Prix*	*ISBN*
L'Alsace	Pierre Kretz, Astrid Ruff	22,90 €	978-2-7540-1994-1
La Corse	Thierry Ottaviani	22,90 €	978-2-7540-1546-2

... en Poche

Titre	*Auteur*	*Prix*	*ISBN*
La Musique classique	David Pogue, Claire Delamarche	14,90 €	978-2-7540-2417-4
L'Histoire de la Suisse – tome 1 Des origines à 1815	Georges Andrey	11,90 €	978-2-7540-2262-0
L'Histoire de la Suisse – tome 2 De 1815 à nos jours	Georges Andrey	11,90 €	978-2-7540-2263-7
Zen ! La Méditation	Stephan Bodian	11,90 €	978-2-7540-0000-0
Sagesse et Spiritualité	Sharon Janis	11,90 €	978-2-7540-1758-9
L'Égypte ancienne	Florence Maruéjol	11,90 €	978-2-7540-1739-8
L'Histoire de France – tome 1 Des origines à 1789	Jean-Joseph Julaud	11,90 €	978-2-7540-0180-9
L'Histoire de France – tome 2 De 1789 à nos jours	Jean-Joseph Julaud	11,90 €	978-2-7540-0181-6
Paris Rive droite	Danielle Chadych, Dominique Leborgne	11,90 €	978-2-7540-0694-1
Paris Rive gauche	Danielle Chadych, Dominique Leborgne	11,90 €	978-2-7540-0695-8
La Culture générale – tome 1 Histoire, géographie, art et littérature	Florence Braunstein, Jean-François Pépin	11,90 €	978-2-7540-0798-6
La Culture générale – tome 2 Sciences, sports, loisirs et spiritualité	Florence Braunstein, Jean-François Pépin	11,90 €	978-2-7540-0799-3
La Franc-Maçonnerie	Philippe Benhamou	11,90 €	978-2-7540-0696-5
Le Bouddhisme	Jonathan Landraw, Stephan Bodian	11,90 €	978-2-7540-03148
La Philosophie – tome 1 Antiquité, Moyen Âge et Renaissance	Christian Godin	11,90 €	978-2-7540-0796-2
La Philosophie – tome 2 Du XVIIe siècle à nos jours	Christian Godin	11,90 €	978-2-7540-0797-9
L'Astrologie	Rae Orion	11,90 €	978-2-8769-1999-0
La Littérature française – tome 1 Du Moyen Âge au XVIIIe siècle	Jean-Joseph Julaud	11,90 €	978-2-7540-0611-8

Titre	*Auteur*	*Prix*	*ISBN*
La Littérature française – tome 2 Du XVIIIe siècle à nos jours	Jean-Joseph Julaud	11,90 €	978-2-7540-0612-5
Le Français correct	Jean-Joseph Julaud	11,90 €	978-2-8769-1924-2

Vie pratique

Cuisine

Titre	*Auteur*	*Prix*	*ISBN*
Coffret Cuisine	Collectif	19,90 €	978-2-7540-2055-8
La Cuisine, 2e édition	Bryan Miller, Hélène Darroze	22,90 €	978-2-7540-1989-7
Le Vin, 5e édition	Ed McCarthy, Mary Ewing-Mulligan, Éric Beaumard	22,90 €	978-2-7540-1547-9
Les Cuisines du monde	Philippe Chavanne	22,90 €	978-2-7540-0103-8

Santé

Titre	*Auteur*	*Prix*	*ISBN*
Maigrir avec la méthode Montignac + livret	Michel Montignac	22,90 €	978-2-7540-2435-8
Maigrir avec la méthode Montignac	Michel Montignac	22,90 €	978-2-7540-1586-8
Le Cancer	Pr Jean-François Morere, Dr Thierry Bouillet, Pr Laurent Zelek, Pr Michel Crépin	22,90 €	978-2-7540-2131-9
Contrôler son cholestérol	Carol Ann Rinzler, Pr Éric Bruckert	22,90 €	978-2-7540-1751-0
Le Cerveau	Dr Frédéric Sedel, Pr Olivier Lyon-Caen	22,90 €	978-2-7540-2072-5
L'Homéopathie	Dr Daniel Scimeca	22,90 €	978-2-7540-1761-9
Les Maladies cardiovasculaires	Dr Philippe Abastado	22,90 €	978-2-7540-1591-2
Le Sexe, 2e édition	Dr Ruth K. Westheimer, Dr Marianne Pauti	22,90 €	978-2-7540-1497-7
Le Corps humain	Dr Patrick Gepner	22,90 €	978-2-7540-1121-1
La Maladie d'Alzheimer	Christian Derouesne, Jacques Selmes	22,90 €	978-2-7540-1058-0
Améliorer sa mémoire	John B. Arden	22,90 €	978-2-7540-0323-0
Maigrir	Jane Kirby, Dr Jocelyne Raison	22,90 €	978-2-7540-0005-5
Bien s'alimenter	Carol Ann Rinzler	21,90 €	978-2-8769-1897-9

Bien-être

Titre	*Auteur*	*Prix*	*ISBN*
Coffret Massages	Collectif	24,90 €	978-2-7540-2064-0
Les Huiles essentielles	Elske Miles	22,90 €	978-2-7540-1596-7
Shiatsu et Réflexologie	Synthia Andrews, Bobbi Dempsey, Michel Odoul	22,90 €	978-2-7540-0981-2
Le Tai-Chi	Therèse Iknoian	22,90 €	978-2-7540-0137-3
Les Massages	Steve Capellini, Michel Van Welden	22,90 €	978-2-7540-0060-4
La Méthode Pilates	Ellie Herman	21,90 €	978-2-8769-1767-5
Le Yoga	Georg Feuerstein	21,90 €	978-2-8769-1752-1
Le Feng Shui	David Kennedy	21,90 €	978-2-8769-1687-6

Psychologie

Titre	*Auteur*	*Prix*	*ISBN*
Le Développement personnel	Collectif	29,90 €	978-2-7540-0865-5
L'Interprétation des rêves	Didier Colin	22,90 €	978-2-7540-2318-4
L'EFT (Technique de libération émotionnelle)	Helena Fone, Jean-Michel Gurret	22,90 €	978-2-7540-2067-1
La Pensée positive	Averil Leimon, Gladeana McMahon, Béatrice Millêtre	22,90 €	978-2-7540-1821-0
L'Adolescence	Michel Fize	22,90 €	978-2-7540-1412-0
Exercices de programmation neuro-linguistique	Romilla Ready, Kate Burton, Béatrice Millêtre	19,90 €	978-2-7540-1593-6
Exercices de thérapies comportementales et cognitives	Rhena Branch, Rob Willson, Béatrice Millêtre	19,90 €	978-2-7540-1592-9
Les Relations amoureuses	Florence Escaravage, Kate M. Wachs	22,90 €	978-2-7540-1499-1
Apprendre mieux	Marie Joseph Chalvin	22,90 €	978-2-7540-1261-4
Le Langage des gestes	Joseph Messinger	22,90 €	978-2-7540-0597-5
La Confiance en soi	Kate Burton	22,90 €	978-2-7540-0647-7
Le Coaching	Jeni Mumford	22,90 €	978-2-7540-0353-7
La PNL	Romilla Ready, Kate Burton	22,90 €	978-2-7540-0169-4
L'Hypnothérapie	Mike Bryant, Peter Mabbutt	22,90 €	978-2-7540-0504-3
Les Thérapies comportementales et cognitives	Rob Willson, Rhena Branch	22,90 €	978-2-7540-0246-2
La Psychologie	Dr Adam Cash	21,90 €	978-2-8769-1802-3

Puériculture

Titre	*Auteur*	*Prix*	*ISBN*
Choisir un prénom	Héloïse Martel	22,90 €	978-2-7540-1463-2
La 1re année de Bébé	James Gaylord, Michelle Hagen, Dr Éric Saban	22,90 €	978-2-7540-1511-0
La Grossesse, 2e édition	Dr Eddleman, Dr J. Stone, Dr Joëlle Bensimhon	22,90 €	978-2-7540-1429-8

Droit pratique

Titre	*Auteur*	*Prix*	*ISBN*
Le Droit du travail	Me Julien Boutiron, Jean-Philippe Élie	22,90 €	978-2-7540-1422-9
Organiser son mariage	Peggy Mignot-Paillet, Peggy Frey	22,90 €	978-2-7540-1676-6
L'Assurance	Laurence de Percin	22,90 €	978-2-7540-1073-3
Le Divorce	Me Martine Valot-Forest	22,90 €	978-2-7540-1479-3
L'Immobilier, 2e édition	Laurence Boccara, Catherine Sabbah	22,90 €	978-2-7540-0530-2

Finances personnelles

Titre	*Auteur*	*Prix*	*ISBN*
Payer moins d'impôts, 4e édition	Robert Matthieu	22,90 €	978-2-7540-2397-9
La Bourse	Gérard Horny	22,90 €	978-2-7540-0637-8
Les Finances personnelles	Pascale Micoleau-Marcel (sous la dir. de)	22,90 €	978-2-7540-0630-9

Maison

Titre	*Auteur*	*Prix*	*ISBN*
La Décoration	Kareen Perrin Debock, Frank Lecor	24,90 €	978-2-7540-2264-4
Un potager	Charlie Nardozzi, Philippe Collignon	22,90 €	978-2-7540-1675-9
Le Bricolage, 2e édition	G. et K. Hamilton, Frank Lecor	24,90 €	978-2-7540-1426-7
Vivre écolo	Liz Barclay, Michael Grosvenor, Franck Laval	22,90 €	978-2-7540-0707-8

… En Poche

Titre	*Auteur*	*Prix*	*ISBN*
Le Code de la route, édition 2011	Permisecole	14,90 €	978-2-7540-2387-0

Titre	*Auteur*	*Prix*	*ISBN*
La Table des calories	Jean-Paul Blanc, Catherine Poggi	11,90 €	978-2-7540-2087-9
Améliorer sa mémoire	John B. Arden	11,90 €	978-2-7540-2388-7
La Cuisine pas chère	Héloïse Martel, André Le Letty	11,90 €	978-2-7540-1772-5
L'Armagnac	Chantal Armagnac	11,90 €	978-2-7540-1613-1
Le Diabète	Dr Alan Rubin, Dr Marc Levy	11,90 €	978-2-7540-1436-6
Les Massages	Steve Capellini, Jocelyne Rolland, Michel Van Welden	11,90 €	978-2-7540-1330-7
S'arrêter de fumer	Pr B. Dautzenberg, Dr D. Brizer	11,90 €	978-2-7540-1293-5
Les Tests du Code de la route	DFC Production	14,90 €	978-2-7540-0751-1
Le Vin	Laure Liger, Yvan-Paul Cassetari	11,90 €	978-2-7540-0087-1
La Cuisine	Brian Miller, Alain Le Courtois	11,90 €	978-2-8769-1872-6
Le Sexe	Dr Ruth K. Westheimer	11,90 €	978-2-8769-1956-3
Maigrir	Jane Kirby	11,90 €	978-2-8769-1870-2
Le Feng Shui	David D. Kennedy	11,90 €	978-2-8769-1871-9
Un bureau feng shui	Holly Ziegler, Jennifer Lawler	11,90 €	978-2-8769-1949-5
La Méthode Pilates	Ellie Herman	11,90 €	978-2-7540-0223-3
Le Yoga	Georg Feuerstein, Larry Pane	11,90 €	978-2-7540-0063-5
Guérir l'anxiété	Dr Martine André, Dr Charles Eliott, Dr Laura Smith	11,90 €	978-2-7540-1195-2
Les Thérapies comportementales et cognitives	Rob Willson, Rhena Branch	11,90 €	978-2-7540-1074-0
La PNL	Romilla Ready, Kate Burton	11,90 €	978-2-7540-0879-2
La Psychologie	Dr Adam Cash	11,90 €	978-2-8769-1957-0
Le Bricolage	Gene Hamilton, Katie Hamilton	11,90 €	978-2-7540-0373-5

Business

Titre	*Auteur*	*Prix*	*ISBN*
Communiquer efficacement	Marty Brounstein, Florence Balique	22,90 €	978-2-7540-2229-3
Les Ressources humaines	Sabine Wojtas	22,90 €	978-2-7540-1627-8
Les Marques	Bill Chiaravalle, Barbara Findlay Schenck, Benoît Heilbrunn	22,90 €	978-2-7540-2127-2

Titre	*Auteur*	*Prix*	*ISBN*
Le Marketing opérationnel	Alexander Hiam, Benoît Heilbrunn	22,90 €	978-2-7540-1981-1
Le Service client	Keith Bailey, Karen Leland, Ralph Hababou	22,90 €	978-2-7540-1827-2
Trouver un job	Joyce Lain Kennedy, Nicolas Barrier	22,90 €	978-2-7540-1092-4
Le Marketing, 2e édition	Alexander Hiam	22,90 €	978-2-7540-0688-0
La Comptabilité	Laurence Thibault-Le Gallo	22,90 €	978-2-7540-0617-0
Créer sa boîte	Laurence de Percin	22,90 €	978-2-7540-0492-3
Le Management	Bob Nelson	21,90 €	978-2-8769-1952-5
Business Plans	Paul Tifany, Steven D. Peterson	21,90 €	978-2-8769-1712-5
La Vente	Tom Hopkins	21,90 €	978-2-8769-1670-8

… en Poche

Titre	*Auteur*	*Prix*	*ISBN*
L'Auto-entrepreneur	Grégoire Leclercq, Marie Gouilly-Frossard	11,90 €	978-2-7540-2025-1
Le Marketing	Alexander Hiam	11,90 €	978-2-7540-1598-1
Le Management	Bob Nelson	11,90 €	978-2-7540-0454-1
Business Plans	Paul Tiffany, Steven D. Peterson	11,90 €	978-2-7540-0094-9
La Vente	Tom Hopkins	11,90 €	978-2-8769-1950-1

Loisirs

Sports

Titre	*Auteur*	*Prix*	*ISBN*
Le Tennis	Patrick McEnroe, Peter Bodo, Guy Tambon	22,90 €	978-2-7540-1757-2
Les Arts martiaux	Jennifer Lawler, Nicolas Dupuy, Éric Le Cam	22,90 €	978-2-7540-1052-8
Courir	Tere Stouffer Drenth, Philippe Maquat	22,90 €	978-2-7540-1044-3
Gym et Musculation	Cyndi Targosz, Jean-Pierre Clémenceau	22,90 €	978-2-7540-1059-7
L'Équitation	Audrey Pavia, Marie Martin	22,90 €	978-2-7540-0732-0
Le Golf	Gary McCord	22,90 €	978-2-7540-0078-9
La Voile	J.-J. Isler, Peter Isler	22,90 €	978-2-7540-0059-8

Musique

Titre	*Auteur*	*Prix*	*ISBN*
Improviser à la guitare	Antoine Polin	14,90 €	978-2-7540-2019-0
Accords de guitare	Antoine Polin	11,90 €	978-2-7540-1009-2
Exercices de piano	David Pearl, Marc Rozenbaum	19,90 €	978-2-7540-1337-6
Exercices de guitare	John Chappell, Mark Phillips, Antoine Polin	19,90 €	978-2-7540-1336-9
L'Harmonica	Winslow Yerxa, Jean-Jacques Milteau	22,90 €	978-2-7540-1210-2
DJ	John Steventon, Nicolas Dambre	22,90 €	978-2-7540-1198-3
La Batterie	Jeff Strong, Laurent Bataille	22,90 €	978-2-7540-0352-0
Le Chant	Pamela S. Phillips, Mariette Jost	22,90 €	978-2-7540-0462-6
Le Solfège	Michael Pilhofer, Jean-Clément Jollet	22,90 €	978-2-7540-0586-9
La Guitare basse	Patrick Pfeiffer	22,90 €	978-2-7540-0288-2
Claviers et Synthétiseurs	Christophe Martin de Montagu	22,90 €	978-2-7540-0118-2
La Guitare, 2e édition	Mark Phillips, Jon Chappel	22,90 €	978-2-7540-0124-3
Le Piano	Blake Neely, Marc Rozenbaum	22,90 €	978-2-7540-0102-1
La Guitare électrique	John Chappell	22,90 €	978-2-8769-1983-9

Loisirs créatifs

Titre	*Auteur*	*Prix*	*ISBN*
Coffret Dessin	Collectif	19,90 €	978-2-7540-2056-5
Créer une BD	Gérald Gorridge	22,90 €	978-2-7540-1883-8
Dessiner des personnages	Kensuke Okabayashi	22,90 €	978-2-7540-1322-2
L'Aquarelle	Colette Pitcher	24,90 €	978-2-7540-0934-8
La Peinture à l'huile	Anita Giddings, Cherry Stone Clifton	24,90 €	978-2-7540-0935-5
Dessiner des mangas	Kensuke Okabayashi, Nobuyuki Anzai	22,90 €	978-2-7540-0494-7
La Couture	Janice Saunders Maresh	22,90 €	978-2-7540-0193-9
Le Dessin	Brenda Hoddinott	22,90 €	978-2-7540-0185-4
Le Tricot	Pam Allen	21,90 €	978-2-8769-1705-7

Nature

Titre	*Auteur*	*Prix*	*ISBN*
Un aquarium	Maddy Hargrove, Mic Hargrove	22,90 €	978-2-7540-0917-1
Le Cheval	Audrey Pavia, Marie Martin	22,90 €	978-2-7540-0367-4

Titre	*Auteur*	*Prix*	*ISBN*
Éduquer son chiot	Sarah Hodgson	22,90 €	978-2-7540-0372-8
Éduquer son chien	Jack Volahrd, Wendy Volahrd	22,90 €	978-2-7540-0152-6

Jeux

Titre	*Auteur*	*Prix*	*ISBN*
Pack Gym cérébrale	Stéphanie Boyron, Nicolas Conti	19,90 €	978-2-7540-2073-2
Le Scrabble	Eugénie Michel	22,90 €	978-2-7540-1698-8
Les Échecs, 2e édition	James Eade, Vincent Moret	22,90 €	978-2-7540-1870-8
Dungeons & Dragons®	Richard Baker, Bill Slavicsek	22,90 €	978-2-7540-1390-1
Le Casino	Kevin Blackwood, François Montmirel	22,90 €	978-2-7540-0447-3
Le Poker Texas Hold'em	Mark Harlan, François Montmirel	22,90 €	978-2-7540-0448-0
La Magie	David Pogue, Bernard Bilis	22,90 €	978-2-7540-0453-4
Le Bridge, 2e édition	Eddie Kantar, Jacques Delorme	22,90 €	978-2-7540-0276-9
Le Poker	Richard D. Harroch, Lou Krieger, François Montmirel	22,90 €	978-2-7540-0123-6

... en Poche

Titre	*Auteur*	*Prix*	*ISBN*
Dessiner des mangas	Kensuke Okabayashi	11,90 €	978-2-7540-1601-8
Le Poker en ligne	Mark Harlan, Chris Derossi, François Montmirel	11,90 €	978-2-7540-1871-5
Le Chant	Mariette Jost, Pamelia S. Philips	14,90 €	978-2-7540-1597-4
Le Poker	François Montmirel	11,90 €	978-2-7540-1548-6
La Couture	Janice Saunders Maresh	11,90 €	978-2-7540-1600-1
Un chien	Gina Spadafori, Catherine Collignon	11,90 €	978-2-7540-1320-8
Un chat	Gina Spadafori, Monique Bourdin	11,90 €	978-2-7540-1321-5
Le Tricot	Pam Allen	11,90 €	978-2-7540-0135-9
Le Dessin	Brenda Hoddinott	11,90 €	978-2-7540-0889-1
La Généalogie	Francis Christian	11,90 €	978-2-7540-0565-4

Langues

Méga kit audio

Titre	*Auteur*	*Prix*	*ISBN*
L'espagnol	Collectif	49,90 €	978-2-7540-2024-4
L'anglais	Collectif	49,90 €	978-2-7540-2023-7

Lexiques

Titre	*Auteur*	*Prix*	*ISBN*
Lexique anglais	Brigitte Lallement, Nathalie Pierret	5,90 €	978-2-7540-2243-9
Lexique espagnol	David Tarradas Agea	5,90 €	978-2-7540-2244-6

Méthodes de langues

Titre	*Auteur*	*Prix*	*ISBN*
L'hébreu	Jil Jacobs, Shifra Jacquet-Svironi	22,90 €	978-2-7540-1752-7
Le latin	Clifford Hull, Steven Perkins, Tracy Barr, Danièle Robert	22,90 €	978-2-7540-0881-5
La Grammaire anglaise	Géraldine Woods, Claude Raimond	22,90 €	978-2-7540-0564-7
Le russe	Vincent Bénet, Oleg Chinkarouk, Serafima Gettys, Andrew Kaufman	22,90 €	978-2-7540-0813-6
Le portugais	Karen Keller, Ricardo Rodrigues	22,90 €	978-2-7540-0831-0
L'arabe	Amine Bouchentouf, Sylvie Chraibi, Aboubakar Chraibi	22,90 €	978-2-7540-0312-4
Le japonais	Eriko Sato, Vincent Grépinet	22,90 €	978-2-7540-0495-4
Le néerlandais	Margreet Kwakernaak, Michael Hofland, Annick Christiaens	22,90 €	978-2-7540-0313-1
Le chinois	Wendy Abraham, Joël Bellassen	22,90 €	978-2-7540-0212-7
L'allemand	Paulina Christensen, Claude Raimond	22,90 €	978-2-7540-0038-3
L'anglais	Gail Brenner, Claude Raimond	22,90 €	978-2-8769-1973-0
L'espagnol	Suzanna Wald, Anne-Carole Grillot	22,90 €	978-2-8769-1974-7
L'italien	Francesca Onufri, Sylvie Le Bras	22,90 €	978-2-7540-0039-0

Guides de conversation

Titre	*Auteur*	*Prix*	*ISBN*
L'espagnol des affaires	David Terradas Agea	5,90 €	978-2-7540-1708-4
L'alsacien	Bénédicte Keck, Léon Daul	5,90 €	978-2-7540-1848-7

Titre	*Auteur*	*Prix*	*ISBN*
Le corse	Jean Chiorboli	5,90 €	978-2-7540-1843-2
L'espagnol du voyageur	David Tarradas Agea	5,90 €	978-2-7540-1709-1
L'anglais des affaires	Claude Raimond	5,90 €	978-2-7540-1519-6
L'anglais du voyageur	Claude Raimond	5,90 €	978-2-7540-1520-2
Le Parler québécois	Marie-Pierre Gazaille, Marie-Lou Guévin, Yannick Resch	5,90 €	978-2-7540-1476-2
Le chti	Pierre-Marie Gryson	5,90 €	978-2-7540-1475-5
Le basque	Jean-Baptiste Coyos, Jasone Salaberria	5,90 €	978-2-7540-1239-3
Le breton	Hervé Le Bihan, Gwendal Denis, Martial Ménard	5,90 €	978-2-7540-1240-9
Le japonais	Eriko Sato, Vincent Grépinet	5,90 €	978-2-7540-0653-8
L'arabe	Amine Bouchentouf, Sylvie Chraïbi, Aboubakr Chraïbi	5,90 €	978-2-7540-0839-6
Le portugais	Karen Keller, Ricardo Rodrigues	5,90 €	978-2-7540-1016-0
Le russe	Vincent Bénet, Oleg Chinkarouk, Serafima Gettys, Andrew Kaufman	5,90 €	978-2-7540-1010-8
L'allemand	Paulina Christensen, Claude Raimond	5,90 €	978-2-7540-0324-7
L'italien	Francesca Onofri, Sylvie Le Bras	5,90 €	978-2-7540-0325-4
Le chinois	Wendy Abraham, Joël Bellassen	5,90 €	978-2-7540-0485-5
Le néerlandais	Margreet Kwakernaak, Michael Hofland, Annick Christiaens	5,90 €	978-2-7540-0484-8
L'espagnol	Suzanna Wald, Anne-Carole Grillot	5,90 €	978-2-7540-0178-6
L'anglais	Gail Brenner, Claude Raimond	5,90 €	978-2-7540-0177-9

Kits audio

Titre	*Auteur*	*Prix*	*ISBN*
L'allemand	Edward Swick	17,90 €	978-2-7540-1625-4
Le japonais	Eriko Sato, Vincent Grépinet	17,90 €	978-2-7540-1624-7
Le néerlandais	Michaël Hofland	17,90 €	978-2-7540-1623-0
L'italien	Teresa L. Picarazzi	17,90 €	978-2-7540-1328-4
Le chinois	Mengjun Liu, Mike Packevics	17,90 €	978-2-7540-1329-1
L'anglais	Gail Brenner	17,90 €	978-2-7540-0963-8
L'espagnol	Jessica Langemeier	17,90 €	978-2-7540-0964-5

... en Poche

Titre	*Auteur*	*Prix*	*ISBN*
La Grammaire anglaise	Géraldine Woods, Claude Raimond	11,90 €	978-2-7540-2519-5
L'anglais correct	Claude Raimond	11,90 €	978-2-8769-1923-5

Parascolaire

Juniors

Titre	*Auteur*	*Prix*	*ISBN*
La Bible	Eric Denimal	14,90 €	978-2-7540-2252-1
L'Égypte ancienne	Florence Maruéjol	14,90 €	978-2-7540-1979-8
L'Histoire de France	Jean-Joseph Julaud	14,90 €	978-2-7540-1978-1

Collège

Titre	*Auteur*	*Prix*	*ISBN*
Maths 6e	Cédric Bertone	7,95 €	978-2-7540-1176-1
Maths 5e	Yann Gélébart	7,95 €	978-2-7540-1178-5
Maths 4e	Jean-Charles Alvado	7,95 €	978-2-7540-1180-8
Maths 3e	Yann Gélébart	7,95 €	978-2-7540-1182-2
Français 6e	Dominique Rat, Anne Lavielle	7,95 €	978-2-7540-1175-4
Français 5e	Nathalie Soihet	7,95 €	978-2-7540-1177-8
Français 4e	Hélène Papiernick	7,95 €	978-2-7540-1179-2
Français 3e	Hélène Papiernick	7,95 €	978-2-7540-1181-5

Lycée

Titre	*Auteur*	*Prix*	*ISBN*
Bac Français	Gilles Guilleron	12,90 €	978-2-7540-2258-3
Bac Philosophie	Christian Godin	12,90 €	978-2-7540-2259-0
Bac Histoire-Géo	Nicolas Arnaud, Hugues Vessemont	12,90 €	978-2-7540-2257-6
Bac Anglais	Jean-Bernard Piat	12,90 €	978-2-7540-2260-6